Anna Kistler, Stefanie Schneider

Rechnen ohne Stolperstein

Band 3: Zahlenraum bis 100

Würzburg 2003

edition von freisleben

Band 3: Zahlenraum bis 100

Würzburg 1999 (1. Auflage)
Würzburg 2001 (2. Auflage)
Würzburg 2003 (3. Auflage)

© Würzburg 1999 · ISBN 3-930268-06-X

Herstellung und Vertrieb:
edition von freisleben
Günterslebener Straße 29, 97222 Rimpar · Tel. 09365/9329, Fax 09365/5177
E-Mail: edition-von-freisleben@freenet.de · Internet:www.edition-von-freisleben.de

Inhaltsverzeichnis

Zehnerübergang mit Einern: In der Süßigkeitenabteilung im Kaufhaus

Sonderfälle 2

Zehnerübergang mit ZE: Im Supermarkt

VORBEMERKUNGEN

Wie in Band I und II gehen wir davon aus, dass Kinder im Rechenunterricht über Probleme „stolpern", die von Eltern und LehrerInnen oft nicht wahrgenommen werden. Dies gilt besonders in höheren Zahlenräumen.
In Band I werden systematisch die wichtigsten Schritte des pränumerischen Bereichs sowie die Mengen bis 6 erarbeitet. Band II schließt mit den Mengen 7 bis 10 und dem Aufbau des Zahlenraums bis 20 mit Thematisierung des Zehnerübergangs an.

In Band III wird der Zahlenraum bis 100 erarbeitet. Die einzelnen Kapitel gliedern sich dabei nach der jeweiligen Veränderung bei Einern und Zehnern (z.B. „Die Einer verändern sich", „Zehner und Einer verändern sich"). Durch die Vorwegnahme der „Sonderfälle" (Einer verändern den Zehner) wird der Zehnerübergang erleichtert im Sinne der Isolierung einer Schwierigkeit. An den „Sonderfällen" wird ersichtlich, dass auch der Zahlenraum bis 100 in kleinste Schritte gegliedert und aufbereitet wird. Zu Gunsten der Ausführlichkeit und Anschaulichkeit bei Wesentlichem, verzichteten wir bewußt auf Inhalte wie Tausch-, Umkehr- und komplexere Sachaufgaben.

Die Mengendarstellung in Zweieranordnung aus den ersten beiden Bänden wird auf die Zehnerzahlen übertragen. Wobei die Zehnerbündelung durch „Schachteln" symbolisiert wird. Eine weitere Hilfe bei der in der deutschen Sprache widersprüchlichen Benennung und Notierung der Zahlen stellt die Farbgebung dar (Einer blau, Zehner rot, Hunderter grün). Diese zeichnerische Darstellung ermöglicht eine relativ große Anschaulichkeit auf der symbolischen Ebene. Auf diese wird bei jedem kleinen Lernschritt zurückgegriffen.

Mit der Verwendung der Mengenbilder in Zweieranordnung, die sehr einprägsam ist, wird den Kindern eine „Brücke" zur Abstraktion geboten. Ihr abstraktes Denken wird durch anschauliche Mengenbilder unterstützt und geprägt, mit denen sie dann zu „wirklichen" mathematischen Operationen (nicht zum Dazuzählen mit den Fingern etc.) fähig sind. Gerade im Zahlenraum bis 100 bietet die Zweieranordnung Kindern die Möglichkeit, Operationen ohne Rückschritt auf die Elementenebene zu lösen. Bei einer linearen Darstellung von Zehnern und Einern geschieht dies – zwangsläufig – immer wieder.

Die Ursprünge der Zweieranordnung gehen auf Kühnel in den zwanziger Jahren zurück.[1] Die „Formzahlbilder" wurden in amtlich genehmigten Schulversuchen von Prof. Dr. Schröter erprobt.[2] Auch die AutorInnen der Handreichungden des ISB, Erstrechnen, Teil II [3] betonen die Vorteile gegenüber anderen Mengenanordnungen, halten diese Empfehlung in ihren Anregungen aber nicht konsequent durch.

Jedes Kapitel wird (wie schon in Band I und II) unter ein Thema (z.B. „Auf der Dult") aus dem Erfahrungsbereich der Kinder gestellt. Ein handelndes Umsetzen erscheint auch hier zentral, auch wenn dies im höheren Mengenbereich etwas aufwendiger ist. Mit Phantasie, Pappe, Schere und Kleber ist aber auch dies machbar.

Besonders bedanken möchten wir uns an dieser Stelle bei H. Römhild und R. Wittmann, die daran beteiligt waren, dass dieser Band von uns am PC erstellt wurde.

[1] Vgl. Kühnel, Johannes: Neubau des Rechenunterrichts, Leipzig 1922, Verlag Klinkhardt
[2] Vgl. Schröter, Gerhard: Mathematik in der Grundschule – DieMethode der Formzahlbilder, Regensburg 1989, Wolf Verlag
[3] Vgl. Staatsinstitut für Schulpädagogik und Bildungsforschung München (Hrsg.): Erstrechnen, Teil II, Erarbeitung der Zahlbegriffe und Operationen, Würzburg 1991, Deutsche Gesellschaft für Sprachheilpädagogik e.V.

Auf dem Wochenmarkt: Die Eierfrau

Welche Zehnerzahlen siehst du? Schreibe rot/blau/grün!

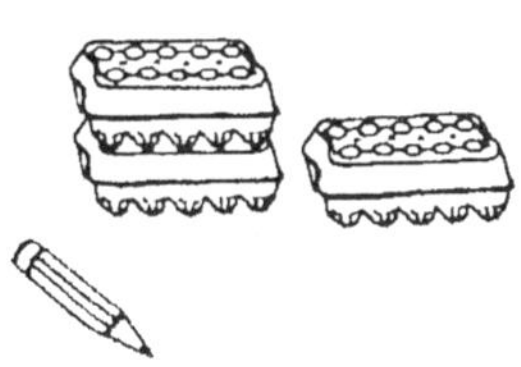

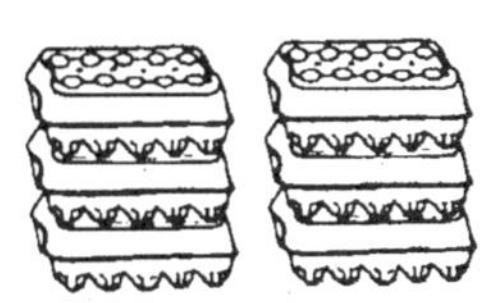

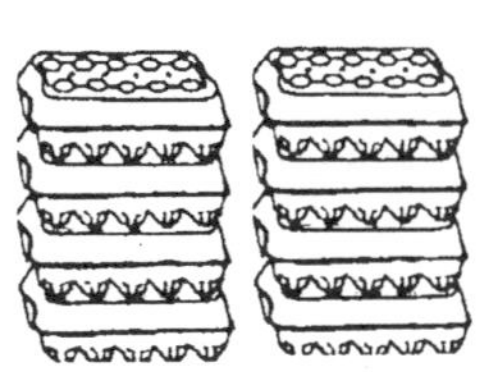

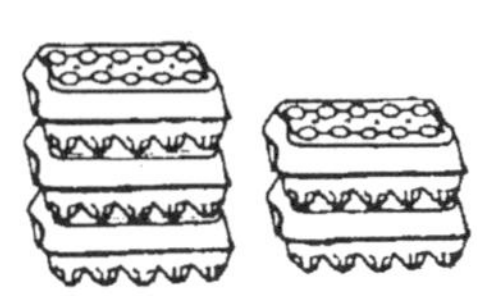

Male die Zehnerschachteln dazu!

100

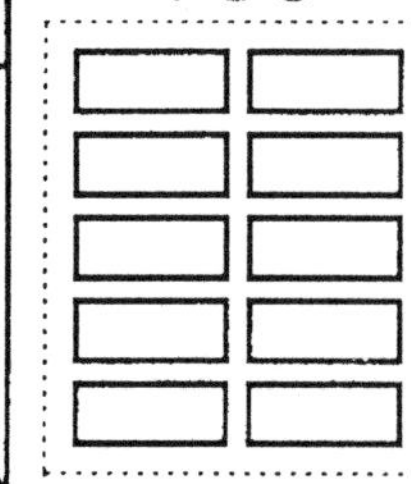

Die Zehner-Zahlen

80	70	20	
30	50	90	40

Welche Zahlen siehst du? Schreibe rot und blau und grün!

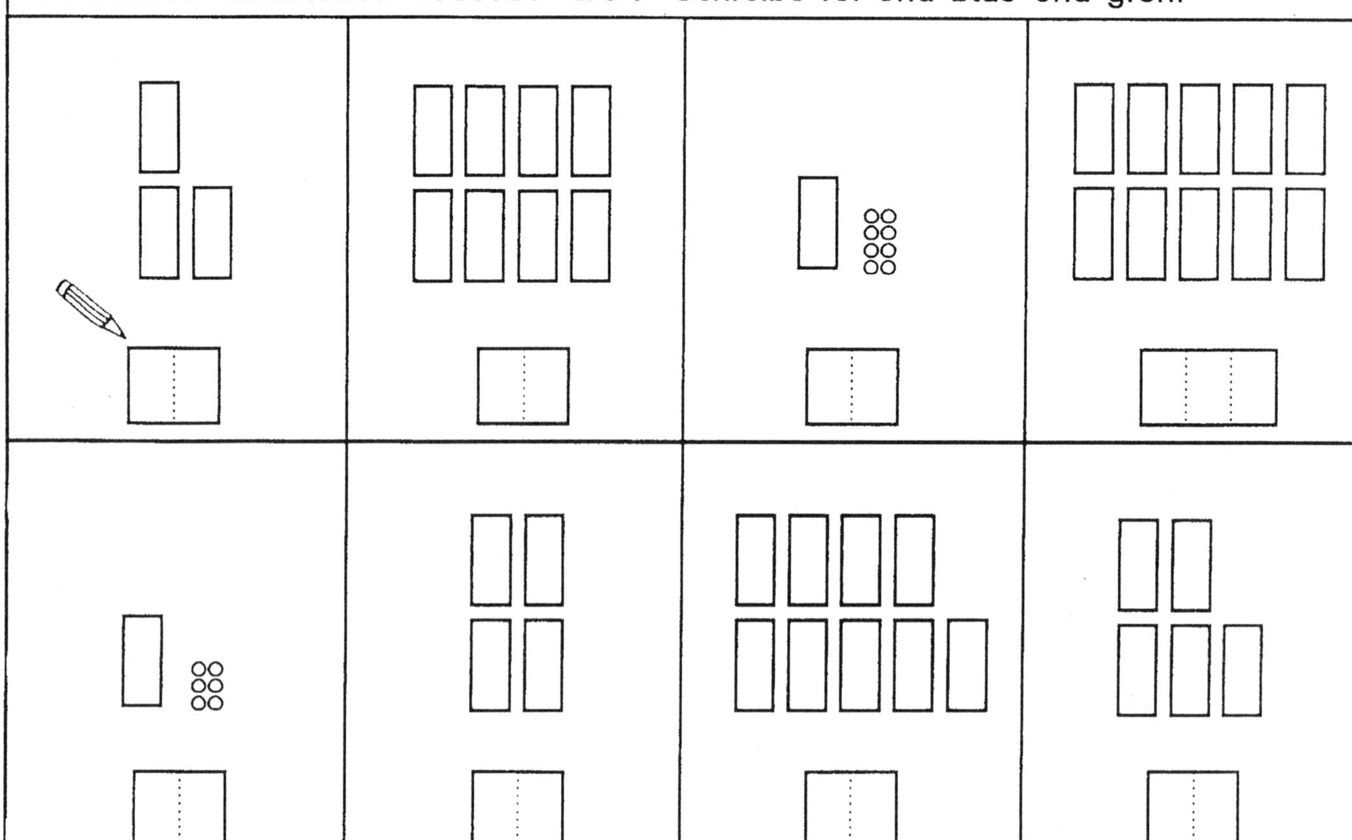

Verbinde richtig! Schreibe grün, rot und blau!

dreißig		70
fünfzig		40
hundert		30
vierzig		50
achtzig		100
siebzig		60
zwanzig		80
sechzig		20

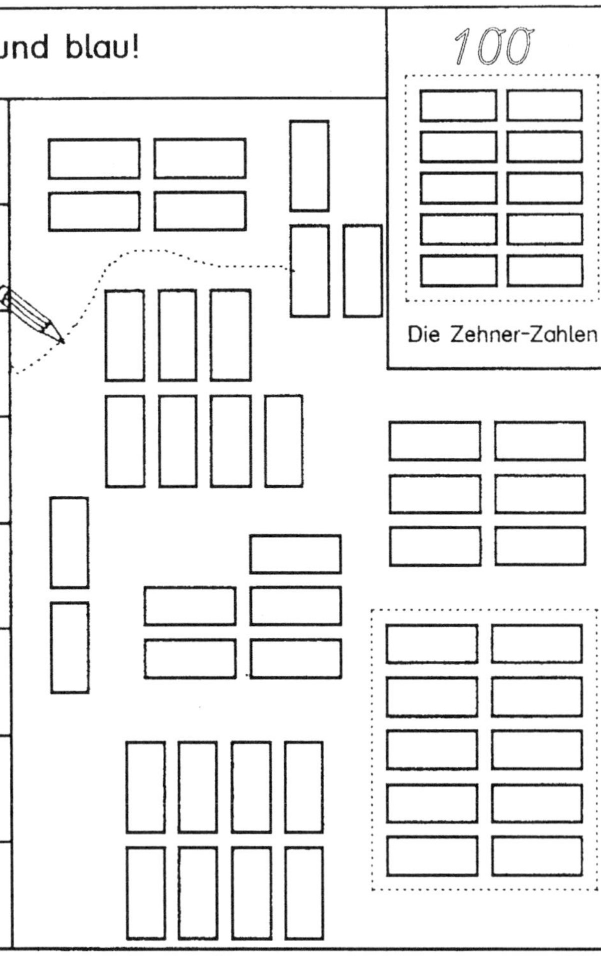

Schreibe die Zahlen in den richtigen Farben.

dreißig	zwanzig	dreizehn
neunzig	zwölf	hundert
hundert	neunzehn	siebzig
sechzig	elf	siebzehn
sechzehn	hundert	fünfzig
zwanzig	vierzehn	achtzehn
fünfzig	zehn	achtzig
achtzig	vierzig	neunzehn

Verbinde in der richtigen Reihenfolge!

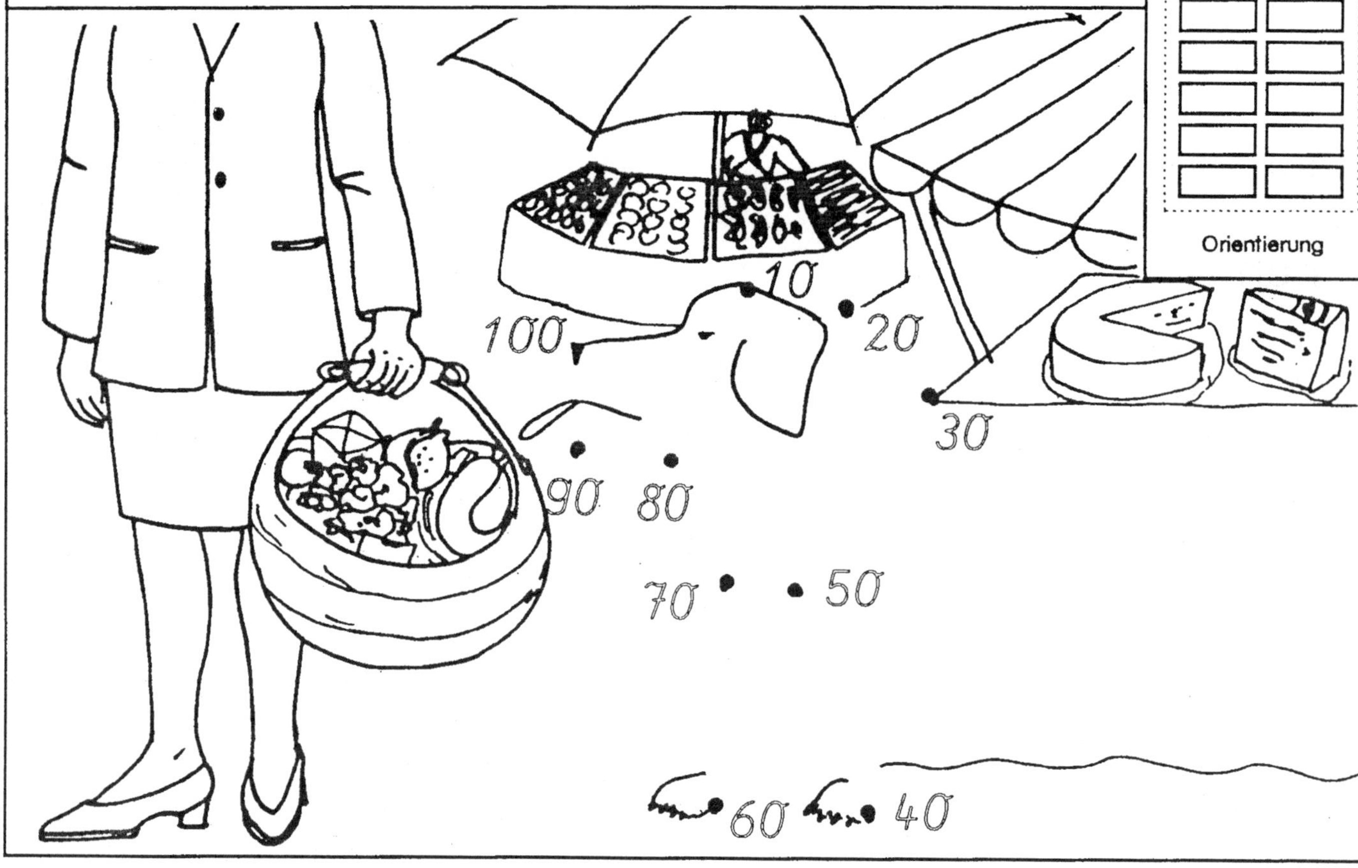

Nachbarn

80			50	40		30		60			80	90			90
	100	70			70		60	50			30		40		20

	30			80				100		60			50	
40				70			40			90			90	

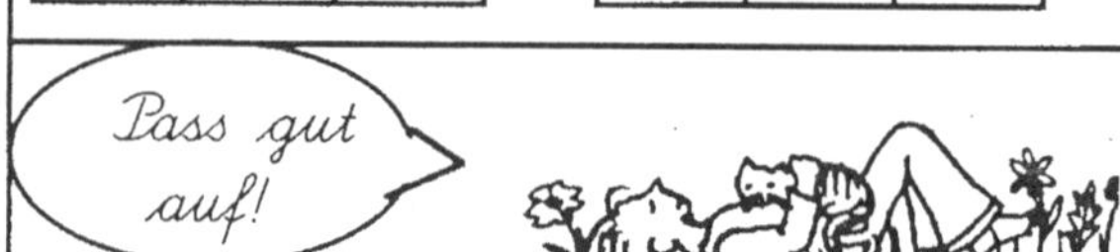

							20		60				60	
	12				90		80			19				19
10				70			11		10				14	
	50			9			17			40			80	

Wir vergleichen: 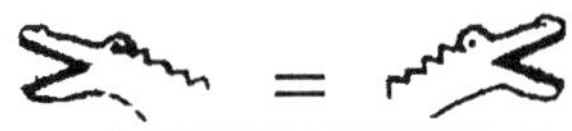

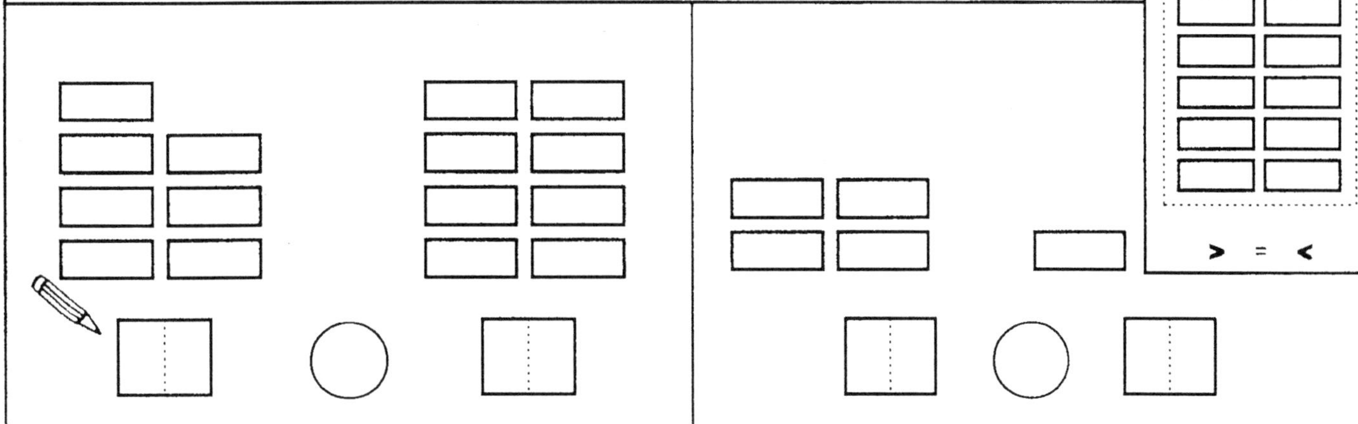

30 (<) 50	100 ○ 90	10 ○ 20	20 ○ 12
70 ○ 60	30 ○ 40	50 ○ 40	100 ○ 10
90 ○ 100	20 ○ 13	60 ○ 70	60 ○ 50
80 ○ 70	50 ○ 60	90 ○ 80	80 ○ 90
20 ○ 15	70 ○ 80	40 ○ 30	90 ○ 100

Welche Zehner passen?

60 < [70]	40 > [ ]	50 < [ ]	80 < [ ]
50 > [ ]	10 < [ ]	90 > [ ]	30 > [ ]
90 < [ ]	80 = [ ]	40 < [ ]	20 < [ ]
100 > [ ]	70 < [ ]	30 < [ ]	40 = [ ]
80 > [ ]	70 > [ ]	20 > [ ]	60 > [ ]
60 < [70] < 80	20 < [ ] < 90	10 < [ ] < 50	10 < [ ] < 30
50 > [ ] > 10	70 < [ ] < 90	80 > [ ] > 60	90 > [ ] > 70
30 < [ ] < 90	30 > [ ] > 10	80 < [ ] < 100	40 > [ ] > 20
20 < [ ] < 50	40 < [ ] < 80	70 > [ ] > 50	50 < [ ] < 80
80 > [ ] > 40	90 > [ ] > 50	90 > [ ] > 60	60 < [ ] < 90

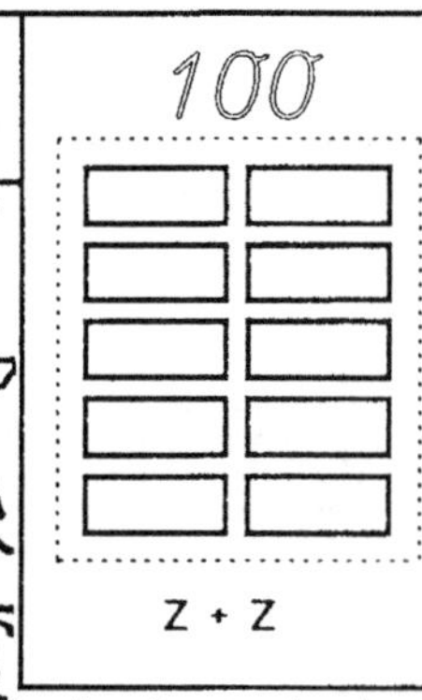

+ Aufgaben

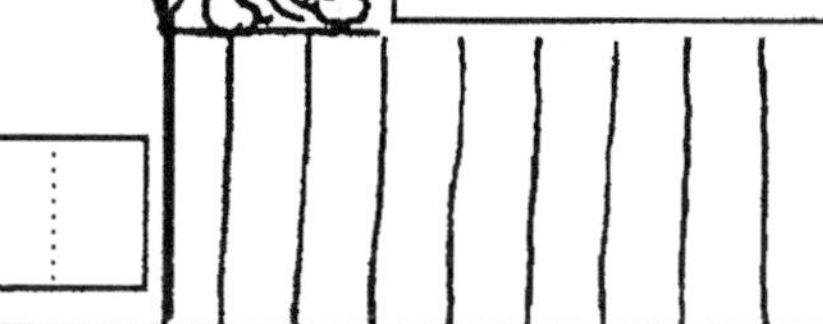

40 + 10 = ☐ | 20 + 40 = ☐ | 10 + 30 = ☐

50 + 30 = ☐ | 40 + 40 = ☐ | 90 + 10 = ☐ | 60 + 30 = ☐

Male die Rechnung!

40 + 30 = ☐ | 50 + 20 = ☐ | 10 + 40 = ☐ | 20 + 20 = ☐

40 + 20 = ☐ | 60 + 40 = ☐ | 70 + 30 = ☐ | 20 + 40 = ☐

Wie heißt die Rechnung?

Jetzt gut aufgepasst!

20 + 30 =	10 + 30 =	20 + 10 =	50 + 50 =
15 + 2 =	40 + 30 =	90 + 10 =	60 + 30 =
70 + 10 =	6 + 7 =	17 + 3 =	30 + 20 =
30 + 30 =	20 + 20 =	60 + 40 =	40 + 10 =
10 + 20 =	80 + 10 =	40 + 20 =	80 + 20 =
40 + 50 =	70 + 30 =	30 + 50 =	10 + 80 =
8 + 5 =	20 + 50 =	10 + 90 =	100 + 0 =
20 + 70 =	30 + 40 =	40 + 40 =	20 + 60 =
10 + 50 =	20 + 80 =	14 + 3 =	11 + 5 =
50 + 30 =	30 + 60 =	30 + 70 =	10 + 70 =

- Aufgaben

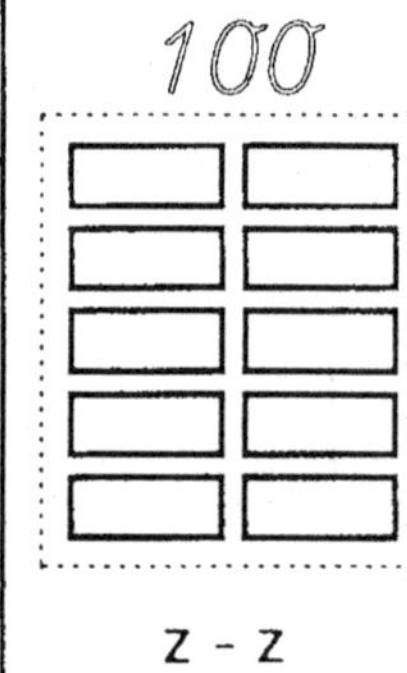

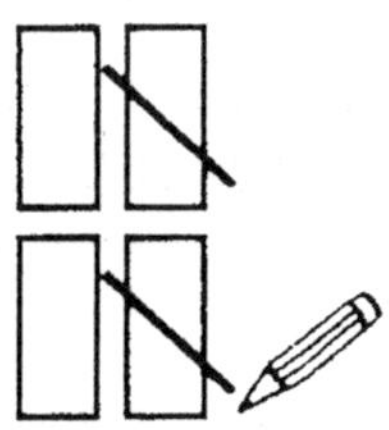

40 - 20 = ☐

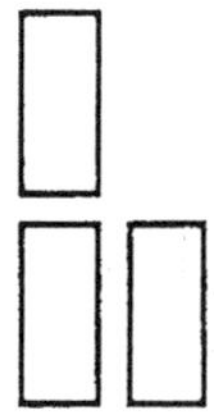

30 - 10 = ☐

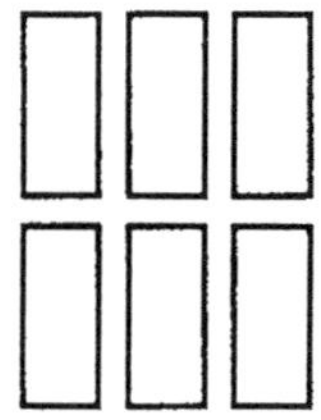

60 - 30 = ☐

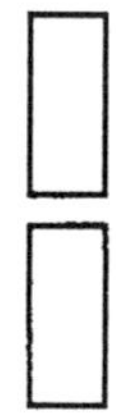

20 - 10 = ☐

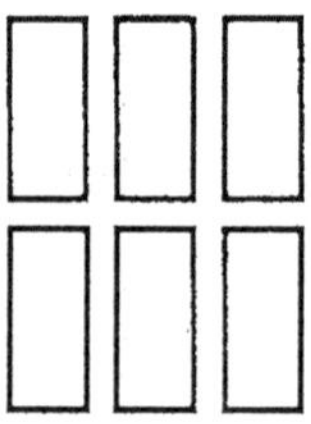

60 - 40 = ☐

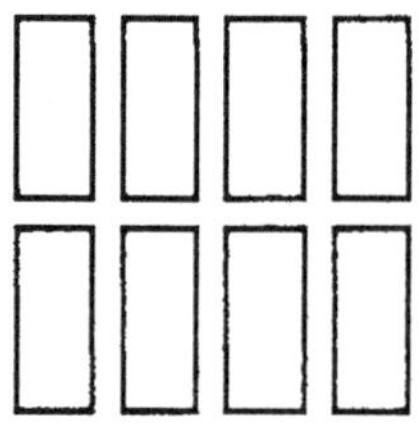

80 - 50 = ☐

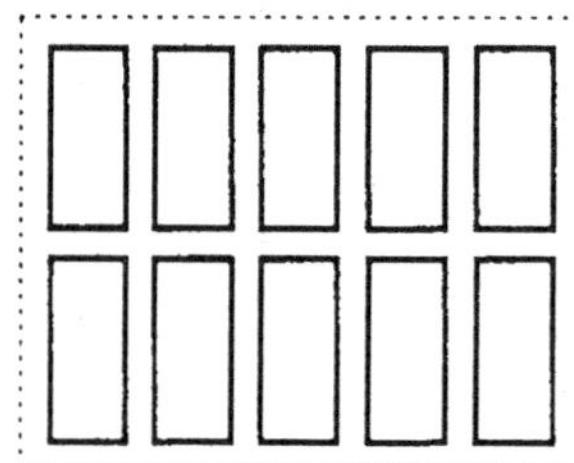

100 - 30 = ☐

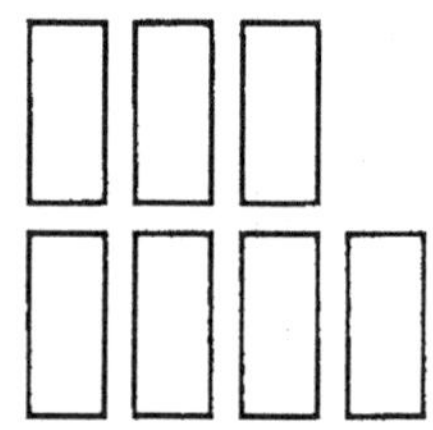

70 - 50 = ☐

Male die Rechnung!

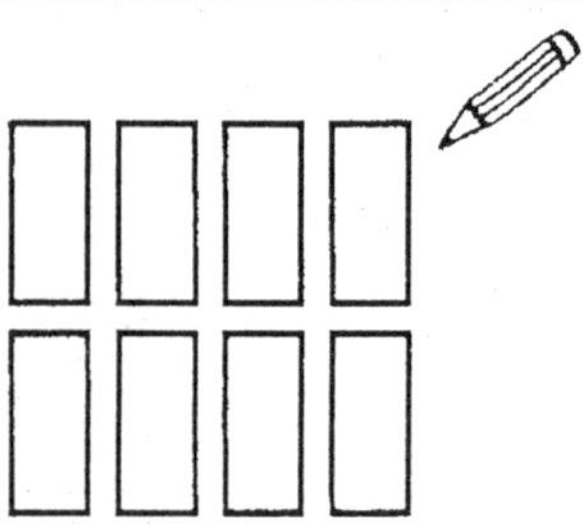

80 - 20 = ☐

40 - 30 = ☐

70 - 40 = ☐

90 - 60 = ☐

100 - 60 = ☐

60 - 20 = ☐

90 - 50 = ☐

50 - 20 = ☐

Wie heißt die Rechnung?

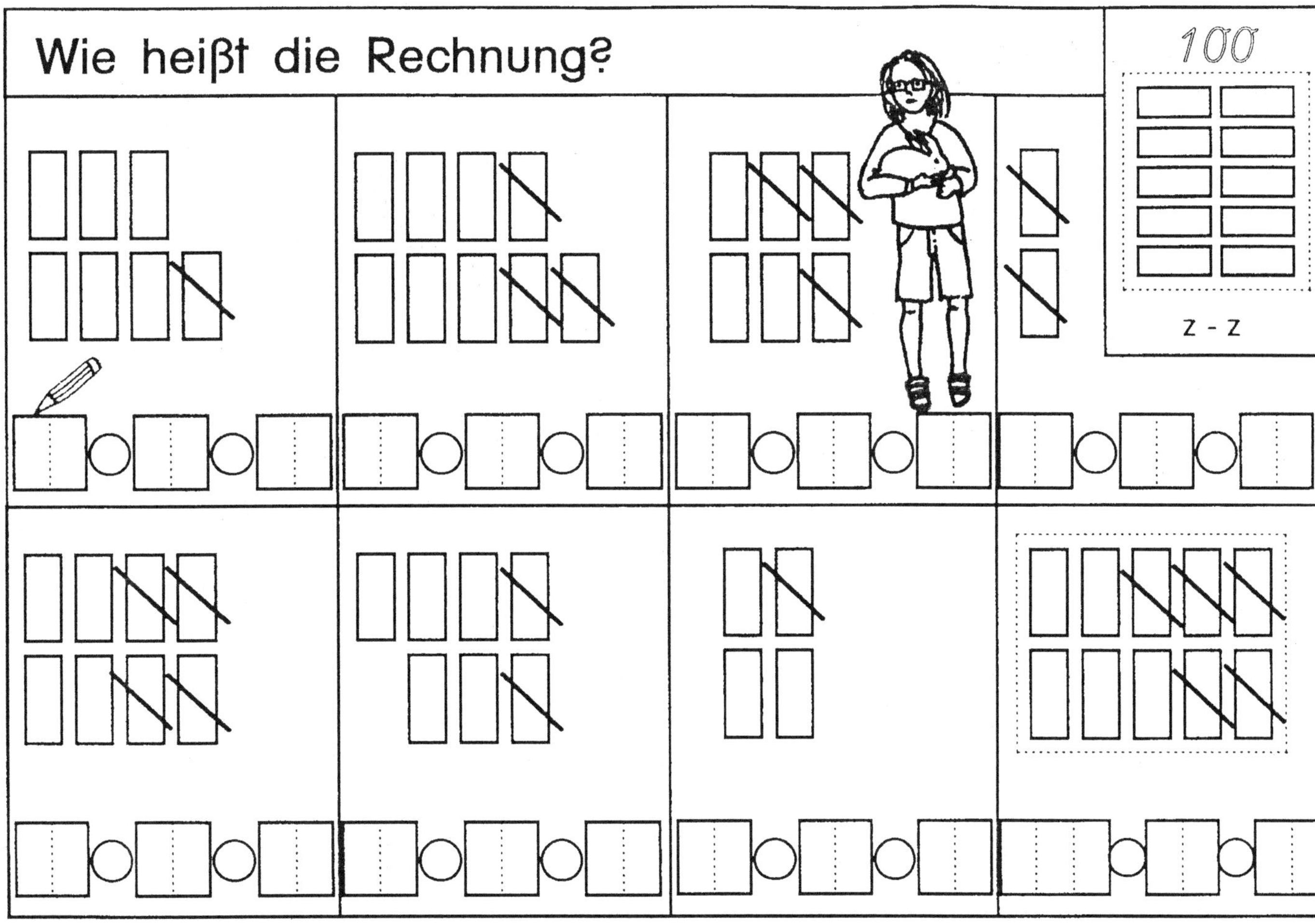

Los geht`s

40 - 20 =	50 - 40 =	80 - 70 =	10 - 10 =
30 - 20 =	90 - 20 =	100 - 80 =	20 - 8 =
20 - 4 =	16 - 9 =	90 - 40 =	80 - 60 =
90 - 10 =	100 - 10 =	70 - 30 =	50 - 30 =
60 - 10 =	80 - 20 =	100 - 20 =	60 - 20 =
70 - 20 =	70 - 60 =	80 - 30 =	100 - 90 =
100 - 0 =	12 - 5 =	100 - 40 =	40 - 30 =
13 - 6 =	90 - 80 =	100 - 70 =	90 - 70 =
60 - 50 =	60 - 30 =	17 - 3 =	70 - 40 =
90 - 50 =	60 - 40 =	80 - 50 =	90 - 60 =

+/- Aufgaben

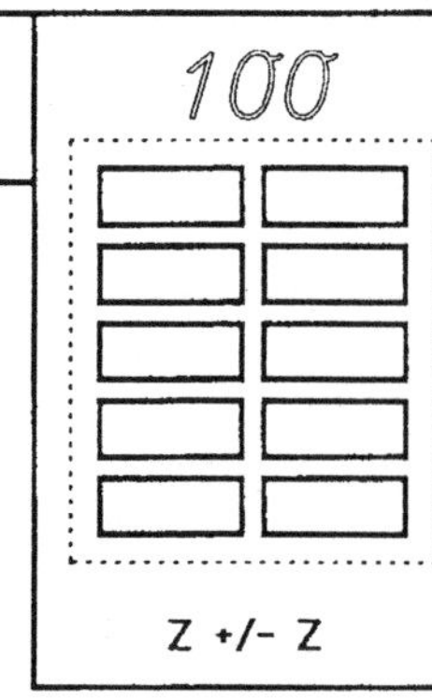

2 ⊕ 3 ⊜ ☐

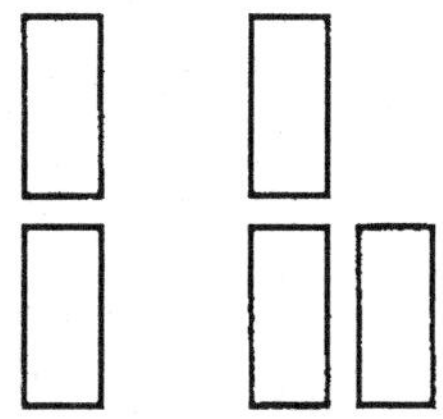

20 ⊕ 30 ⊜ ☐

2 ⊖ 1 ⊜ ☐

20 ⊖ 10 ⊜ ☐

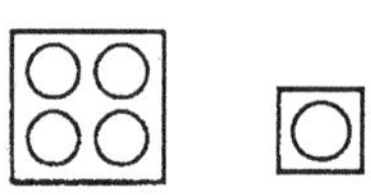

☐ ○ ☐ ○ ☐

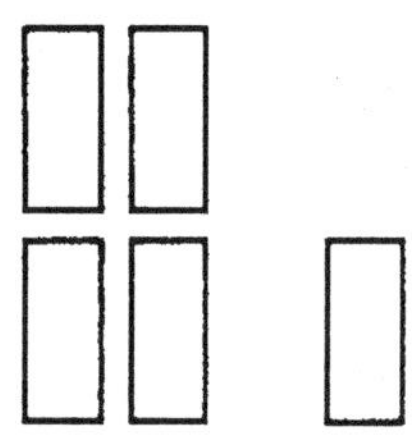

☐ ○ ☐ ○ ☐

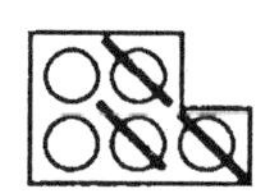

☐ ○ ☐ ○ ☐

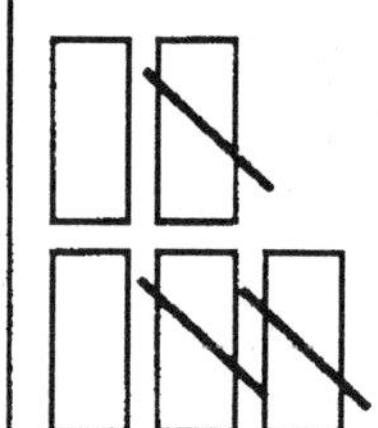

☐ ○ ☐ ○ ☐

Male zur Rechnung!

70 - 50 = ☐	30 + 20 = ☐	17 - 5 = ☐	80 - 40 = ☐
90 + 10 = ☐	60 - 30 = ☐	9 - 6 = ☐	10 + 80 = ☐

Achtung: + und – Aufgaben

100

z +/- z

70 – 20 =	20 + 30 =	90 – 20 =	
30 + 40 =	19 – 5 =	10 + 40 =	
10 + 10 =	80 – 30 =	14 – 6 =	
60 – 30 =	9 + 10 =	40 + 40 =	10 + 30 =
70 – 30 =	30 + 30 =	80 – 20 =	70 – 40 =
100 – 50 =	40 – 30 =	20 + 70 =	30 – 20 =
11 + 8 =	30 + 70 =	8 + 7 =	50 – 50 =
50 + 20 =	50 – 30 =	80 – 40 =	60 + 40 =
50 – 40 =	80 + 10 =	60 – 40 =	10 + 80 =
10 + 50 =	10 + 90 =	90 – 40 =	90 – 70 =

Rechne und male!

Sachaufgaben

100

Die Zehner-Zahlen

Die Marktfrau hat schon 30 Euro in der Kasse.
Sie verkauft weitere Eier für 20 Euro.

Wir fragen: ____________________

Wir rechnen: ☐ ○ ☐ ○ ☐

Wir antworten: ____________________

Steffi hat an ihrem Marktstand nur noch 20 Karotten.
Jhr Mann bringt im Lieferwagen noch 40 Karotten.

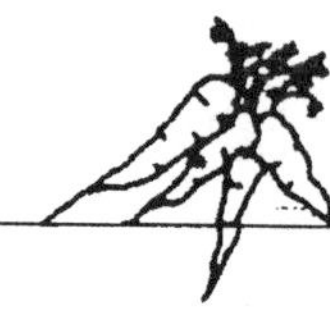

Wir fragen: ____________________

Wir rechnen: ☐ ○ ☐ ○ ☐

Wir antworten: ____________________

Um 12 Uhr hat die Eierfrau noch 9 volle Eierschachteln.
Um 13 Uhr sind nur noch 10 Eier übrig.

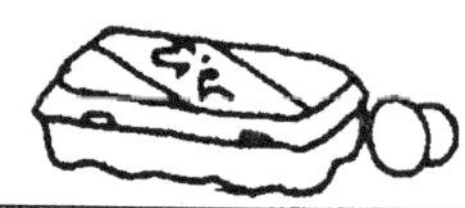

Wir fragen: ____________________

Wir rechnen: ☐ ○ ☐ ○ ☐

Wir antworten: ____________________

Am Bratspieß bruzzeln 30 Hähnchen. 20 Hähnchen sind fertig gebraten. Der Verkäufer nimmt sie vom Spieß.

Wir fragen: ____________________

Wir rechnen: ☐ ○ ☐ ○ ☐

Wir antworten: ____________________

Hinrich hat an seinem Blumenstand 40 gelbe Tulpen
und 40 lila Tulpen.

Wir fragen: ____________________

Wir rechnen: ☐ ○ ☐ ○ ☐

Wir antworten: ____________________

Am Morgen sind 100 rote Rosen im Blumeneimer. Als der Markt beendet ist, hat die Händlerin nur noch 10 Rosen übrig.

Wir fragen: ____________________

Wir rechnen: ☐ ○ ☐ ○ ☐

Wir antworten: ____________________

Auf der Dult

100

Die Zahlen bis 100

Wie viele Zehnerschachteln, wie viele Einzelne?

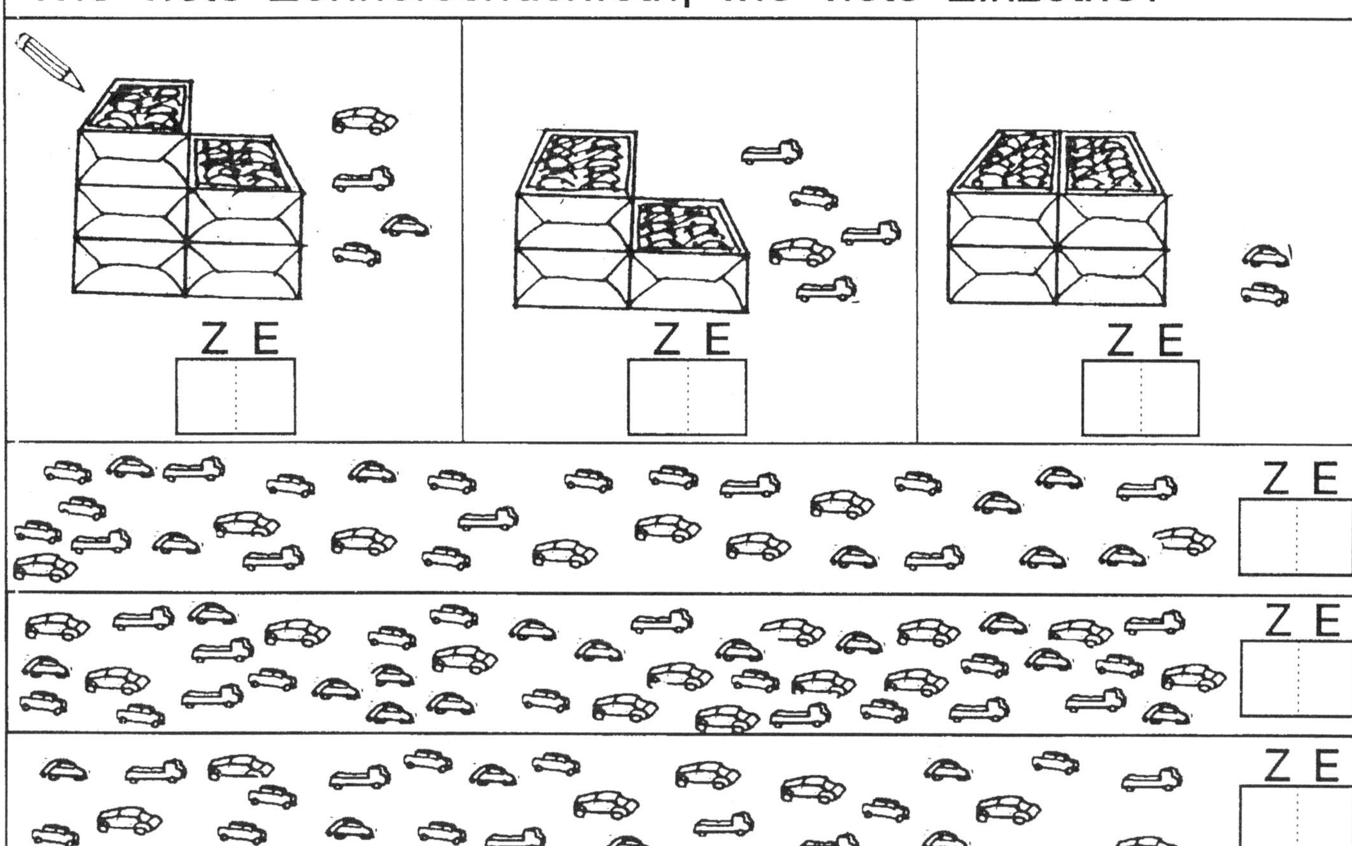

Verpacke selbst! Umrahme die Zehner rot.

100

Die Zahlen bis 100

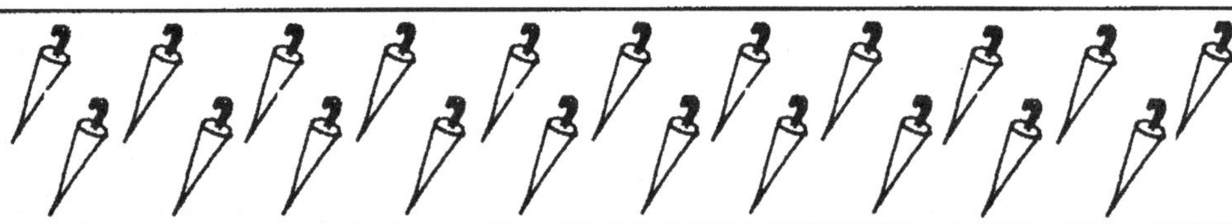

Z E

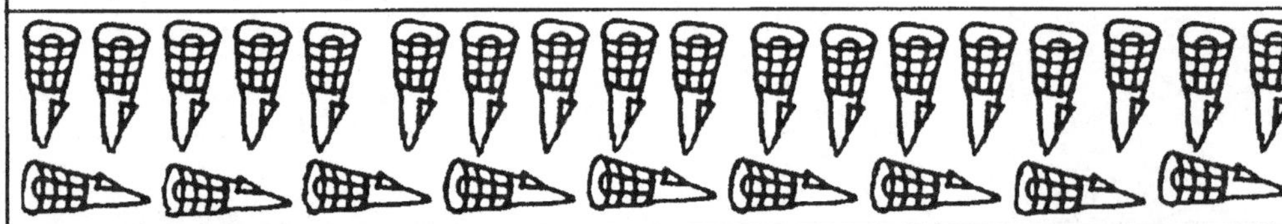

Z E

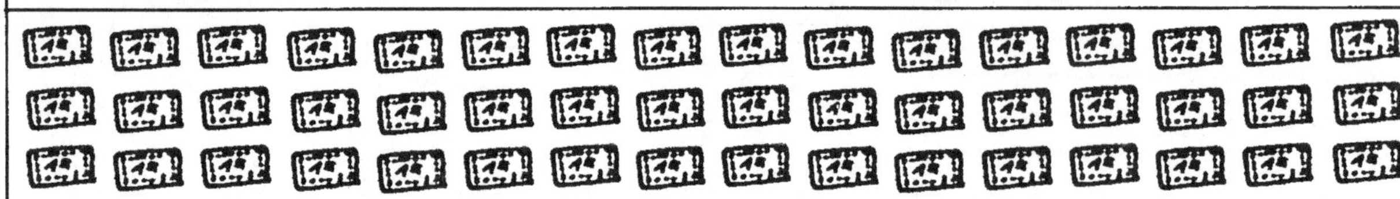

Z E

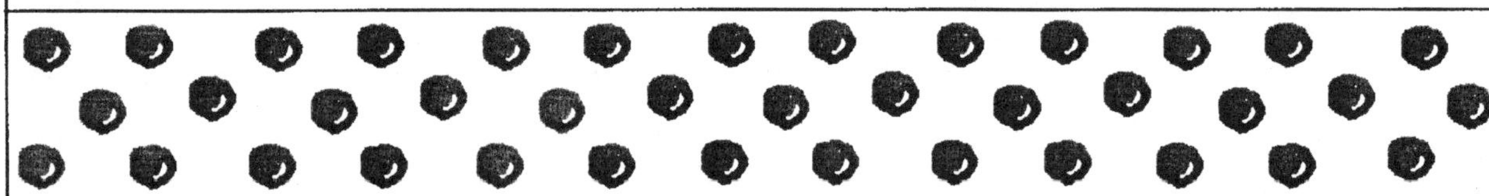

Z E

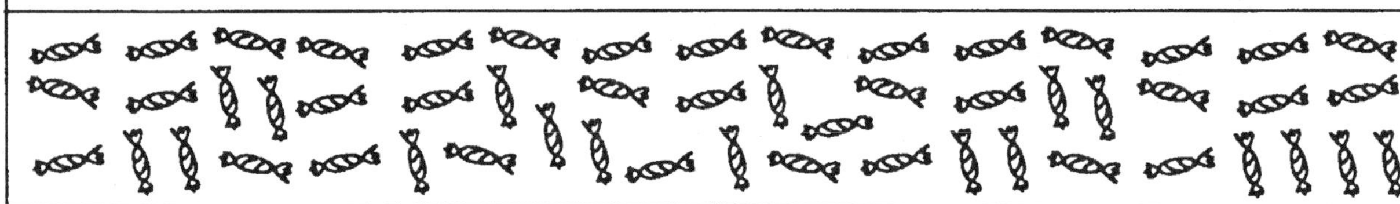

Z E

Wie viel ist von jedem da? Verpacke!

Z E

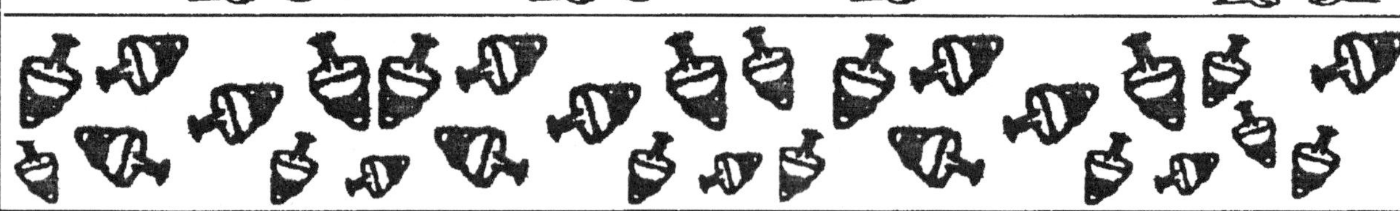

Z E

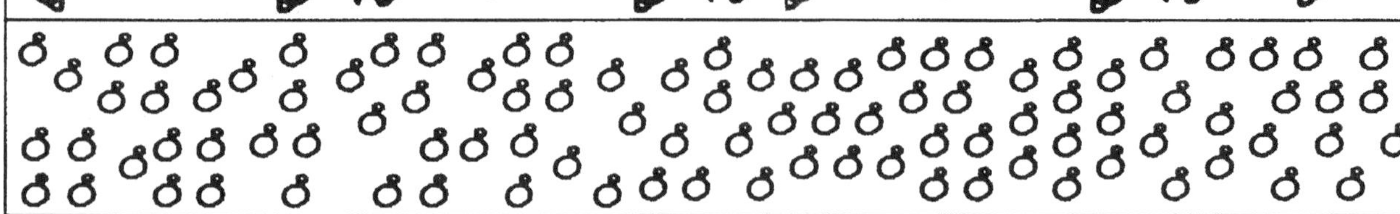

Z E

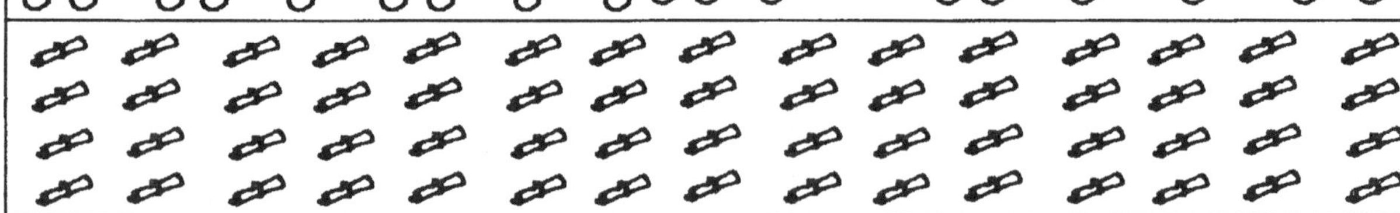

Z E

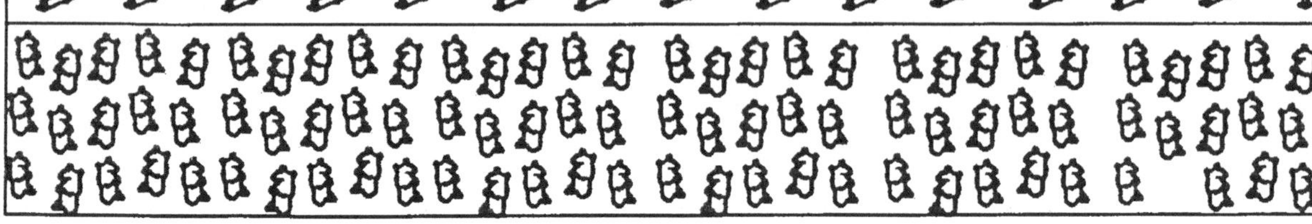

Z E

Schreibe die richtige Zahl zur Menge!

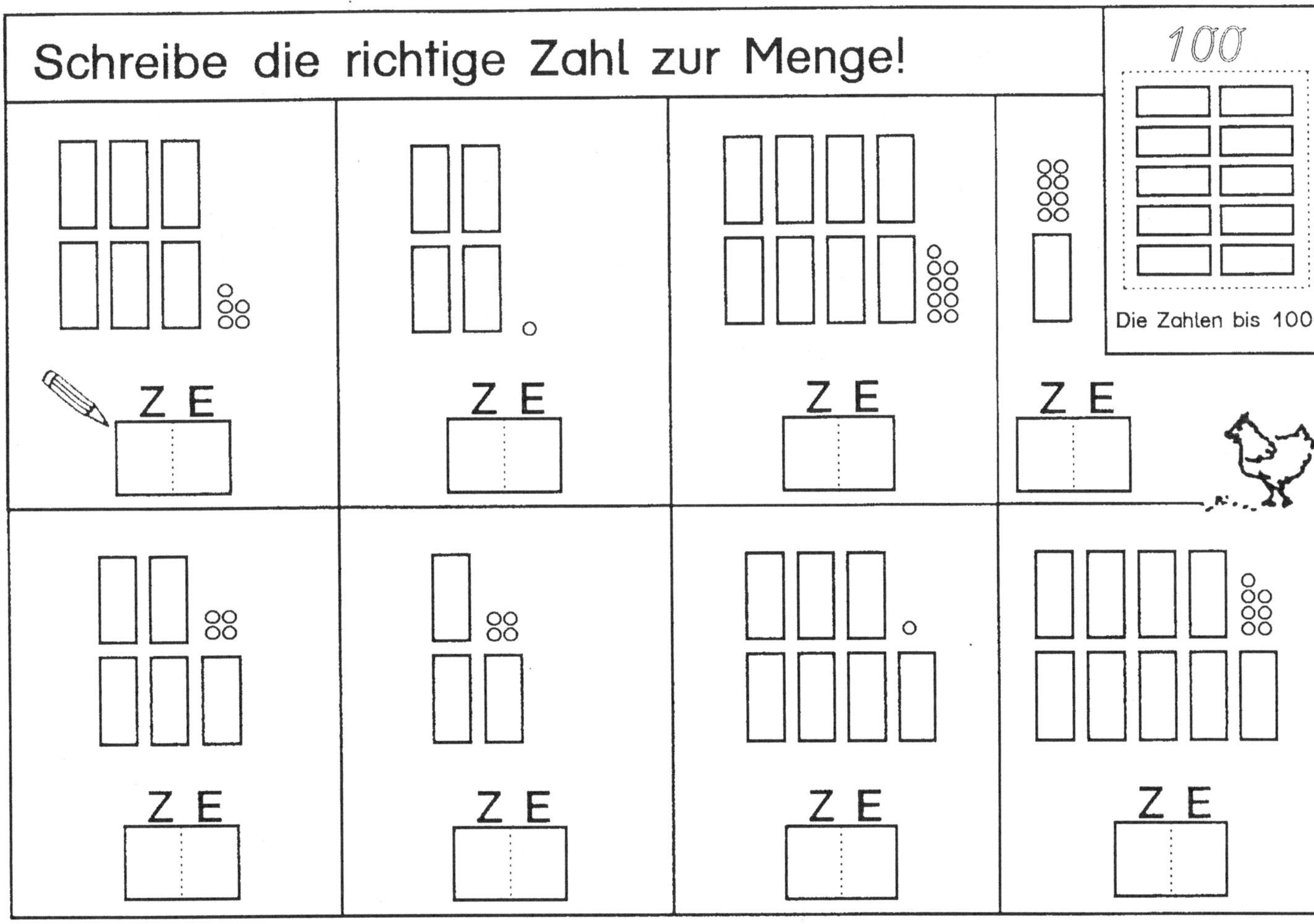

Male die Mengen rot und blau!

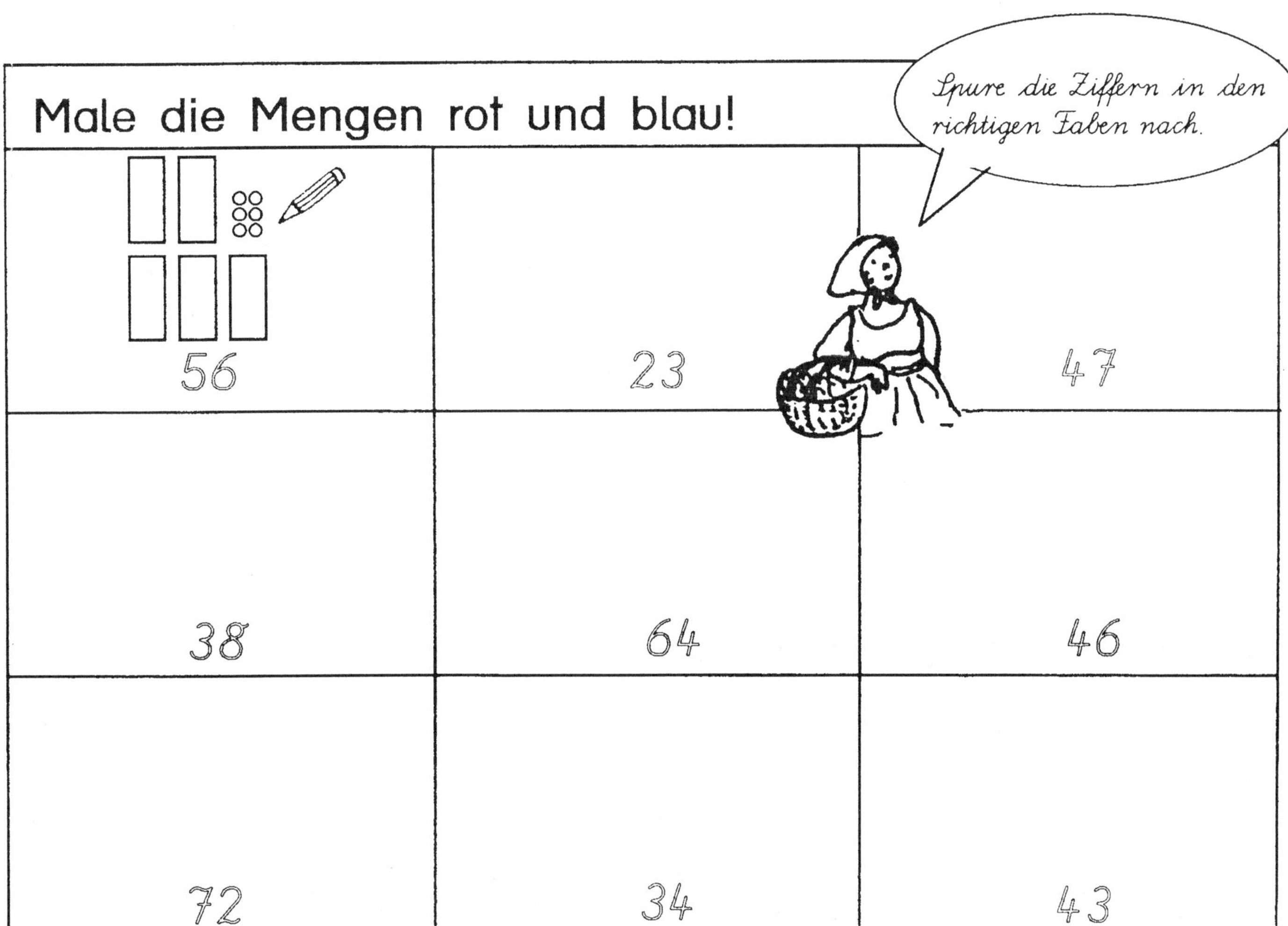

Wie heißen die Zahlen? Schreibe rot und blau!

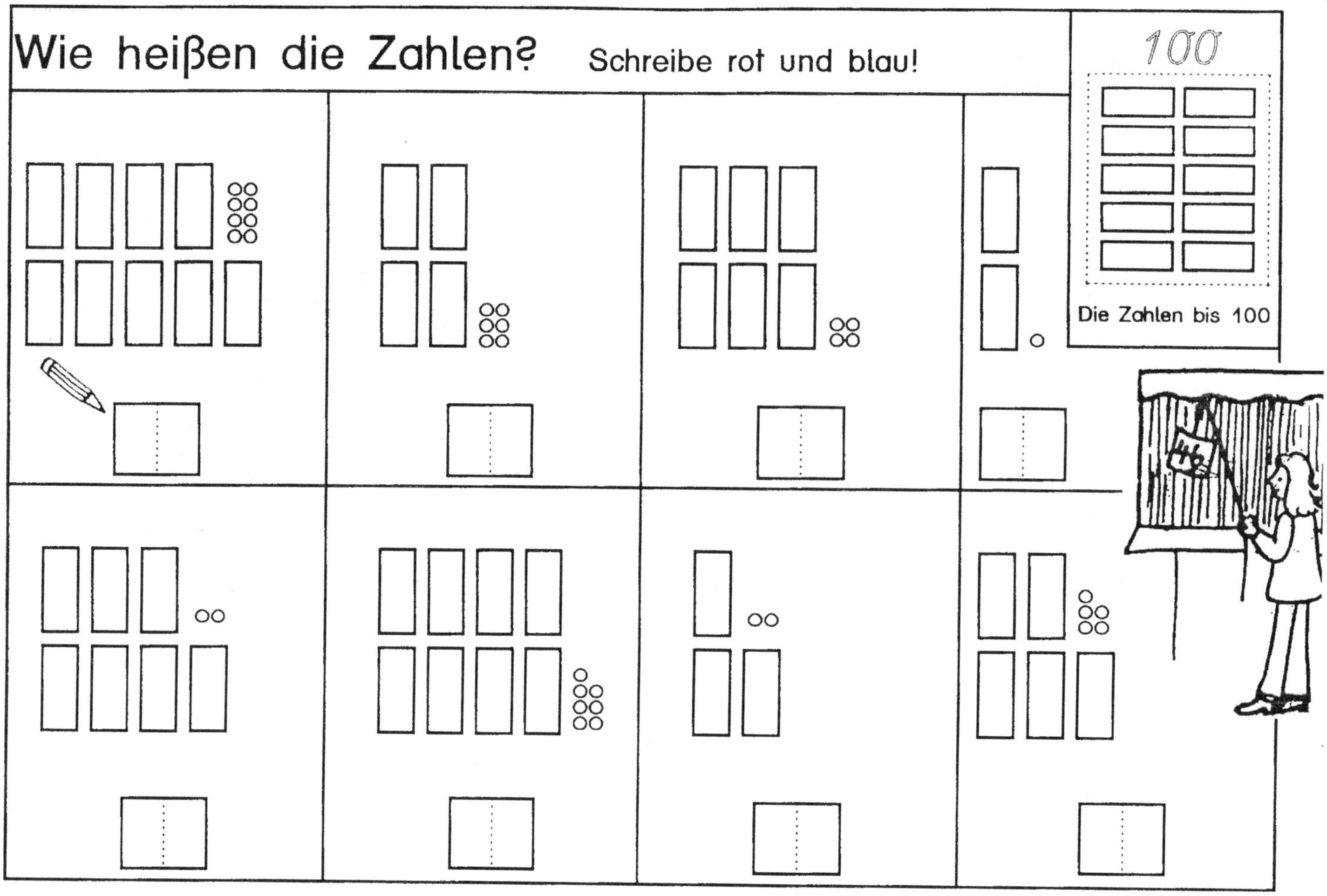

Male und schreibe!

sechs-und-siebzig	fünf-und-dreißig	acht-und-vierzig
drei-und-fünfzig	zwei-und-sechzig	ein-und-zwanzig
vier-und-neunzig	sechs-und-sechzig	neun-und-vierzig

Male in den richtigen Farben aus!

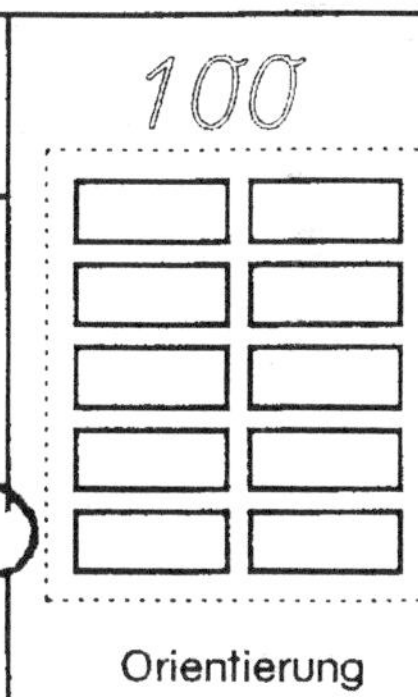

gelb: 21, 33, 29, 31

hellblau: 22, 32, 24, 34

lila: 30, 40,

braun: 64, 74, 84

orange: 61, 72, 83, 65, 76, 87

grün: 68, 78, 88

gelb: 69, 80, 89

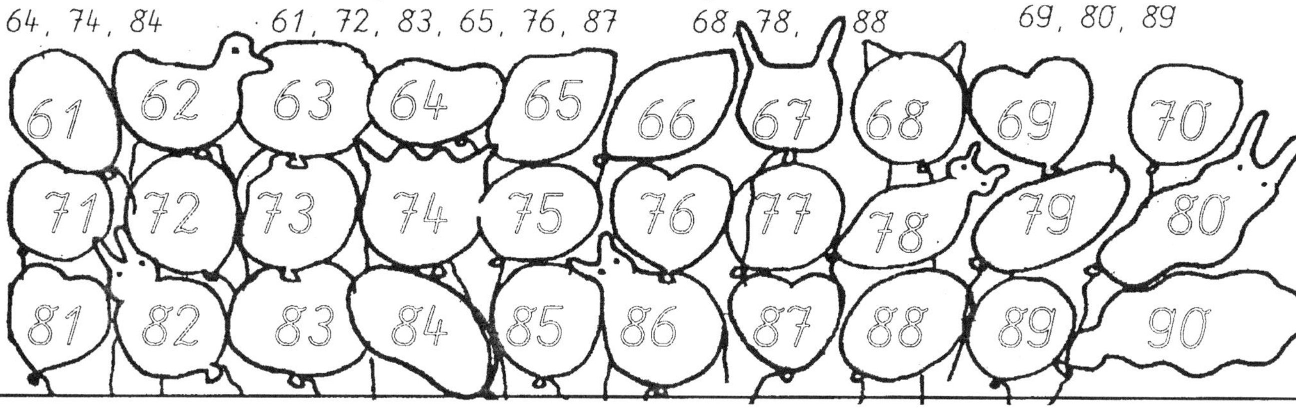

Findest du die Zahlen?

blau: 80, 70, 60, 50, 40, 30, 28, 38, 48, 58, 68, 78, 89. 19

grün: 21, 12, 32, 42, 52, 62, 72, 82, 22

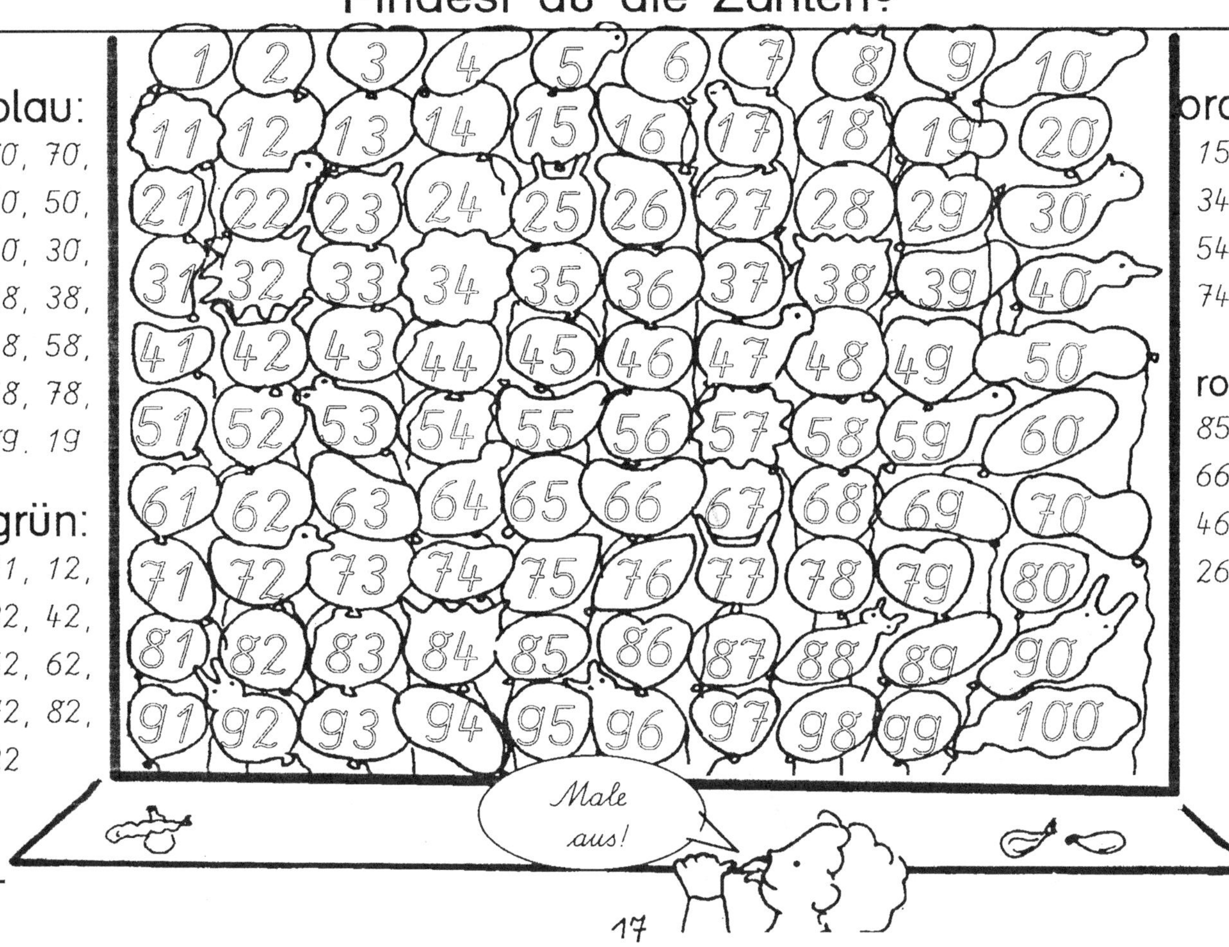

orange: 15, 24, 34, 44, 54, 64, 74,

rot: 85, 76, 66, 56, 46, 36, 26

Kennst du diese Zahlen?

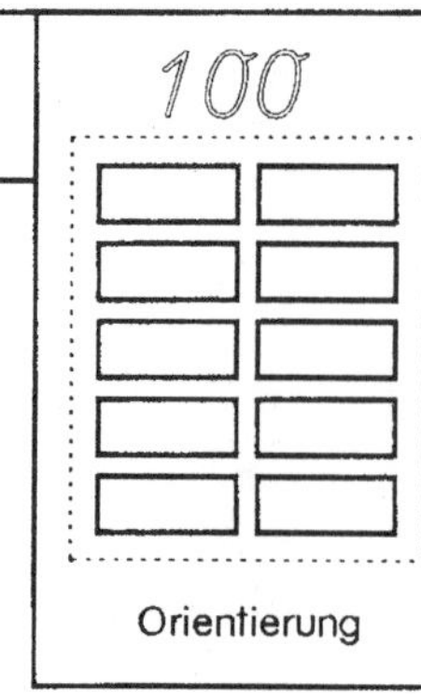

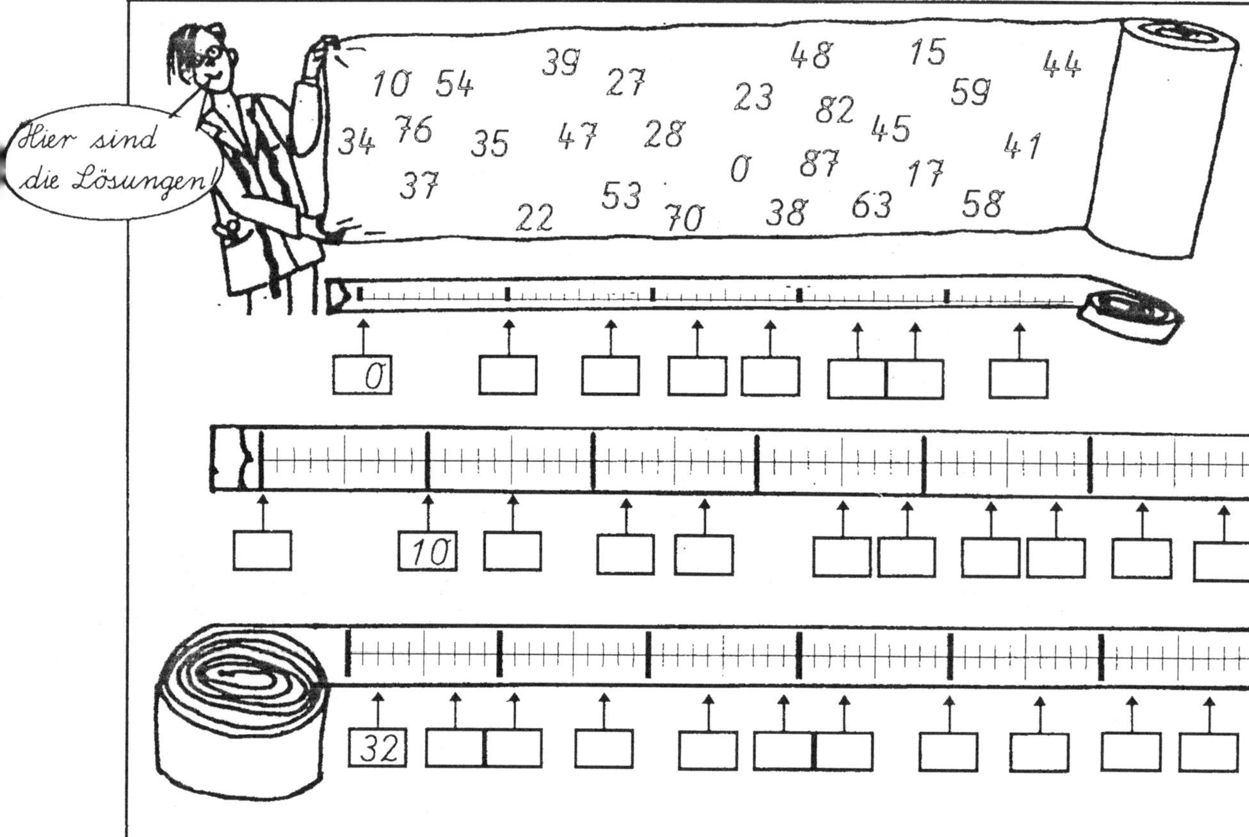

Verbinde die Zahlen bis 100

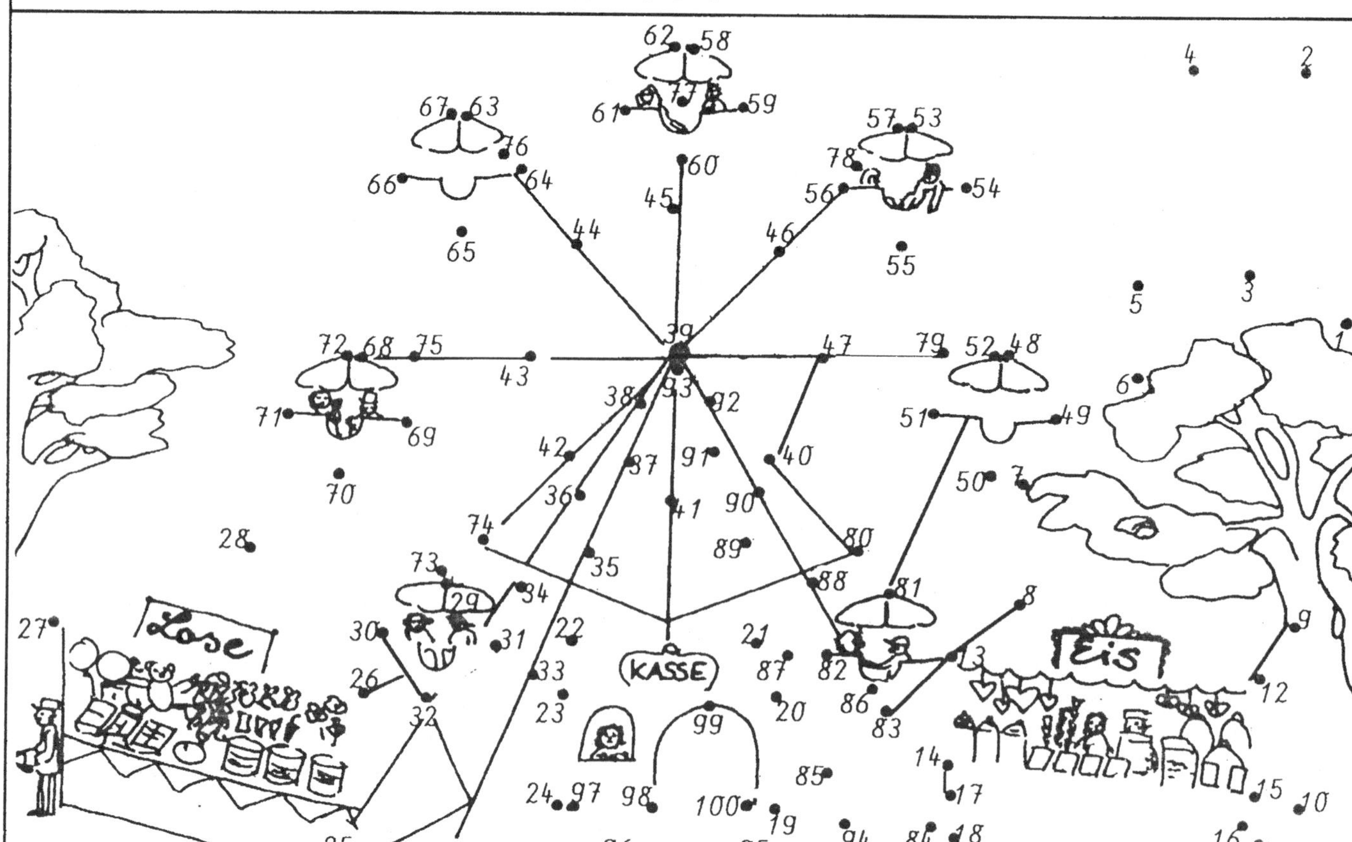

Vorgänger und Nachfolger Schreibe rot und blau!

100

Orientierung

21	22	
	57	
	36	
	18	
	74	
	91	
	45	
	56	

Nachbarn

88	53	61	76	98

	37			78			95		46				62	
		85		48			27			63			84	
96				74			32			21		50		
	83			7			68			86			92	
	54			35			75			66			24	

Was kommt danach?

79		49		39		69		89		29		69		29	
19		39		59		99		28		49		79		41	
99		29		48		49		38		59		69		89	

Was kommt davor?

	60		30		20		40		10		70		100		50
	80		90		45		68		60		30		40		20
	100		70		10		80		70		20		50		90

Welche Zahlen fehlen? Male im Bild an!

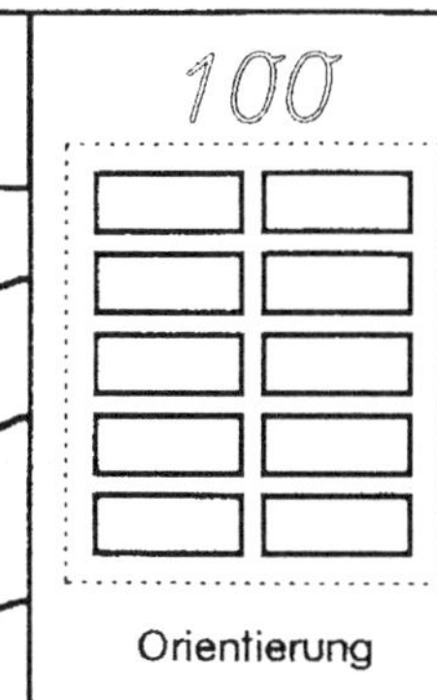

	70			20			50	
68					90		40	
28			37					81
	10			30				31
78					63		60	
	80				41	48		
		52	61				90	

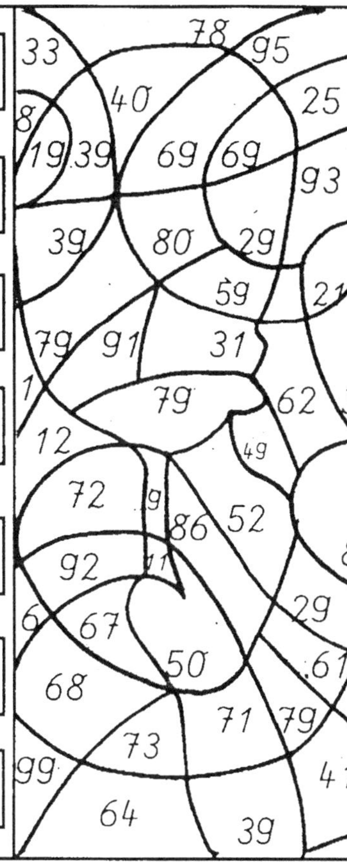

Ergänze die fehlenden Zahlen!

	20			40			90			30			70	
38			92			58			98			88		
		70			61			85			51			71
	79		18					11				29		
	80			39		19					51		19	
		21			71	59			89				20	
	99				11		49			9		49		

Wir vergleichen: 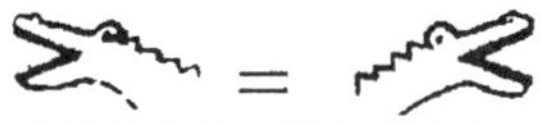

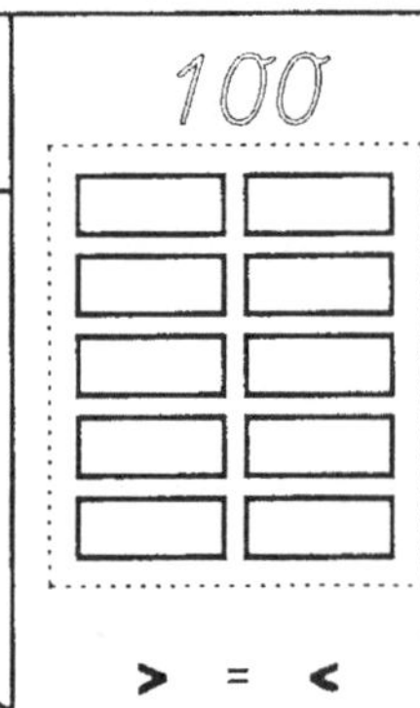

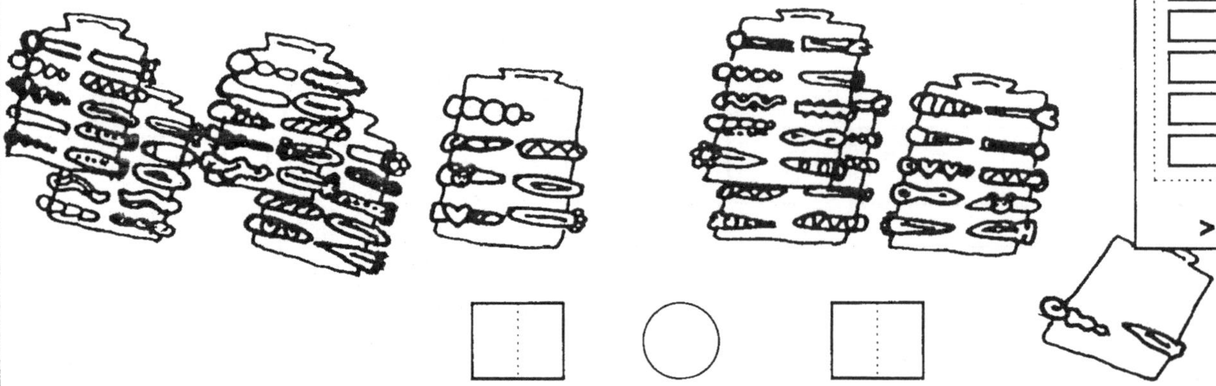

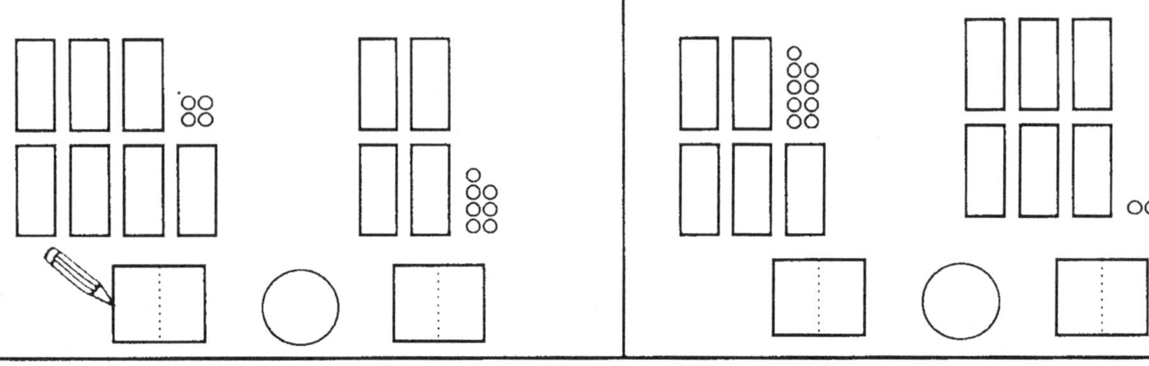

Größer oder kleiner?

23 (<) 24	69 ◯ 63	17 ◯ 19	45 ◯ 46
43 ◯ 49	61 ◯ 65	30 ◯ 39	82 ◯ 81
75 ◯ 72	70 ◯ 75	48 ◯ 40	94 ◯ 93
84 ◯ 81	34 ◯ 43	76 ◯ 72	27 ◯ 26
92 ◯ 90	29 ◯ 28	94 ◯ 90	57 ◯ 56
49 ◯ 76	90 ◯ 49	63 ◯ 36	57 ◯ 48
58 ◯ 41	73 ◯ 37	79 ◯ 91	91 ◯ 82
90 ◯ 84	54 ◯ 18	84 ◯ 42	21 ◯ 31
52 ◯ 25	80 ◯ 70	61 ◯ 72	48 ◯ 51
73 ◯ 50	100 ◯ 99	92 ◯ 70	33 ◯ 34

Male selbst und vergleiche!

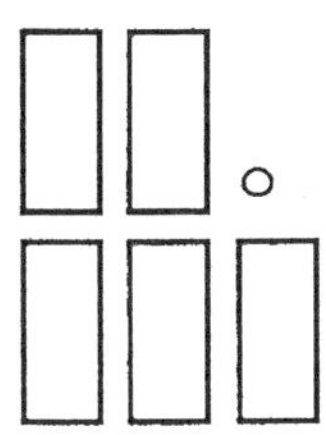

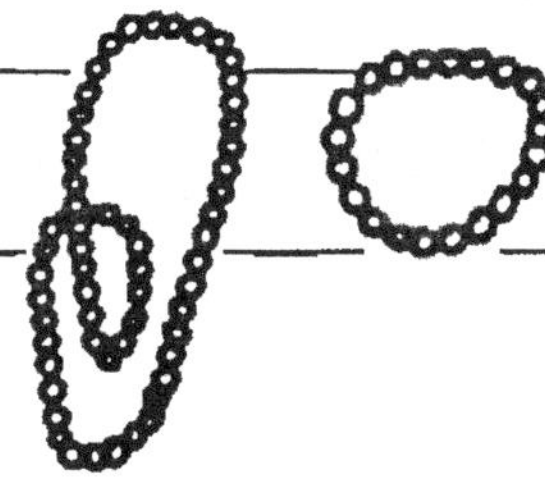

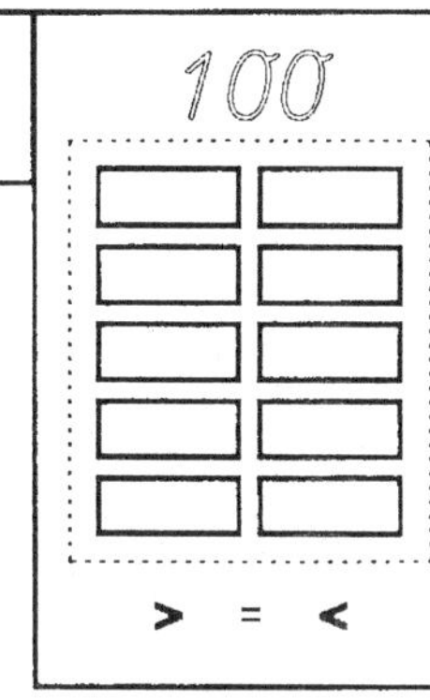

51 ○ 56

36 ○ 46

Ordne nach der Größe.

15 72 31 51 95 70 52 25 45

Ordne nach der Größe. Beginne mit der kleinsten Zahl!

16 72 55 37 45 73 27 54 61

Ordne nach der Größe. Beginne mit der größten Zahl!

30 69 63 98 31 96 89 13 46

Spielwaren: Bei den Einern passiert etwas!

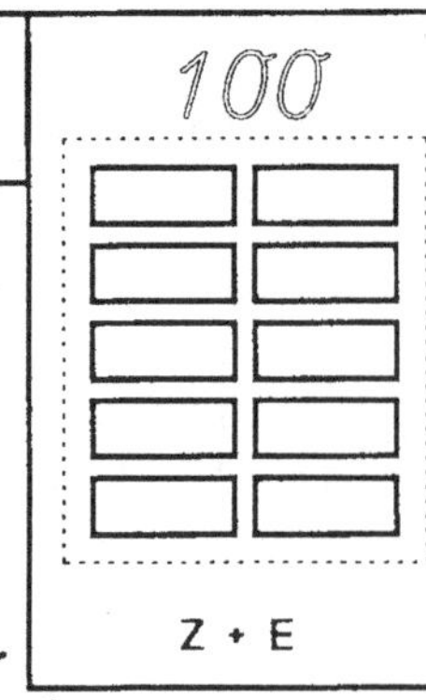

50 + 2 = ☐

80 + 7 = ☐

60 + 6 = ☐

40 + 5 = ☐

Male die Rechnung! Schreibe und male rot/blau!

40 + 6 = ☐

80 + 7 = ☐

60 + 0 = ☐

50 + 2 = ☐

20 + 9 = ☐

90 + 8 = ☐

70 + 4 = ☐

30 + 5 = ☐

Male die Rechnung!

100

Z + E

20 + 2 = ☐	40 + 5 = ☐	
50 + 7 = ☐	70 + 2 = ☐	30 + 8 = ☐
40 + 9 = ☐	60 + 3 = ☐	30 + 9 = ☐

Wie heißt die Rechnung?

50 + 4 = ☐	☐ ◯ ☐ ◯ ☐	☐ ◯ ☐ ◯ ☐	☐ ◯ ☐ ◯ ☐
☐ ◯ ☐ ◯ ☐	☐ ◯ ☐ ◯ ☐	☐ ◯ ☐ ◯ ☐	☐ ◯ ☐ ◯ ☐

+ Aufgaben

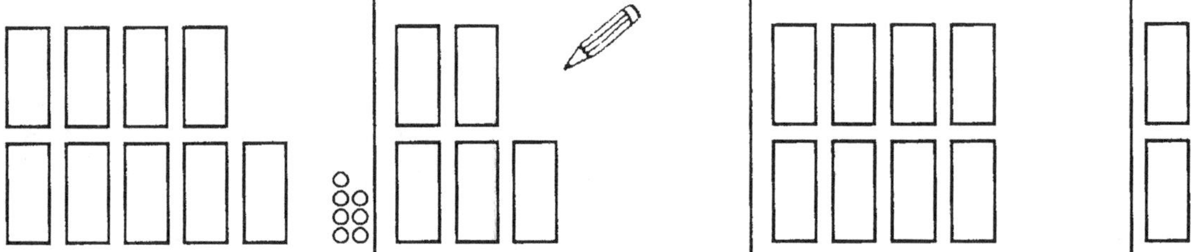

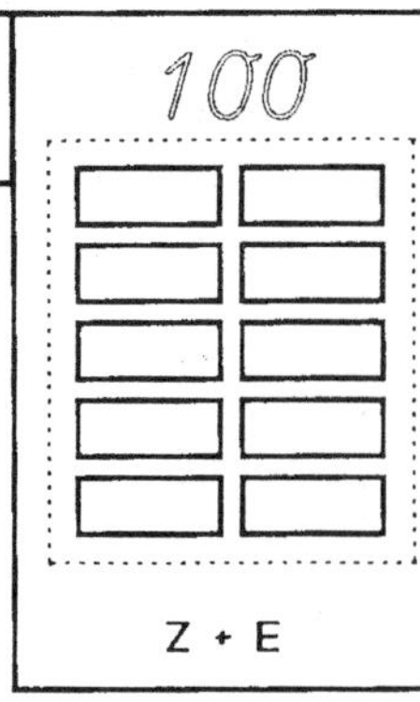

90 + 7 =	50 + 8 =	80 + 5 =	20 + 4 =
20 + 5 =	80 + 6 =	70 + 0 =	7 + 7 =
40 + 4 =	20 + 3 =	6 + 8 =	60 + 4 =
70 + 3 =	30 + 1 =	50 + 9 =	70 + 7 =
14 + 5 =	7 + 8 =	90 + 2 =	80 + 3 =
10 + 9 =	90 + 4 =	80 + 8 =	60 + 7 =

Für fleißige Mädchen und Buben!

+5		+8		+4		+2	
70		80		60		20	
50		40		70		40	
90		10		80		90	
20		30		30		30	
60		70		50		80	

Zerlege in Zehner und Einer!

28 = 20 + ☐

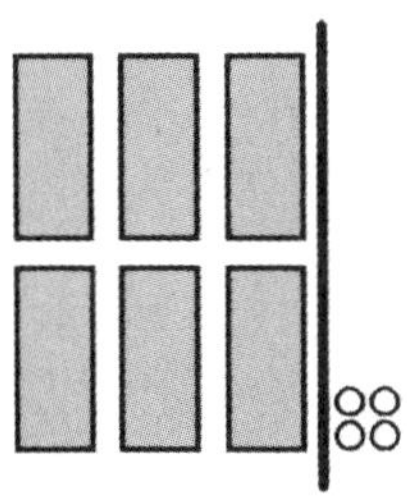	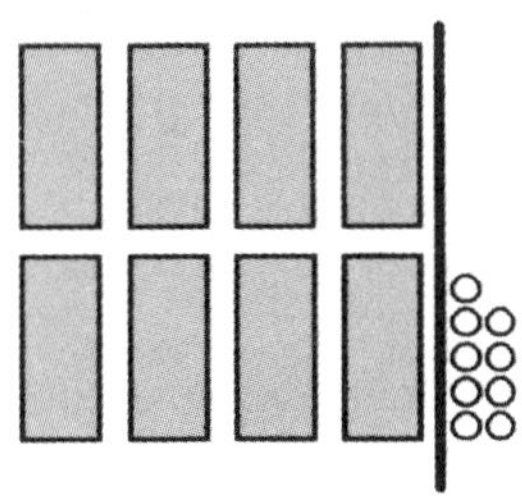	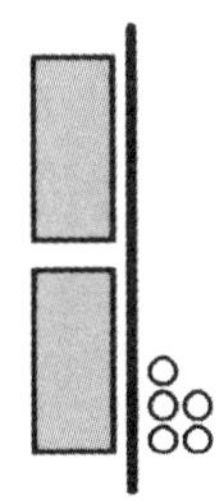	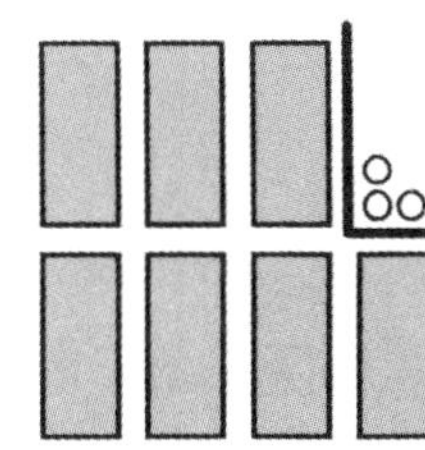
64 = 60 + ☐	89 = 80 + ☐	25 = 20 + ☐	73 = 70 + ☐

Male selbst!

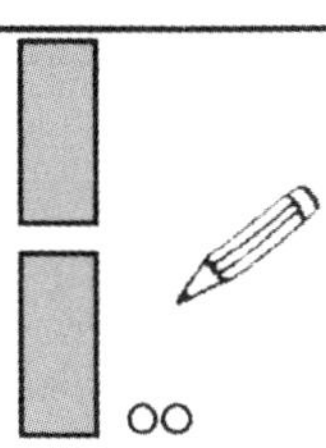 22 = 20 + ☐	44 = 40 + ☐	84 = 80 + ☐
53 = 50 + ☐	78 = 70 + ☐	37 = 30 + ☐
46 = 40 + ☐	69 = 60 + ☐	35 = 30 + ☐

Wie heißt die Rechnung?

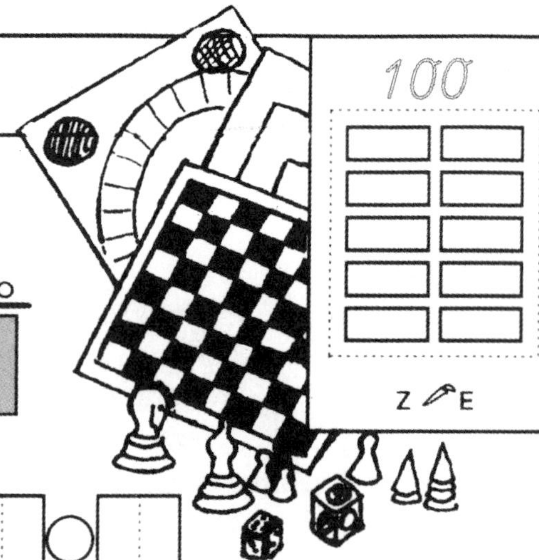

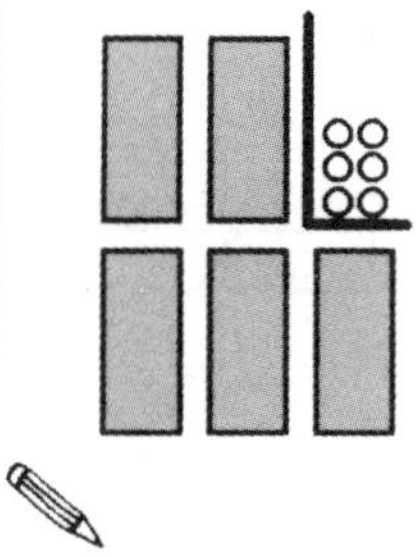

56 = 50 + □

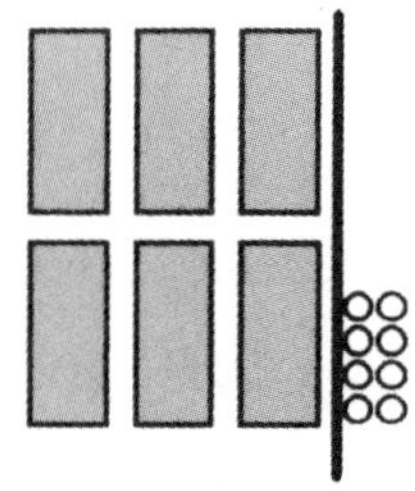

□ ○ □ ○ □

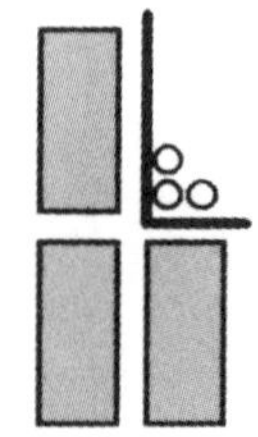

□ ○ □ ○ □

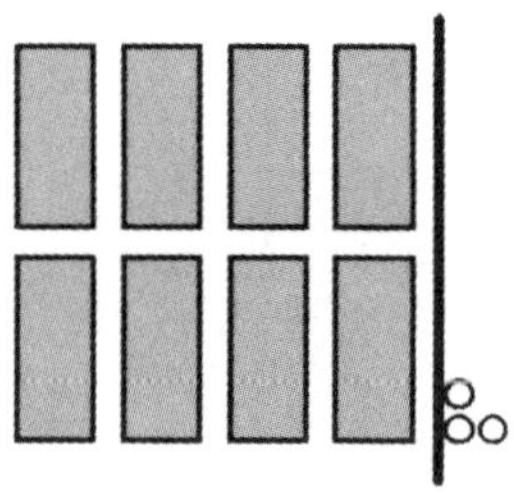

□ ○ □ ○ □

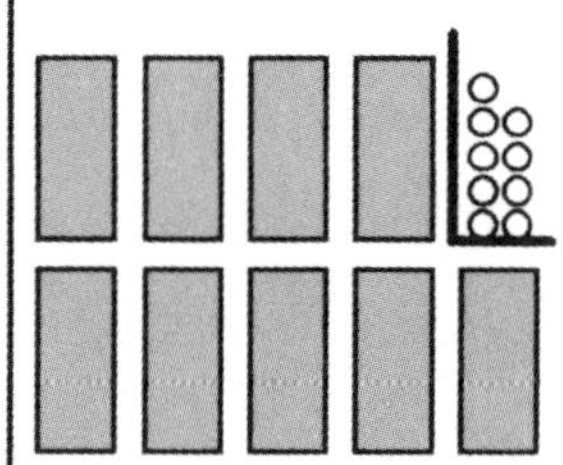

□ ○ □ ○ □

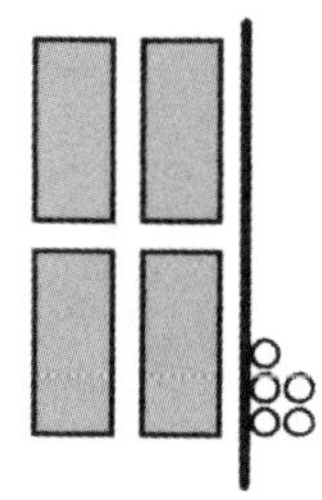

□ ○ □ ○ □

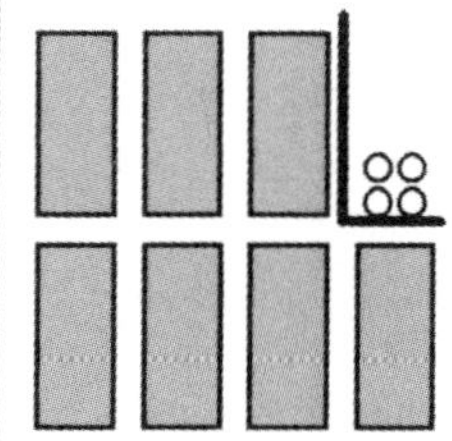

□ ○ □ ○ □

Zerlege!

35 = 30 + □	59 = □ + 9	91 = □ + 1	36 = □ + 6
67 = 60 + □	27 = 20 + □	68 = 60 + □	26 = 20 + □
48 = □ + 8	41 = □ + 1	72 = 70 + □	76 = □ + 6
19 = □ + 9	14 = 7 + □	83 = □ + 3	9 = 5 + □
48 = □ + 8	49 = □ + 9	72 = □ + 2	96 = 90 + □
99 = □ + 9	19 = 10 + □	70 = □ + 0	29 = 20 + □
48 = 40 + □	75 = 70 + □	62 = □ + 2	74 = 70 + □
94 = 90 + □	69 = □ + 9	29 = □ + 9	37 = □ + 7
87 = □ + 7	7 = 4 + □	12 = 9 + □	23 = □ + 3
74 = 70 + □	42 = □ + 2	57 = 50 + □	13 = 7 + □

Ergänze die Einer!

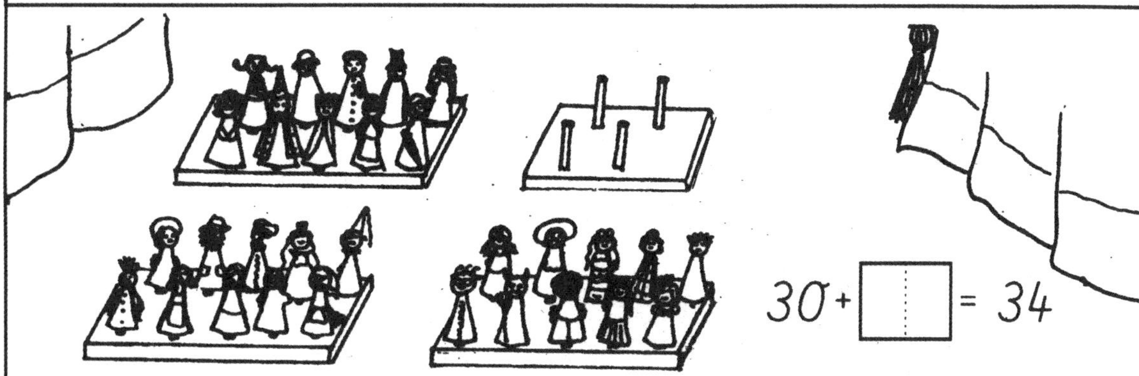

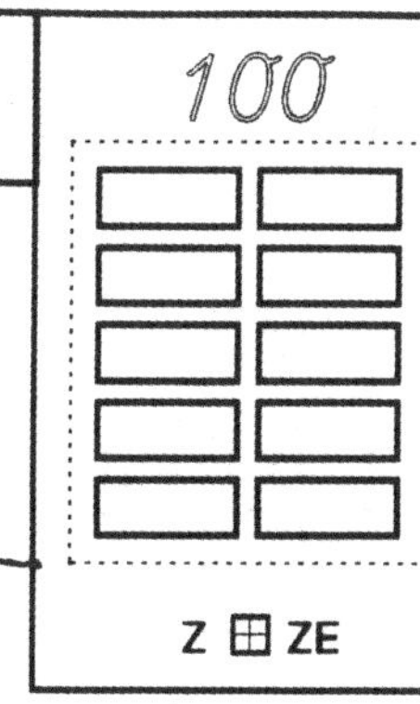

$30 + \square = 34$

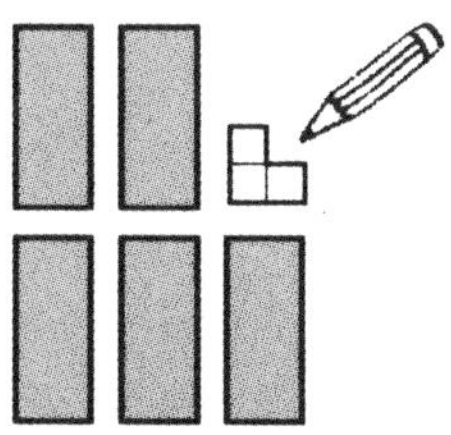 $50 + \square = 53$	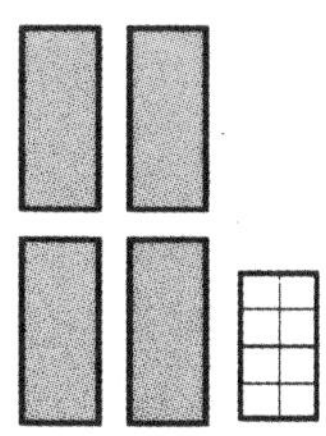 $40 + \square = 48$	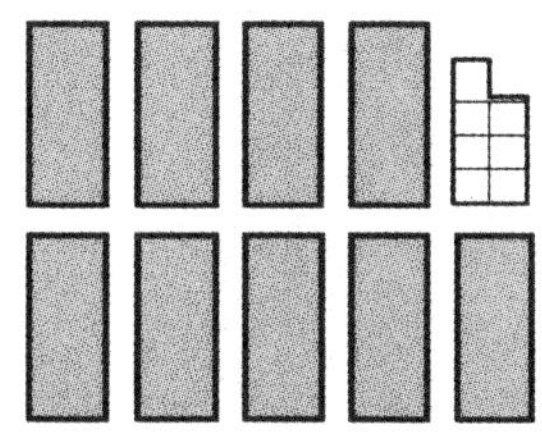 $90 + \square = 97$	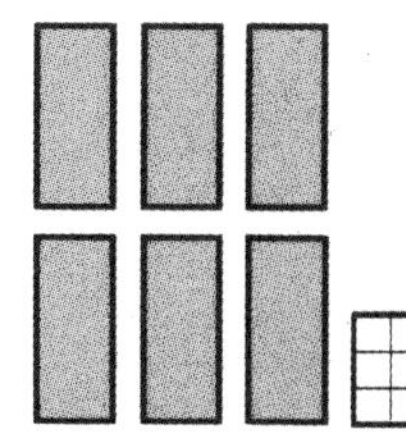 $60 + \square = 66$

Male selbst!

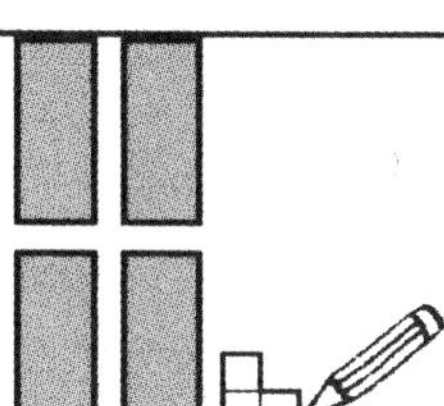 $40 + \square = 43$	$20 + \square = 26$	$30 + \square = 35$
$60 + \square = 62$	$40 + \square = 49$	$80 + \square = 86$
$30 + \square = 34$	$20 + \square = 27$	$40 + \square = 45$

Wie heißt die Rechnung?

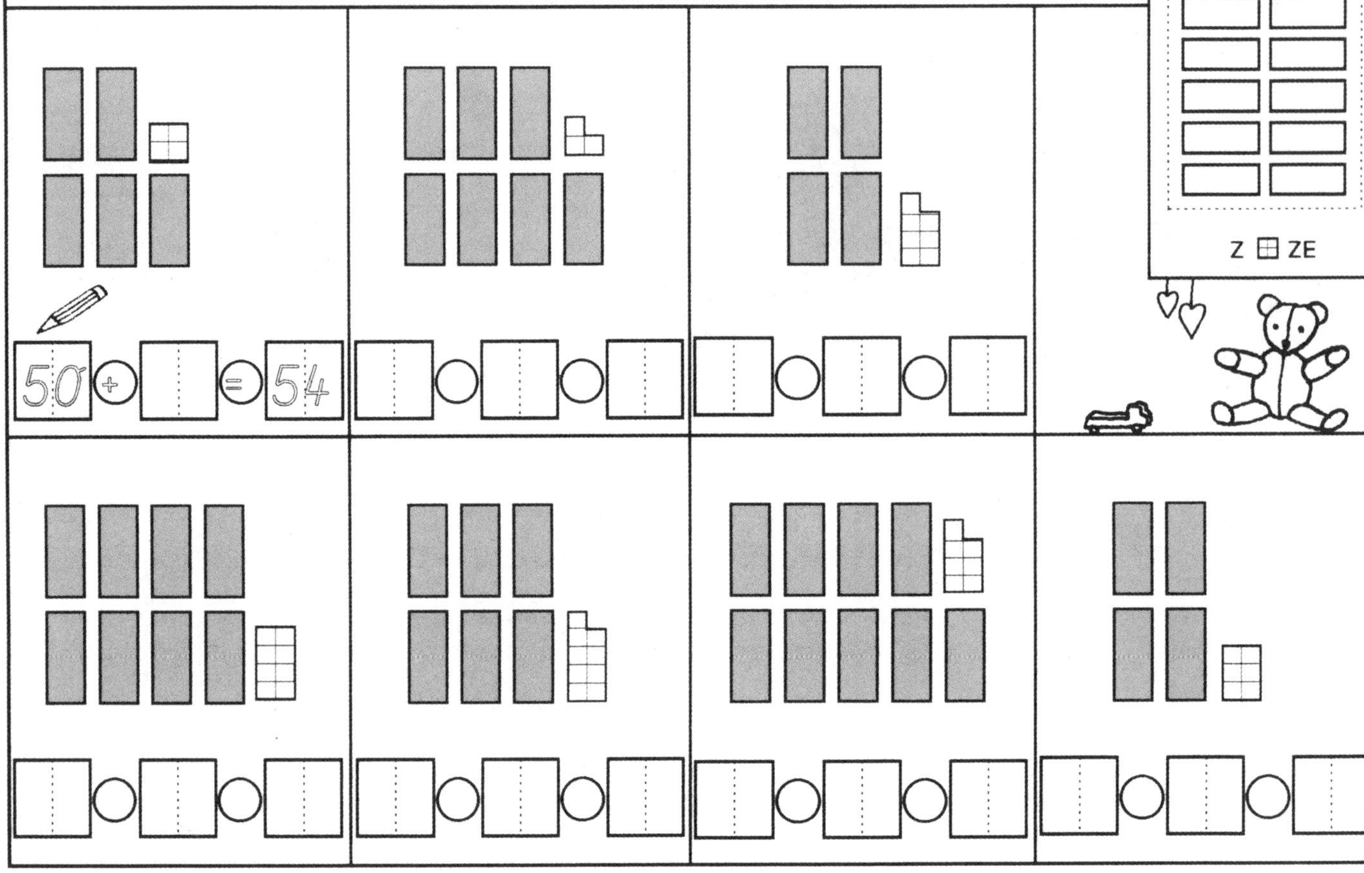

Ergänze!

70 + ☐ = 76	40 + ☐ = 43	40 + ☐ = 42	30 + ☐ = 35
60 + ☐ = 69	20 + ☐ = 26	60 + ☐ = 65	50 + ☐ = 55
50 + ☐ = 57	30 + ☐ = 30	60 + ☐ = 67	80 + ☐ = 83
0 + ☐ = 7	90 + ☐ = 99	40 + ☐ = 47	5 + ☐ = 8
40 + ☐ = 45	16 + ☐ = 19	30 + ☐ = 32	50 + ☐ = 54
90 + ☐ = 91	60 + ☐ = 64	6 + ☐ = 12	50 + ☐ = 59
20 + ☐ = 27	12 + ☐ = 17	90 + ☐ = 95	7 + ☐ = 13
9 + ☐ = 15	70 + ☐ = 79	80 + ☐ = 85	30 + ☐ = 37
80 + ☐ = 84	30 + ☐ = 36	20 + ☐ = 29	80 + ☐ = 87
50 + ☐ = 58	80 + ☐ = 86	70 + ☐ = 72	90 + ☐ = 96

Achtung: gemischte Aufgaben!

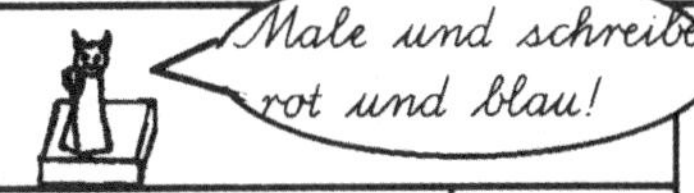

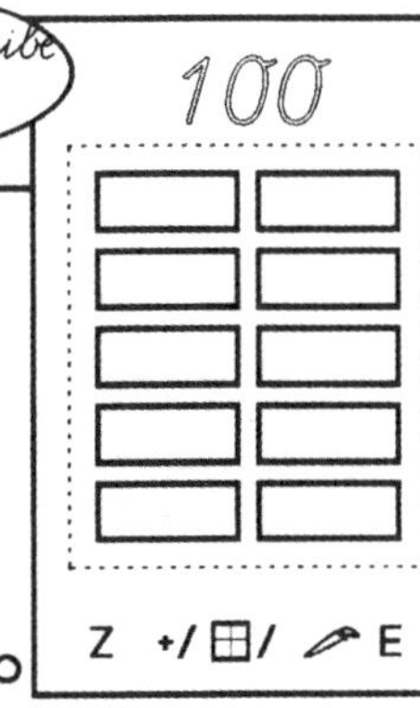

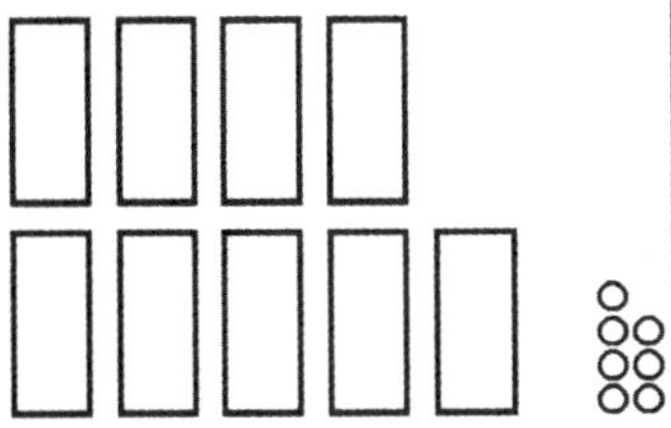	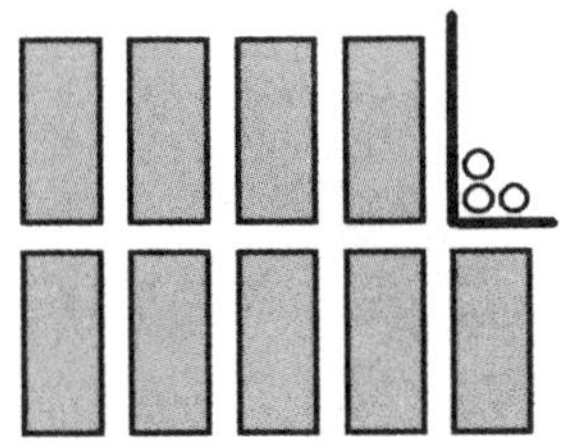	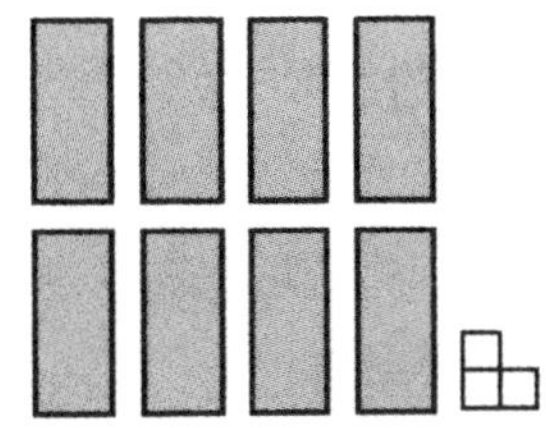	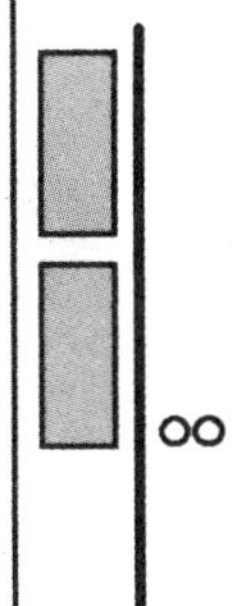
90 + 7 = □	93 = □ + 3	80 + □ = 83	22 = 20 + □
30 + 4 = □	55 = □ + 5	50 + □ = 53	35 = □ + 5
67 = 60 + □	24 = 20 + □	60 + 2 = □	20 + 7 = □
40 + □ = 46	40 + □ = 44	76 = 70 + □	70 + □ = 74
38 = □ + 8	20 + 6 = □	84 = □ + 4	54 = 50 + □
40 + 7 = □	43 = □ + 3	70 + □ = 75	90 + 5 = □

Schau genau!

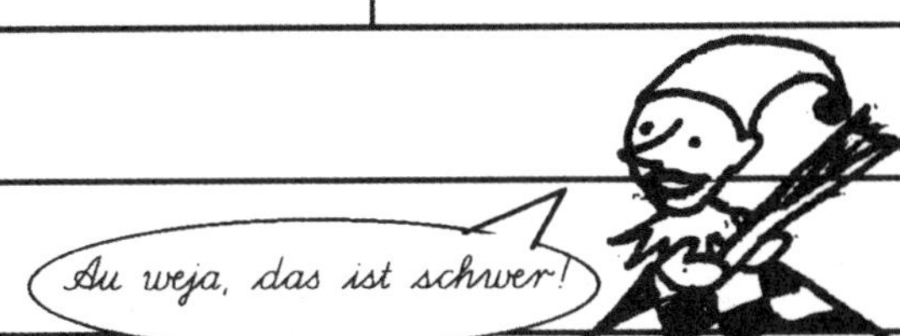

97 = □ + 90	15 + 5 = □	70 + □ = 77	20 + 8 = □
40 + 3 = □	73 = 70 + □	18 = □ + 2	77 = 70 + □
90 + 6 = □	63 = □ + 60	14 + □ = 19	8 + □ = 12
80 + □ = 88	9 + 8 = □	85 = 80 + □	3 + 9 = □
13 = 9 + □	40 + □ = 41	50 + 3 = □	8 = 7 + □

50 + □ = 56	50 + 5 = □	64 = □ + 4	53 = □ + 3
84 + 4 = □	19 = 11 + □	80 + 2 = □	83 = 80 + □
16 = 10 + □	20 + □ = 25	50 + □ = 52	20 + □ = 28
86 = □ + 6	34 = □ + 4	35 = 30 + □	80 + 9 = □
30 + □ = 31	5 + 5 = □	30 + 4 = □	87 = □ + 7

Die Einer werden mehr!

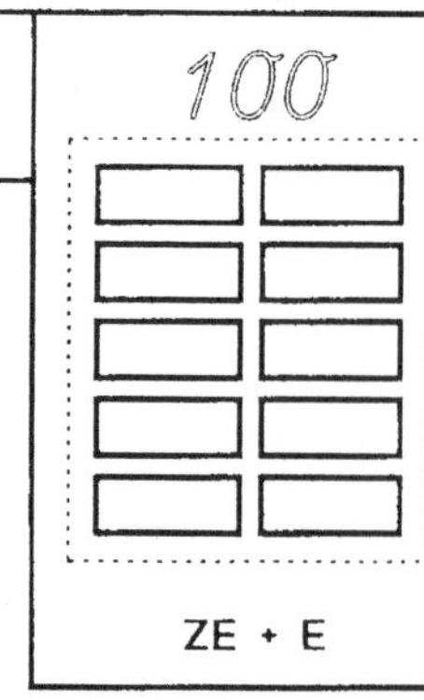

43 + 5 = ☐

34 + 2 = ☐	56 + 3 = ☐	62 + 6 = ☐	43 + 5 = ☐

Male die Rechnung!

45 + 3 = ☐	21 + 7 = ☐	87 + 2 = ☐	78 + 1 = ☐
91 + 5 = ☐	64 + 5 = ☐	73 + 3 = ☐	47 + 1 = ☐

Male die Rechnung!

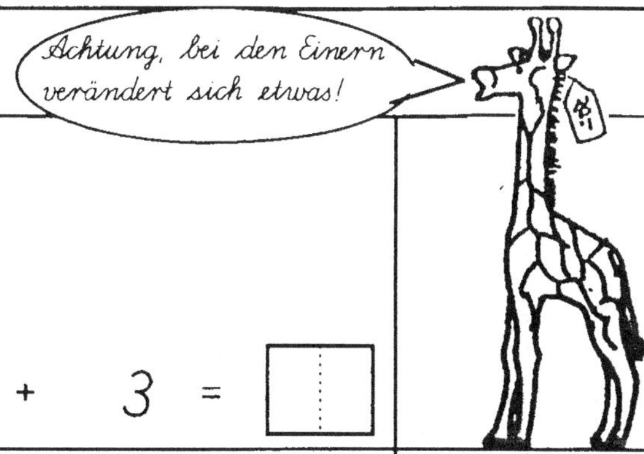

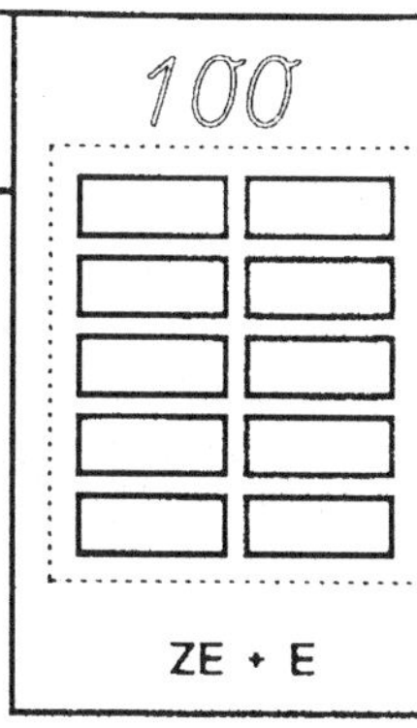

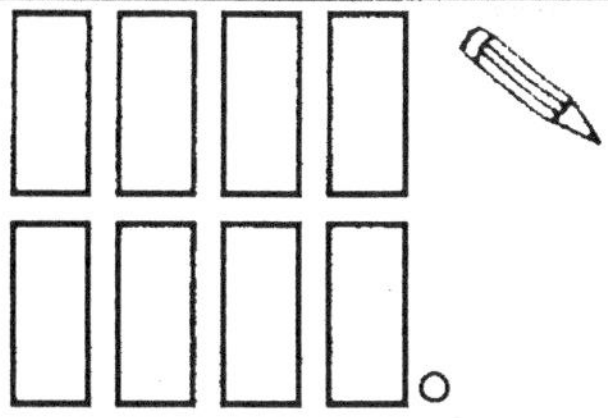

81 + 4 = ☐	94 + 3 = ☐	
72 + 2 = ☐	13 + 4 = ☐	37 + 2 = ☐
52 + 7 = ☐	75 + 4 = ☐	26 + 3 = ☐

Wie heißt die Rechnung?

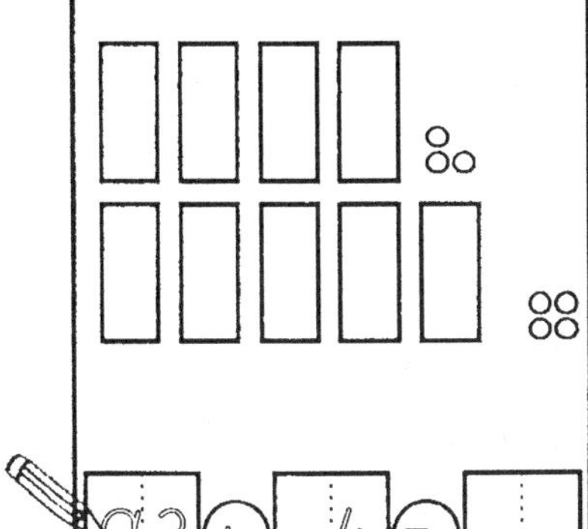

93 + 4 = ☐

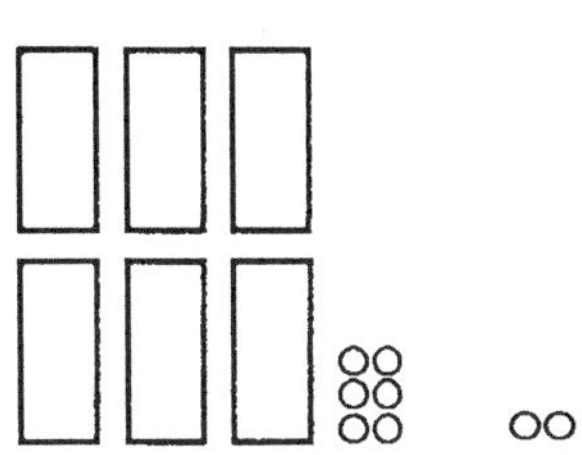

☐ ○ ☐ ○ ☐

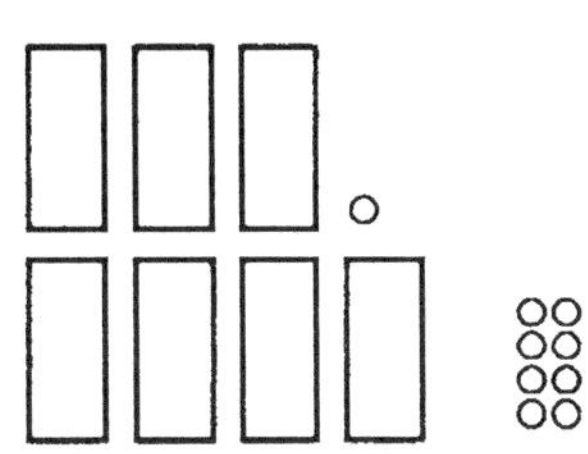

☐ ○ ☐ ○ ☐

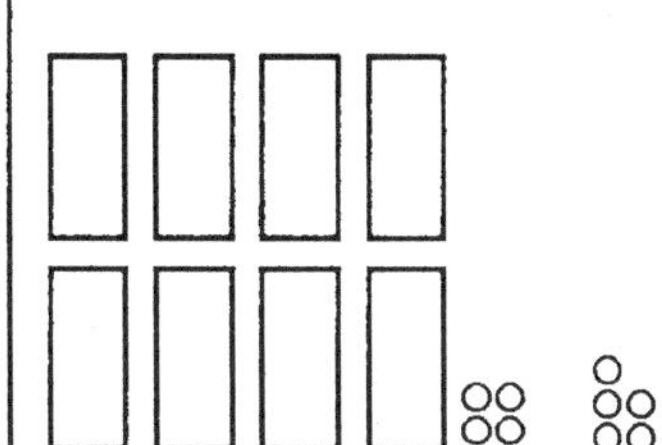

☐ ○ ☐ ○ ☐

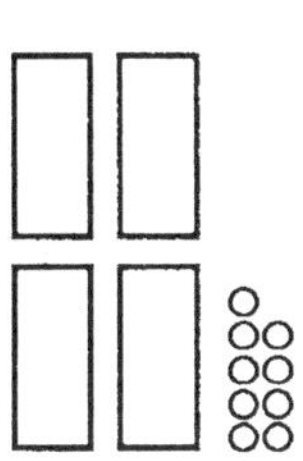

☐ ○ ☐ ○ ☐

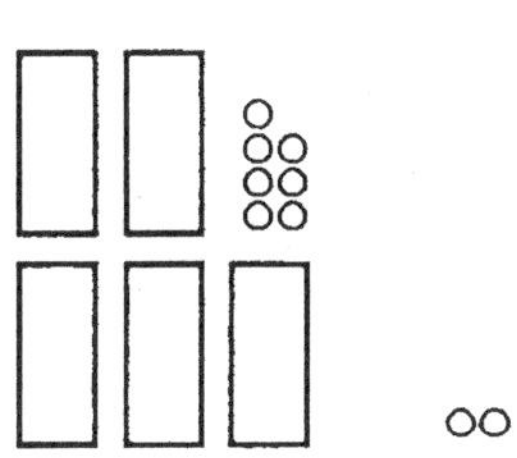

☐ ○ ☐ ○ ☐

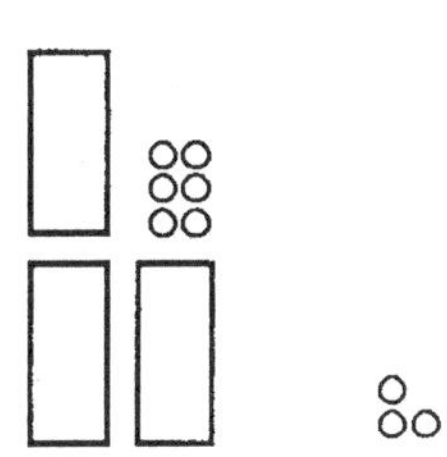

☐ ○ ☐ ○ ☐

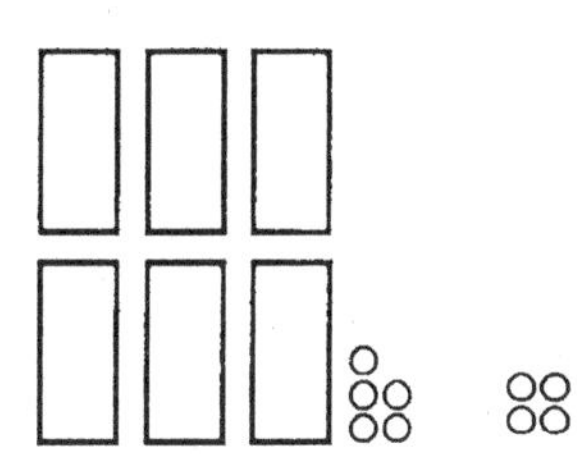

☐ ○ ☐ ○ ☐

+ Aufgaben: Lege und rechne!

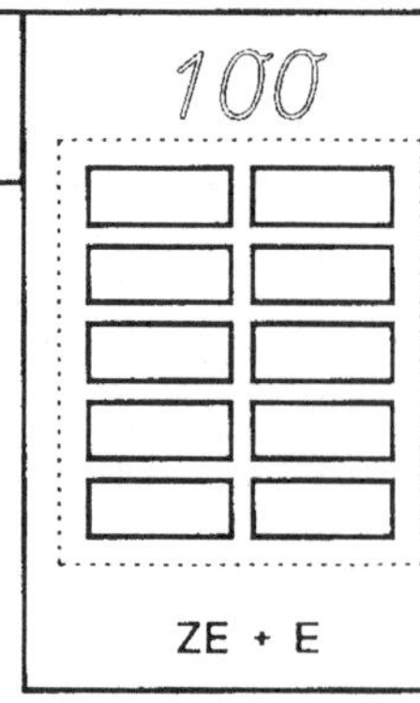

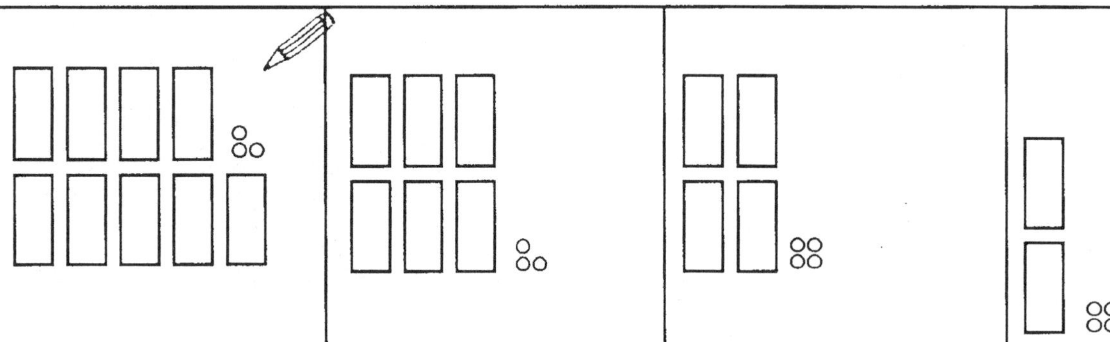

93 + 5 =	63 + 4 =	44 + 2 =	24 + 4 =

34 + 5 =	83 + 6 =	79 + 0 =	5 + 7 =
42 + 4 =	25 + 3 =	11 + 8 =	61 + 8 =
76 + 3 =	38 + 1 =	53 + 6 =	71 + 7 =
9 + 5 =	6 + 8 =	92 + 4 =	85 + 3 =
40 + 9 =	95 + 4 =	83 + 3 =	62 + 7 =

Male die richtigen Zahlen aus.

32 + 5 =	23 + 5 =
45 + 4 =	54 + 3 =
74 + 3 =	88 + 1 =
5 + 5 =	9 + 8 =
21 + 8 =	35 + 4 =
74 + 5 =	63 + 6 =
42 + 6 =	92 + 3 =
76 + 2 =	32 + 1 =
8 + 3 =	13 + 6 =
51 + 5 =	91 + 8 =

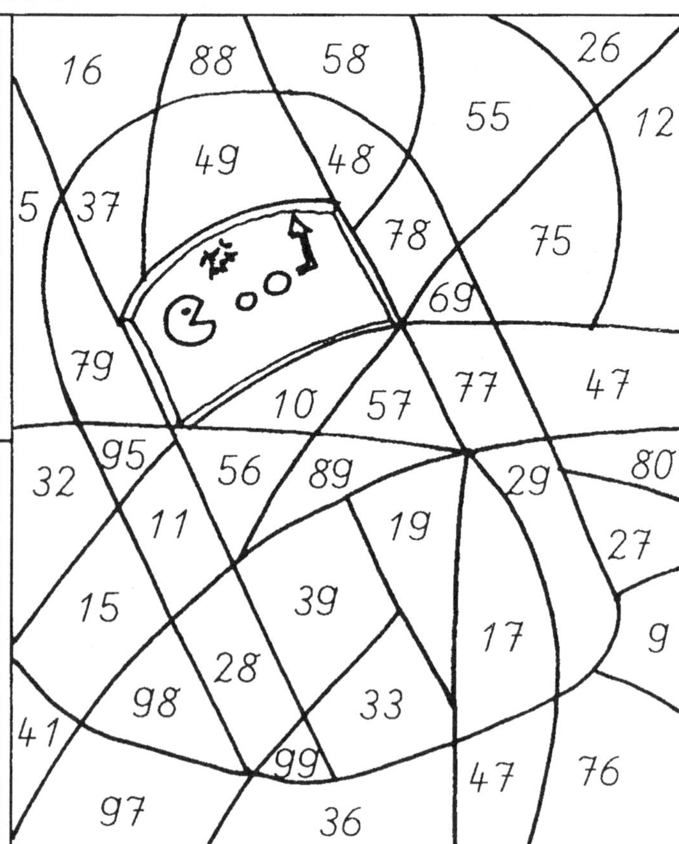

Die Einer werden weniger!

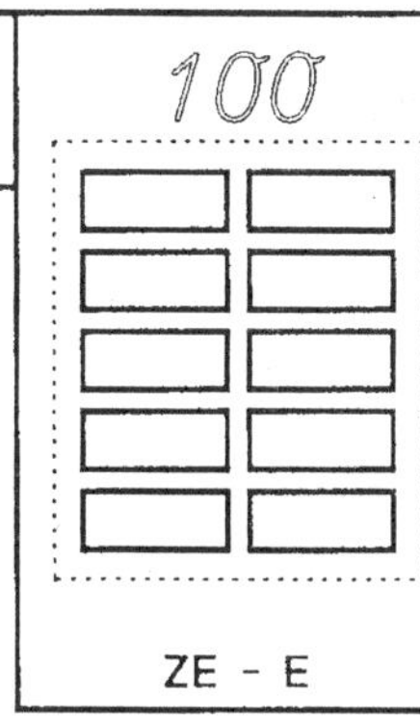

46 - 2 =

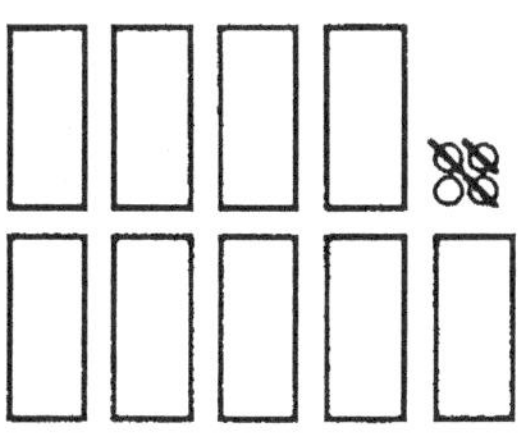

94 - 3 =

67 - 4 =

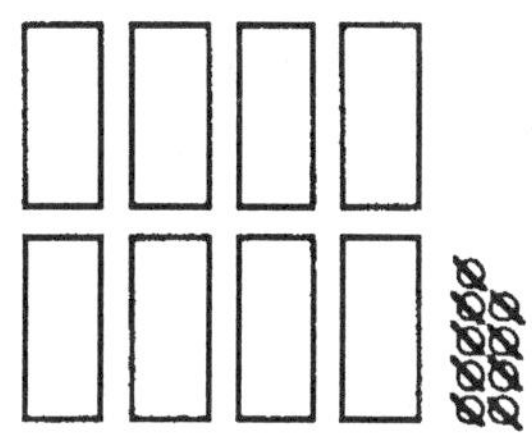

89 - 9 =

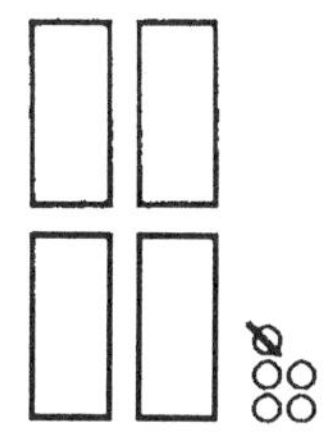

45 - 1 =

Streiche weg und schreibe rot/blau!

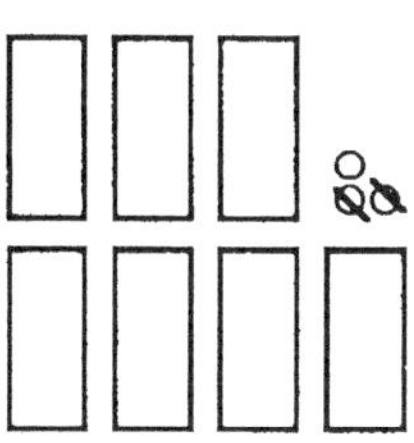

73 - 2 =

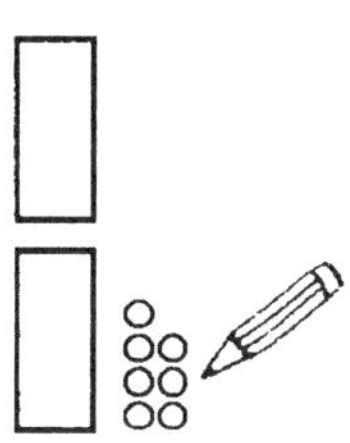

27 - 6 =

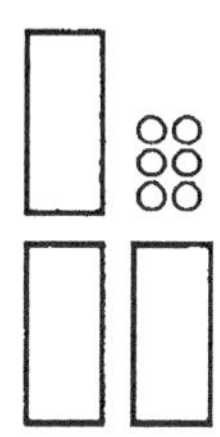

36 - 4 =

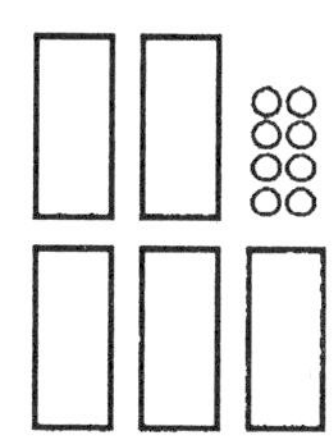

58 - 4 =

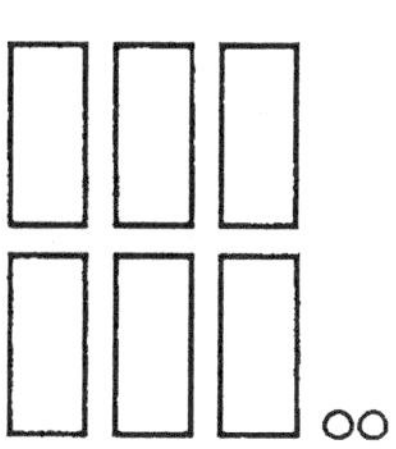

62 - 0 =

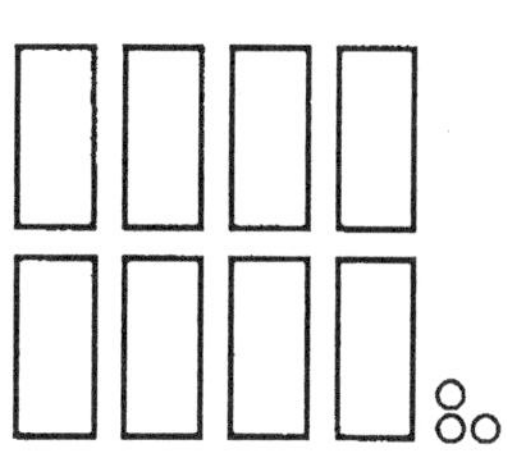

83 - 1 =

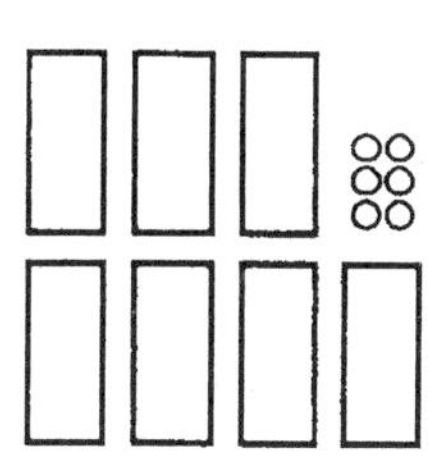

76 - 3 =

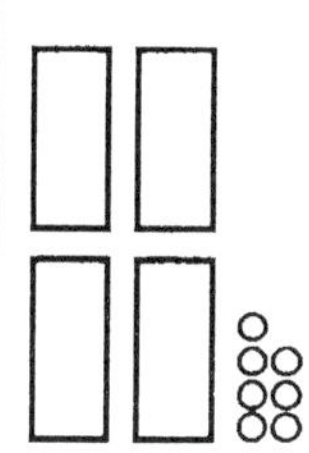

47 - 3 =

Male die Rechnung!

100

ZE - E

86 - 1 =	94 - 3 =	
76 - 2 =	95 - 3 =	37 - 2 =
59 - 7 =	75 - 4 =	24 - 1 =

Wie heißt die Rechnung?

65 - 1 =	○ ○	○ ○	○ ○
○ ○	○ ○	○ ○	○ ○

- Aufgaben

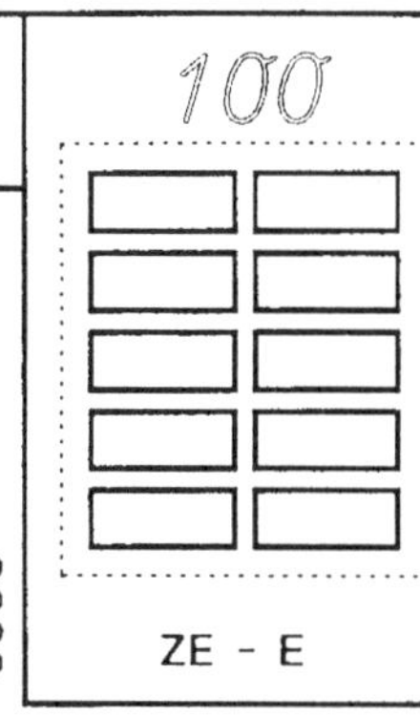

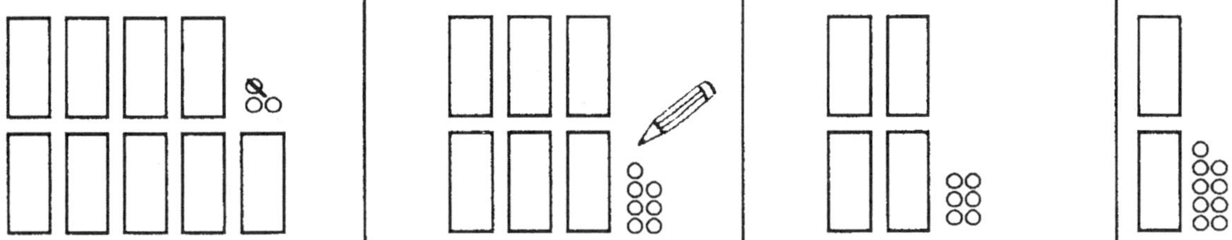

93 - 1 =	67 - 3 =	46 - 5 =	29 - 3 =
58 - 1 =	62 - 1 =	79 - 7 =	33 - 3 =
48 - 3 =	45 - 2 =	44 - 3 =	88 - 4 =
35 - 4 =	77 - 2 =	67 - 5 =	65 - 2 =
29 - 5 =	46 - 3 =	99 - 5 =	38 - 5 =
33 - 2 =	98 - 3 =	86 - 2 =	77 - 5 =

Überlege gut!

42 - 1 =	54 - 3 =	87 - 3 =	15 - 2 =
39 - 2 =	95 - 2 =	11 - 2 =	26 - 3 =
28 - 4 =	12 - 8 =	97 - 4 =	85 - 4 =
92 - 1 =	77 - 4 =	77 - 3 =	53 - 1 =
63 - 3 =	86 - 1 =	9 - 2 =	66 - 6 =
74 - 3 =	79 - 6 =	88 - 5 =	19 - 9 =
13 - 5 =	12 - 7 =	9 - 4 =	49 - 5 =
14 - 6 =	93 - 2 =	17 - 8 =	99 - 6 =
61 - 1 =	68 - 7 =	55 - 4 =	78 - 6 =
98 - 5 =	69 - 4 =	82 - 2 =	99 - 5 =

Was passiert ? + oder - ?

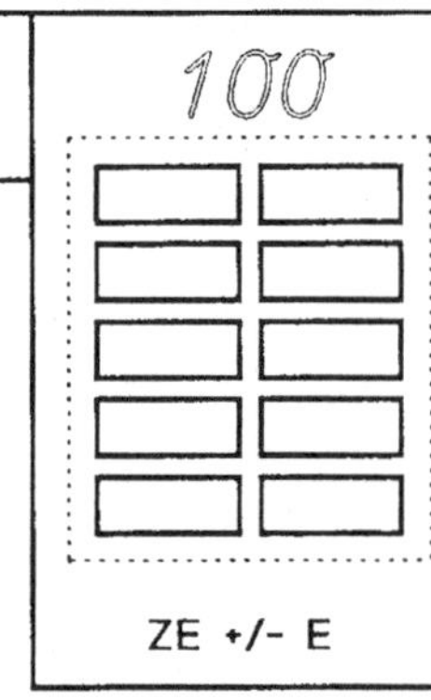

43 - 1 =	22 + 3 =	55 + 2 =	25 - 1 =
53 + 4 =	46 - 4 =	96 + 3 =	67 - 2 =

Male und schreibe!

43 + 6 =	43 - 2 =	34 - 3 =	27 + 2 =
48 - 4 =	67 + 2 =	78 - 4 =	82 + 6 =

Male die Rechnung!

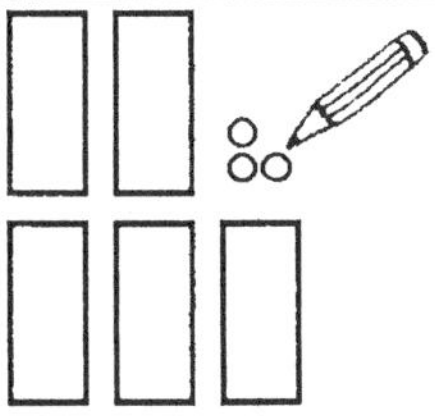

53 - 2 =

33 + 6 =

76 + 1 =

16 - 7 =

32 + 6 =

7 + 4 =

84 + 3 =

27 - 5 =

Wie heißt die Rechnung?

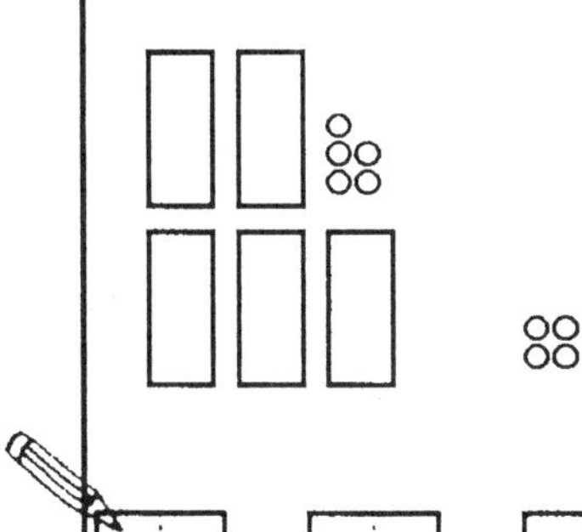

55 + 4 =

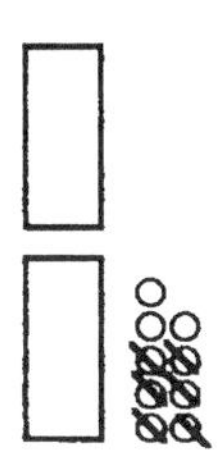

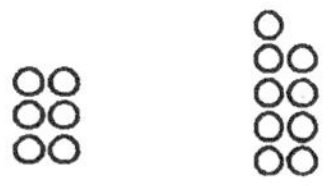

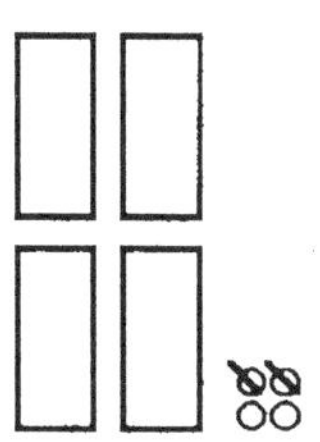

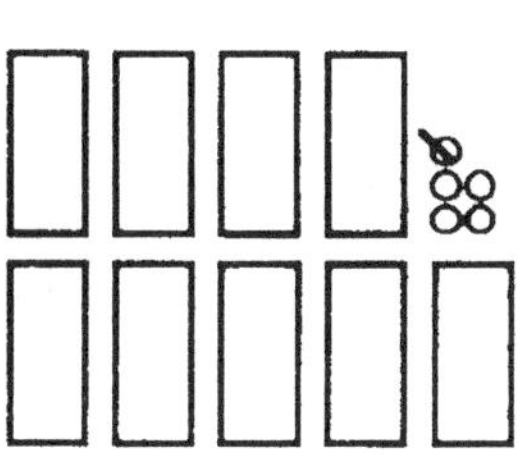

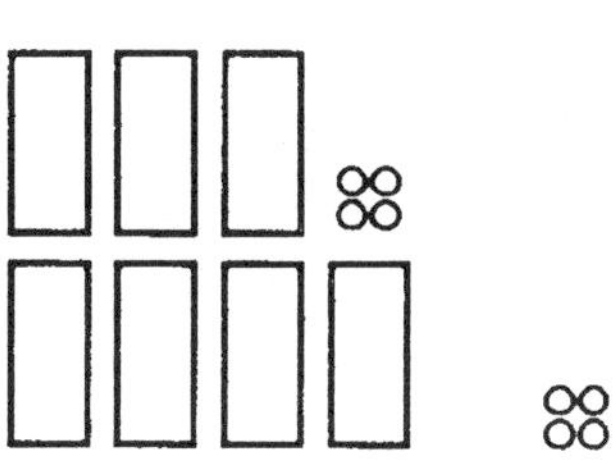

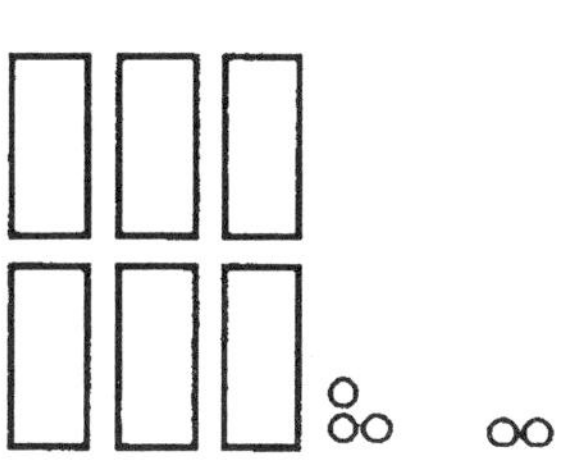

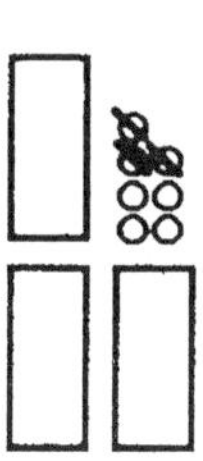

Du kannst das!

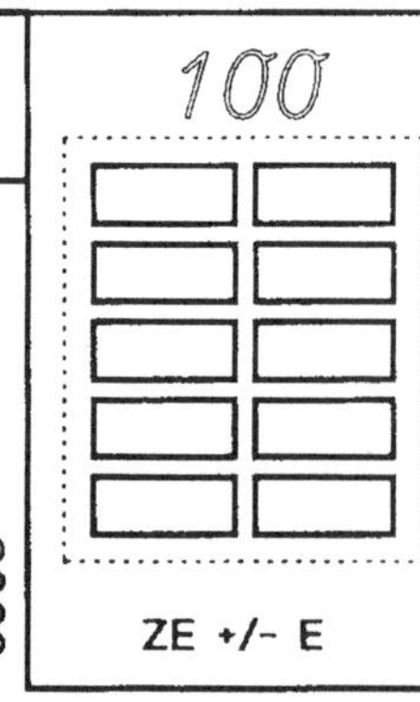

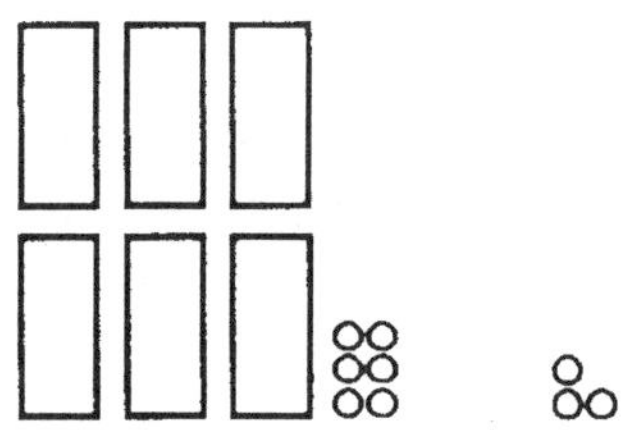

66 + 3 =

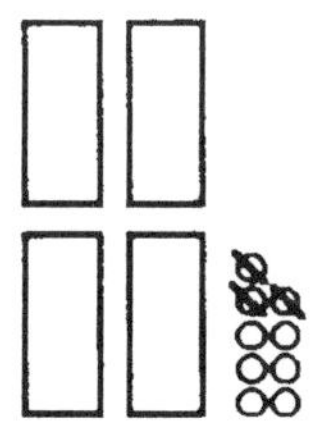

49 − 3 =

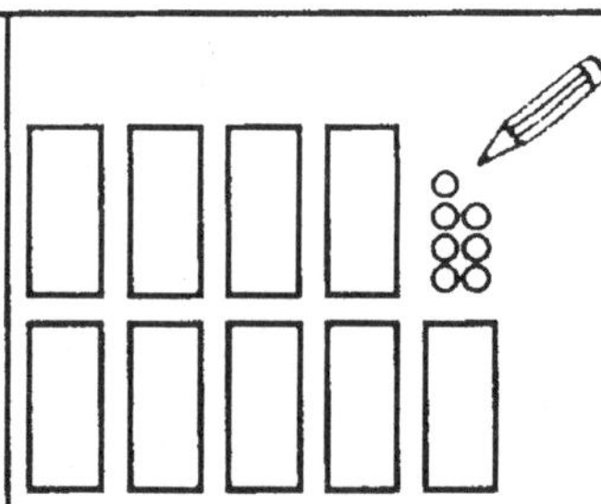

97 + 1 =

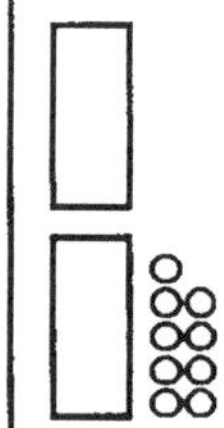

29 − 1 =

58 + 1 =	62 + 4 =	79 − 7 =	33 − 3 =
46 + 3 =	45 − 2 =	44 + 3 =	82 + 4 =
35 − 4 =	77 + 2 =	67 − 5 =	65 − 2 =
29 − 5 =	46 − 3 =	94 + 5 =	33 + 5 =
33 + 6 =	98 − 3 =	86 + 2 =	77 − 5 =

Suche die Aufgaben!

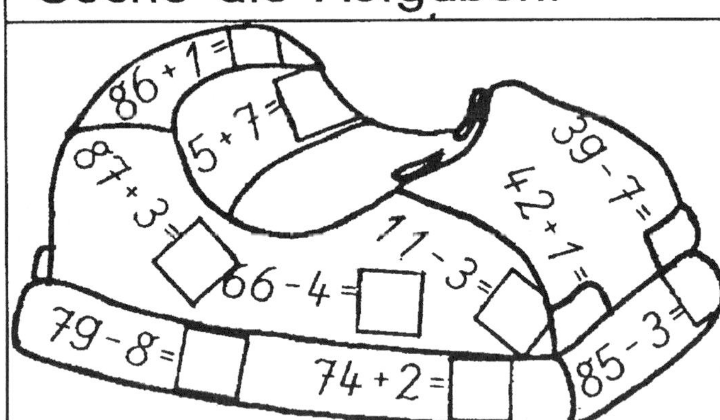

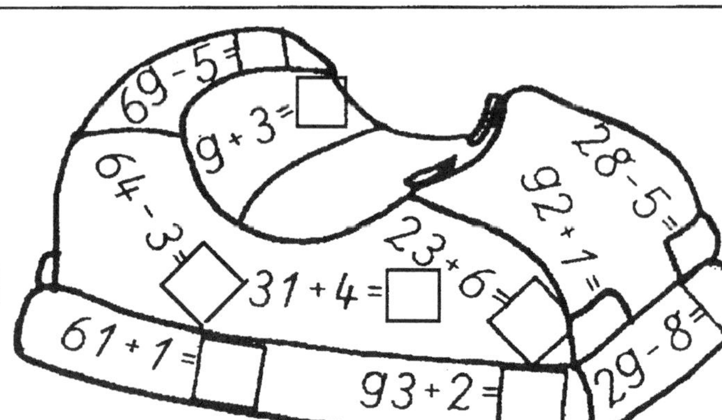

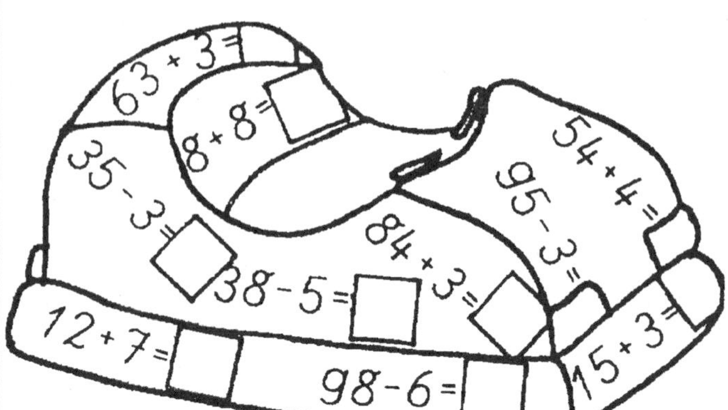

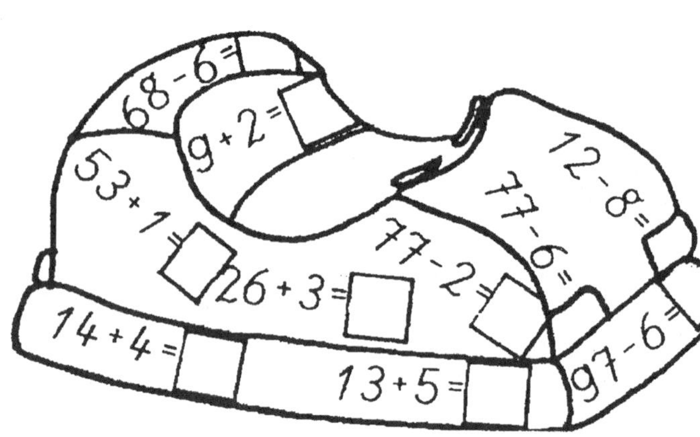

Das kannst du schon!

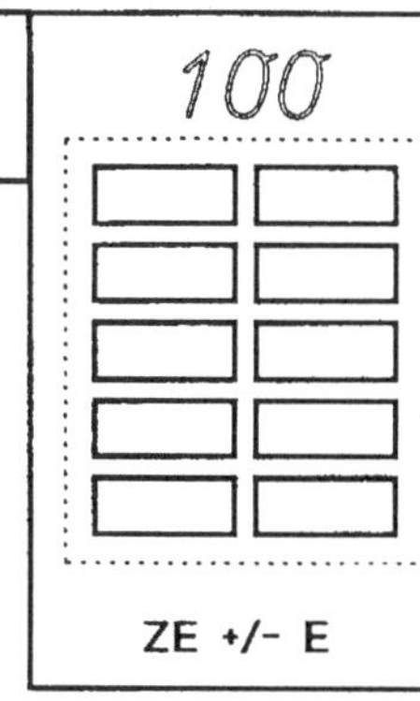

4 + 7 =	75 + 3 =	61 + 7 =	
47 + 0 =	94 + 4 =	13 − 8 =	
4 + 9 =	98 − 4 =	56 + 2 =	
12 − 3 =	36 − 6 =	95 + 1 =	6 + 5 =
68 − 5 =	15 − 8 =	51 + 7 =	11 − 6 =
75 − 2 =	7 + 0 =	24 − 3 =	65 + 2 =
9 + 3 =	78 − 5 =	3 + 7 =	8 + 8 =
64 + 3 =	45 − 5 =	58 − 6 =	85 + 2 =
45 − 4 =	16 − 7 =	52 + 5 =	14 − 9 =
80 − 5 =	81 + 7 =	69 − 8 =	47 − 6 =

Für fixe Rechenkinder!

42 + 1 =	74 + 2 =	87 + 3 =	88 − 6 =
39 − 7 =	13 + 5 =	11 − 3 =	9 + 4 =
28 − 5 =	14 + 4 =	97 − 6 =	17 − 8 =
92 + 1 =	61 + 1 =	77 − 2 =	55 + 4 =
63 + 3 =	98 − 6 =	9 + 2 =	82 + 2 =
54 + 4 =	79 − 8 =	15 + 3 =	19 − 8 =
95 − 3 =	12 + 7 =	26 + 3 =	49 − 6 =
12 − 8 =	93 + 2 =	85 − 3 =	99 − 8 =
77 − 6 =	68 − 6 =	53 + 1 =	77 + 1 =
86 + 1 =	69 − 5 =	66 − 4 =	92 + 5 =

Sachaufgaben

100

ZE +/- E

Susi hat 29 Euro im Geldbeutel. Sie geht ins Spielwarengeschäft und kauft sich eine Wasserpistole für 3 Euro.

Wir fragen: ______________________________

Wir rechnen: ☐ ○ ☐ ○ ☐

Wir antworten: ______________________________

Jm Regal hat die Verkäuferin schon 37 Spiele eingeordnet. Nach der Mittagspause entdeckt sie noch 2 Spiele im Karton und stellt sie dazu.

Wir fragen: ______________________________

Wir rechnen: ☐ ○ ☐ ○ ☐

Wir antworten: ______________________________

Gabi hat für ihren Geburtstag 45 Knaller gekauft. Weil sie es nicht abwarten kann, feuert sie schon 3 davon ab.

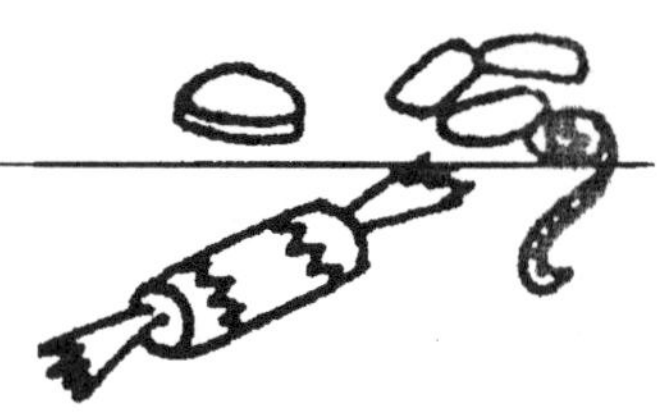

Wir fragen: ______________________________

Wir rechnen: ☐ ○ ☐ ○ ☐

Wir antworten: ______________________________

Diana hat schon 51 Bauernhoftiere in seinem Hof stehen.
Von seinem Taschengeld kauft sie sich noch 8 kleine Ferkel.

Wir fragen: ______________________________

Wir rechnen: ☐ ○ ☐ ○ ☐

Wir antworten: ______________________________

Das Lieferauto bringt 95 neue Game boys.
Jm Regal sind noch 4 Game boys.

Wir fragen: ______________________________

Wir rechnen: ☐ ○ ☐ ○ ☐

Wir antworten: ______________________________

Jm Regal stehen 67 Teile eines Puppengeschirrs aus Porzellan. Maria wirft versehentlich 3 Tassen herunter. Sie gehen kaputt.

Wir fragen: ______________________________

Wir rechnen: ☐ ○ ☐ ○ ☐

Wir antworten ______________________________

Sachaufgaben

100

Hanna sucht sich im Geschäft 29 Glasmurmeln aus. 7 Murmeln fallen ihr auf der Straße in den Gulli.

Wir fragen:

Wir rechnen:

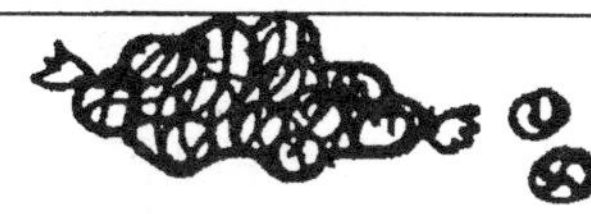

Wir antworten:

ZE +/- E

Magdalena hat 42 Tattoos gesammelt. Jm Laden kauft sie noch 5 Leucht-Tattoos.

Wir fragen:

Wir rechnen:

Wir antworten:

Jch denke mir eine Zahl:
Die Zahl ist um 5 kleiner als 99.

Wir antworten:

Jch denke mir eine Zahl:
Wenn ich zu dieser Zahl 3 dazurechne, kommt 78 heraus.

Wir antworten:

Jch denke mir eine Zahl:
Sie ist um 6 größer als 71.

Sie ist um 2 kleiner als 79.

Wir antworten:

Jch denke mir eine Zahl:
Sie ist um 3 größer als 82,

und um 2 kleiner als 87.

Wir antworten:

Zerlege die Einer!

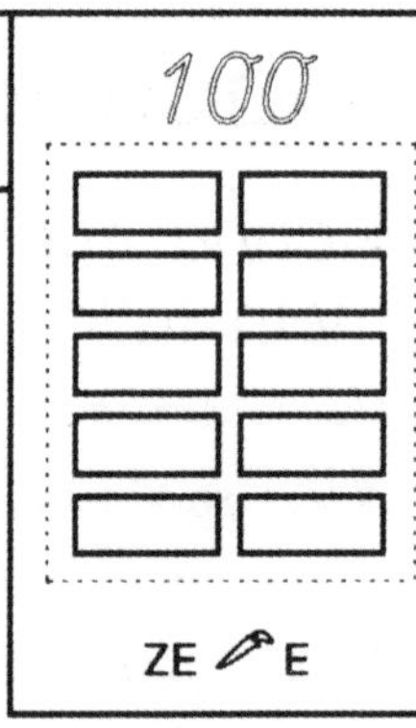

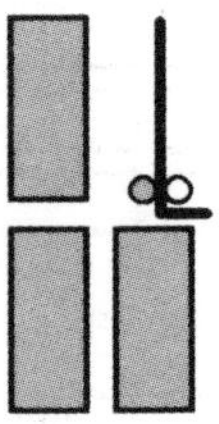	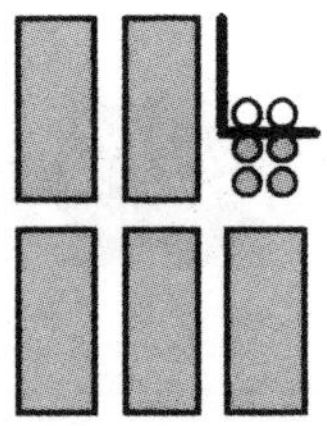	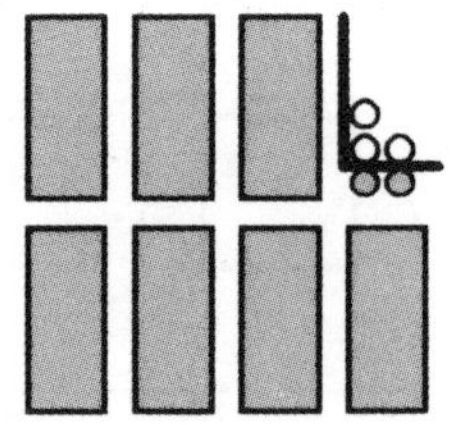	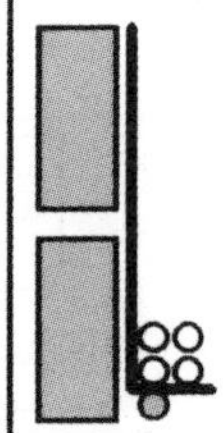
32 = 31 + ☐	56 = 54 + ☐	75 = 72 + ☐	25 = 21 + ☐
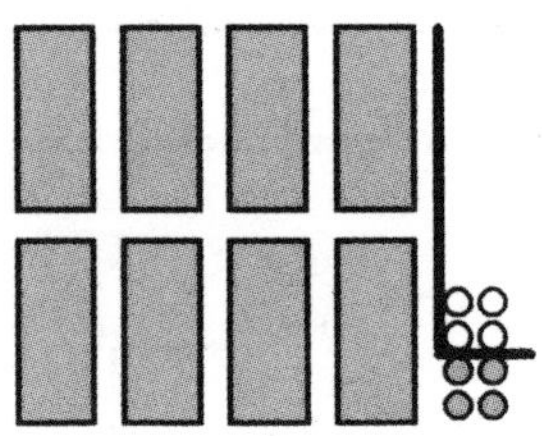	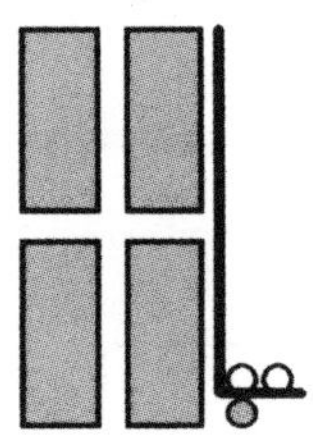	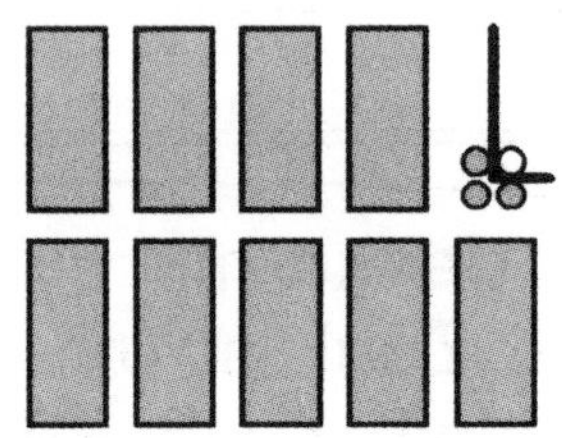	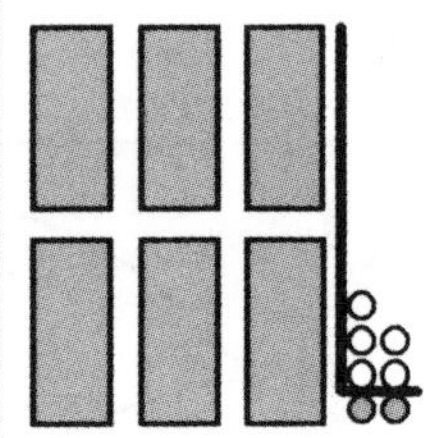
88 = 84 + ☐	43 = 41 + ☐	94 = 93 + ☐	67 = 62 + ☐

Auf die Plätze – fertig – rechnen!

42 = 41 + ☐	54 = 53 + ☐	87 = 83 + ☐	15 = 12 + ☐
39 = 32 + ☐	95 = 92 + ☐	11 = 2 + ☐	26 = 23 + ☐
28 = 24 + ☐	12 = 8 + ☐	97 = 94 + ☐	85 = 84 + ☐
92 = 91 + ☐	77 = 74 + ☐	77 = 73 + ☐	53 = 51 + ☐
63 = 63 + ☐	86 = 81 + ☐	9 = 2 + ☐	66 = 66 + ☐

74 = 73 + ☐	79 = 76 + ☐	88 = 85 + ☐	19 = 9 + ☐
13 = 5 + ☐	12 = 11 + ☐	9 = 4 + ☐	49 = 45 + ☐
14 = 12 + ☐	93 = 92 + ☐	17 = 14 + ☐	99 = 96 + ☐
61 = 61 + ☐	68 = 67 + ☐	55 = 54 + ☐	78 = 76 + ☐
98 = 95 + ☐	69 = 64 + ☐	82 = 82 + ☐	99 = 95 + ☐

Zerlege!

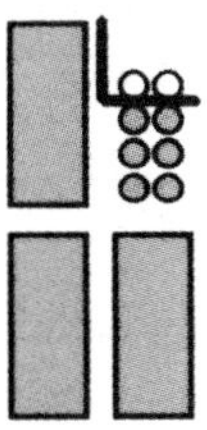	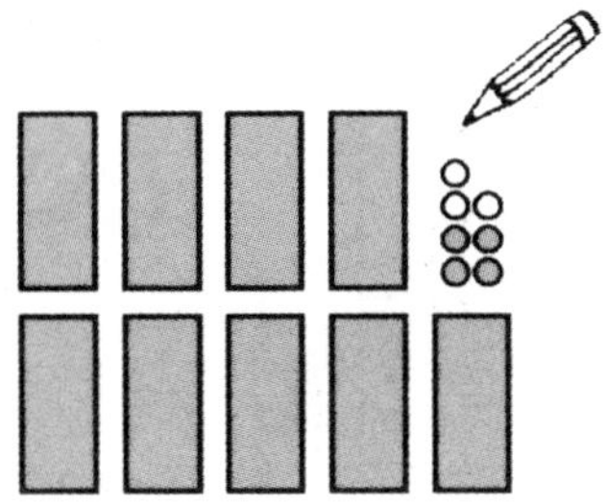	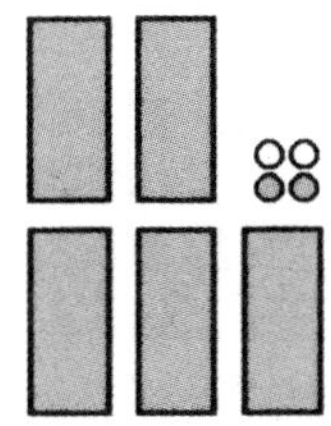	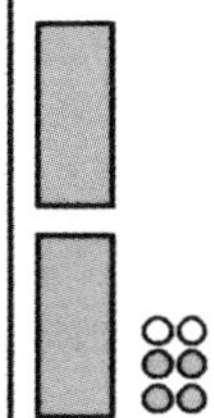
38 = 36 + ☐	97 = 94 + ☐	54 = 52 + ☐	26 = 24 + ☐
43 = 41 + ☐	55 = 53 + ☐	88 = 83 + ☐	17 = 12 + ☐
38 = 32 + ☐	96 = 92 + ☐	11 = 4 + ☐	27 = 23 + ☐
29 = 24 + ☐	13 = 8 + ☐	98 = 94 + ☐	86 = 84 + ☐
93 = 91 + ☐	78 = 74 + ☐	78 = 73 + ☐	54 = 51 + ☐
64 = 63 + ☐	87 = 81 + ☐	9 = 4 + ☐	67 = 67 + ☐

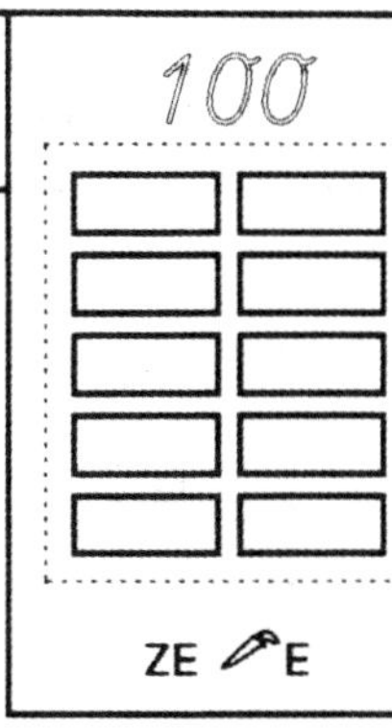

Male die Ergebnisse unten aus!

75 = 72 + ☐	44 = 43 + ☐	77 = 73 + ☐	33 = 32 + ☐
16 = 13 + ☐	85 = 82 + ☐	12 = 5 + ☐	29 = 22 + ☐
75 = 74 + ☐	22 = 21 + ☐	87 = 84 + ☐	18 = 14 + ☐
43 = 41 + ☐	67 = 64 + ☐	67 = 63 + ☐	82 = 81 + ☐
56 = 56 + ☐	76 = 71 + ☐	7 = 2 + ☐	53 = 53 + ☐

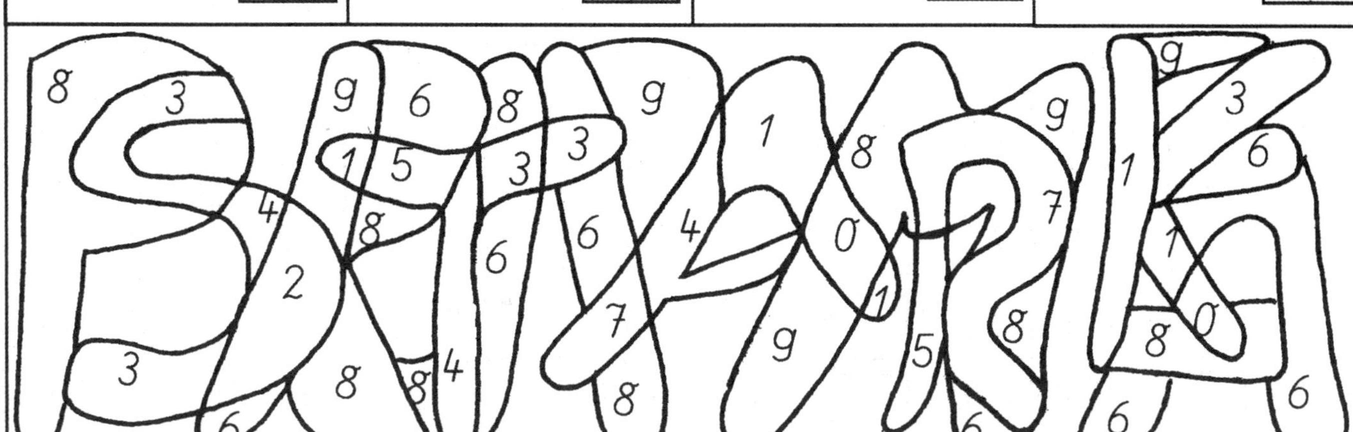

Ergänze die Einer!

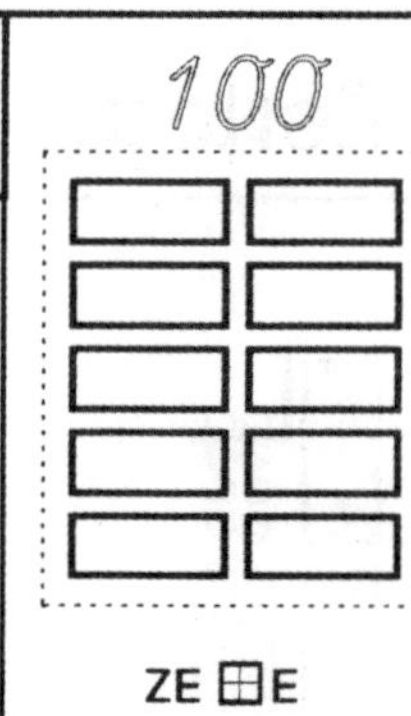

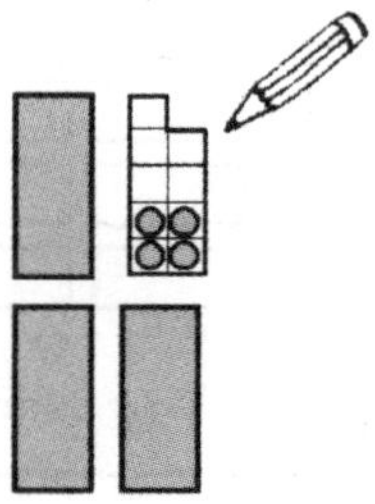 34 + ☐ = 39	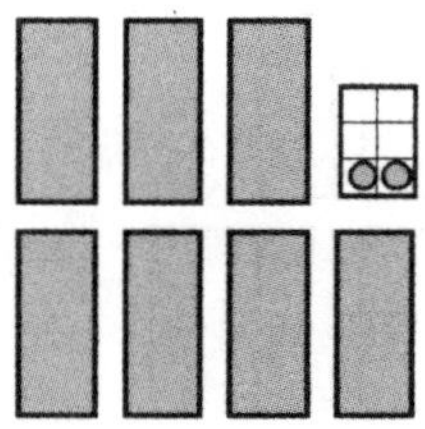 72 + ☐ = 76	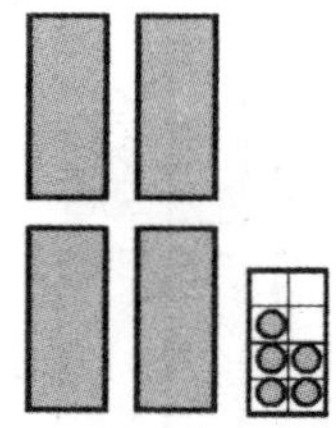 45 + ☐ = 48	
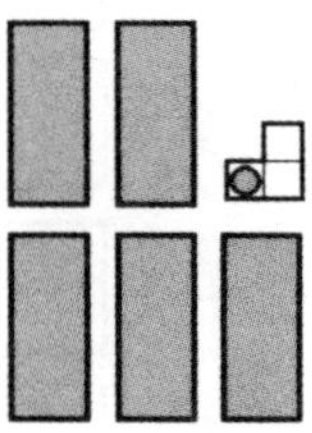 51 + ☐ = 53	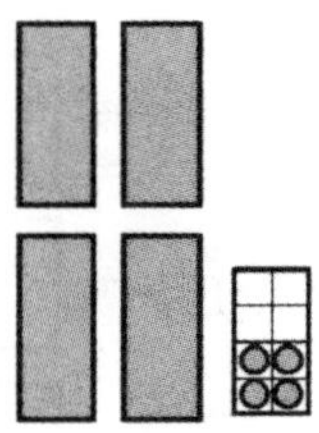 44 + ☐ = 48	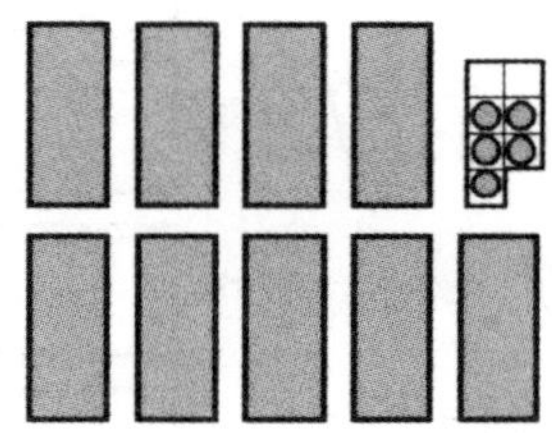 95 + ☐ = 97	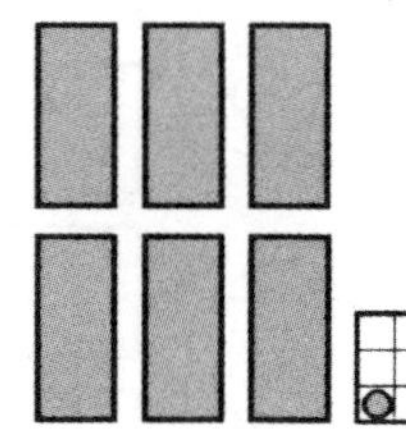 61 + ☐ = 66

Für Kinder mit Köpfchen!

74 + ☐ = 76	42 + ☐ = 43	40 + ☐ = 42	32 + ☐ = 35
63 + ☐ = 69	21 + ☐ = 26	61 + ☐ = 65	54 + ☐ = 55
56 + ☐ = 57	30 + ☐ = 30	62 + ☐ = 67	81 + ☐ = 83
2 + ☐ = 7	98 + ☐ = 99	43 + ☐ = 47	90 + ☐ = 92
41 + ☐ = 45	70 + ☐ = 73	31 + ☐ = 32	53 + ☐ = 54
91 + ☐ = 91	62 + ☐ = 64	9 + ☐ = 12	56 + ☐ = 59
25 + ☐ = 27	13 + ☐ = 17	92 + ☐ = 95	4 + ☐ = 13
7 + ☐ = 15	75 + ☐ = 79	81 + ☐ = 85	32 + ☐ = 37
82 + ☐ = 84	32 + ☐ = 36	27 + ☐ = 29	81 + ☐ = 87
57 + ☐ = 58	84 + ☐ = 86	70 + ☐ = 72	93 + ☐ = 96

Achte auf die Einer!

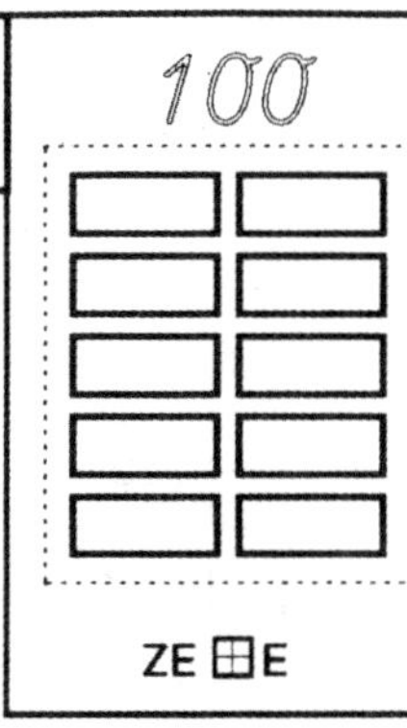

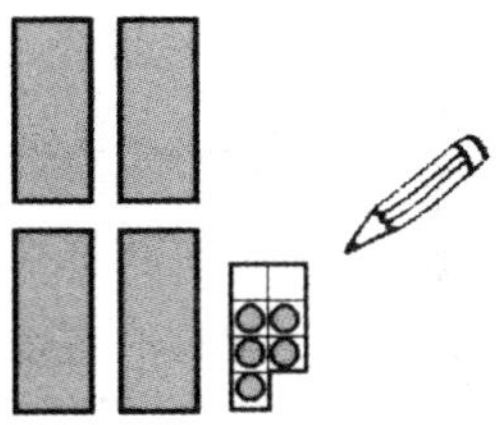	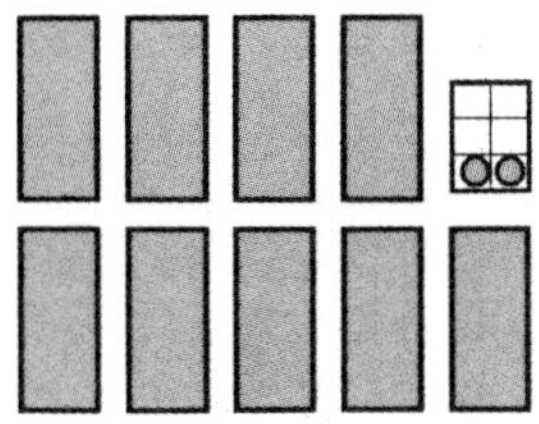	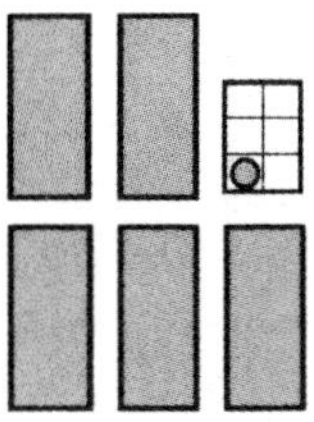	
45 + □ = 47	92 + □ = 96	51 + □ = 56	
30 + □ = 32	32 + □ = 33	64 + □ = 66	22 + □ = 25
51 + □ = 55	31 + □ = 36	53 + □ = 59	44 + □ = 45
52 + □ = 57	20 + □ = 20	46 + □ = 47	71 + □ = 73
33 + □ = 37	88 + □ = 89	1 + □ = 7	80 + □ = 82
21 + □ = 22	60 + □ = 63	31 + □ = 35	43 + □ = 44

Zur Übung!

31 + □ = 35	41 + □ = 43	41 + □ = 42	73 + □ = 76
53 + □ = 55	20 + □ = 26	60 + □ = 65	62 + □ = 69
80 + □ = 83	40 + □ = 40	61 + □ = 67	55 + □ = 57
91 + □ = 92	97 + □ = 99	42 + □ = 47	5 + □ = 8
52 + □ = 54	71 + □ = 73	30 + □ = 32	40 + □ = 45
8 + □ = 12	52 + □ = 54	81 + □ = 81	46 + □ = 49
82 + □ = 85	23 + □ = 27	15 + □ = 17	7 + □ = 13
91 + □ = 96	65 + □ = 69	8 + □ = 16	32 + □ = 37
17 + □ = 19	22 + □ = 26	72 + □ = 74	71 + □ = 77
60 + □ = 62	74 + □ = 76	47 + □ = 48	83 + □ = 86

Zerlegen oder Ergänzen?

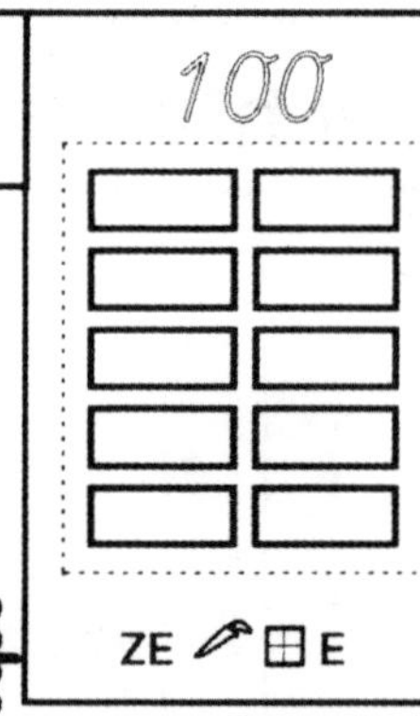

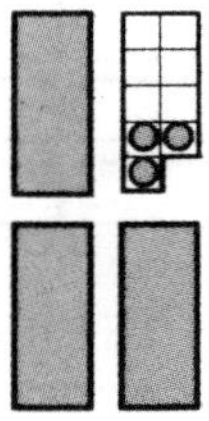	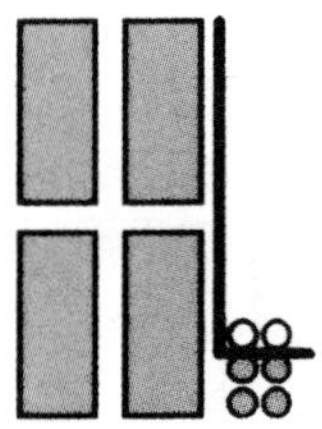	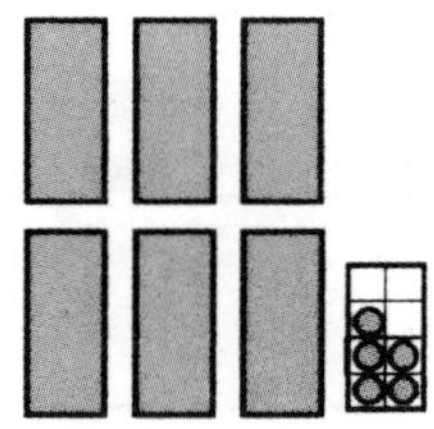	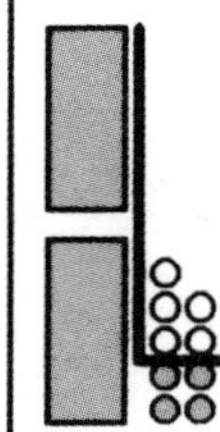
33 + □ = 39	46 = 44 + □	65 + □ = 68	29 = 24 + □

16 = 8 + □	33 + □ = 37	35 + □ = 39	85 + □ = 89
47 = 45 + □	24 = 20 + □	59 = 55 + □	75 = 72 + □
46 + □ = 48	98 + □ = 99	83 = 80 + □	63 + □ = 69
54 + □ = 59	65 = 63 + □	23 + □ = 28	36 = 31 + □
52 + □ = 56	73 + □ = 77	64 + □ = 68	27 = 25 + □

Augen auf!

89 = 87 + □	83 + □ = 88	76 + □ = 78	36 + □ = 38
76 = 72 + □	34 = 31 + □	58 = 53 + □	12 = 5 + □
26 + □ = 29	22 + □ = 27	94 = 93 + □	60 + □ = 65
96 + □ = 98	44 = 43 + □	66 + □ = 69	91 = 91 + □
41 + □ = 49	7 + □ = 14	55 + □ = 59	57 = 55 + □

31 + □ = 38	67 = 61 + □	4 + □ = 12	38 = 34 + □
38 = 35 + □	45 = 42 + □	21 + □ = 29	96 = 92 + □
19 = 11 + □	86 + □ = 88	58 + □ = 59	72 + □ = 79
95 + □ = 99	48 = 44 + □	37 = 33 + □	47 + □ = 49
84 = 81 + □	24 + □ = 25	29 = 21 + □	73 = 71 + □

Das schaffst du!

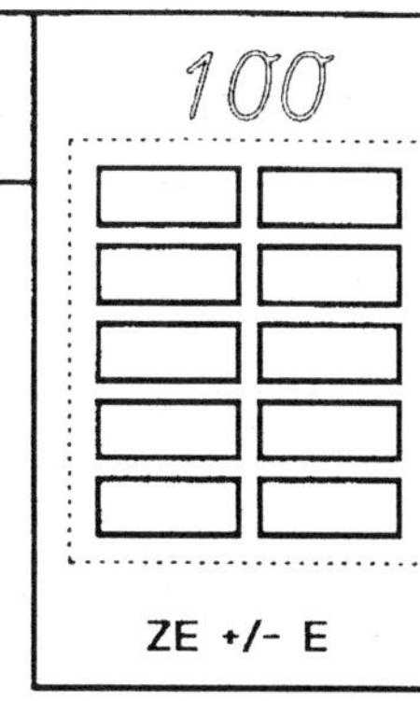

24 - 4 =	75 + 0 =	60 + 6 =	
3 + 8 =	90 + 9 =	13 - 8 =	
58 - 7 =	98 - 8 =	50 + 6 =	
52 + 6 =	36 - 5 =	95 + 3 =	6 + 5 =
69 - 7 =	15 - 8 =	50 + 0 =	11 - 4 =
60 + 5 =	7 + 5 =	4 + 7 =	75 - 4 =
8 + 8 =	78 - 7 =	47 + 2 =	9 + 6 =
85 + 4 =	40 + 2 =	4 + 8 =	64 + 4 =
14 - 8 =	16 - 8 =	12 - 3 =	45 - 4 =
40 + 9 =	81 + 6 =	68 - 4 =	80 + 2 =

Rechne und male!

Du hast es verstanden!

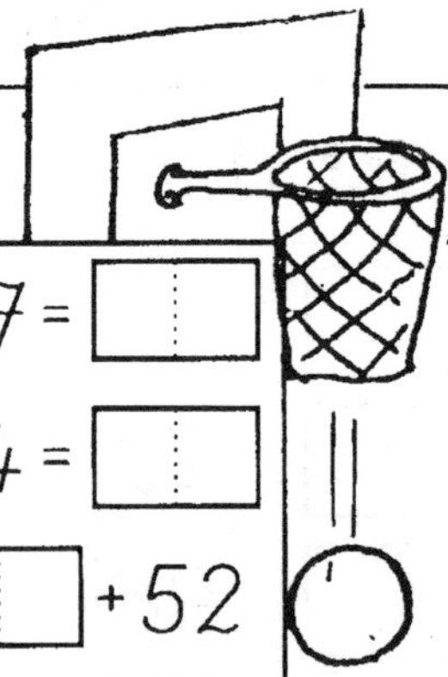

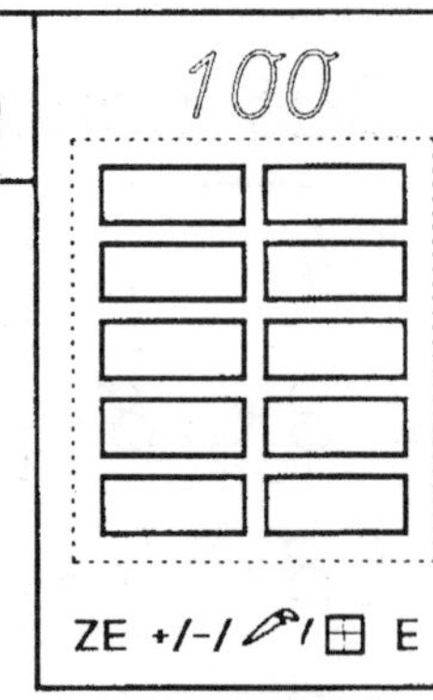

47 - 5 = ☐	14 - 5 = ☐	91 + 7 = ☐	
52 + ☐ = 57	42 + ☐ = 49	13 - 4 = ☐	
20 + 2 = ☐	81 + 8 = ☐	56 = ☐ + 52	
96 = 91 + ☐	87 + ☐ = 89	3 + 9 = ☐	70 + 1 = ☐
50 + 4 = ☐	7 + 4 = ☐	44 + 5 = ☐	89 - 7 = ☐
17 - 9 = ☐	12 - 6 = ☐	48 + ☐ = 49	65 + 3 = ☐
64 = 61 + ☐	88 = 81 + ☐	28 - 6 = ☐	35 = ☐ + 32
51 + 8 = ☐	90 + 0 = ☐	73 + ☐ = 78	50 + 7 = ☐
81 + ☐ = 86	65 + ☐ = 69	11 - 5 = ☐	22 + ☐ = 29
76 - 5 = ☐	8 + 6 = ☐	9 + 9 = ☐	48 - 6 = ☐

Hier kannst du üben!

77 + ☐ = 79	73 + 5 = ☐	39 = 7 + ☐	15 - 7 = ☐
32 - 2 = ☐	63 + ☐ = 66	2 + 9 = ☐	30 + 5 = ☐
35 + ☐ = 38	4 + 9 = ☐	23 + ☐ = 27	65 - 3 = ☐
80 + 8 = ☐	48 = ☐ + 42	11 - 8 = ☐	8 + 4 = ☐
67 = 63 + ☐	94 - 4 = ☐	36 + 2 = ☐	72 + 5 = ☐
5 + 6 = ☐	16 - 8 = ☐	46 = 41 + ☐	7 + 9 = ☐
14 - 9 = ☐	96 + 2 = ☐	60 + 9 = ☐	79 = 72 + ☐
40 + 6 = ☐	25 = ☐ + 21	51 + ☐ = 55	64 - 3 = ☐
34 + ☐ = 38	54 - 4 = ☐	6 + 6 = ☐	92 + ☐ = 96
22 + 7 = ☐	12 - 9 = ☐	43 = ☐ + 40	80 + 6 = ☐

Jm Schwimmbad: Die Zehner ändern sich!

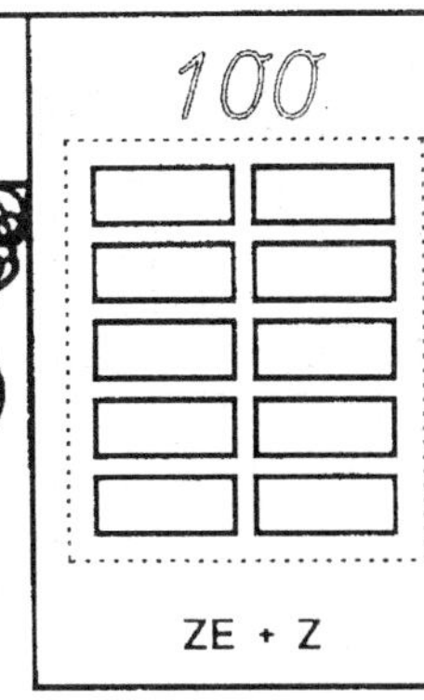

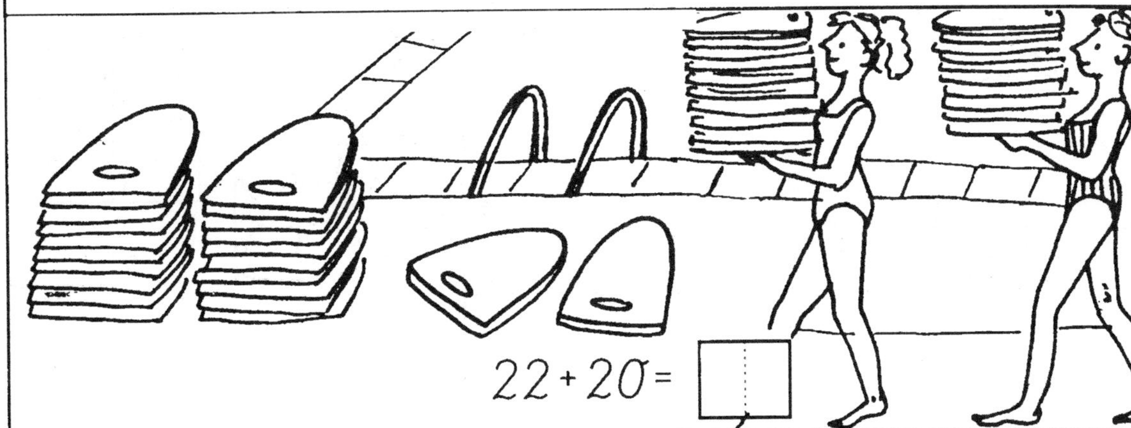

22 + 20 = ☐

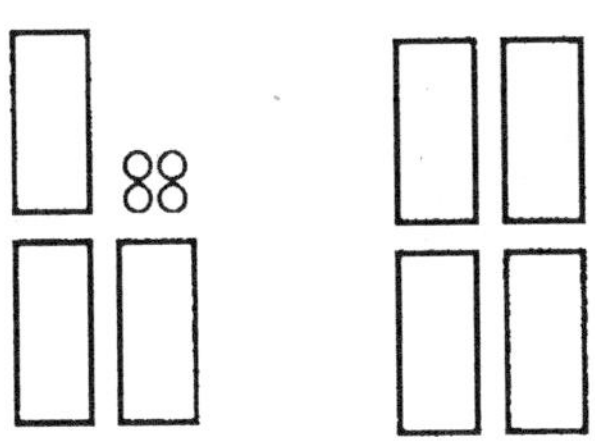

34 + 40 = ☐

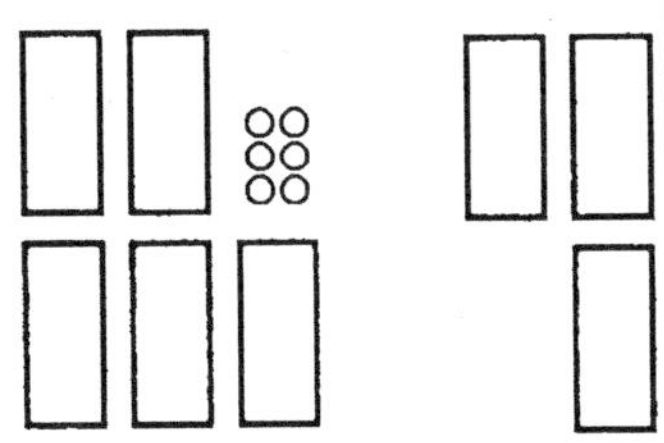

56 + 30 = ☐

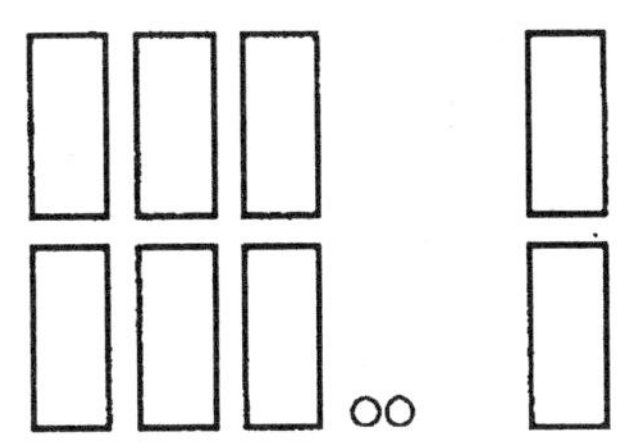

62 + 20 = ☐

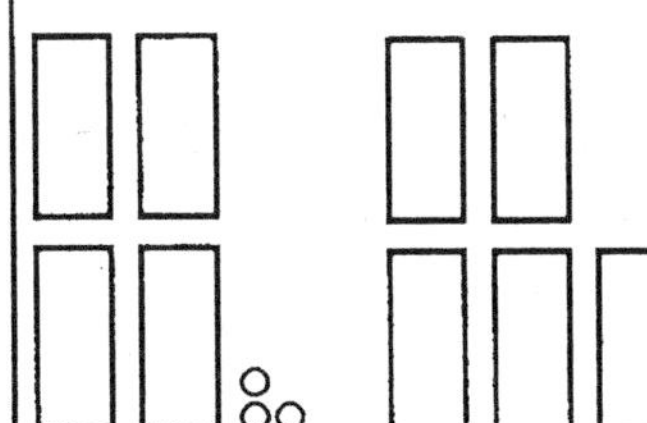

43 + 50 = ☐

Male die Rechnung! Schreibe rot/blau!

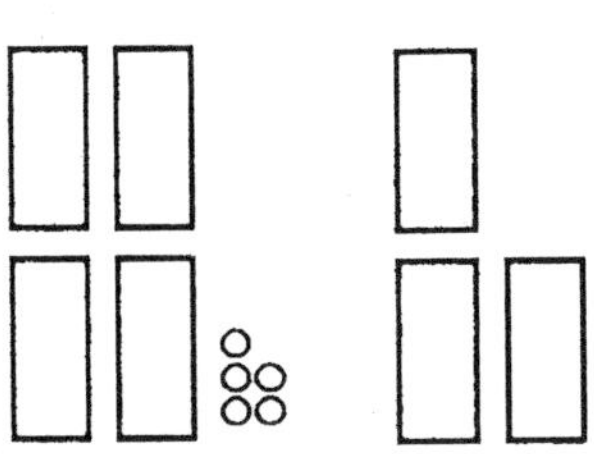

45 + 30 = ☐

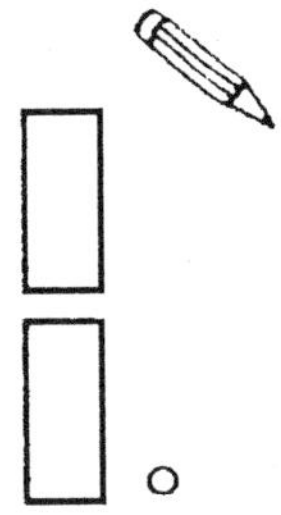

21 + 70 = ☐

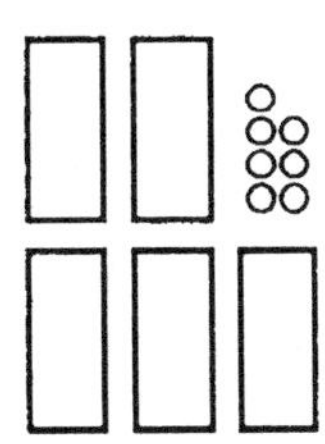

57 + 20 = ☐

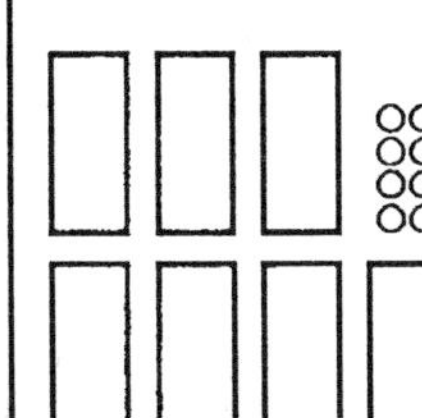

78 + 10 = ☐

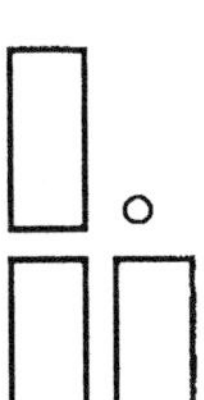

31 + 50 = ☐

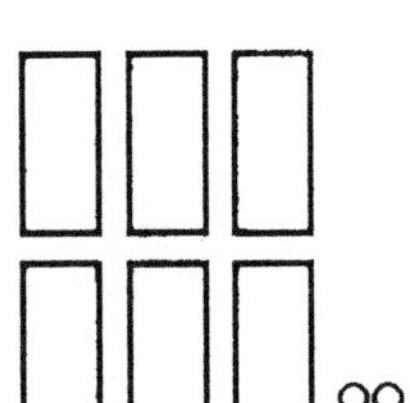

64 + 30 = ☐

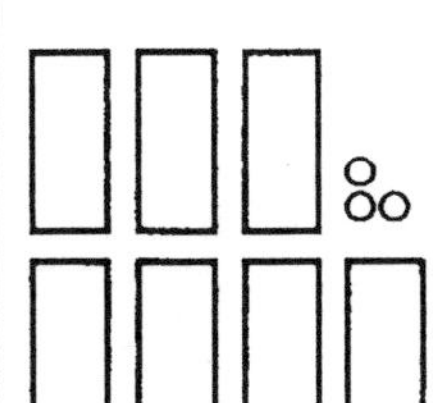

73 + 20 = ☐

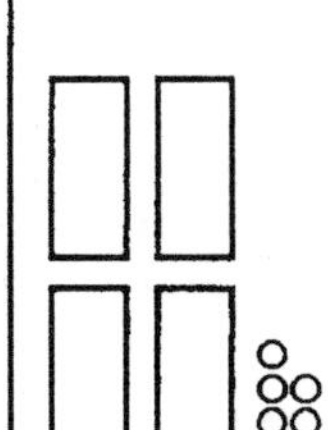

47 + 40 = ☐

Male die Rechnung!

Achtung, bei den Zehnern verändert sich etwas!

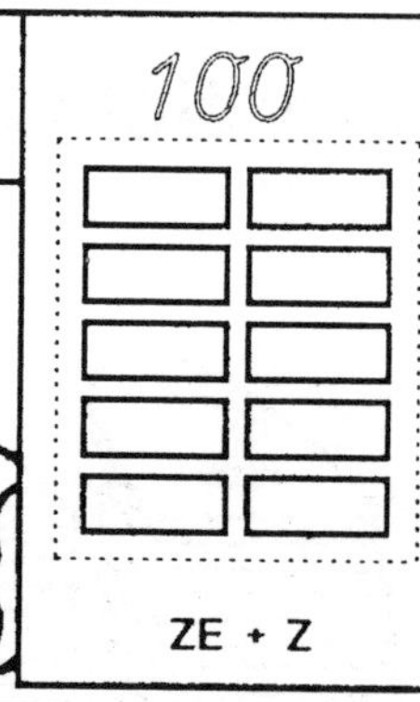

81 + 10 = ___

34 + 30 = ___

72 + 20 = ___

13 + 40 = ___

37 + 20 = ___

52 + 40 = ___

75 + 10 = ___

26 + 30 = ___

Wie heißt die Rechnung?

53 + 40 = ___

___ ○ ___ ○ ___

___ ○ ___ ○ ___

___ ○ ___ ○ ___

___ ○ ___ ○ ___

___ ○ ___ ○ ___

___ ○ ___ ○ ___

___ ○ ___ ○ ___

+ Aufgaben

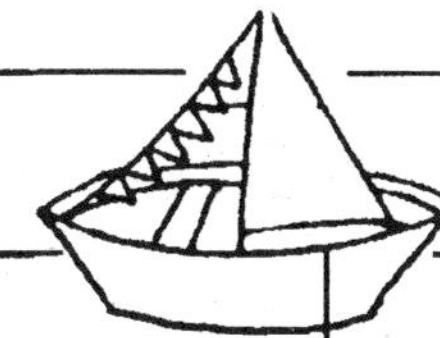

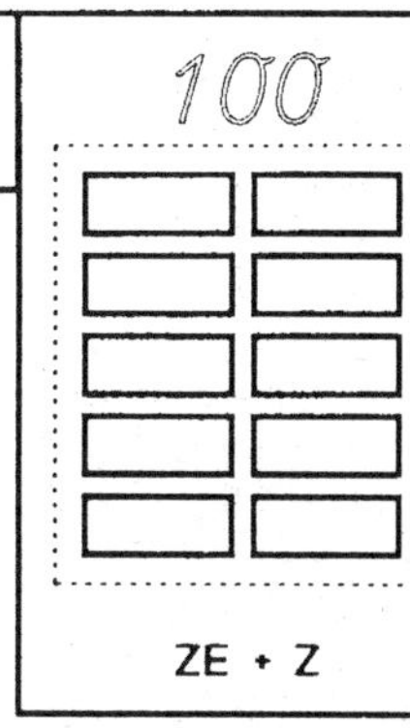

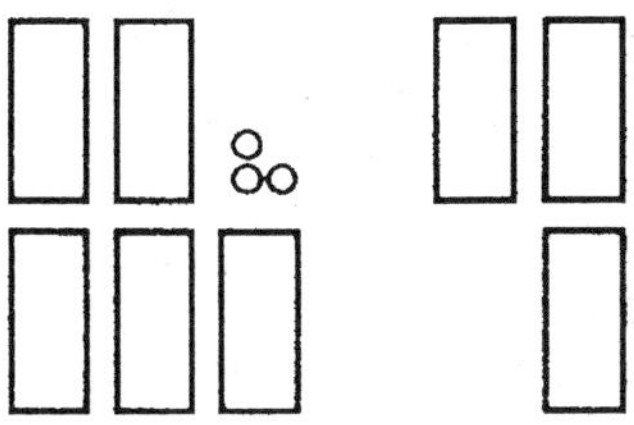

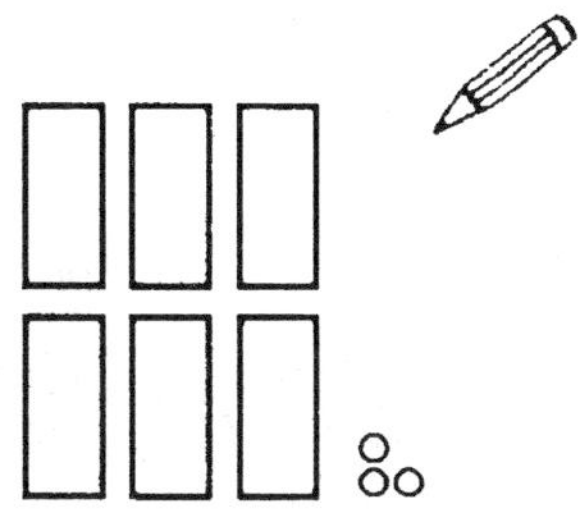

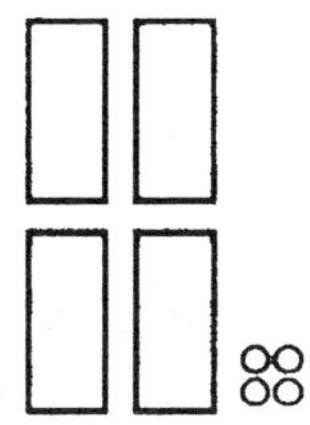

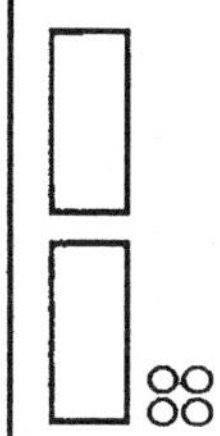

53 + 30 =	63 + 30 =	44 + 20 =	24 + 10 =
25 + 70 =	83 + 10 =	79 + 20 =	34 + 50 =
61 + 30 =	25 + 30 =	11 + 80 =	42 + 40 =
71 + 20 =	38 + 60 =	53 + 20 =	76 + 20 =
85 + 10 =	16 + 80 =	32 + 40 =	19 + 50 =
62 + 30 =	55 + 40 =	82 + 10 =	41 + 10 =

Male die richtigen Zahlen aus!

32 + 50 =	23 + 50 =
45 + 40 =	58 + 30 =
74 + 20 =	88 + 10 =
45 + 50 =	19 + 80 =
21 + 60 =	37 + 40 =
74 + 10 =	68 + 10 =
42 + 50 =	22 + 30 =
67 + 20 =	32 + 10 =
28 + 30 =	13 + 20 =
51 + 40 =	11 + 30 =

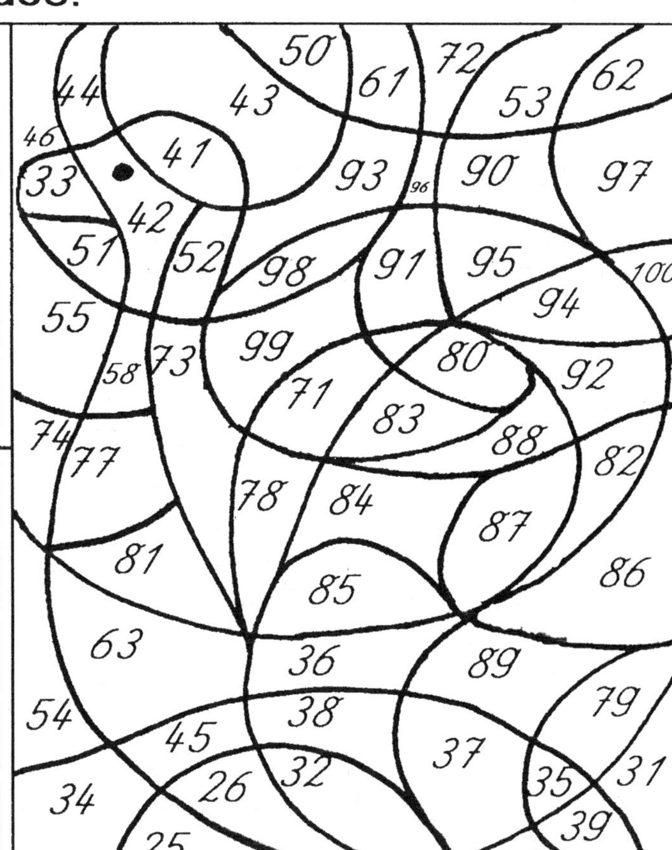

Die Zehner werden weniger!

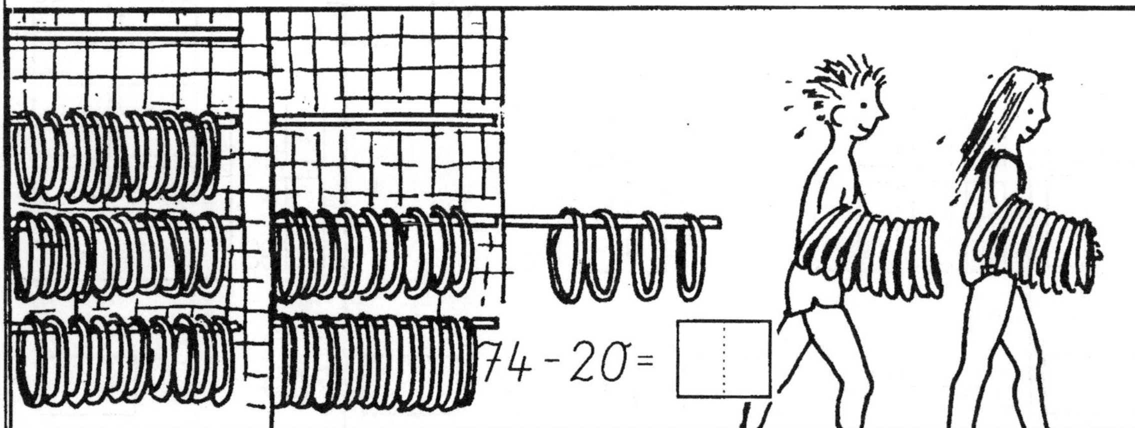

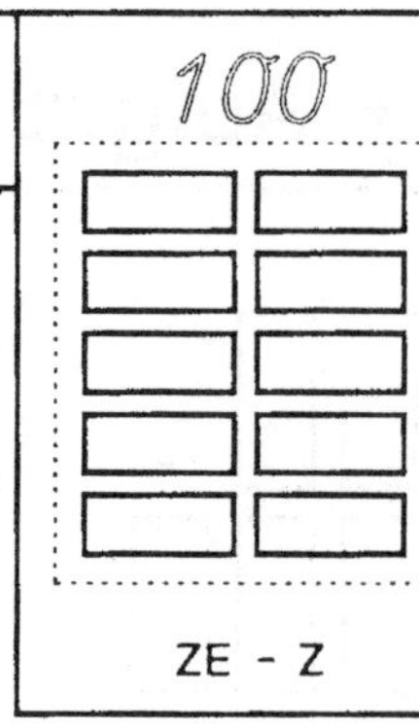

74 - 20 =

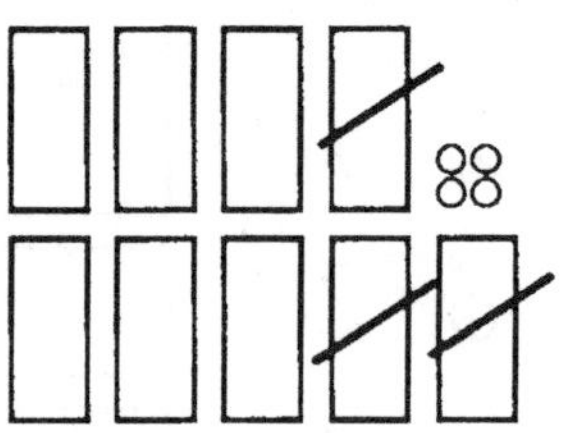	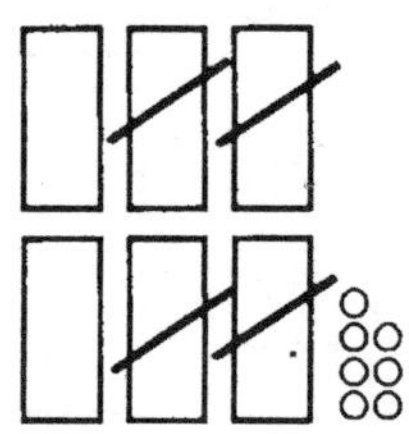	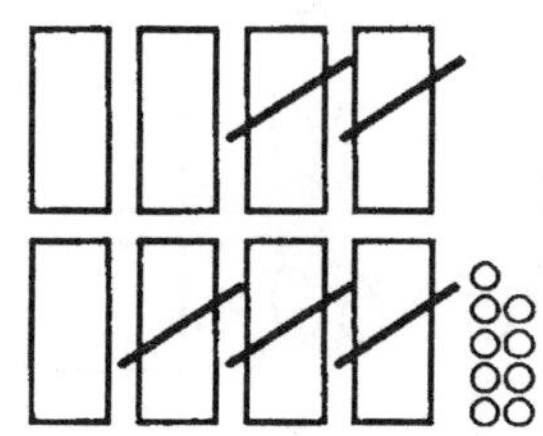	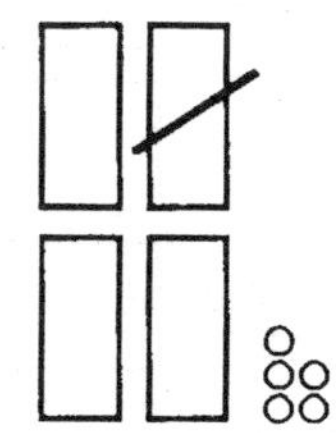
94 - 30 =	67 - 40 =	89 - 50 =	45 - 10 =

Streiche weg! Schreibe rot und blau!

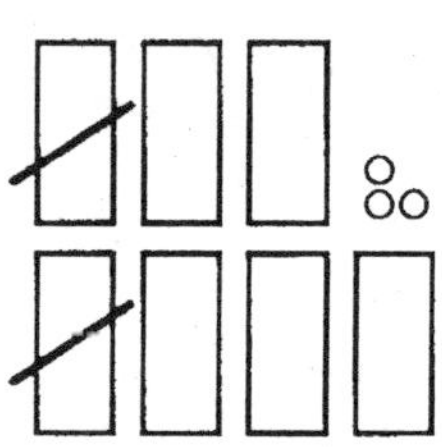	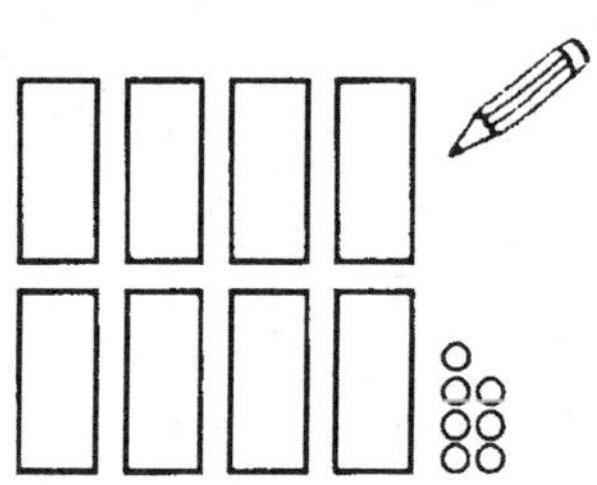	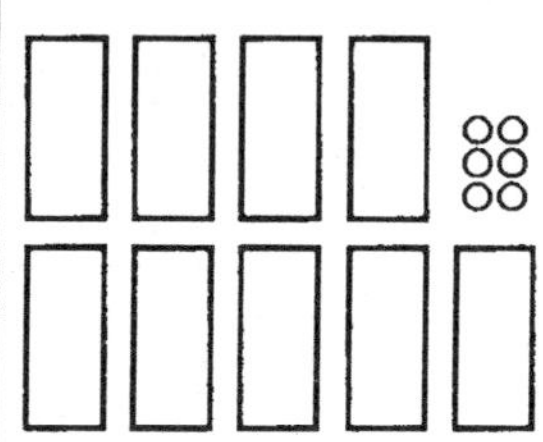	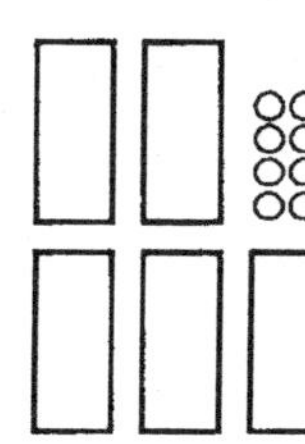
73 - 20 =	87 - 60 =	96 - 80 =	58 - 40 =
	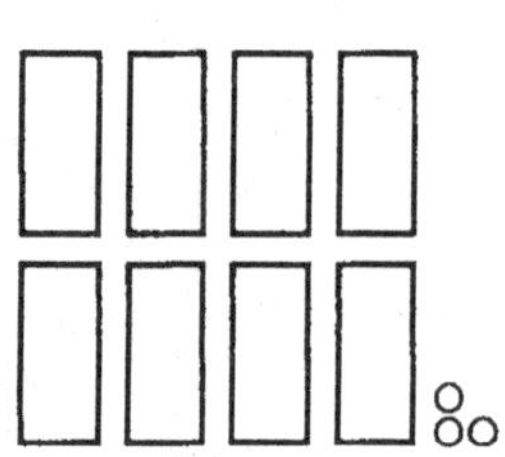	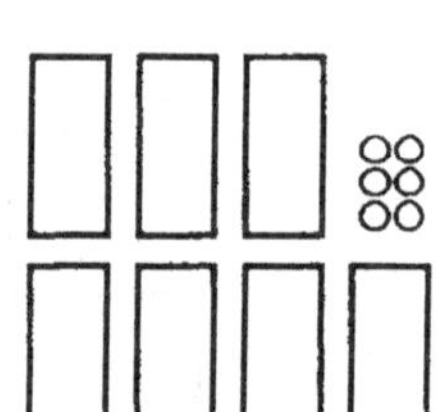	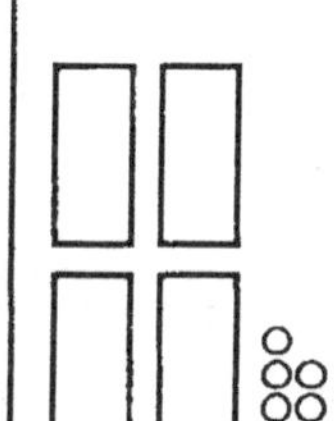
62 - 50 =	83 - 10 =	76 - 30 =	47 - 30 =

Male die Rechnung!

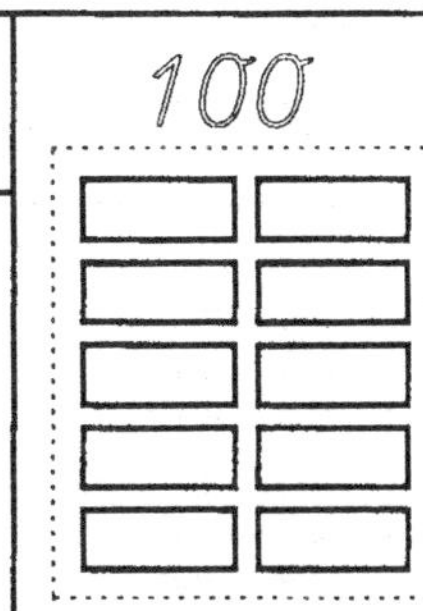

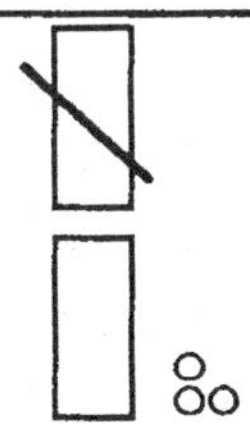

23 - 10 = ☐

64 - 20 = ☐

75 - 30 = ☐

96 - 60 = ☐

87 - 70 = ☐

52 - 50 = ☐

65 - 40 = ☐

56 - 30 = ☐

Wie heißt die Rechnung?

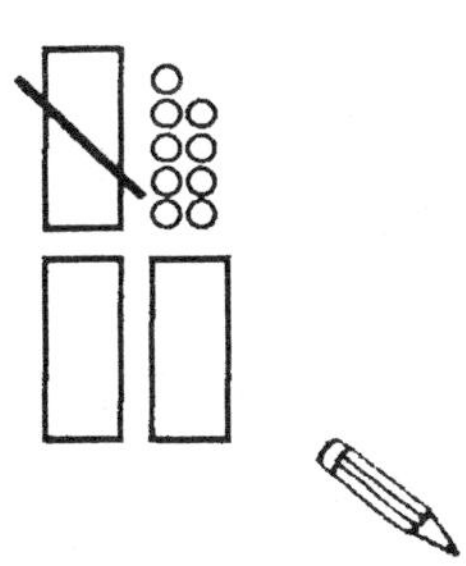

39 ◯ - ◯ 10 = ☐

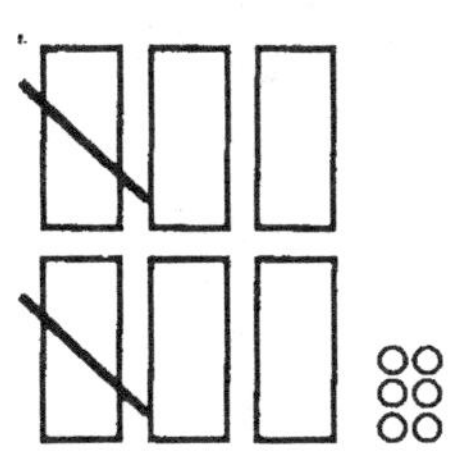

☐ ◯ ☐ ◯ ☐

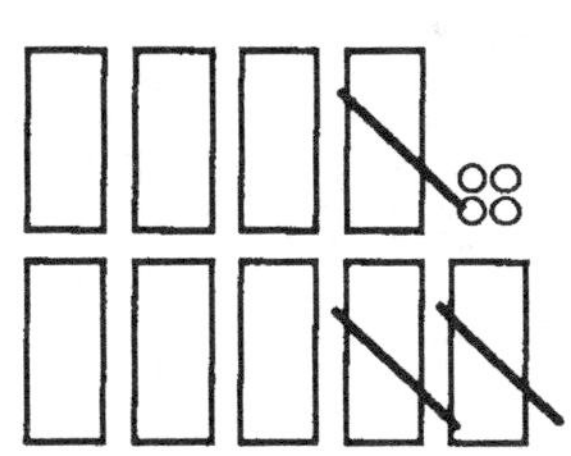

☐ ◯ ☐ ◯ ☐

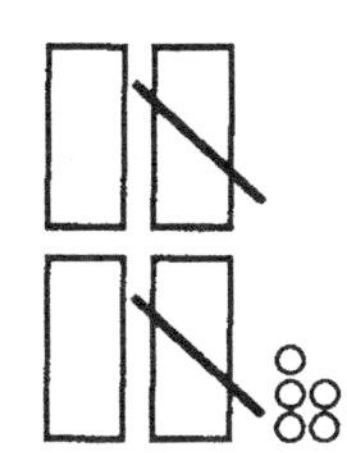

☐ ◯ ☐ ◯ ☐

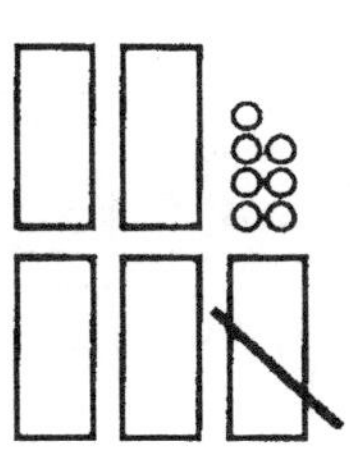

☐ ◯ ☐ ◯ ☐

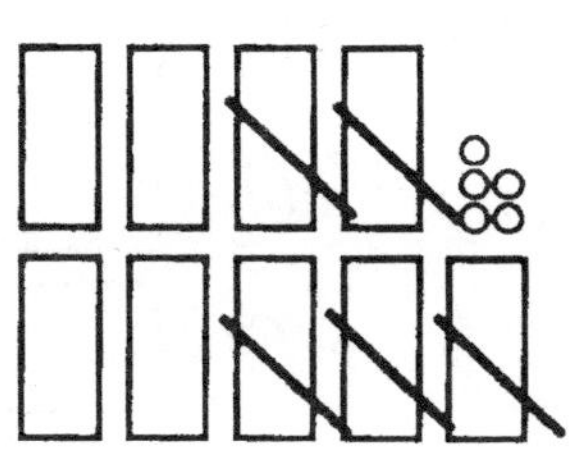

☐ ◯ ☐ ◯ ☐

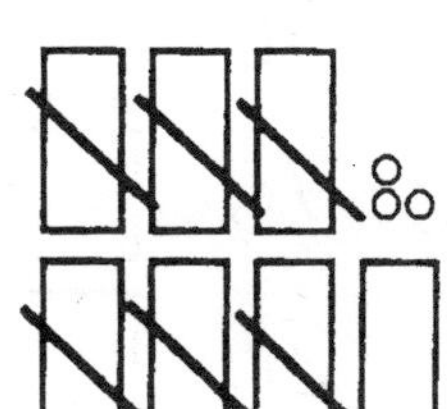

☐ ◯ ☐ ◯ ☐

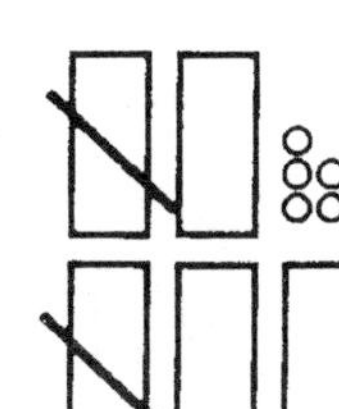

☐ ◯ ☐ ◯ ☐

- Aufgaben

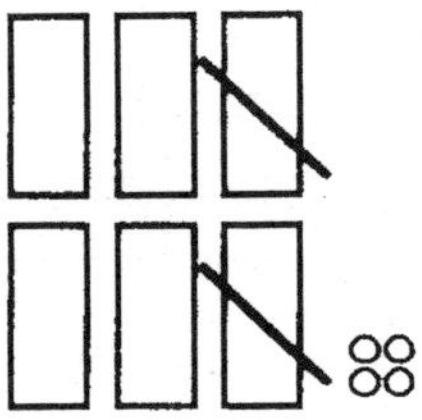

64 - 20 =

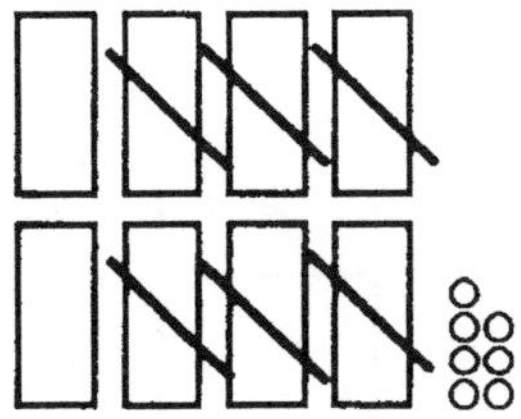

87 - 60 =

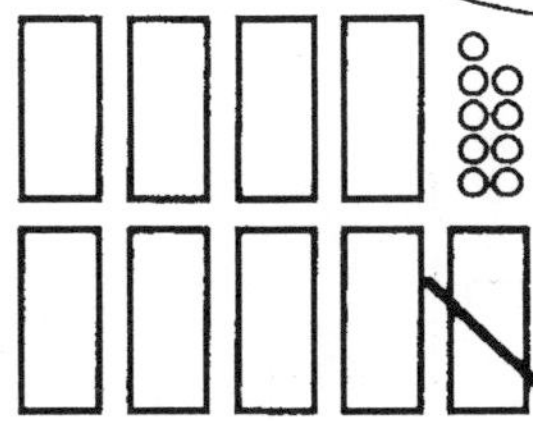

99 - 10 =

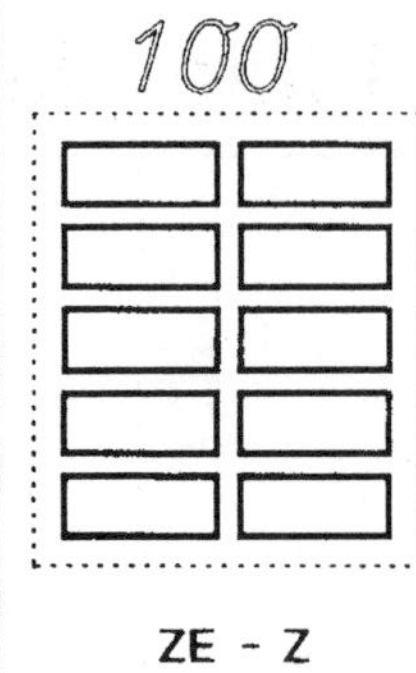

77 - 30 =	78 - 50 =	32 - 10 =	65 - 20 =
21 - 10 =	49 - 30 =	29 - 20 =	56 - 30 =
87 - 40 =	87 - 70 =	88 - 40 =	75 - 40 =
67 - 30 =	45 - 30 =	82 - 10 =	43 - 10 =
89 - 70 =	72 - 20 =	53 - 30 =	56 - 10 =

Übung macht fit!

42 - 10 =	88 - 50 =	87 - 30 =	75 - 20 =
39 - 20 =	59 - 40 =	31 - 20 =	56 - 30 =
98 - 40 =	97 - 80 =	97 - 40 =	85 - 40 =
92 - 10 =	55 - 40 =	77 - 30 =	53 - 10 =
63 - 30 =	82 - 20 =	99 - 80 =	66 - 60 =
74 - 30 =	79 - 60 =	54 - 30 =	19 - 10 =
93 - 90 =	72 - 70 =	95 - 70 =	59 - 50 =
84 - 60 =	93 - 20 =	92 - 80 =	99 - 60 =
61 - 10 =	68 - 50 =	77 - 40 =	78 - 60 =
98 - 50 =	69 - 40 =	86 - 10 =	99 - 50 =

Was passiert ? + oder – ?

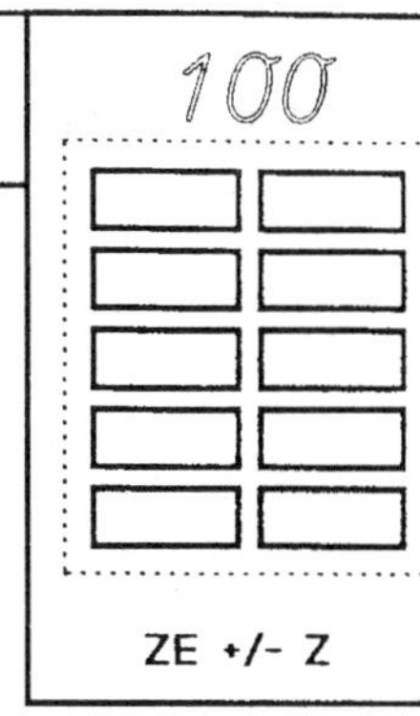

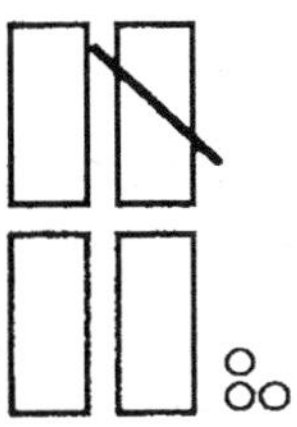

43 – 10 =

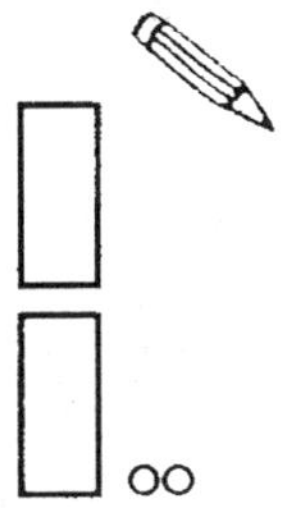

22 + 40 =

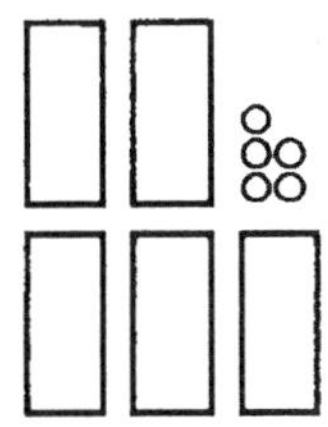

55 + 20 =

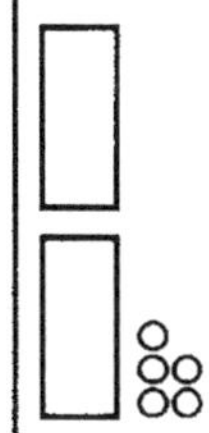

25 – 10 =

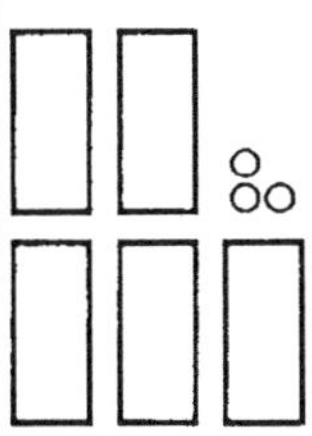

53 + 10 =

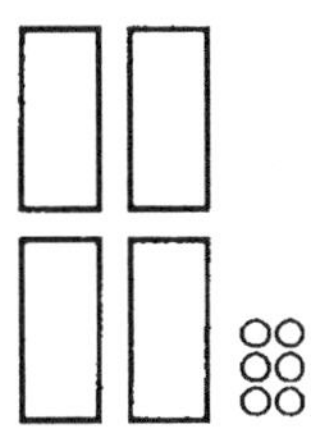

46 + 40 =

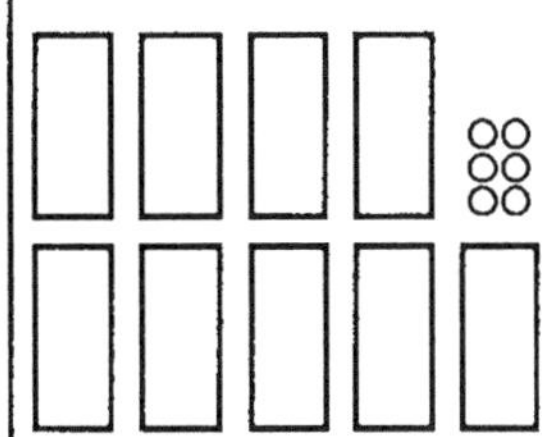

96 – 30 =

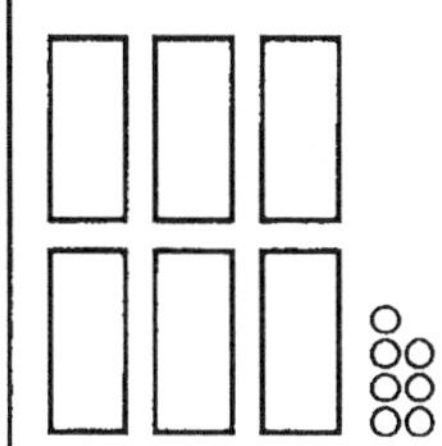

67 – 20 =

Schau genau und male richtig!

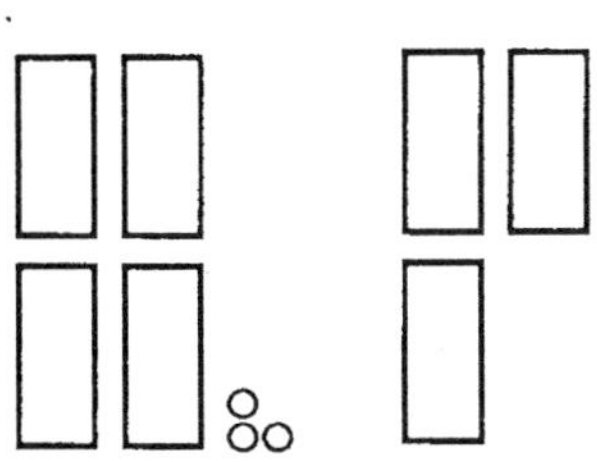

43 + 30 =

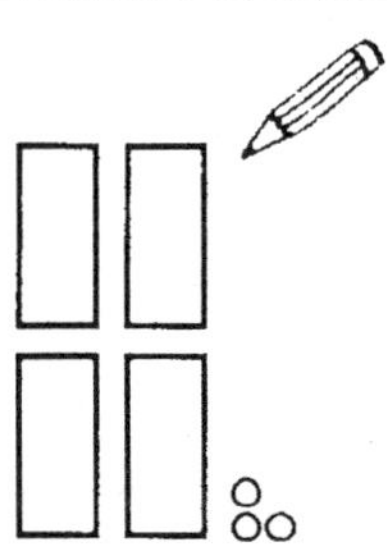

43 – 20 =

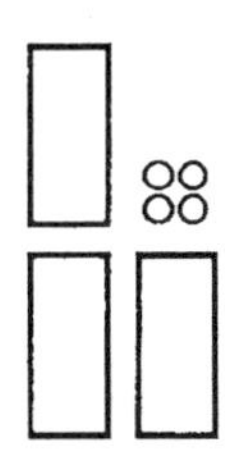

34 – 30 =

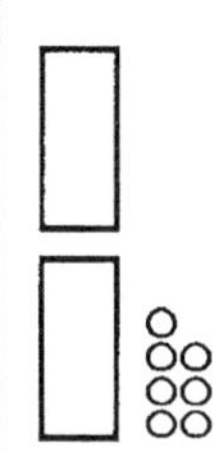

27 + 20 =

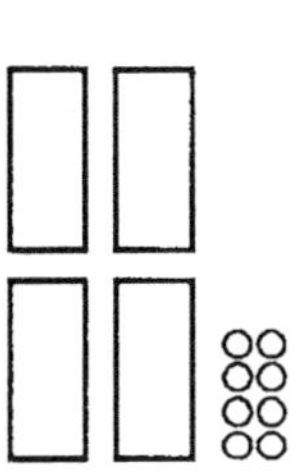

48 – 40 =

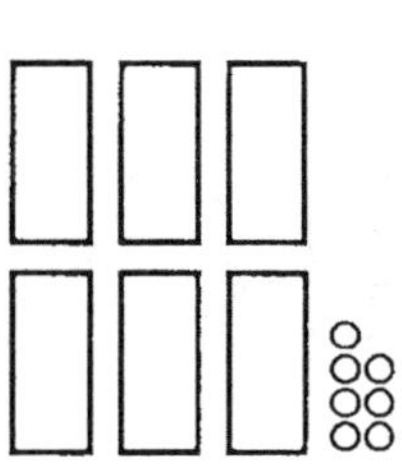

67 + 30 =

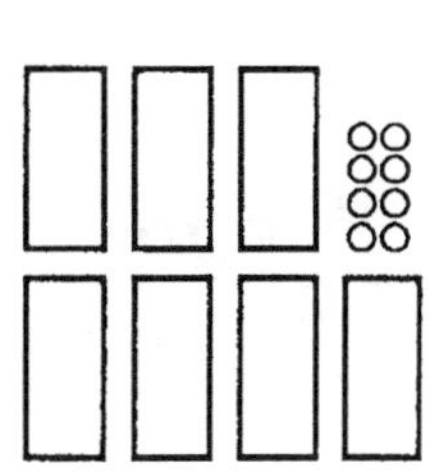

78 – 40 =

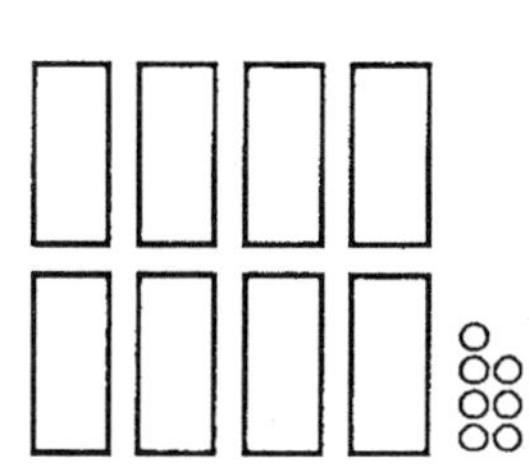

87 + 10 =

Male die Rechnung!

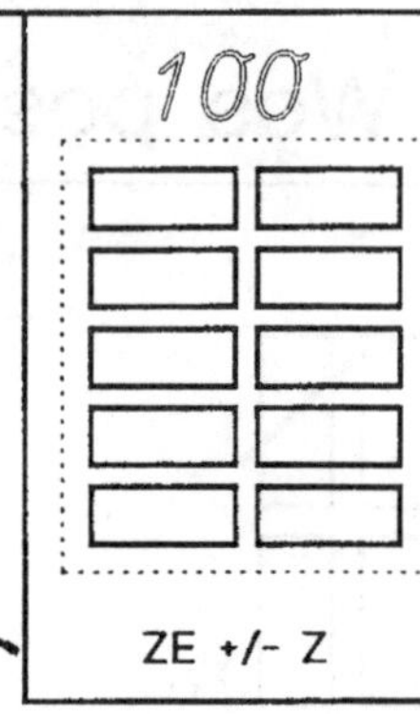

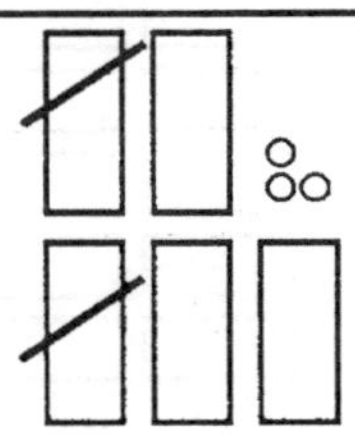

53 - 20 = ☐

57 - 40 = ☐

27 + 50 = ☐

16 + 70 = ☐

32 + 60 = ☐

33 + 60 = ☐

84 - 30 = ☐

76 - 10 = ☐

Wie heißt die Rechnung?

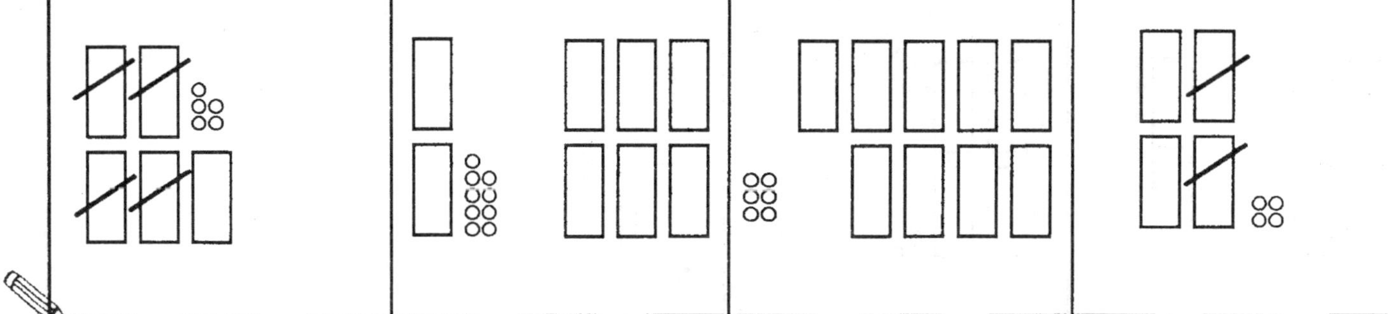

55 − 40 = ☐

☐ ○ ☐ ○ ☐

☐ ○ ☐ ○ ☐

☐ ○ ☐ ○ ☐

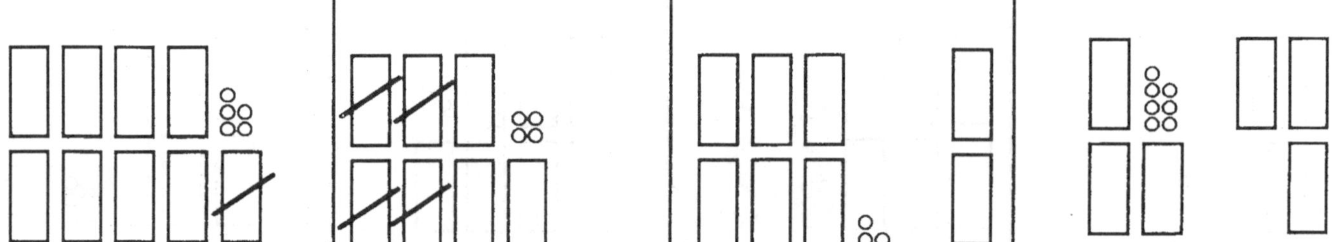

☐ ○ ☐ ○ ☐

☐ ○ ☐ ○ ☐

☐ ○ ☐ ○ ☐

☐ ○ ☐ ○ ☐

+ und – durcheinander!

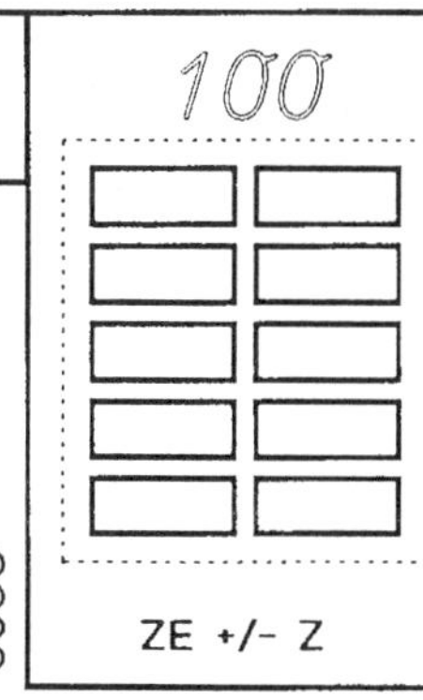

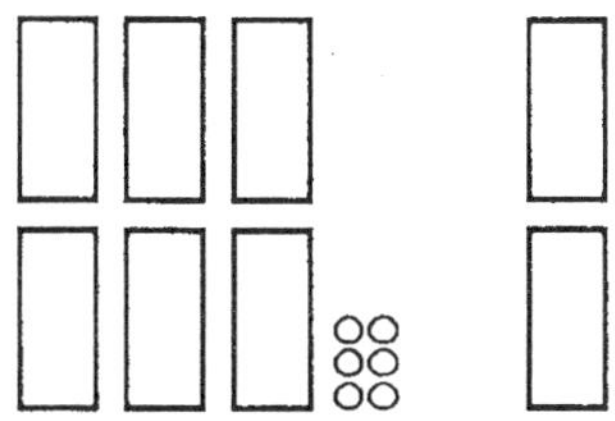

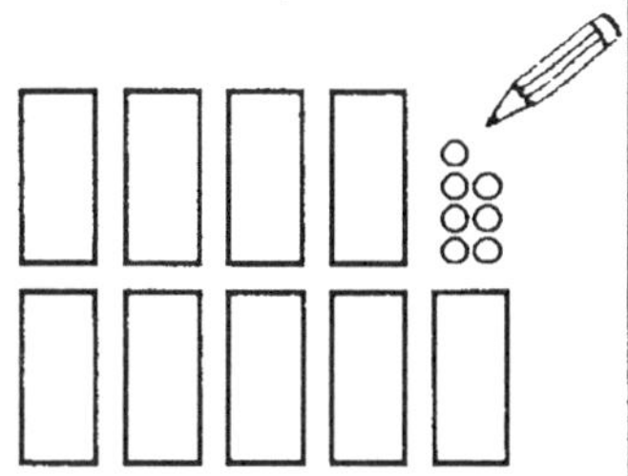

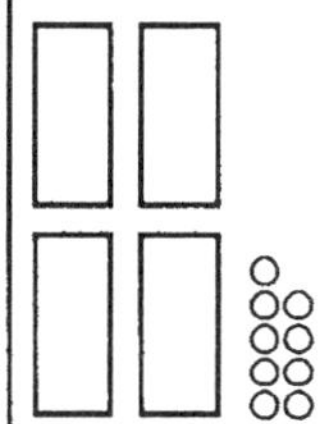

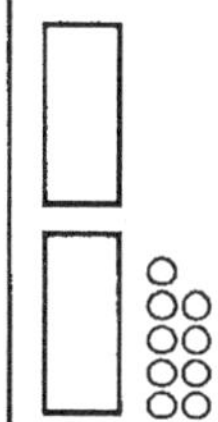

66 + 20 =	97 – 50 =	49 + 30 =	29 – 10 =

33 + 30 =	79 – 70 =	62 – 40 =	58 – 10 =
82 – 40 =	4 + 8 =	15 – 9 =	46 – 40 =
15 – 6 =	67 – 50 =	77 + 20 =	35 + 40 =
33 + 50 =	94 – 50 =	46 + 30 =	29 + 50 =
77 – 50 =	86 + 10 =	98 – 30 =	3 + 8 =

Überlege genau!

88 – 80 =	75 + 20 =	79 + 10 =	19 – 7 =
9 + 4 =	13 – 5 =	12 – 7 =	49 + 40 =
17 – 7 =	14 + 60 =	93 – 40 =	99 + 0 =
55 – 30 =	61 + 10 =	68 + 30 =	78 + 10 =
80 + 10 =	98 – 60 =	69 – 50 =	99 – 90 =

54 + 30 =	87 – 30 =	42 + 10 =	15 – 5 =
95 – 20 =	11 – 2 =	39 – 30 =	26 + 50 =
12 – 6 =	97 – 60 =	28 + 40 =	85 – 70 =
77 – 60 =	77 + 10 =	92 – 70 =	54 + 20 =
89 + 10 =	9 + 2 =	63 + 10 =	66 + 10 =

Das ist nicht mehr schwer!

100

ZE +/- Z

14 - 5 =	39 + 20 =	64 + 20 =	
24 + 30 =	5 + 9 =	96 - 40 =	
66 - 20 =	71 - 40 =	18 - 9 =	
57 - 20 =	72 + 10 =	47 + 20 =	8 + 3 =
31 + 40 =	49 - 20 =	51 - 30 =	12 + 80 =
41 + 50 =	94 - 80 =	56 + 20 =	81 - 40 =
27 - 20 =	35 + 60 =	44 - 40 =	44 + 40 =
9 + 3 =	79 - 50 =	6 + 7 =	63 - 60 =
86 - 50 =	65 + 30 =	23 + 70 =	78 + 20 =
59 + 30 =	16 - 9 =	38 - 10 =	13 - 6 =

Suche alle Aufgaben und rechne!

Sachaufgaben

100

ZE +/- Z

Jm Schwimmbad sind 65 Kinder. Die Klasse 2b muß sich leider anziehen. 20 Kinder gehen in die Kabine.

Wir fragen: ______________________________

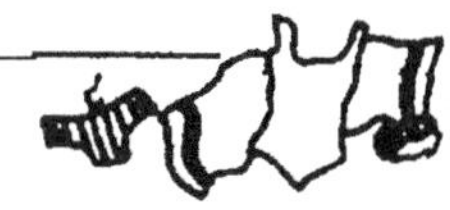

Wir rechnen: □ ○ □ ○ □

Wir antworten: ______________________________

Die Bademeisterin hat Bademützen zum Ausleihen. Jn der einen Schublade sind 63 Mützen, in der anderen Schublade sind 30 Mützen.

Wir fragen: ______________________________

Wir rechnen: □ ○ □ ○ □

Wir antworten: ______________________________

Jm Becken sind 79 Ringe versenkt.
Die Kinder haben schon 30 Ringe hochgetaucht.

Wir fragen: ______________________________

Wir rechnen: □ ○ □ ○ □

Wir antworten: ______________________________

Jm tiefen Becken schwimmen 35 Kinder.
Jm Nichtschwimmerbecken üben 20 Kinder das Schwimmen.

Wir fragen: ______________________________

Wir rechnen: □ ○ □ ○ □

Wir antworten: ______________________________

56 Schulkinder sind im Schwimmbad.
Davon können 40 Kinder schon schwimmen.

Wir fragen: ______________________________

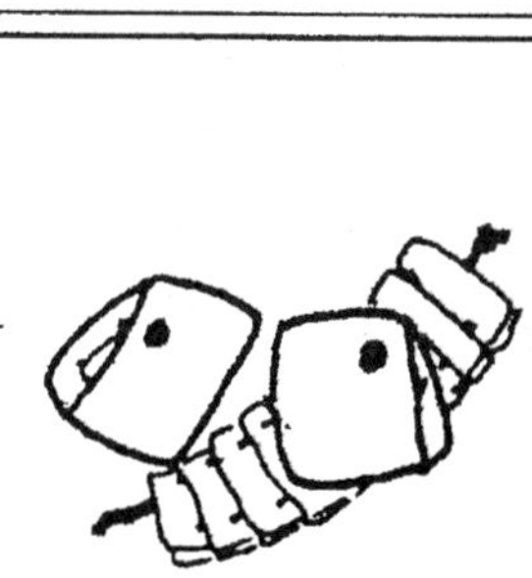

Wir rechnen: □ ○ □ ○ □

Wir antworten: ______________________________

Aus den 2. Klassen haben 25 Kinder letzte Woche das Seepferdchen geschafft. Heute schaffen es weitere 10 Kinder.

Wir fragen: ______________________________

Wir rechnen: □ ○ □ ○ □

Wir antworten ______________________________

Sachaufgaben

100

ZE +/- Z

Dorle ist schon 25 Meter auf dem Rücken geschwommen. Sie will noch 30 Meter kraulen.

Wir fragen:

Wir rechnen:

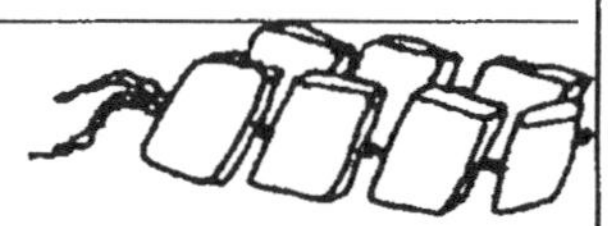

Wir antworten:

Klara kann 45 Sekunden tauchen. Matthias kommt 20 Sekunden früher nach oben.

Wir fragen:

Wir rechnen:

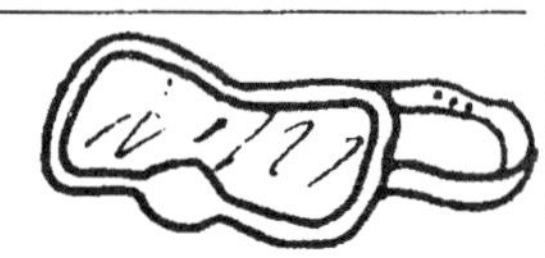

Wir antworten:

Jch denke mir eine Zahl:
Die Zahl ist um
20 kleiner als 83.

Wir antworten:

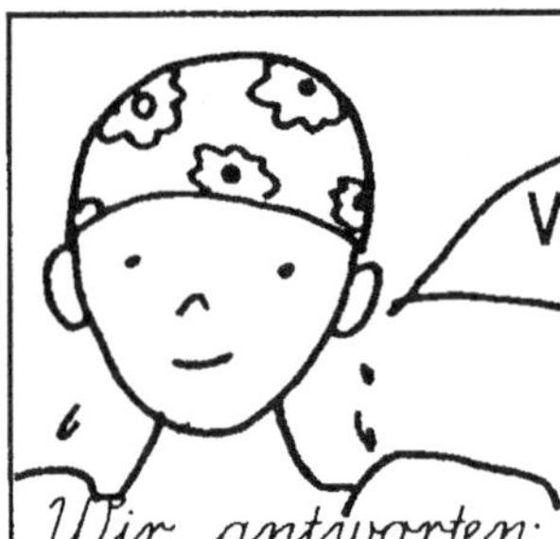

Jch denke mir eine Zahl:
Wenn ich zu dieser Zahl 30 dazurechne
kommt 69 heraus.

Wir antworten:

Jch denke mir eine Zahl:
Sie ist um 20 kleiner als 63.
Sie ist um 40 größer als 3

Wir antworten:

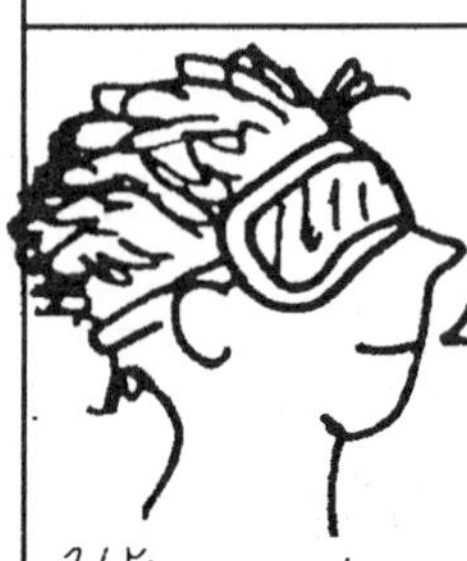

Jch denke mir eine Zahl:
Die Zahl ist um 20 größer als 32
und um 10 kleiner als 62

Wir antworten:

Zerlege die Zehner!

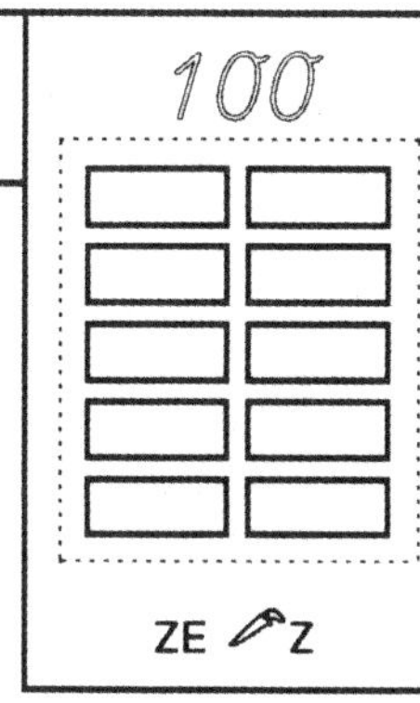

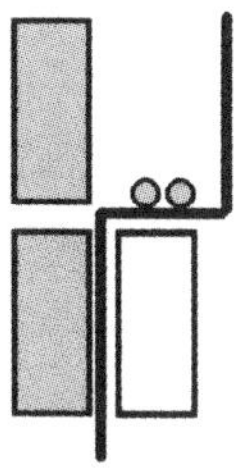

32 = 22 +

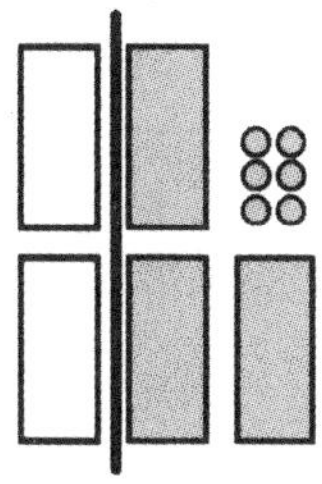

56 = 36 +

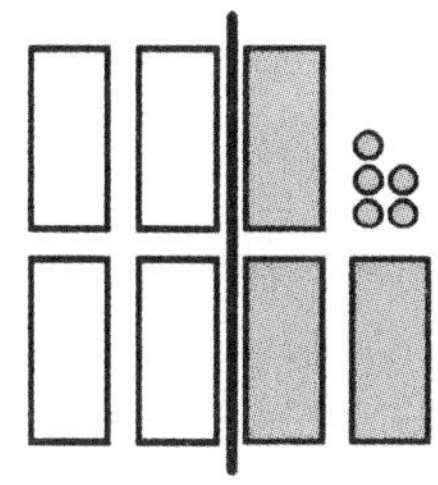

75 = 35 +

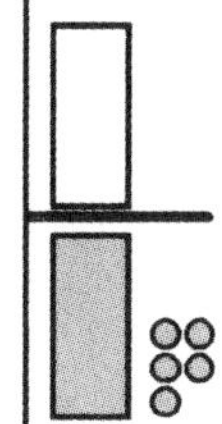

25 = 15 +

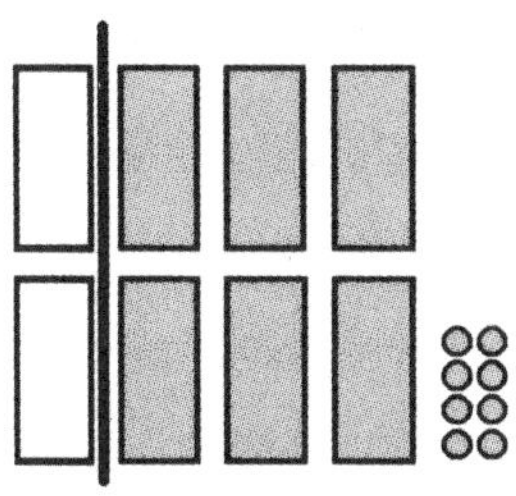

88 = 68 +

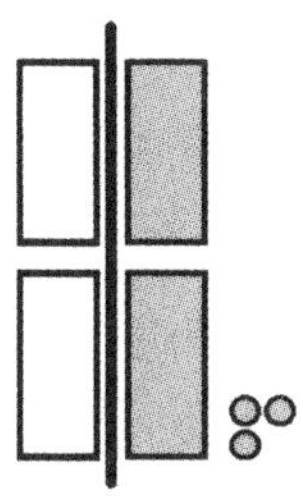

43 = 23 +

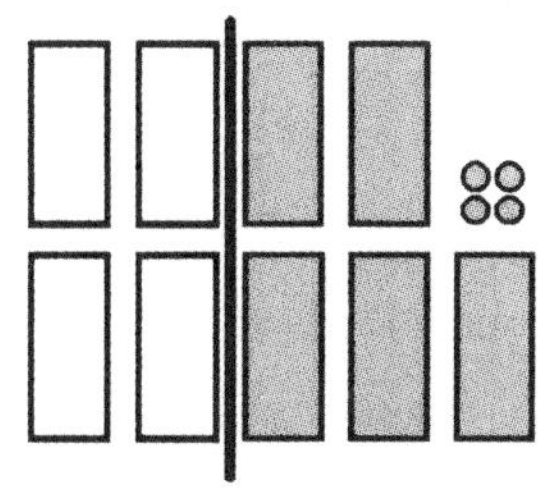

94 = 54 +

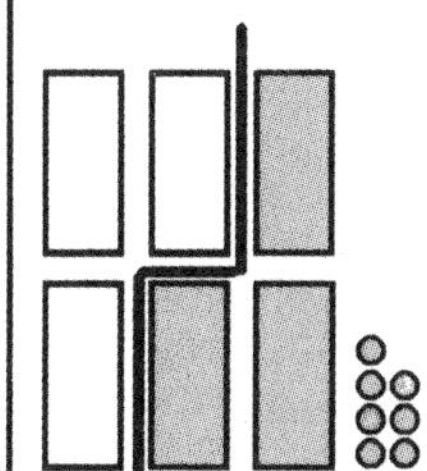

67 = 37 +

Zerlege richtig!

42 = 32 +	54 = 24 +	87 = 57 +	15 = 6 +
39 = 19 +	95 = 35 +	11 = 9 +	26 = 26 +
28 = 8 +	12 = 8 +	97 = 47 +	85 = 35 +
92 = 22 +	77 = 57 +	77 = 37 +	53 = 13 +
63 = 43 +	86 = 46 +	9 = 1 +	66 = 46 +
74 = 14 +	79 = 39 +	88 = 28 +	19 = 19 +
13 = 3 +	12 = 3 +	9 = 9 +	49 = 19 +
14 = 7 +	93 = 73 +	17 = 9 +	99 = 69 +
61 = 21 +	68 = 18 +	55 = 45 +	78 = 28 +
98 = 88 +	69 = 59 +	82 = 72 +	99 = 19 +

Ergänze die Zehner!

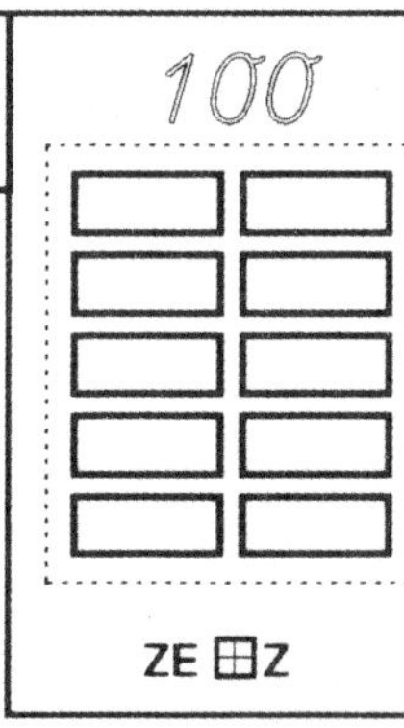

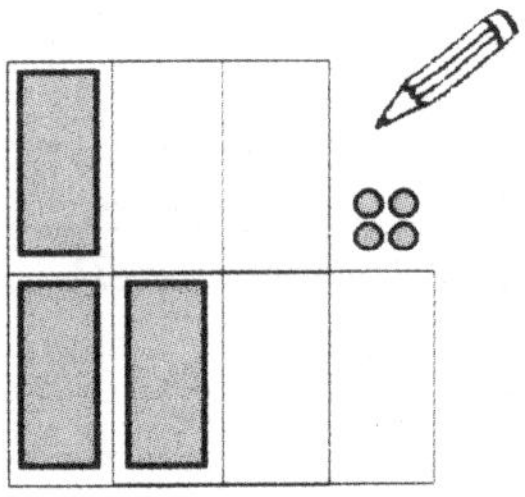

$34 + \square = 74$

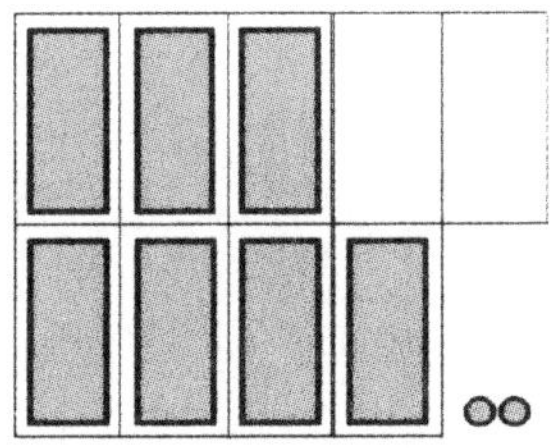

$72 + \square = 92$

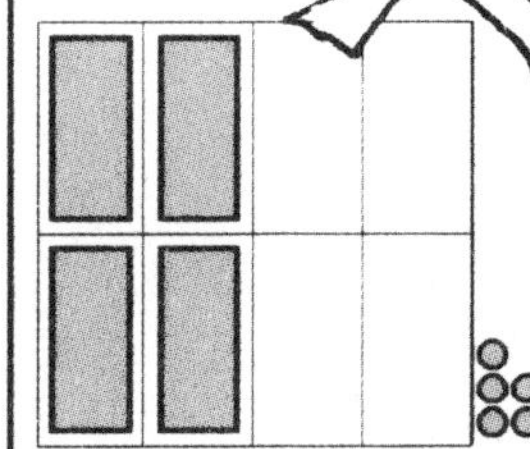

$45 + \square = 85$

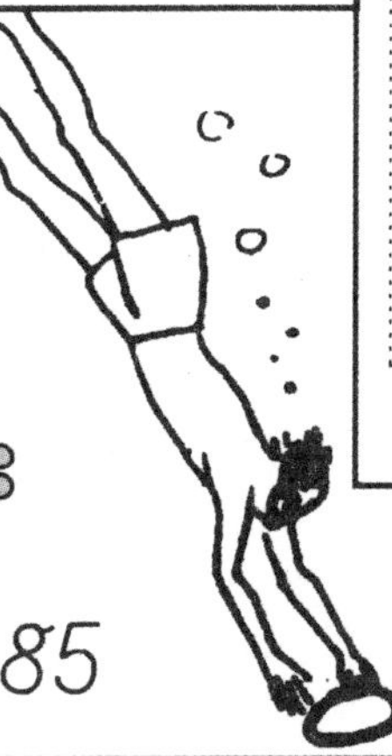

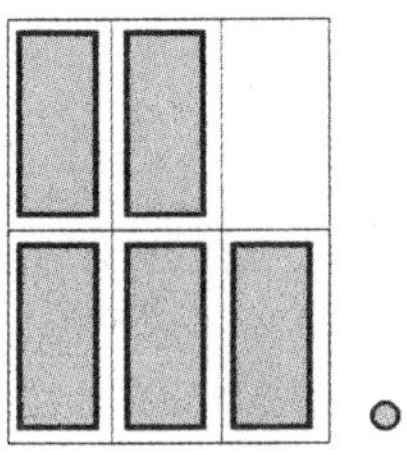

$51 + \square = 61$

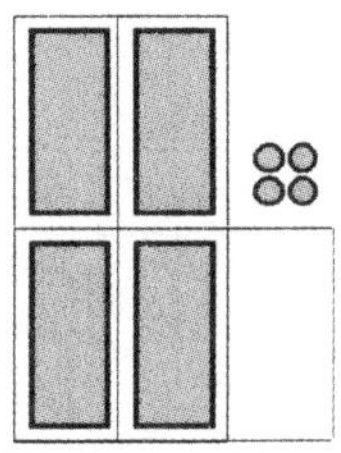

$44 + \square = 54$

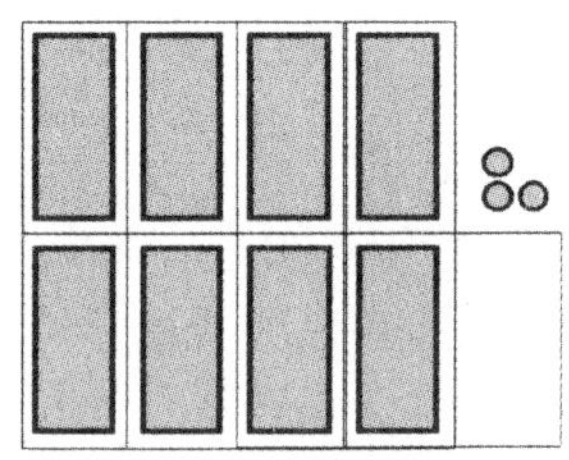

$83 + \square = 93$

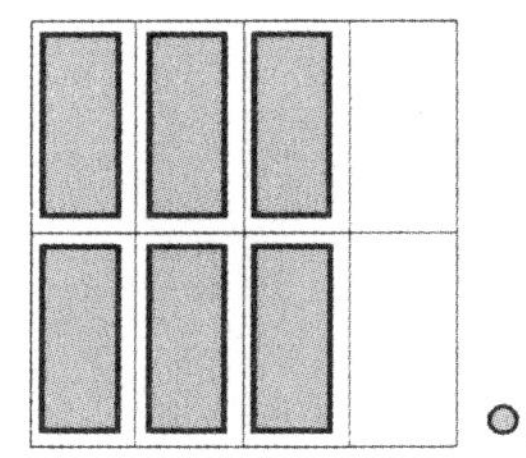

$61 + \square = 81$

Ergänze richtig!

$9 + \square = 13$	$62 + \square = 72$	$56 + \square = 66$	$31 + \square = 91$
$42 + \square = 92$	$13 + \square = 93$	$4 + \square = 16$	$25 + \square = 75$
$81 + \square = 91$	$75 + \square = 95$	$32 + \square = 92$	$7 + \square = 17$
$27 + \square = 37$	$32 + \square = 52$	$51 + \square = 81$	$82 + \square = 92$
$70 + \square = 90$	$84 + \square = 94$	$86 + \square = 96$	$57 + \square = 77$
$32 + \square = 42$	$42 + \square = 72$	$74 + \square = 84$	$40 + \square = 50$
$54 + \square = 94$	$21 + \square = 51$	$63 + \square = 93$	$61 + \square = 91$
$11 + \square = 19$	$30 + \square = 60$	$56 + \square = 86$	$62 + \square = 82$
$90 + \square = 90$	$98 + \square = 98$	$2 + \square = 12$	$43 + \square = 93$
$53 + \square = 73$	$70 + \square = 80$	$41 + \square = 61$	$31 + \square = 81$

Zerlegen oder Ergänzen?

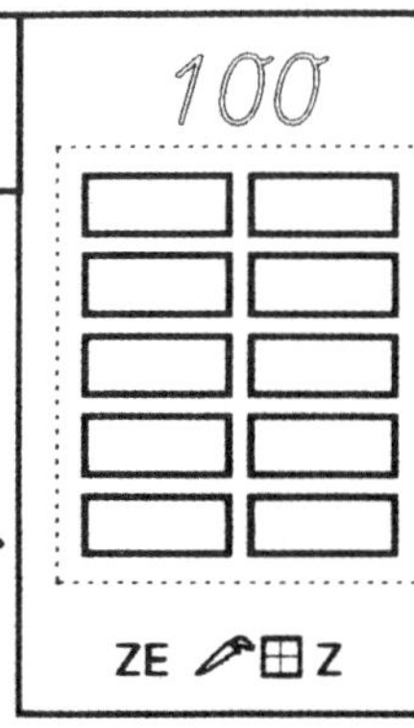

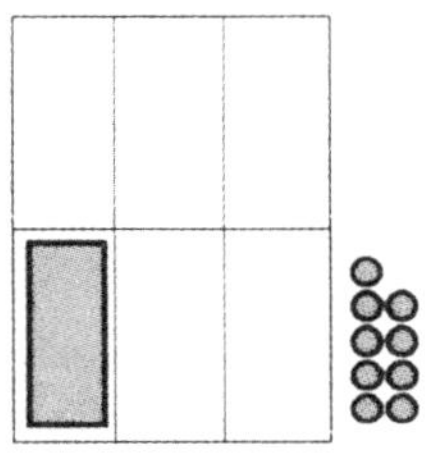	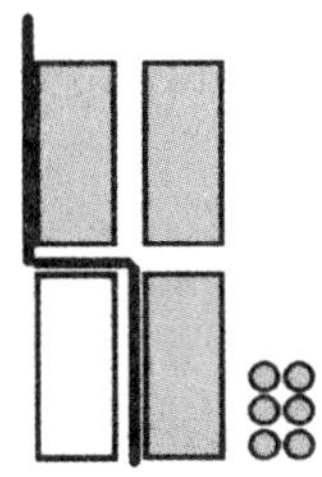	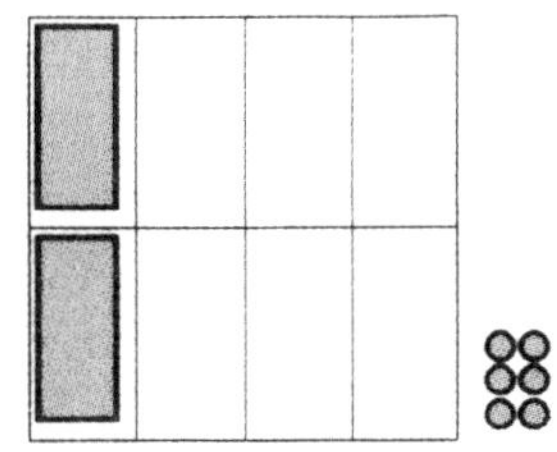	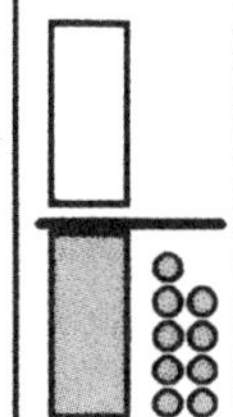
19 + □ = 69	46 = 36 + □	26 + □ = 86	29 = 19 + □

46 = 36 + □	33 + □ = 53	35 + □ = 65	85 + □ = 85
47 = 27 + □	24 = 14 + □	59 = 39 + □	75 = 25 + □
46 + □ = 66	19 + □ = 99	83 = 13 + □	63 + □ = 83
54 + □ = 84	65 = 35 + □	23 + □ = 83	36 = 16 + □
52 + □ = 72	73 + □ = 93	64 + □ = 74	27 = 17 + □

Hier kannst du üben!

89 = 69 + □	48 + □ = 88	76 + □ = 96	36 + □ = 86
76 = 46 + □	34 = 24 + □	58 = 48 + □	12 = 11 + □
26 + □ = 46	17 + □ = 27	94 = 64 + □	60 + □ = 90
38 + □ = 98	44 = 14 + □	66 + □ = 86	91 = 11 + □
29 + □ = 49	7 + □ = 13	55 + □ = 65	57 = 27 + □

31 + □ = 41	67 = 57 + □	9 + □ = 14	38 = 18 + □
38 = 38 + □	45 = 25 + □	21 + □ = 41	96 = 76 + □
19 = 9 + □	68 + □ = 88	58 + □ = 88	59 + □ = 79
59 + □ = 99	48 = 38 + □	37 = 17 + □	47 + □ = 97
84 = 24 + □	24 + □ = 94	29 = 19 + □	73 = 63 + □

Aufgaben-Mix!

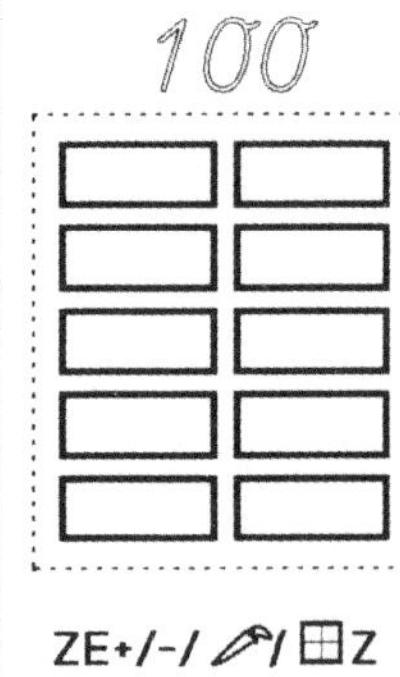

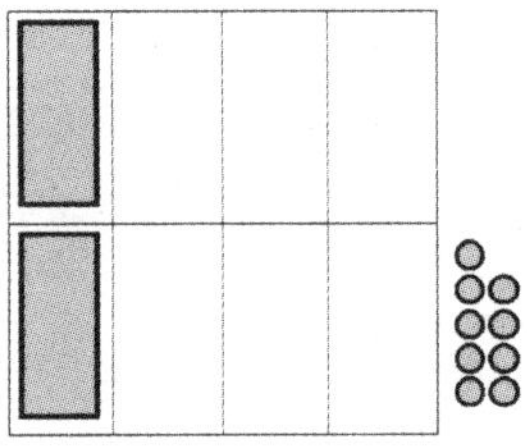	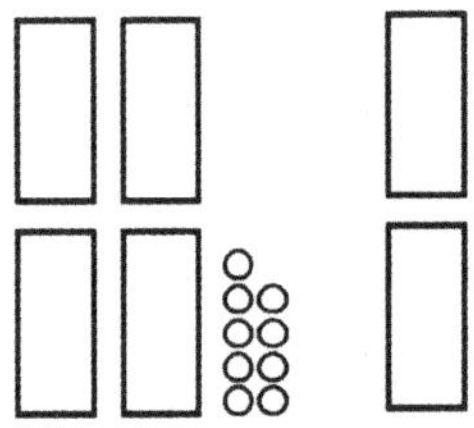	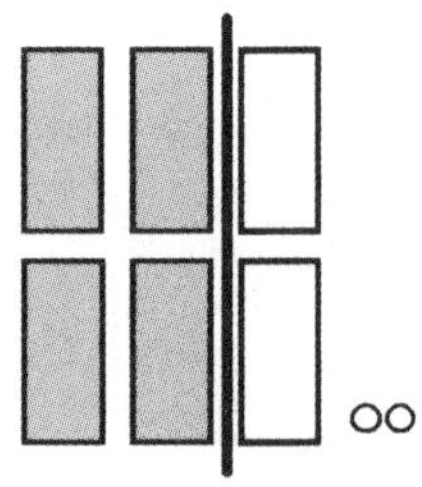	
29 + ☐ = 89	49 + 20 = ☐	62 = ☐ + 22	26 − 10 = ☐
14 − 9 = ☐	72 − 50 = ☐	48 + ☐ = 48	65 + 20 = ☐
64 = 34 + ☐	12 = 9 + ☐	84 − 40 = ☐	35 = ☐ + 15
51 + 20 = ☐	73 + 10 = ☐	73 + ☐ = 83	50 + 20 = ☐
21 + ☐ = 61	65 + ☐ = 85	11 − 8 = ☐	22 + ☐ = 72
76 − 40 = ☐	7 + 6 = ☐	4 + 7 = ☐	48 − 30 = ☐

Wie lautet der Lösungssatz?

21 + 30 = ☐	H 61	J 50	D 51	76 + ☐ = 86	R 16	K 20	P 10
74 − 40 = ☐	E 70	U 34	C 24	51 + 30 = ☐	L 54	E 81	D 21
26 = ☐ + 16	U 6	H 16	K 10	46 + 50 = ☐	C 86	J 41	R 96
38 + ☐ = 78	A 40	K 50	T 30	66 = ☐ + 26	C 36	R 40	H 30
78 − 50 = ☐	E 38	A 73	N 28	54 − 20 = ☐	E 74	E 34	G 52
48 − 20 = ☐	E 46	B 48	N 28	36 + ☐ = 66	C 30	K 20	U 40
34 + 20 = ☐	S 54	N 14	J 32	78 = 38 + ☐	N 30	T 50	H 40
17 + ☐ = 67	N 30	T 50	W 40	49 − 30 = ☐	Ö 79	N 19	E 46
44 = 34 + ☐	J 20	S 10	D 14	69 + 30 = ☐	N 39	R 66	E 99
34 + ☐ = 84	U 50	R 40	C 60	57 = 17 + ☐	E 30	N 40	S 50

Was ändert sich? Zehner oder Einer?

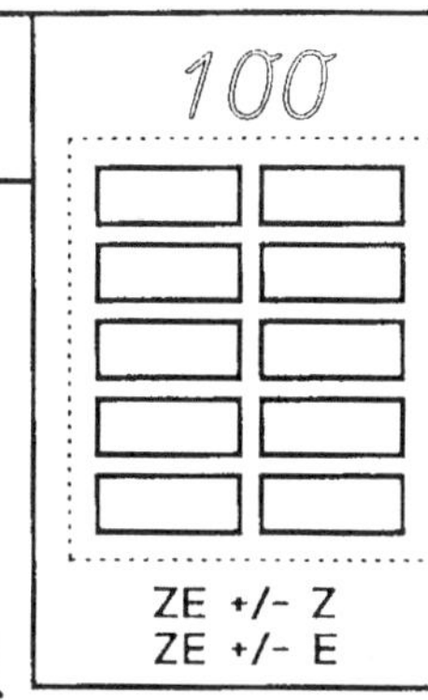

26 + 3 = ☐	59 - 4 = ☐	66 + 2 = ☐	25 - 2 = ☐
26 + 30 = ☐	59 - 40 = ☐	93 - 50 = ☐	35 + 20 = ☐

Achte gut auf Zehner und Einer!

43 + 3 = ☐	43 - 30 = ☐	34 - 2 = ☐	24 + 20 = ☐
47 - 20 = ☐	63 + 5 = ☐	58 + 20 = ☐	87 - 4 = ☐

Male die Rechnung!

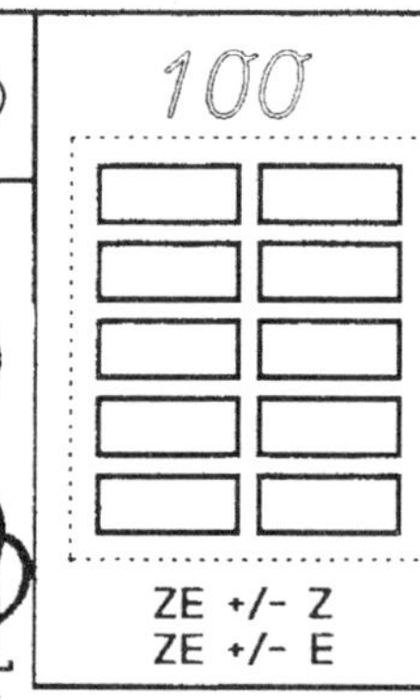

54 + 2 = ☐

66 - 40 = ☐

38 + 50 = ☐

74 - 2 = ☐

73 - 10 = ☐

67 - 6 = ☐

83 + 4 = ☐

47 - 30 = ☐

Wie heißt die Rechnung?

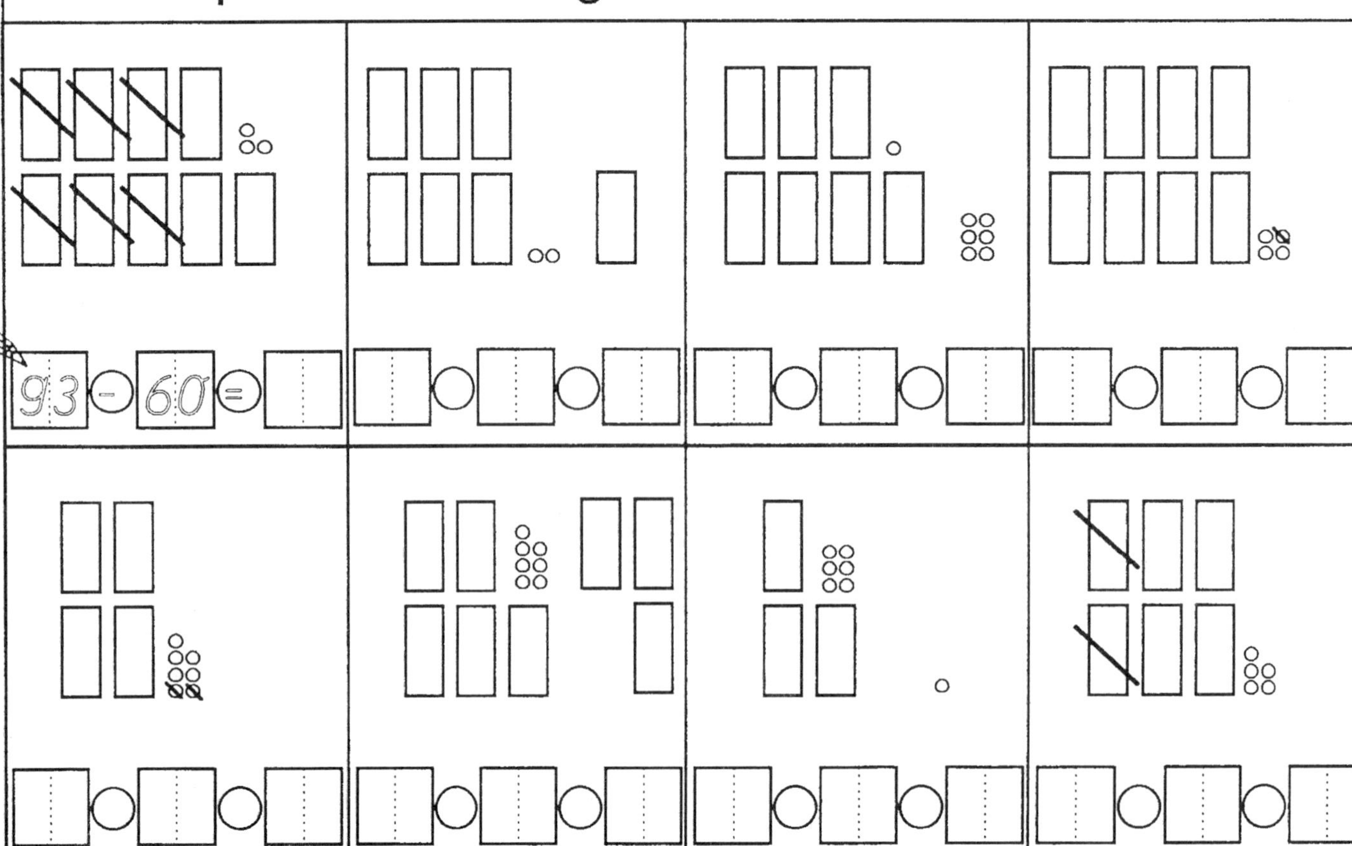

93 - 60 = ☐

+ oder - ?

100

ZE +/- E
ZE +/- Z

65 - 3 =	16 - 10 =	52 + 30 =	
33 + 5 =	75 - 2 =	87 - 6 =	
23 + 50 =	84 - 40 =	46 + 3 =	
91 - 20 =	42 + 40 =	48 + 50 =	
93 + 4 =	76 - 70 =	46 - 6 =	
66 - 3 =	17 - 9 =	53 + 20 =	98 + 1 =
34 + 4 =	76 - 1 =	88 - 5 =	66 - 10 =
24 + 40 =	85 - 30 =	47 + 2 =	46 - 20 =
92 - 20 =	43 + 30 =	49 + 40 =	8 + 4 =
94 + 3 =	77 - 60 =	47 - 5 =	57 + 40 =

Verbinde: Jmmer 2 Aufgaben haben das gleiche Ergebnis!

32 + 3 =	61 + 3 =	75 - 10 =	83 - 30 =
54 + 10 =	33 + 10 =	88 - 7 =	59 - 2 =
45 - 30 =	39 - 4 =	47 - 40 =	39 + 40 =
48 - 5 =	9 + 6 =	53 + 5 =	12 - 5 =
28 + 20 =	90 + 3 =	51 + 6 =	45 + 20 =
96 - 3 =	58 - 3 =	43 + 10 =	96 - 20 =
85 - 30 =	64 + 2 =	73 + 6 =	78 - 20 =
26 + 40 =	68 - 20 =	79 - 3 =	41 + 40 =

Kettenaufgaben!

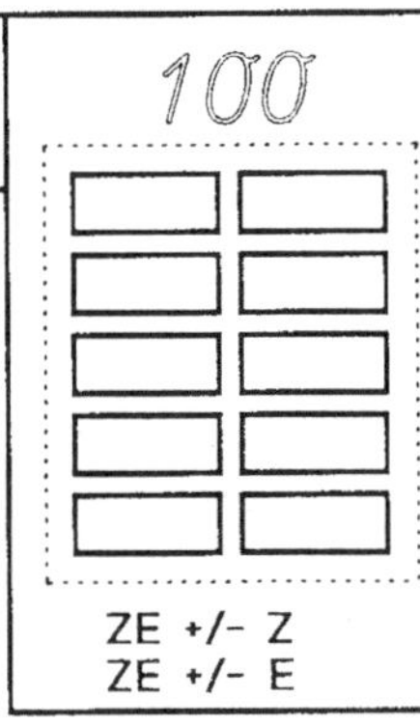

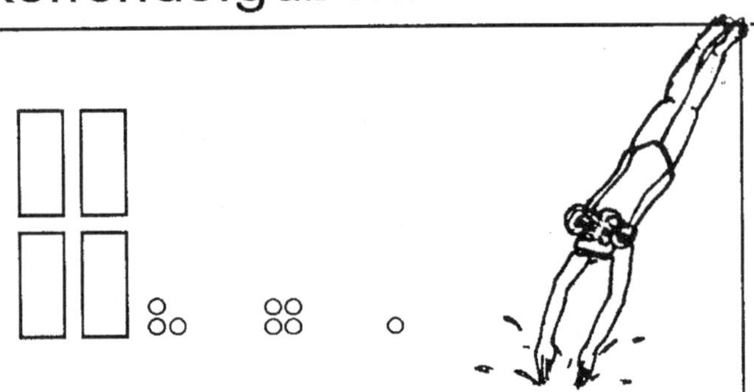

43 + 4 + 1 = ☐

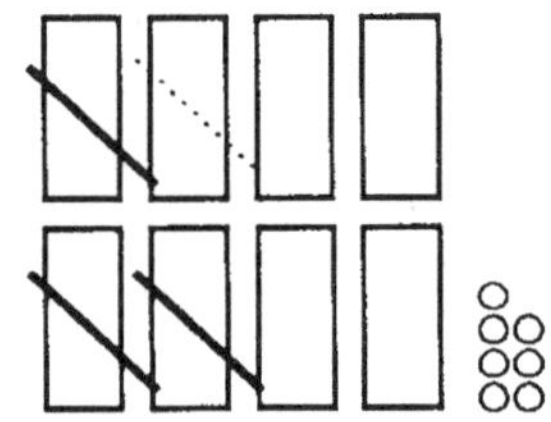

87 - 30 - 10 = ☐

21 + 0 + 4 = ☐	89 - 3 - 4 = ☐	61 + 20 + 10 = ☐
74 + 10 + 10 = ☐	37 - 4 - 2 = ☐	22 + 2 + 3 = ☐
64 + 3 + 3 = ☐	93 - 30 - 20 = ☐	43 + 40 + 10 = ☐
41 + 7 + 1 = ☐	81 - 10 - 50 ☐	11 + 20 + 60 ☐
23 + 50 + 20 = ☐	67 - 3 - 1 = ☐	82 + 6 + 1 = ☐

Das trainiert!

41 + 7 - 1 = ☐	89 - 30 + 20 = ☐	51 + 10 - 10 = ☐
23 + 50 - 20 = ☐	37 + 40 - 0 = ☐	91 + 4 - 1 = ☐
64 + 3 + 3 = ☐	52 + 4 - 3 = ☐	43 + 20 - 30 = ☐
93 + 1 - 2 = ☐	94 - 50 + 30 = ☐	66 + 10 - 40 = ☐
32 - 1 + 4 = ☐	29 - 1 - 7 = ☐	17 + 1 - 0 = ☐

12 + 10 + 40 + 20 = ☐
54 - 10 - 30 - 10 = ☐
64 + 2 + 0 + 3 = ☐
49 - 5 - 1 - 1 = ☐
23 + 50 - 20 + 30 = ☐

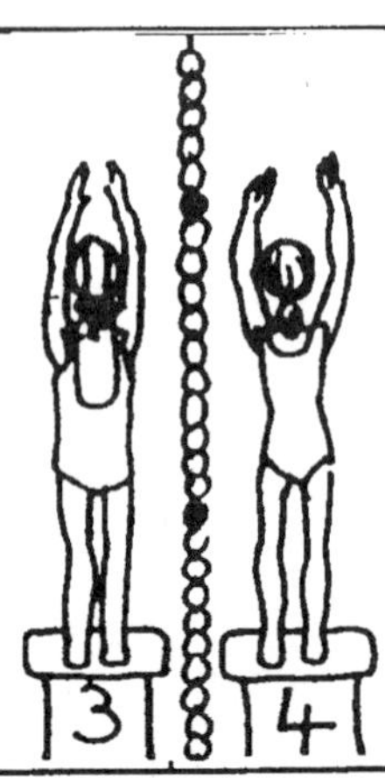

72 - 30 + 40 - 10 = ☐
63 - 2 + 5 - 4 = ☐
31 + 7 - 0 - 5 = ☐
49 + 40 - 20 - 10 = ☐
23 + 5 - 2 + 3 = ☐

Schreibwaren: Zehner und Einer ändern sich!

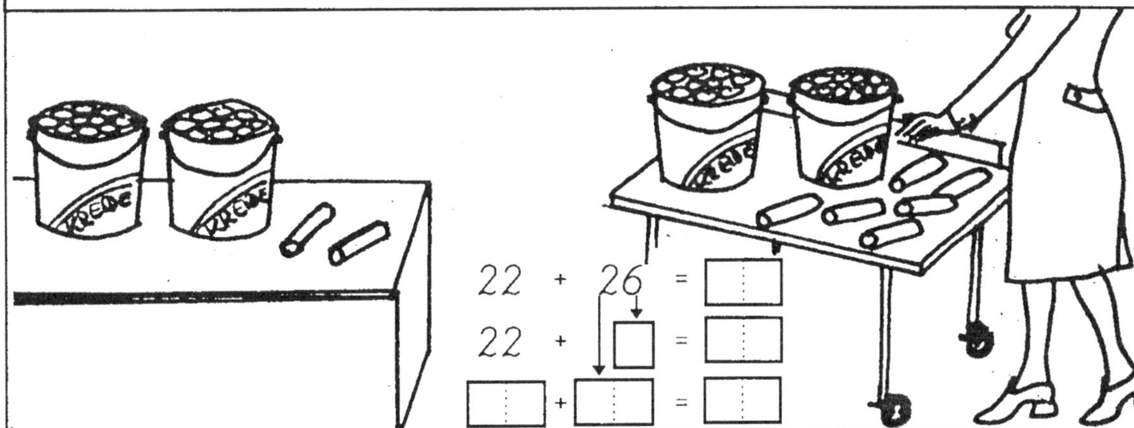

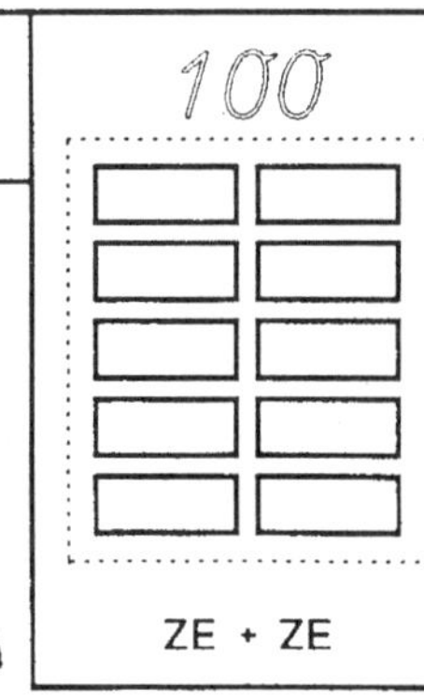

22 + 26 = □
22 + □ = □
□ + □ = □

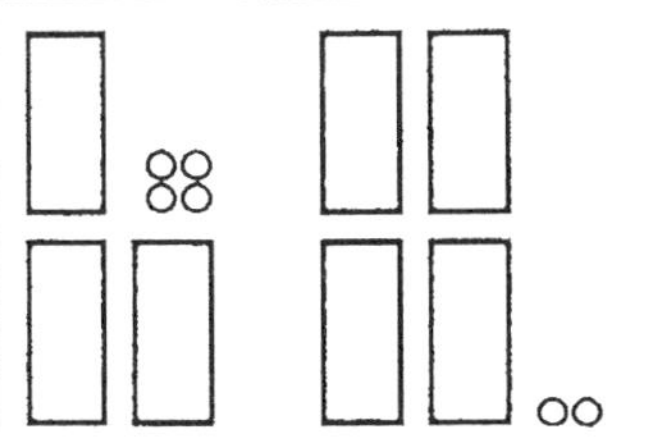

34 + 42 = □
34 + □ = □
□ + □ = □

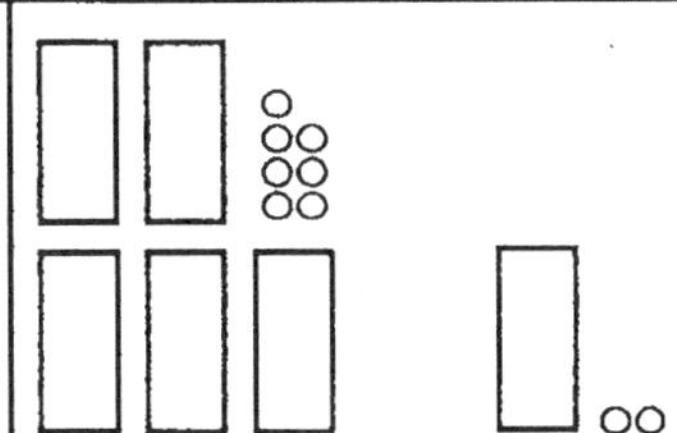

57 + 12 = □
57 + □ = □
□ + □ = □

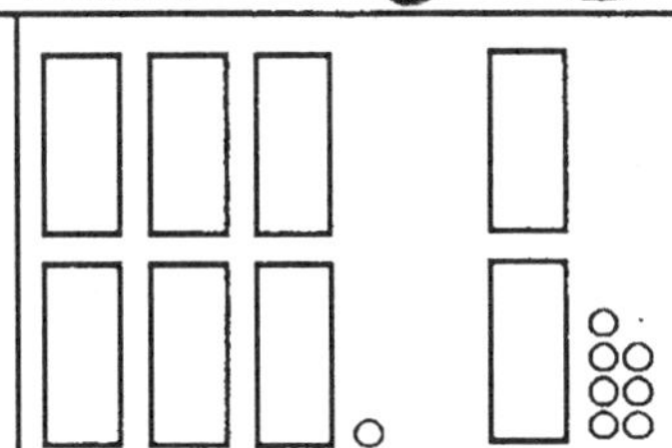

61 + 27 = □
61 + □ = □
□ + □ = □

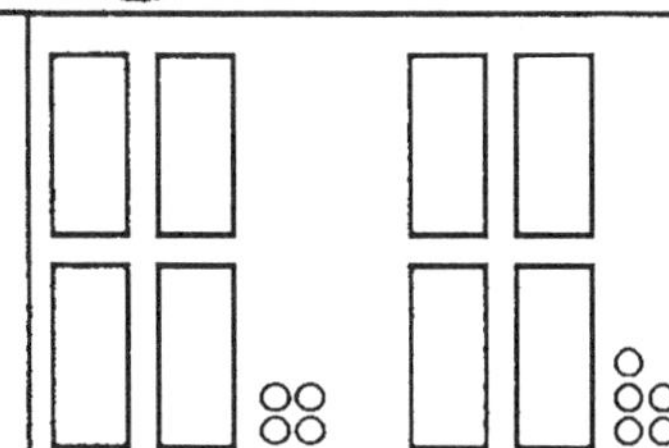

44 + 45 = □
44 + □ = □
□ + □ = □

Rechne: Zuerst die Einer, dann die Zehner!

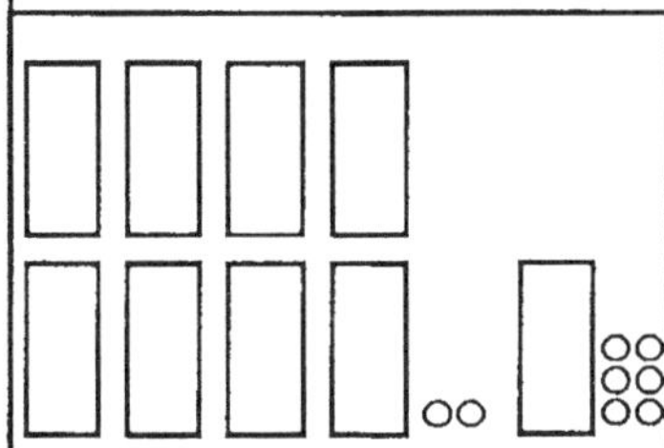

82 + 16 = □
82 + □ = □
□ + □ = □

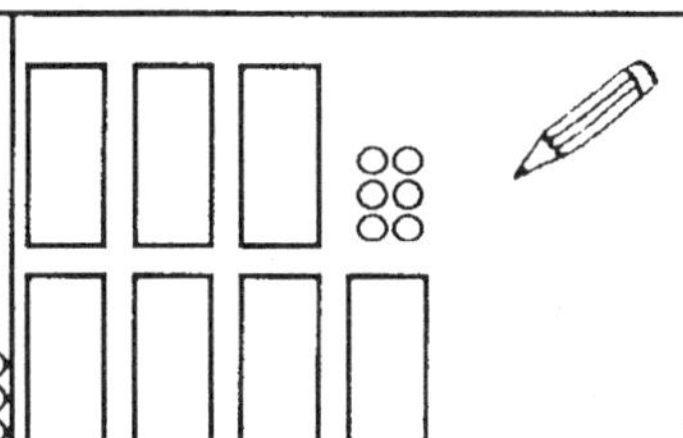

76 + 21 = □
76 + □ = □
□ + □ = □

13 + 74 = □
13 + □ = □
□ + □ = □

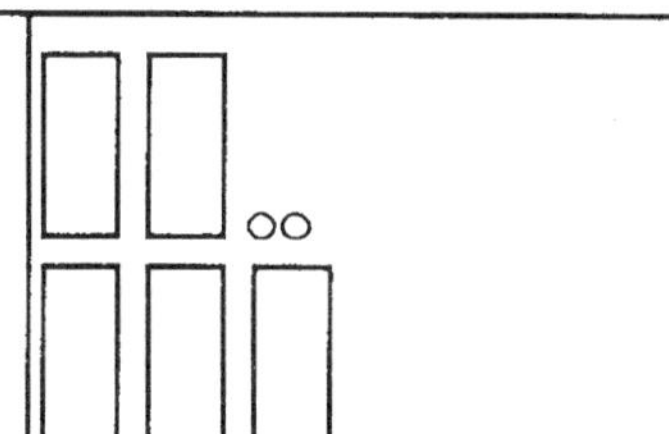

52 + 47 = □
52 + □ = □
□ + □ = □

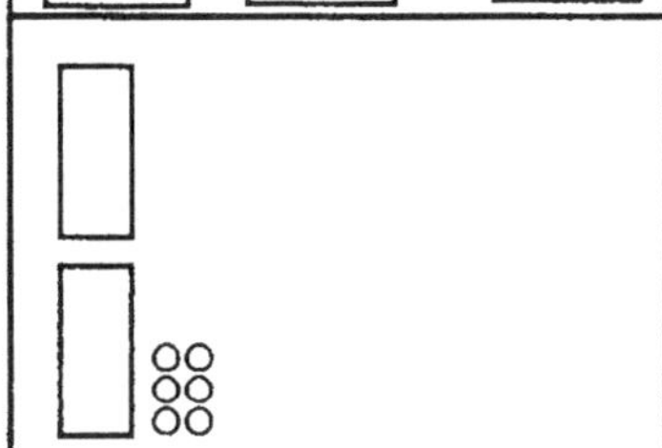

26 + 73 = □
26 + □ = □
□ + □ = □

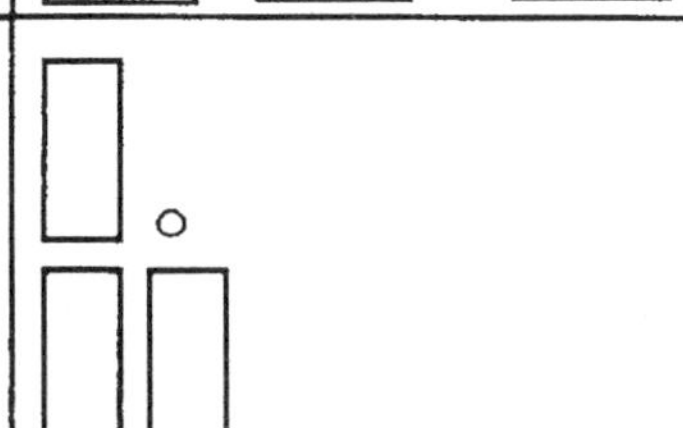

31 + 51 = □
31 + □ = □
□ + □ = □

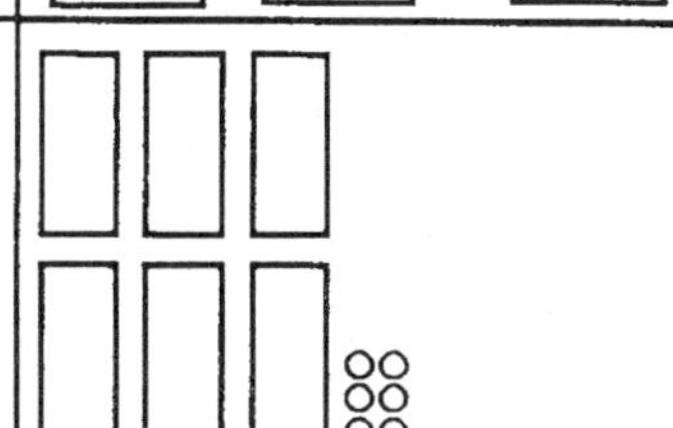

66 + 33 = □
66 + □ = □
□ + □ = □

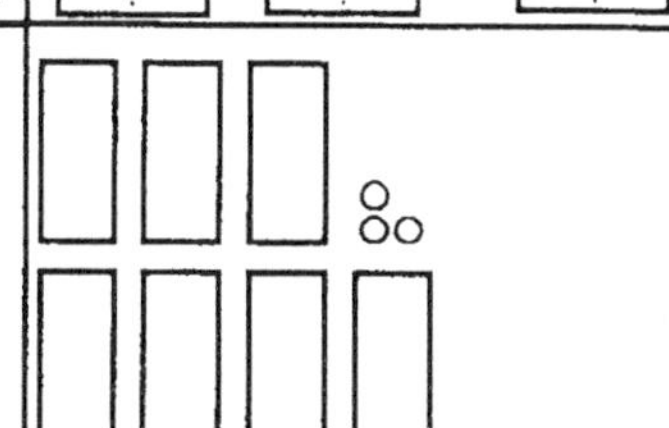

73 + 15 = □
73 + □ = □
□ + □ = □

Achte auf Zehner und Einer!

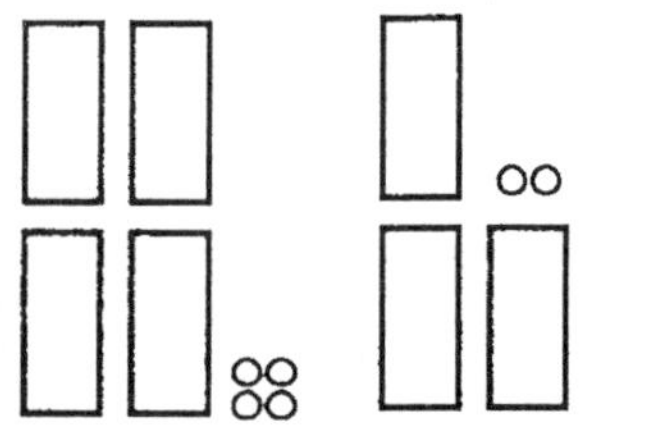

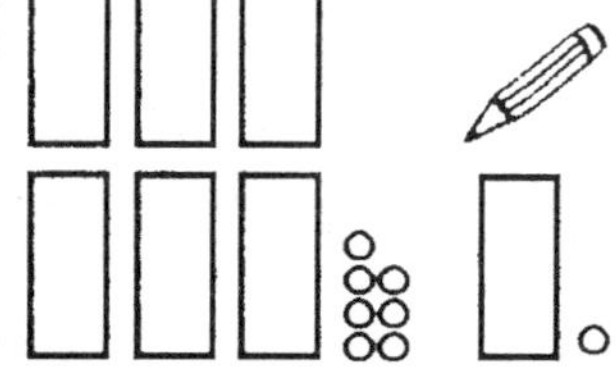

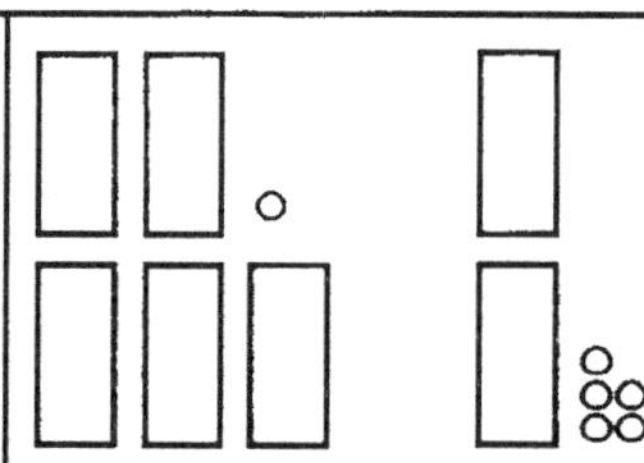

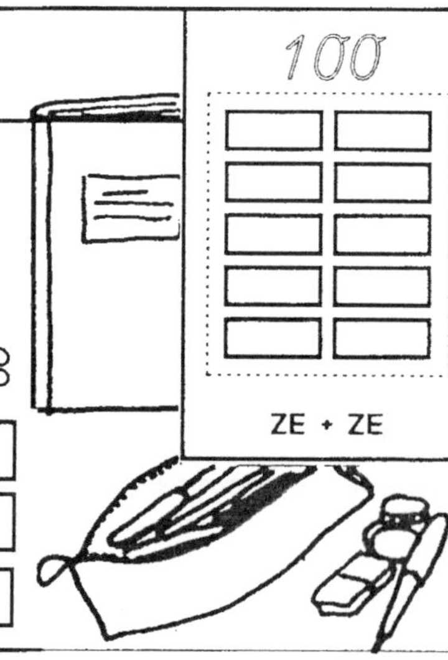

44 + 32 = □	67 + 11 = □	51 + 25 = □	
44 + □ = □	67 + □ = □	51 + □ = □	
□ + □ = □	□ + □ = □	□ + □ = □	
33 + 51 = □	65 + 23 = □	43 + 44 = □	87 + 11 = □
33 + □ = □	65 + □ = □	43 + □ = □	87 + □ = □
□ + □ = □	□ + □ = □	□ + □ = □	□ + □ = □
81 + 17 = □	47 + 12 = □	77 + 22 = □	23 + 55 = □
81 + □ = □	47 + □ = □	77 + □ = □	23 + □ = □
□ + □ = □	□ + □ = □	□ + □ = □	□ + □ = □

Rechne in zwei Schritten!

44 + 53 = □	86 + 10 = □	36 + 43 = □	10 + 49 = □
44 + □ = □	86 + □ = □	36 + □ = □	10 + □ = □
□ + □ = □	□ + □ = □	□ + □ = □	□ + □ = □
29 + 30 = □	34 + 33 = □	41 + 27 = □	41 + 31 = □
29 + □ = □	34 + □ = □	41 + □ = □	41 + □ = □
□ + □ = □	□ + □ = □	□ + □ = □	□ + □ = □
47 + 51 = □	61 + 38 = □	21 + 62 = □	63 + 23 = □
47 + □ = □	61 + □ = □	21 + □ = □	63 + □ = □
□ + □ = □	□ + □ = □	□ + □ = □	□ + □ = □
72 + 11 = □	52 + 22 = □	56 + 21 = □	24 + 42 = □
72 + □ = □	52 + □ = □	56 + □ = □	24 + □ = □
□ + □ = □	□ + □ = □	□ + □ = □	□ + □ = □

Jetzt ohne Zwischenschritt!

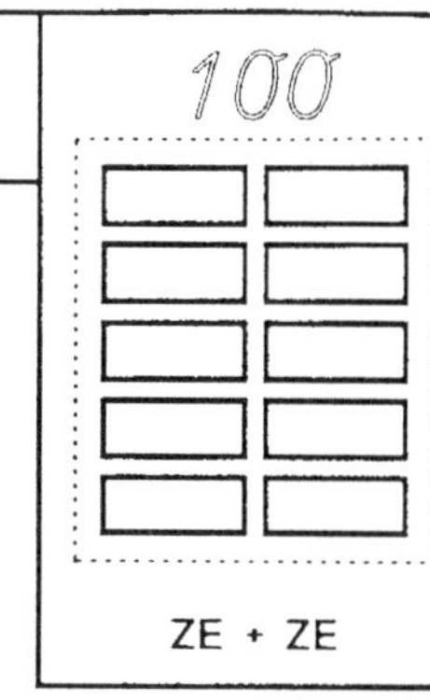

26 + 13 =

42 + 31 =

76 + 12 =

61 + 21 =

34 + 45 =

12 + 52 =

45 + 32 =

Male die Menge dazu und rechne!

66 + 31 =

13 + 26 =

44 + 53 =

57 + 11 =

73 + 15 =

82 + 12 =

52 + 27 =

31 + 57 =

Wie heißt die Rechnung?

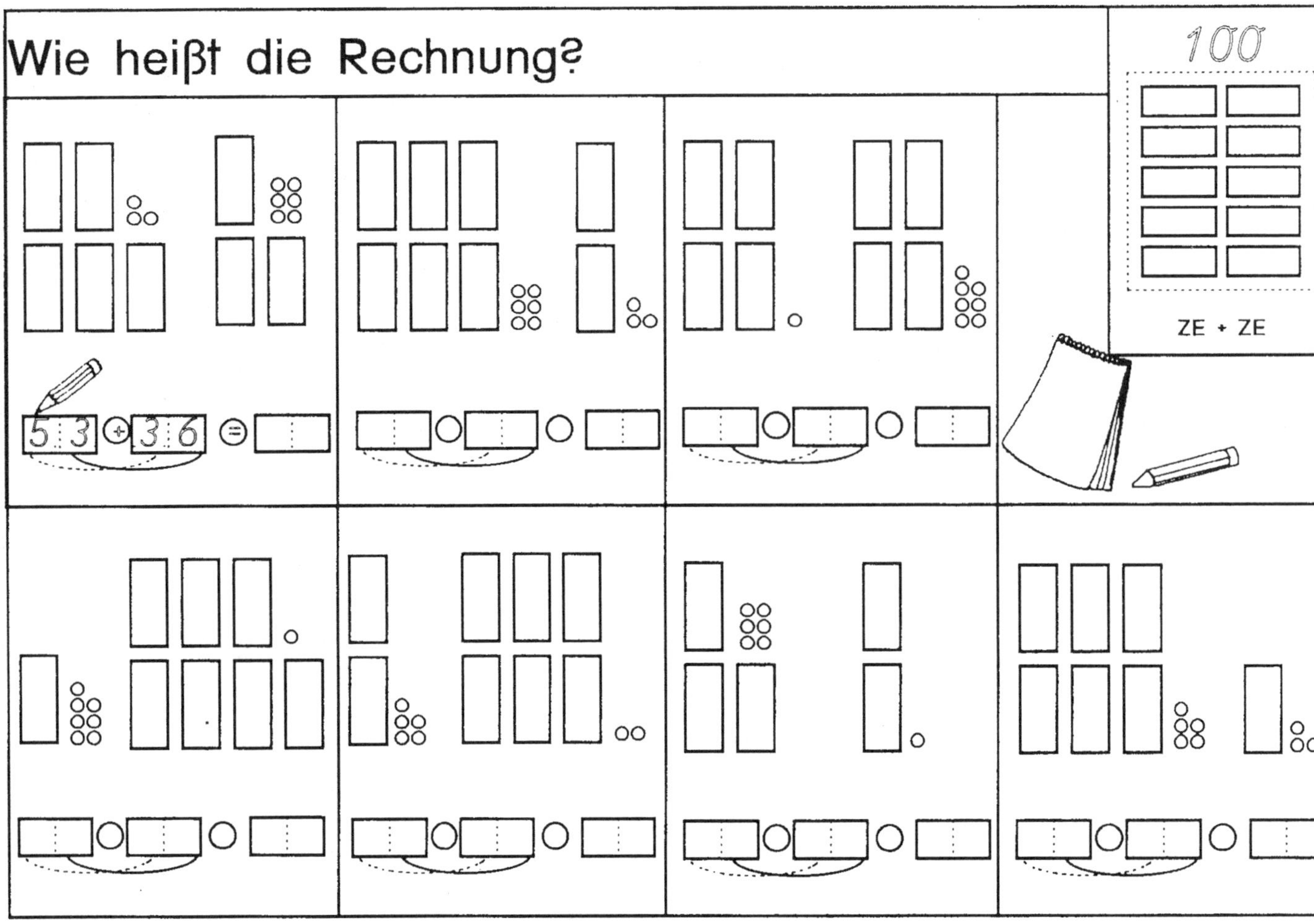

Augen auf!

34 + 55 =	48 + 11 =	58 + 41 =	64 + 15 =
65 + 22 =	8 + 9 =	85 + 10 =	28 + 30 =
43 + 43 =	77 + 21 =	35 + 44 =	94 + 3 =
87 + 12 =	23 + 54 =	10 + 79 =	54 + 35 =
81 + 18 =	43 + 54 =	46 + 23 =	32 + 67 =
86 + 12 =	92 + 6 =	7 + 6 =	21 + 78 =
33 + 33 =	14 + 83 =	20 + 79 =	63 + 34 =
46 + 51 =	74 + 24 =	55 + 44 =	15 + 62 =
60 + 38 =	40 + 31 =	62 + 23 =	71 + 27 =
18 + 41 =	37 + 32 =	72 + 27 =	56 + 32 =

Das schaffst du!

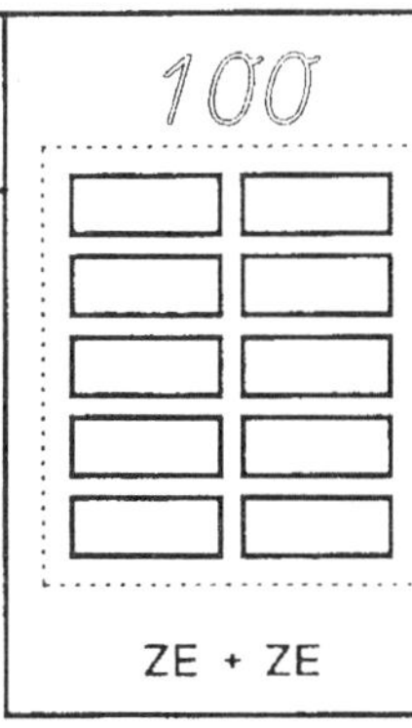

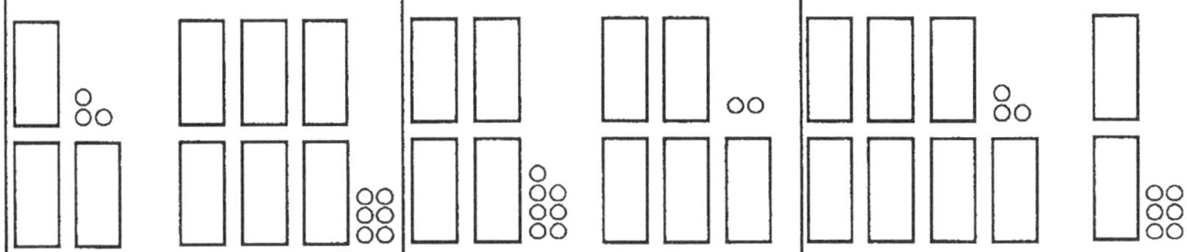

33 + 66 =	47 + 52 =	73 + 26 =

67 + 22 =	51 + 38 =	25 + 24 =	62 + 36 =	54 + 34 =
71 + 18 =	75 + 24 =	42 + 21 =	55 + 3 =	72 + 17 =
35 + 53 =	91 + 8 =	33 + 44 =	27 + 62 =	23 + 23 =
41 + 38 =	21 + 48 =	16 + 72 =	11 + 58 =	36 + 31 =
53 + 21 =	12 + 82 =	56 + 23 =	74 + 15 =	45 + 13 =
84 + 13 =	63 + 16 =	32 + 17 =	24 + 32 =	88 + 11 =

Für fixe Rechenkinder!

11 + 3 =	67 + 21 =	53 + 44 =	66 + 31 =	76 + 3 =
72 + 12 =	72 + 17 =	47 + 21 =	54 + 11 =	72 + 13 =
46 + 12 =	35 + 53 =	56 + 32 =	26 + 51 =	46 + 22 =
46 + 31 =	42 + 37 =	33 + 31 =	35 + 42 =	34 + 41 =
32 + 22 =	53 + 25 =	44 + 43 =	73 + 6 =	63 + 22 =
61 + 27 =	85 + 13 =	84 + 12 =	24 + 32 =	77 + 21 =

52 + 37 =	25 + 34 =	81 + 11 =	42 + 51 =	51 + 37 =
75 + 11 =	43 + 21 =	44 + 15 =	53 + 13 =	76 + 23 =
62 + 7 =	37 + 41 =	37 + 52 =	24 + 23 =	83 + 16 =
27 + 31 =	14 + 72 =	41 + 41 =	31 + 47 =	12 + 47 =
15 + 32 =	54 + 31 =	56 + 12 =	71 + 21 =	13 + 72 =
64 + 14 =	65 + 31 =	82 + 14 =	21 + 32 =	64 + 25 =

Achtung: Zehner und Einer verändern sich!

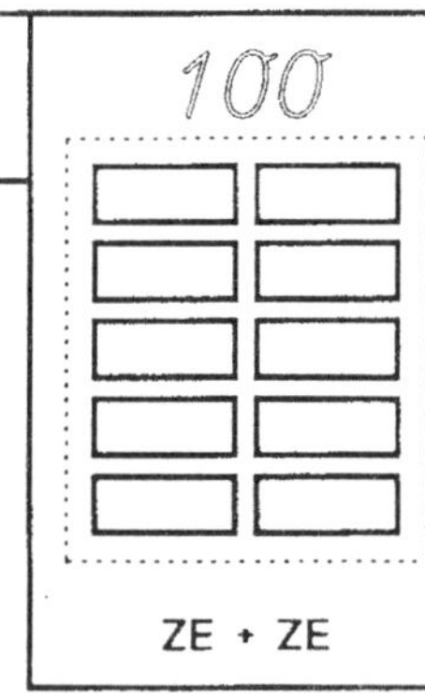

50 + 38 =	66 + 22 =	51 + 37 =	61 + 36 =	
75 + 23 =	71 + 17 =	74 + 24 =	54 + 3 =	
82 + 6 =	34 + 53 =	91 + 7 =	26 + 62 =	
11 + 48 =	41 + 37 =	21 + 47 =	31 + 58 =	
12 + 72 =	52 + 25 =	12 + 81 =	73 + 16 =	
63 + 15 =	83 + 13 =	62 + 16 =	23 + 32 =	
52 + 44 =	23 + 24 =	65 + 21 =	42 + 36 =	51 + 33 =
47 + 11 =	40 + 21 =	73 + 15 =	52 + 3 =	72 + 24 =
51 + 26 =	31 + 44 =	32 + 53 =	24 + 62 =	21 + 2 =
33 + 31 =	13 + 72 =	41 + 31 =	31 + 51 =	21 + 31 =
42 + 43 =	54 + 23 =	51 + 25 =	71 + 15 =	32 + 32 =
85 + 11 =	62 + 17 =	82 + 13 =	22 + 32 =	61 + 16 =

Rechne die Aufgaben!

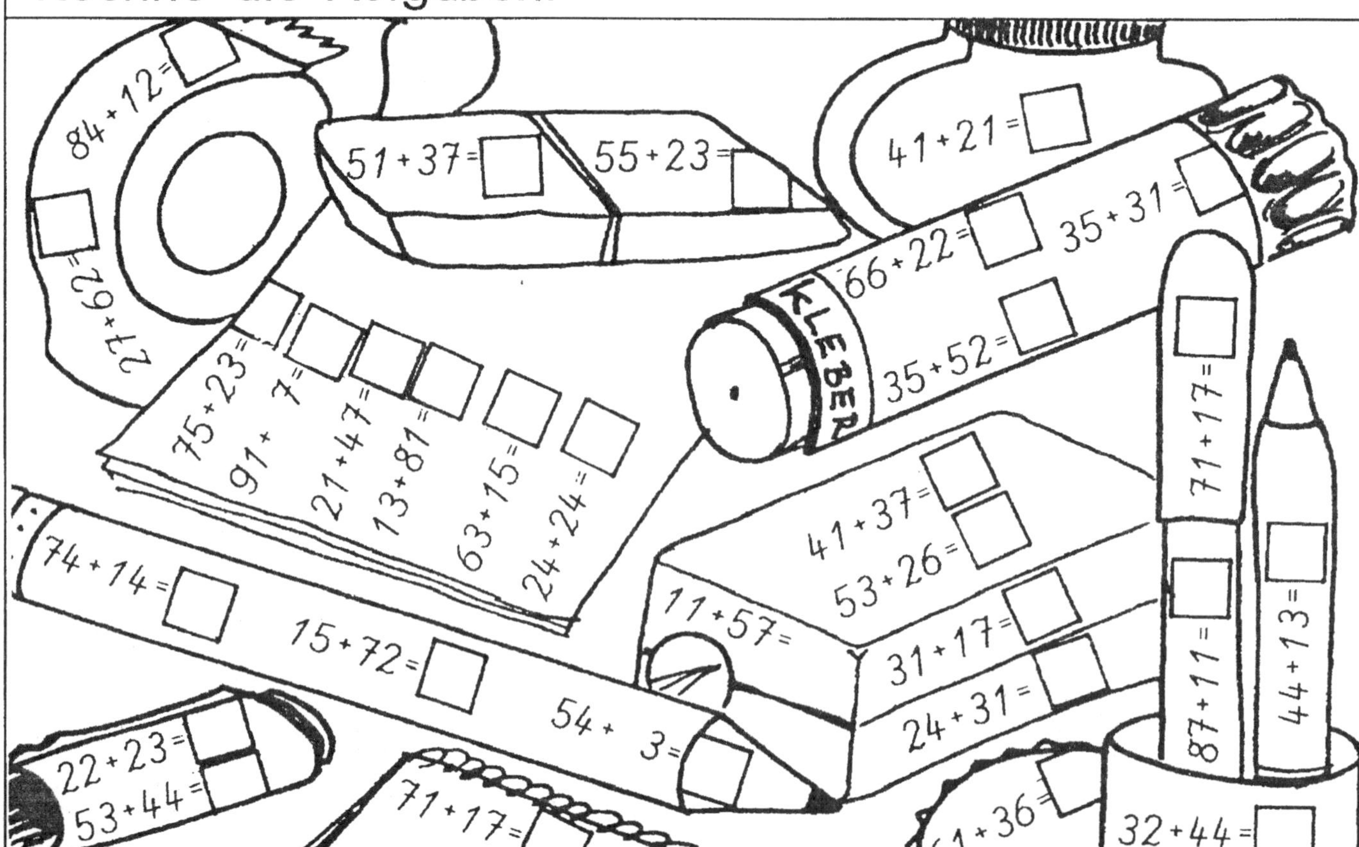

– Aufgaben: Zehner und Einer verändern sich!

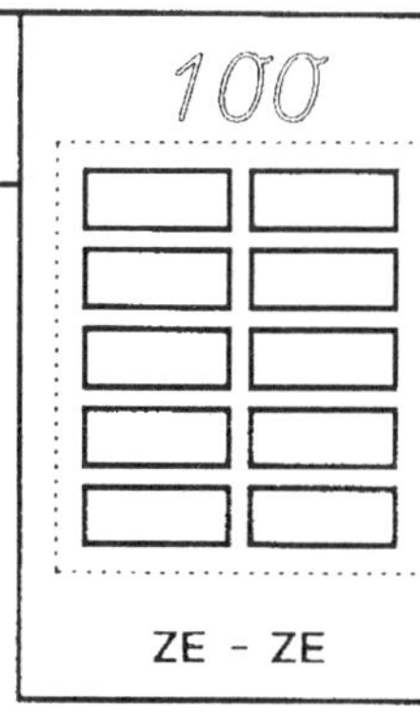

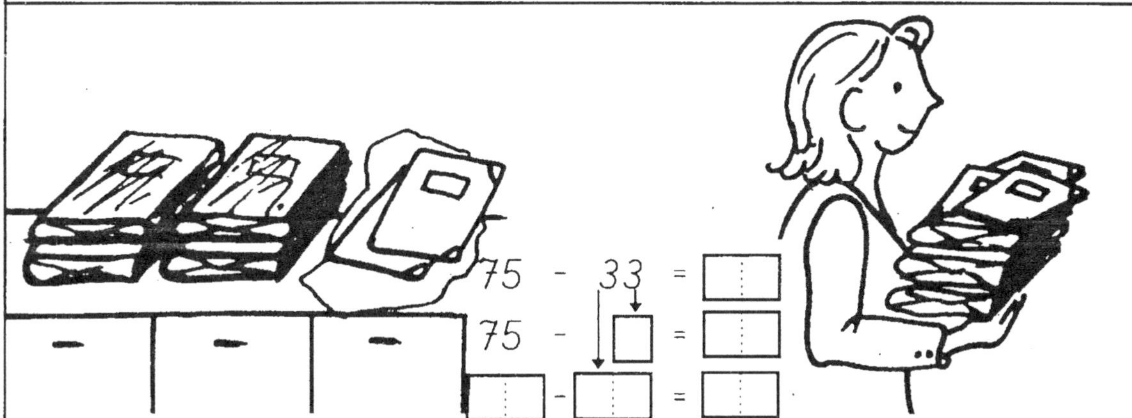

75 – 33 = ☐

75 – ☐ = ☐

☐ – ☐ = ☐

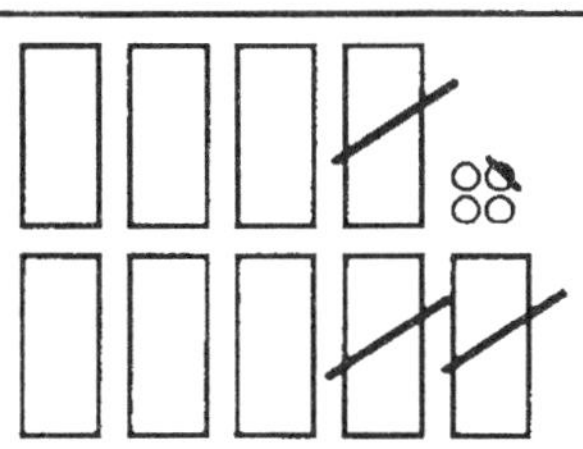

94 – 31 = ☐

94 – ☐ = ☐

☐ – ☐ = ☐

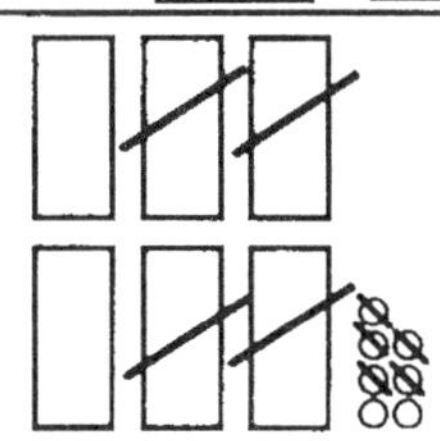

67 – 45 = ☐

67 – ☐ = ☐

☐ – ☐ = ☐

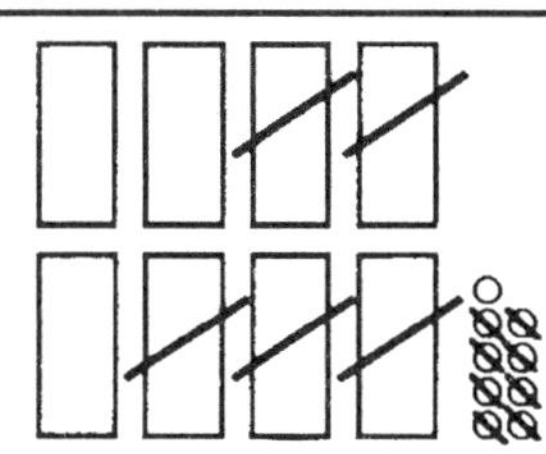

89 – 58 = ☐

89 – ☐ = ☐

☐ – ☐ = ☐

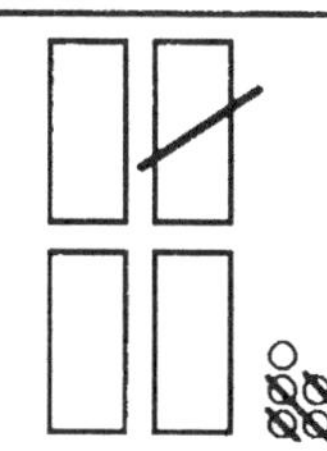

45 – 14 = ☐

45 – ☐ = ☐

☐ – ☐ = ☐

Streiche weg und rechne!

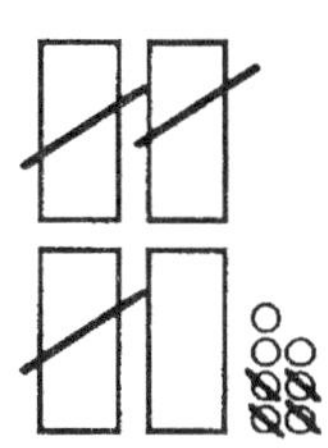

47 – 34 = ☐

47 – ☐ = ☐

☐ – ☐ = ☐

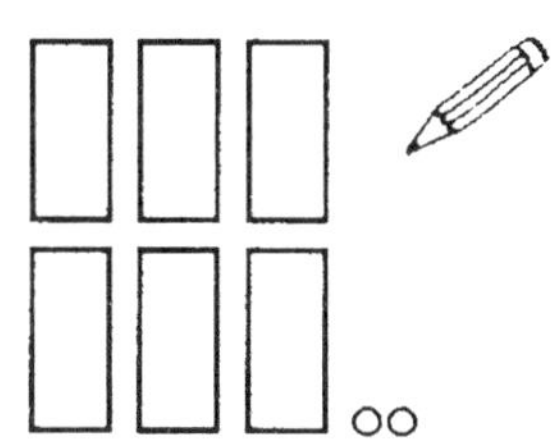

62 – 51 = ☐

62 – ☐ = ☐

☐ – ☐ = ☐

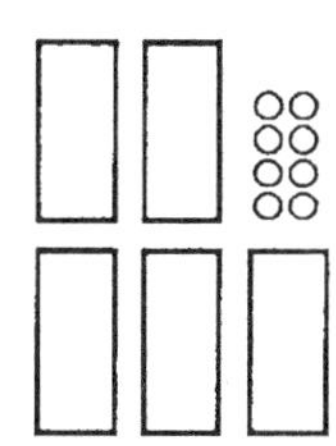

58 – 47 = ☐

58 – ☐ = ☐

☐ – ☐ = ☐

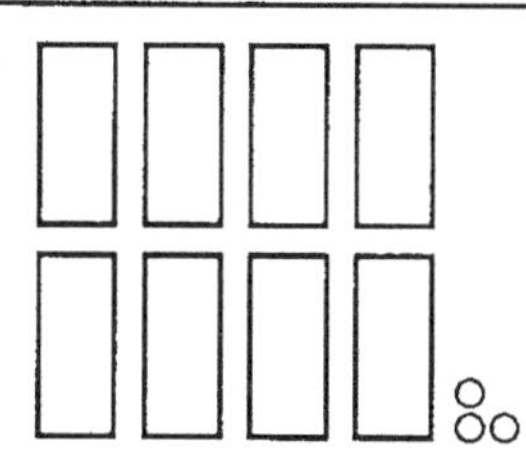

83 – 12 = ☐

83 – ☐ = ☐

☐ – ☐ = ☐

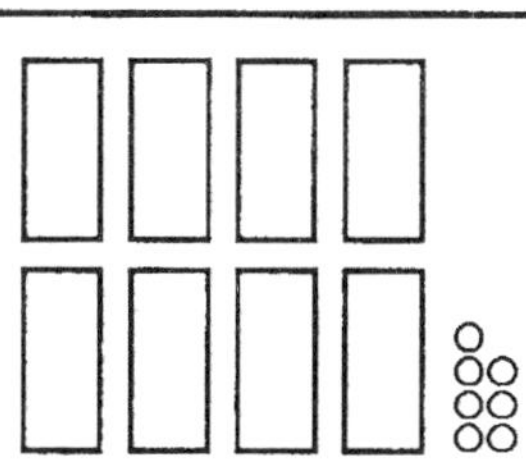

87 – 66 = ☐

87 – ☐ = ☐

☐ – ☐ = ☐

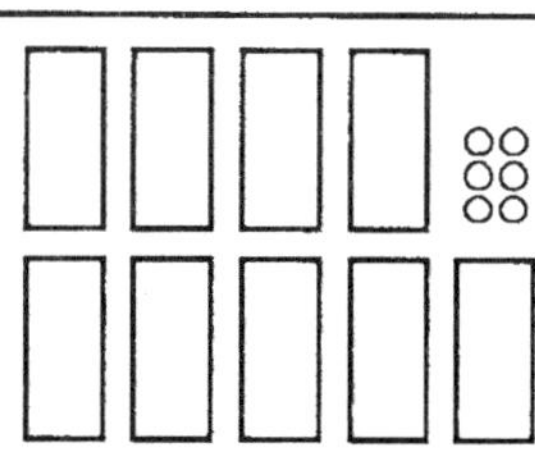

96 – 83 = ☐

96 – ☐ = ☐

☐ – ☐ = ☐

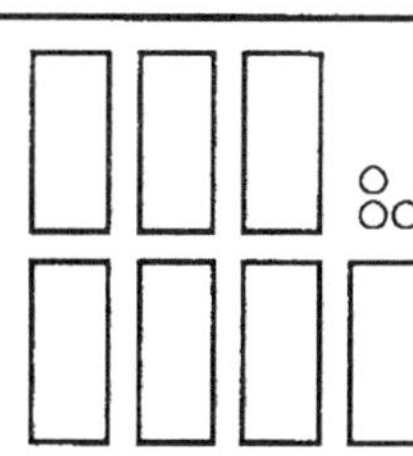

73 – 22 = ☐

73 – ☐ = ☐

☐ – ☐ = ☐

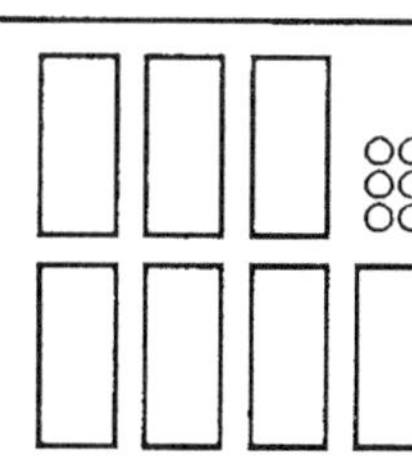

76 – 35 = ☐

76 – ☐ = ☐

☐ – ☐ = ☐

Zehner und Einer verändern sich!

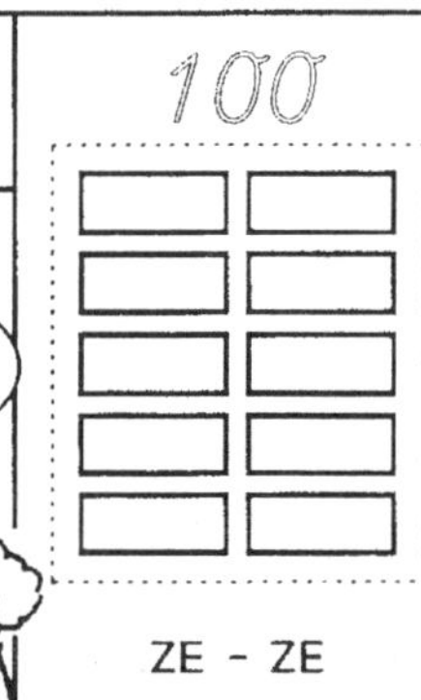

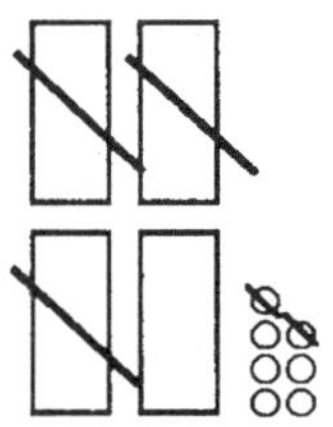

47 - 32 = ☐
47 - ☐ = ☐
☐ - ☐ = ☐

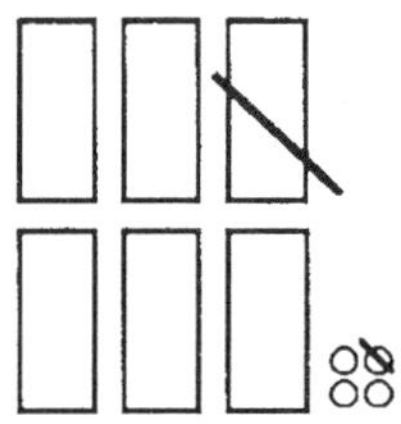

64 - 11 = ☐
64 - ☐ = ☐
☐ - ☐ = ☐

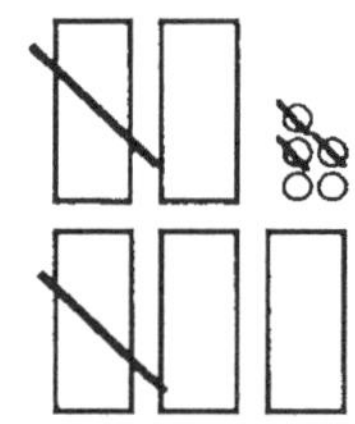

55 - 23 = ☐
55 - ☐ = ☐
☐ - ☐ = ☐

33 - 21 = ☐
33 - ☐ = ☐
☐ - ☐ = ☐

65 - 23 = ☐
65 - ☐ = ☐
☐ - ☐ = ☐

43 - 41 = ☐
43 - ☐ = ☐
☐ - ☐ = ☐

87 - 11 = ☐
87 - ☐ = ☐
☐ - ☐ = ☐

82 - 31 = ☐
82 - ☐ = ☐
☐ - ☐ = ☐

47 - 12 = ☐
47 - ☐ = ☐
☐ - ☐ = ☐

77 - 22 = ☐
77 - ☐ = ☐
☐ - ☐ = ☐

73 - 51 = ☐
73 - ☐ = ☐
☐ - ☐ = ☐

Rechne in zwei Schritten!

44 - 13 = ☐
44 - ☐ = ☐
☐ - ☐ = ☐

86 - 10 = ☐
86 - ☐ = ☐
☐ - ☐ = ☐

36 - 23 = ☐
36 - ☐ = ☐
☐ - ☐ = ☐

99 - 49 = ☐
99 - ☐ = ☐
☐ - ☐ = ☐

59 - 33 = ☐
59 - ☐ = ☐
☐ - ☐ = ☐

34 - 33 = ☐
34 - + ☐ = ☐
☐ - ☐ = ☐

48 - 27 = ☐
48 - ☐ = ☐
☐ + ☐ = ☐

41 - 31 = ☐
41 - ☐ = ☐
☐ - ☐ = ☐

77 - 51 = ☐
77 - ☐ = ☐
☐ - ☐ = ☐

69 - 48 = ☐
69 - ☐ = ☐
☐ - ☐ = ☐

84 - 62 = ☐
84 - ☐ = ☐
☐ - ☐ = ☐

63 - 21 = ☐
63 - ☐ = ☐
☐ - ☐ = ☐

72 - 11 = ☐
72 - ☐ = ☐
☐ - ☐ = ☐

52 - 22 = ☐
52 - ☐ = ☐
☐ - ☐ = ☐

56 - 21 = ☐
56 - ☐ = ☐
☐ - ☐ = ☐

94 - 42 = ☐
94 - ☐ = ☐
☐ - ☐ = ☐

Jetzt ohne Zwischenschritt!

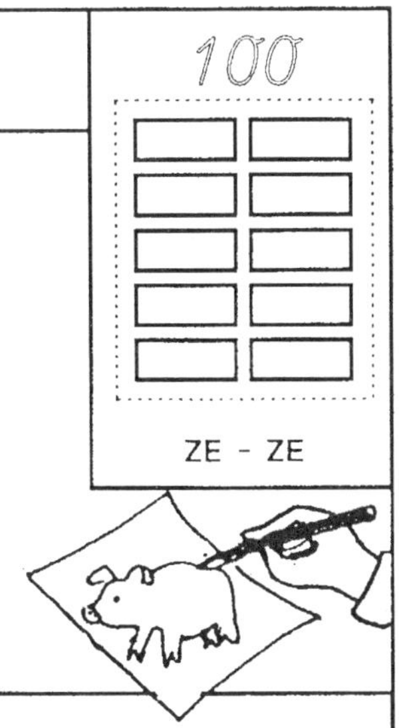

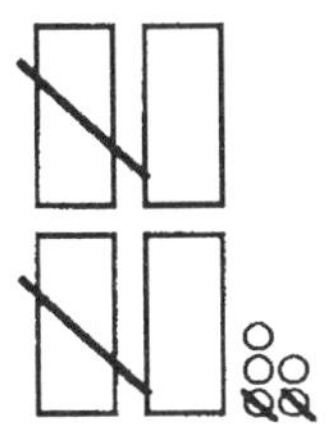

45 - 22 = ☐

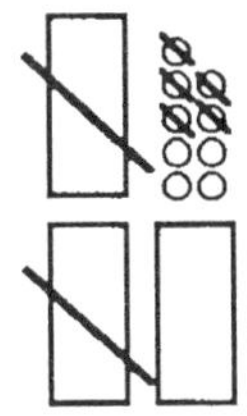

39 - 25 = ☐

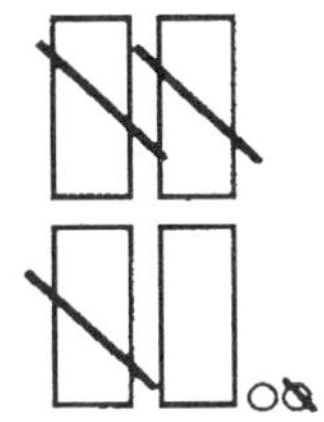

42 - 31 = ☐

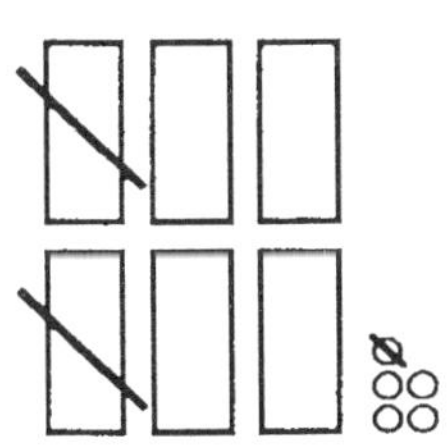

65 - 21 = ☐

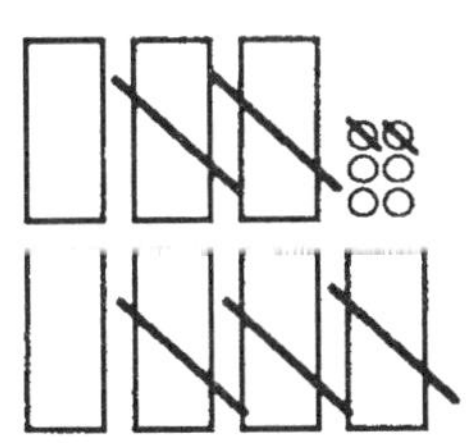

76 - 52 = ☐

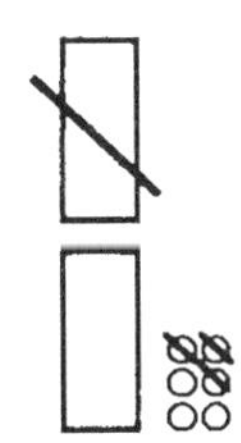

26 - 13 = ☐

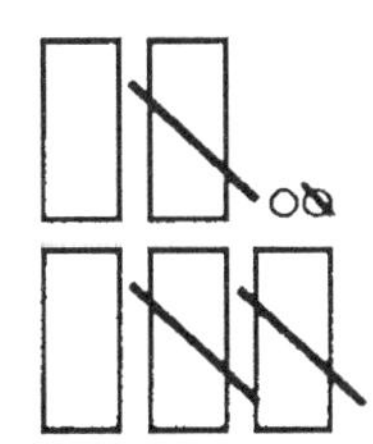

52 - 31 = ☐

Streiche weg: Zuerst die Einer dann die Zehner!

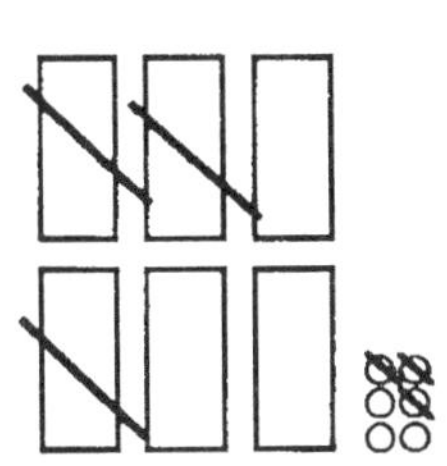

66 - 33 = ☐

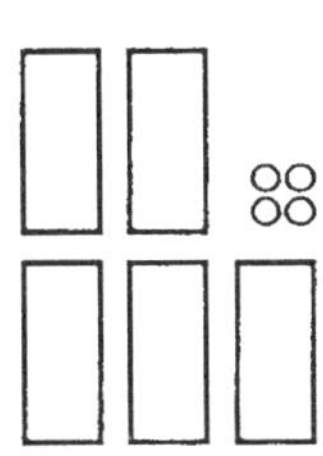

54 - 23 = ☐

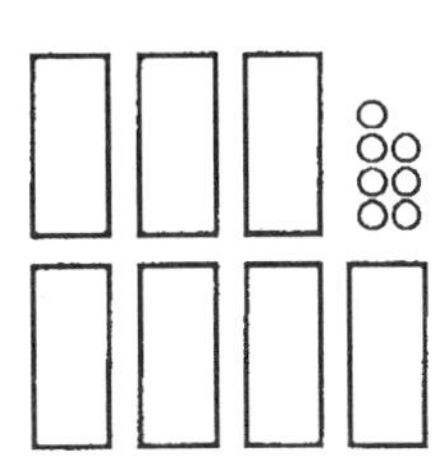

77 - 35 = ☐

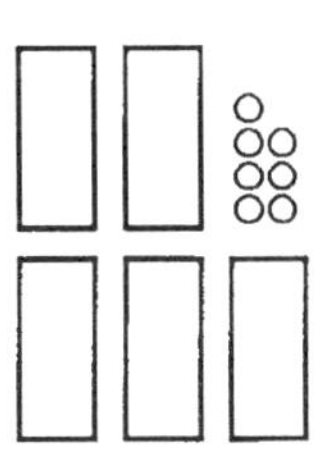

57 - 21 = ☐

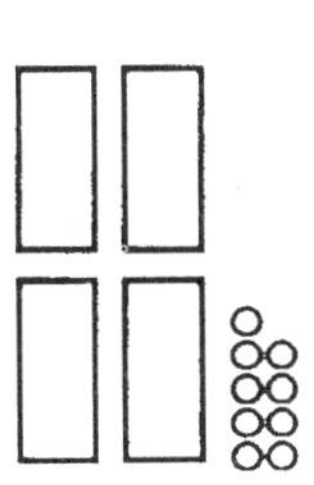

49 - 18 = ☐

82 - 51 = ☐

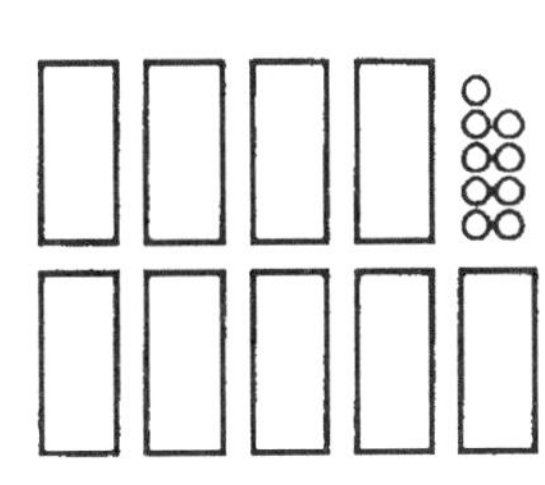

99 - 71 = ☐

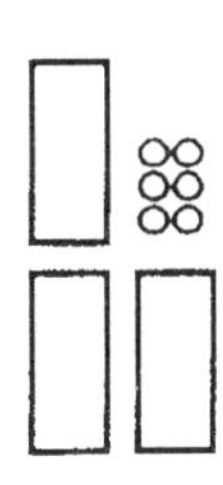

36 - 15 = ☐

Wie heißt die Rechnung?

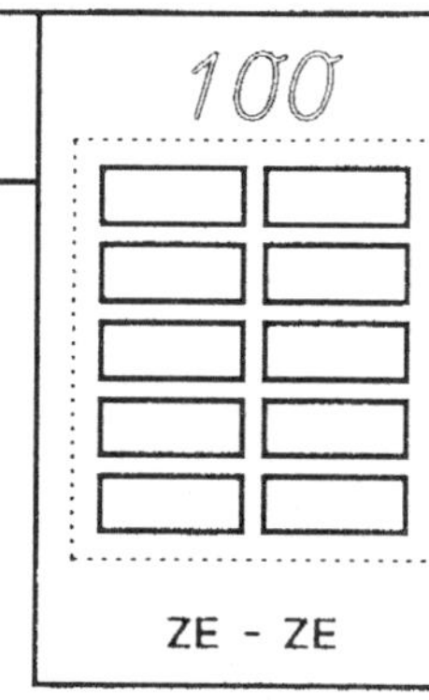

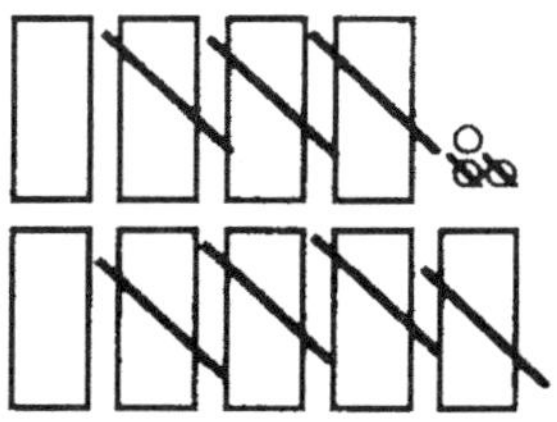

93 - 72 =

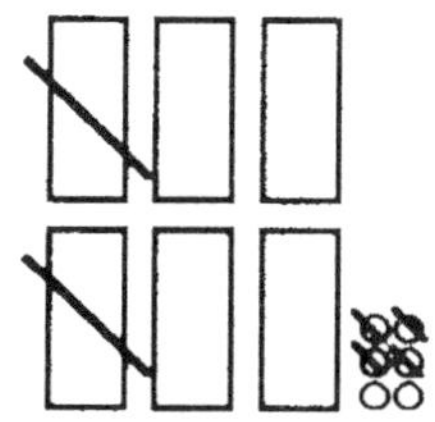

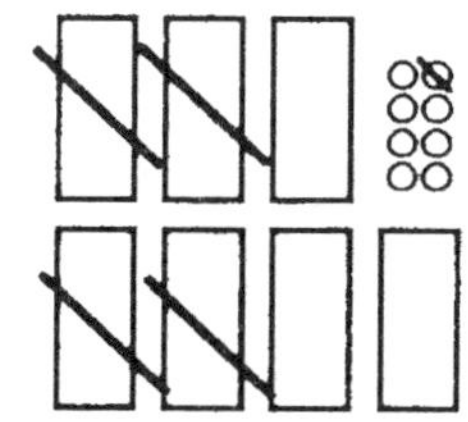

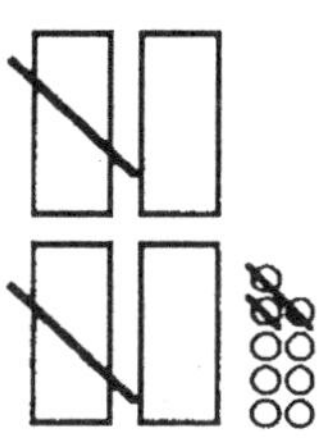

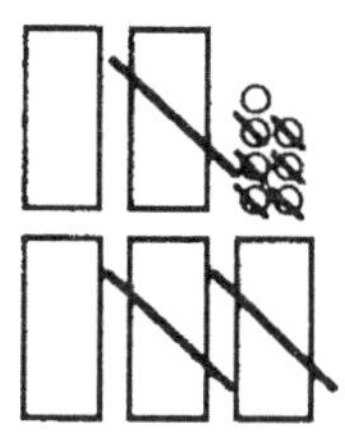

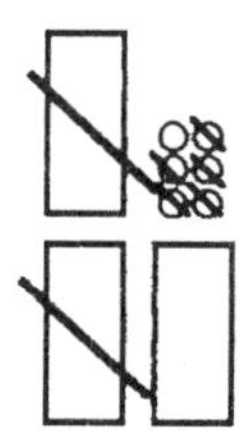

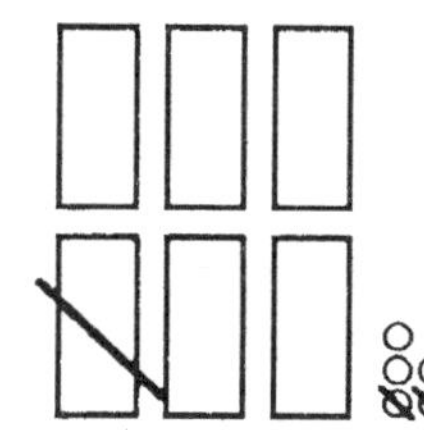

Aufgepasst!

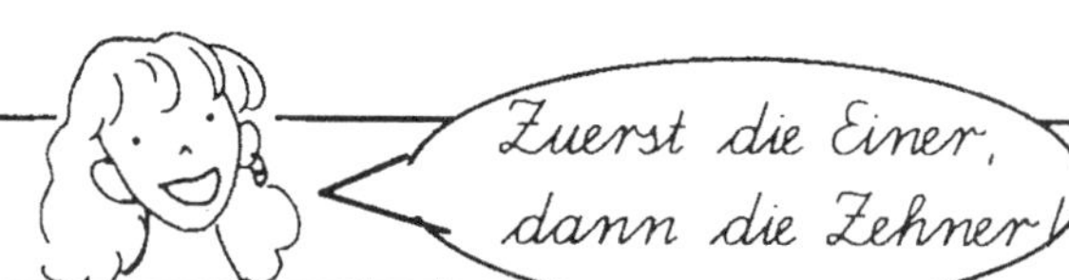

68 - 53 =	38 - 17 =	46 - 23 =	62 - 41 =
17 - 8 =	72 - 41 =	46 - 13 =	88 - 36 =
89 - 38 =	98 - 76 =	78 - 57 =	64 - 12 =
43 - 22 =	29 - 17 =	33 - 22 =	63 - 52 =
77 - 44 =	86 - 34 =	11 - 9 =	47 - 11 =
59 - 48 =	55 - 23 =	37 - 24 =	24 - 14 =
14 - 7 =	19 - 10 =	53 - 41 =	97 - 25 =
27 - 16 =	35 - 24 =	88 - 77 =	56 - 32 =
97 - 86 =	85 - 21 =	28 - 15 =	79 - 68 =
69 - 48 =	48 - 37 =	13 - 6 =	92 - 11 =

Das kannst du schon!

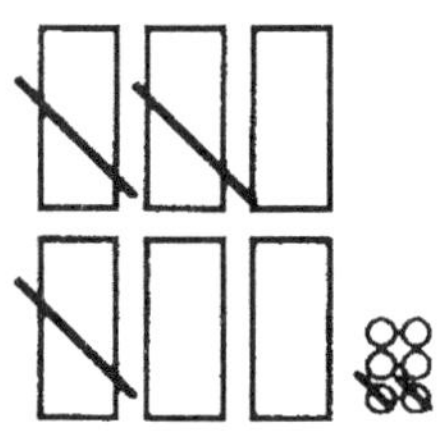

66 - 32 =

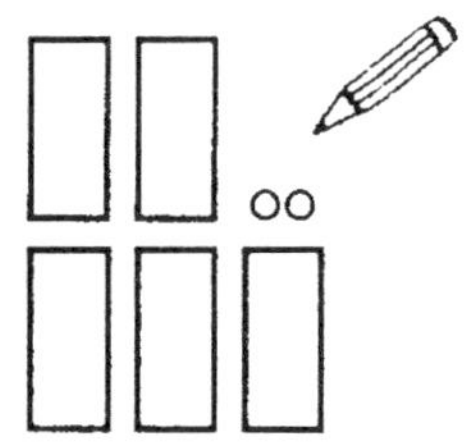

52 - 21 =

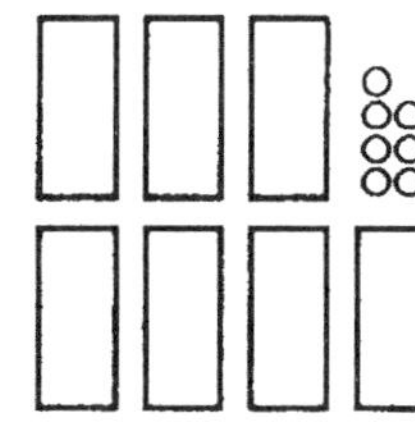

77 - 56 =

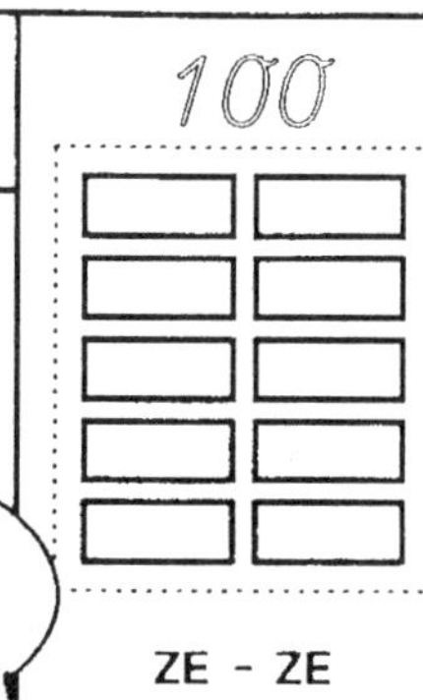

74 - 21 =	92 - 41 =	44 - 33 =	54 - 34 =	59 - 32 =
37 - 14 =	58 - 23 =	16 - 8 =	53 - 12 =	29 - 14 =
13 - 9 =	25 - 13 =	67 - 56 =	87 - 41 =	11 - 4 =
58 - 42 =	68 - 36 =	38 - 27 =	17 - 8 =	76 - 43 =
91 - 51 =	75 - 64 =	86 - 55 =	69 - 57 =	48 - 23 =
34 - 21 =	16 - 7 =	99 - 87 =	23 - 12 =	56 - 34 =

Für kluge Leute!

59 - 23 =	44 - 13 =	39 - 14 =	57 - 22 =	74 - 62 =
29 - 16 =	13 - 8 =	75 - 21 =	55 - 11 =	37 - 25 =
17 - 9 =	67 - 41 =	99 - 48 =	76 - 22 =	15 - 6 =
76 - 44 =	38 - 21 =	89 - 46 =	99 - 57 =	58 - 44 =
48 - 36 =	87 - 51 =	98 - 61 =	87 - 12 =	94 - 63 =
56 - 35 =	99 - 85 =	68 - 17 =	94 - 33 =	34 - 10 =

66 - 22 =	99 - 44 =	57 - 33 =	55 - 33 =	74 - 32 =
78 - 17 =	58 - 32 =	75 - 32 =	52 - 11 =	37 - 22 =
34 - 11 =	29 - 11 =	82 - 52 =	87 - 44 =	12 - 6 =
18 - 9 =	87 - 36 =	79 - 42 =	11 - 9 =	58 - 45 =
57 - 44 =	78 - 54 =	95 - 43 =	69 - 54 =	94 - 72 =
84 - 12 =	48 - 16 =	67 - 16 =	23 - 11 =	93 - 22 =

Auf die Plätze...

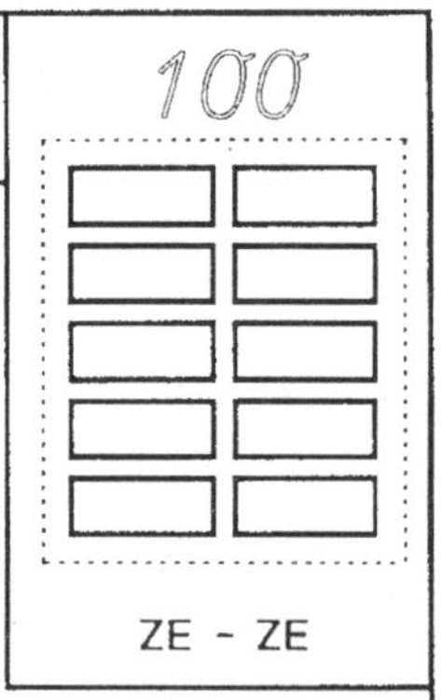

59 - 22 = ☐	44 - 32 = ☐	58 - 37 = ☐	57 - 34 = ☐
29 - 12 = ☐	17 - 8 = ☐	75 - 24 = ☐	54 - 11 = ☐
11 - 6 = ☐	67 - 54 = ☐	99 - 47 = ☐	76 - 62 = ☐
76 - 41 = ☐	38 - 24 = ☐	89 - 47 = ☐	99 - 58 = ☐
48 - 33 = ☐	86 - 51 = ☐	98 - 81 = ☐	87 - 16 = ☐
56 - 31 = ☐	99 - 86 = ☐	68 - 16 = ☐	94 - 32 = ☐

66 - 22 = ☐	99 - 41 = ☐	57 - 35 = ☐	54 - 32 = ☐	74 - 22 = ☐
78 - 17 = ☐	58 - 33 = ☐	75 - 23 = ☐	53 - 11 = ☐	37 - 12 = ☐
34 - 23 = ☐	29 - 13 = ☐	82 - 31 = ☐	87 - 43 = ☐	15 - 9 = ☐
48 - 37 = ☐	69 - 36 = ☐	79 - 48 = ☐	17 - 9 = ☐	58 - 43 = ☐
57 - 25 = ☐	78 - 64 = ☐	95 - 72 = ☐	69 - 53 = ☐	94 - 51 = ☐
84 - 13 = ☐	48 - 15 = ☐	67 - 15 = ☐	23 - 1 = ☐	34 - 22 = ☐

Schreibe die Lösung auf die Hefte!

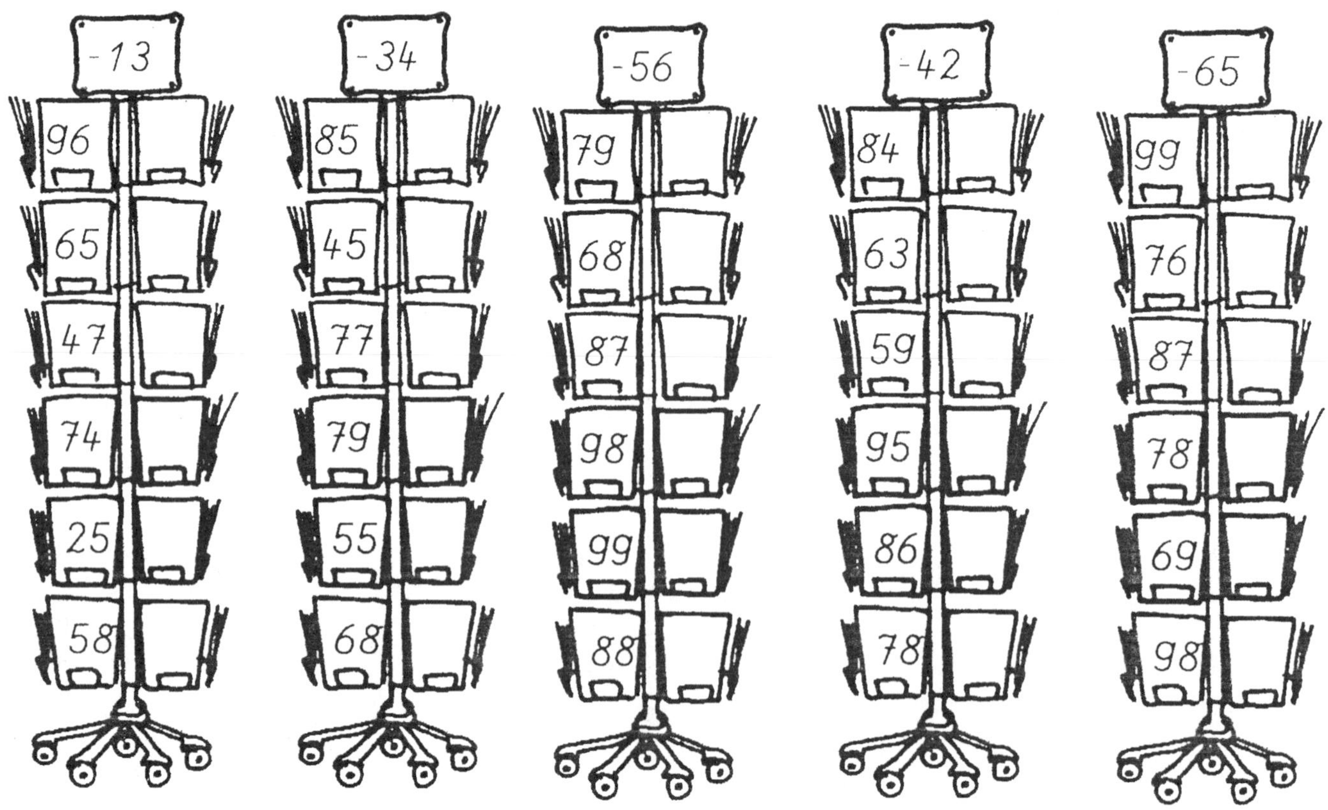

-13		-34		-56		-42		-65	
96		85		79		84		99	
65		45		68		63		76	
47		77		87		59		87	
74		79		98		95		78	
25		55		99		86		69	
58		68		88		78		98	

Was passiert? + oder – ?

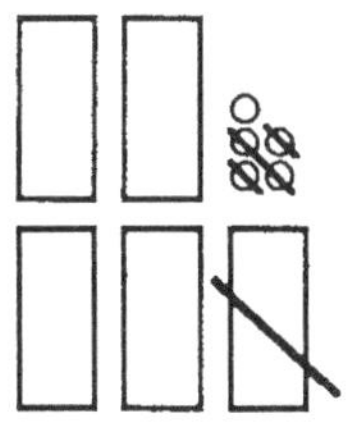

55 – 14 = ☐

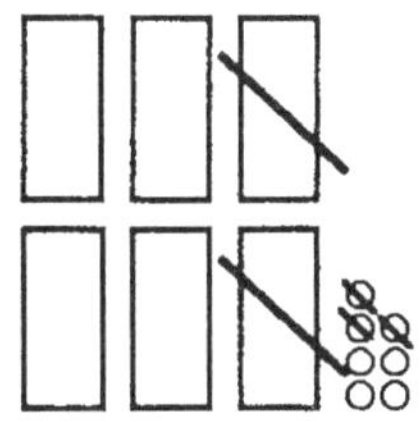

67 – 23 = ☐

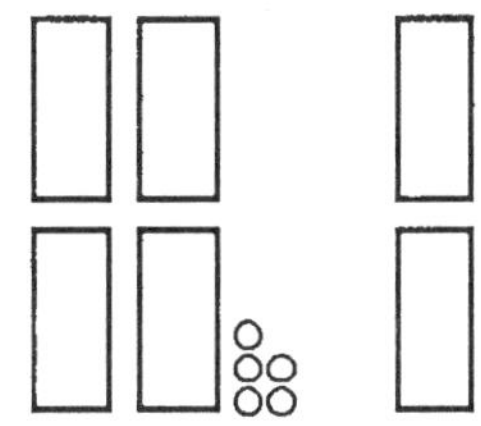

45 + 24 = ☐

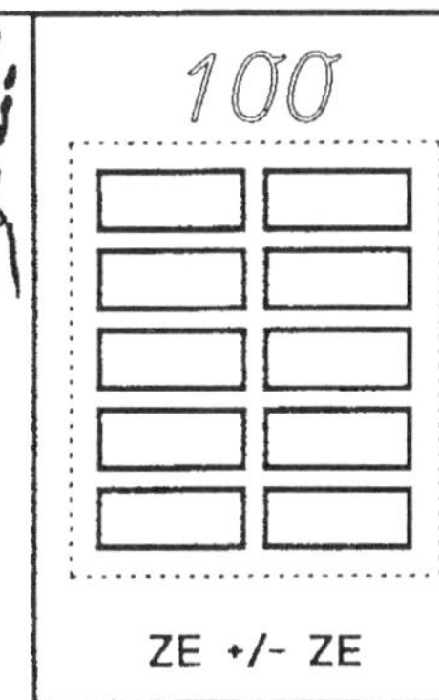

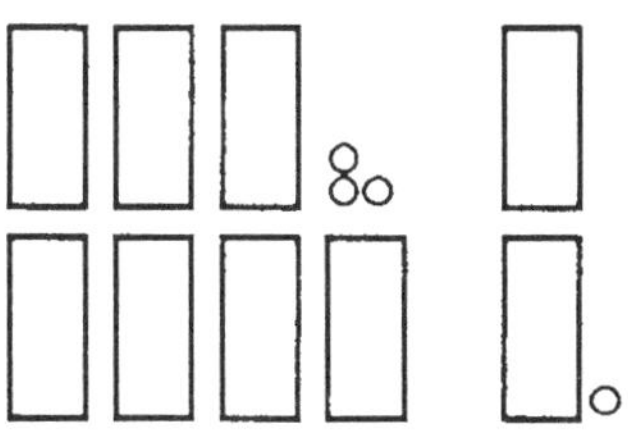

73 + 21 = ☐

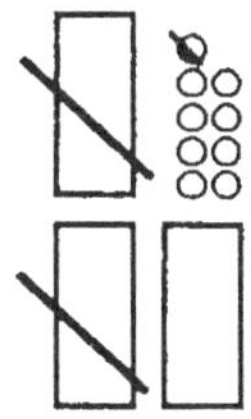

39 – 21 = ☐

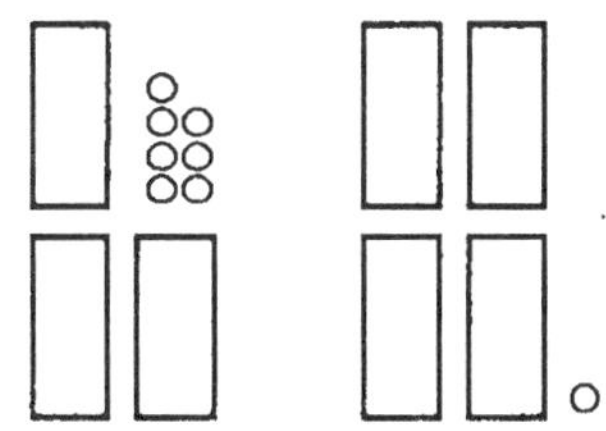

37 + 41 = ☐

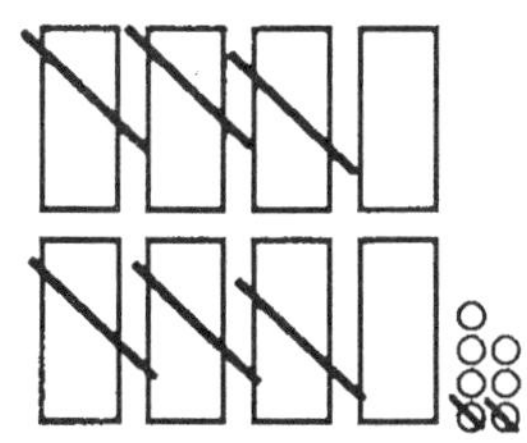

87 – 62 = ☐

Male und rechne!

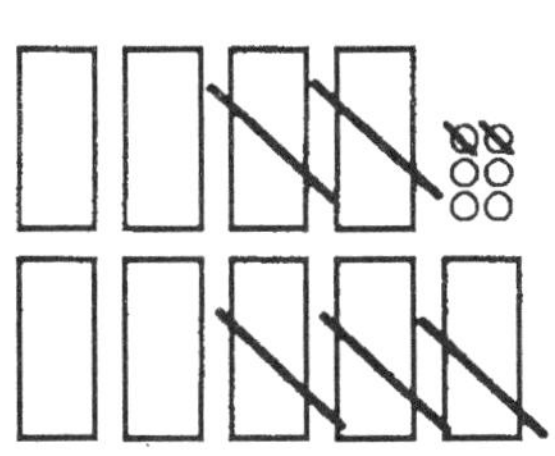

96 – 52 = ☐

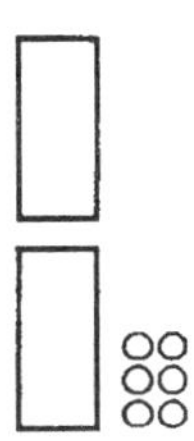

26 + 43 = ☐

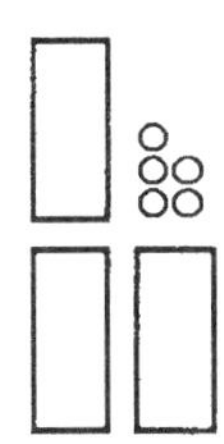

35 + 24 = ☐

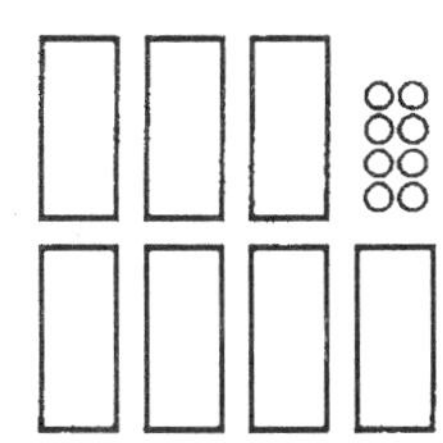

78 – 62 = ☐

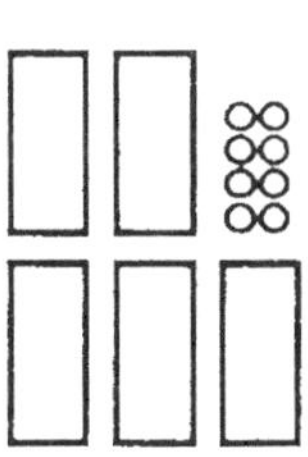

58 + 31 = ☐

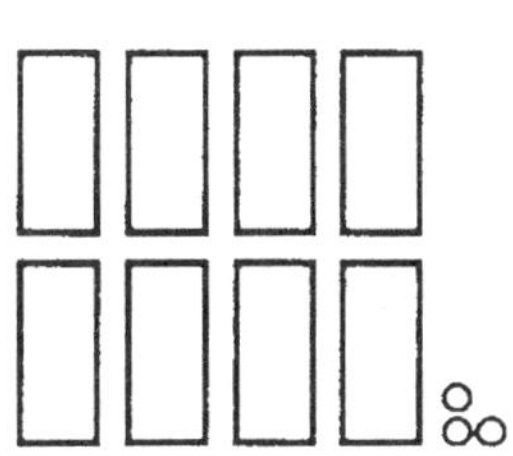

83 – 42 = ☐

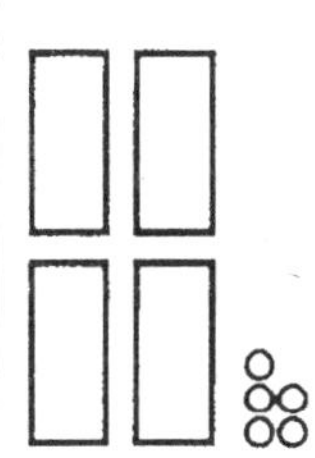

45 + 23 = ☐

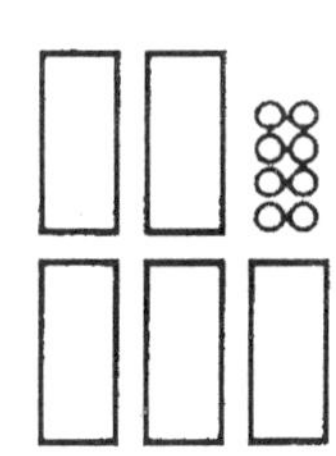

58 – 34 = ☐

Male die Rechnung!

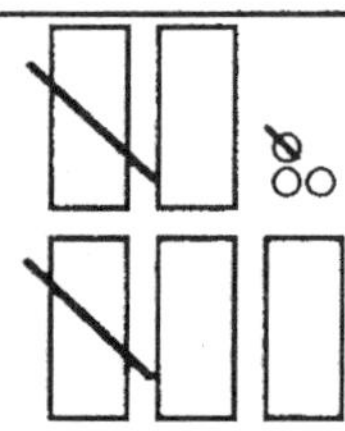

53 − 21 = ☐

57 − 45 = ☐

16 + 73 = ☐

32 + 64 = ☐

33 + 62 = ☐

84 − 32 = ☐

76 − 14 = ☐

27 + 51 = ☐

Wie heißt die Rechnung?

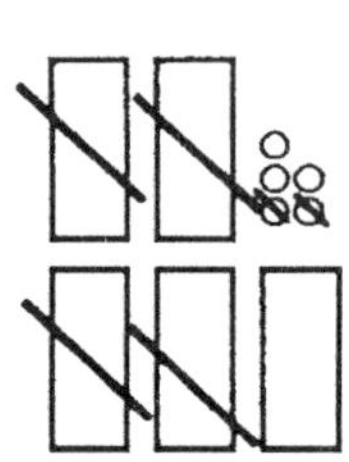

55 − 42 = ☐

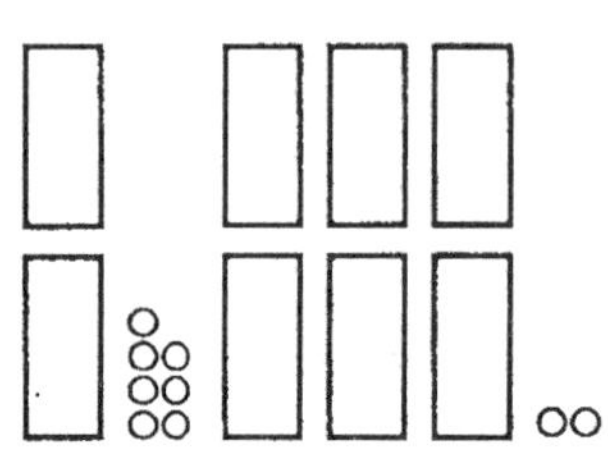

☐ ○ ☐ ○ ☐

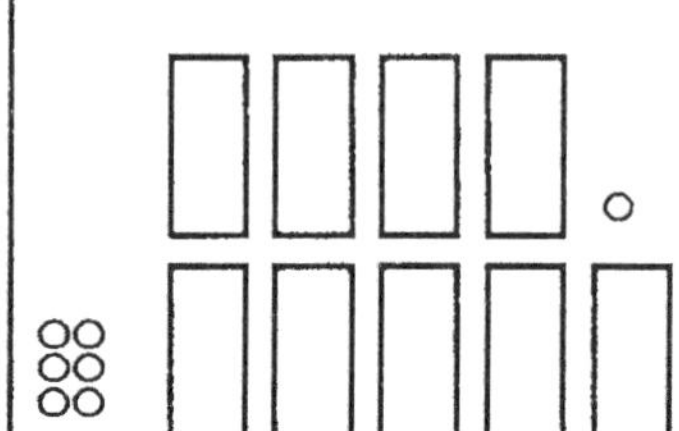

☐ ○ ☐ ○ ☐

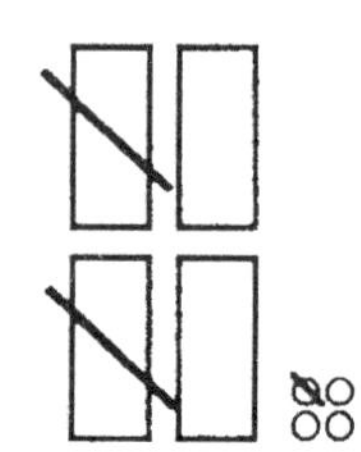

☐ ○ ☐ ○ ☐

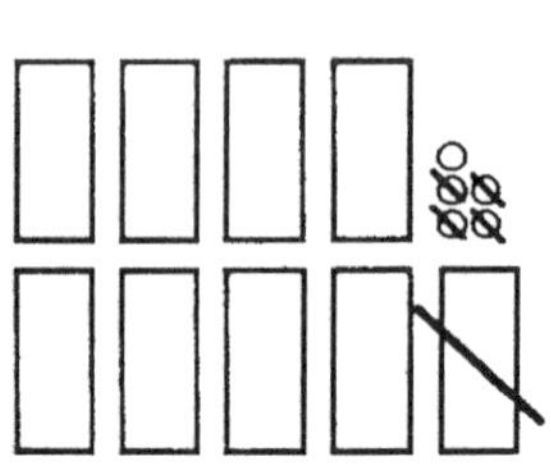

☐ ○ ☐ ○ ☐

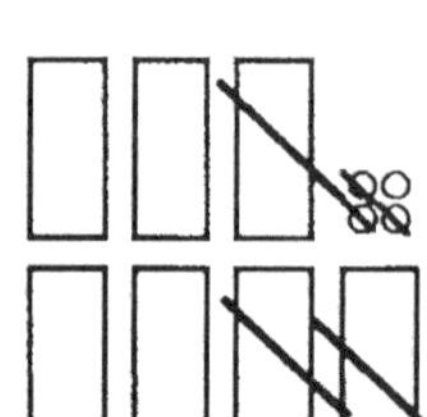

☐ ○ ☐ ○ ☐

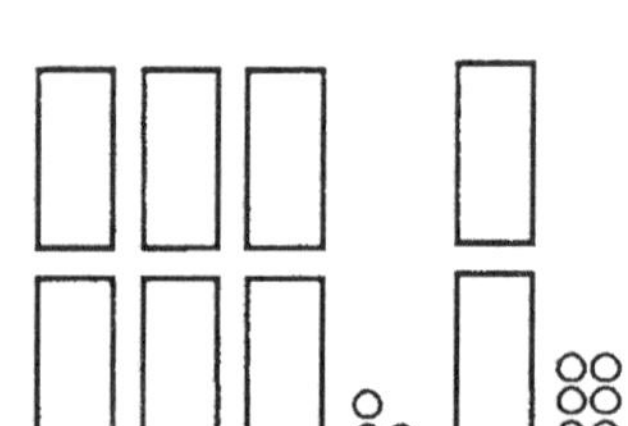

☐ ○ ☐ ○ ☐

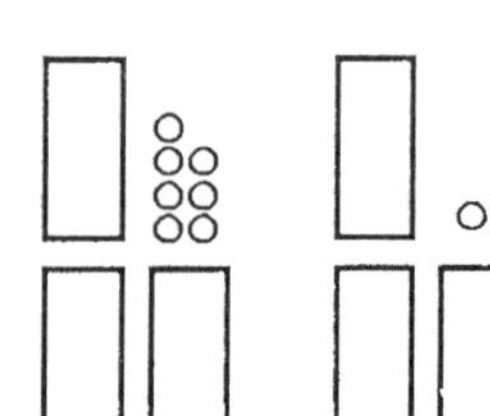

☐ ○ ☐ ○ ☐

+ und - gemischt!

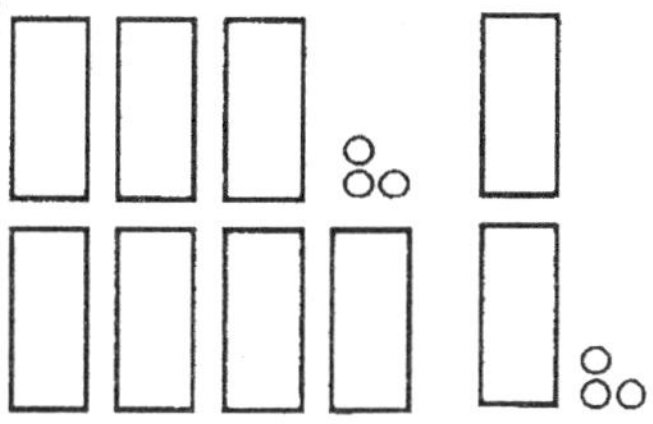

73 + 23 =

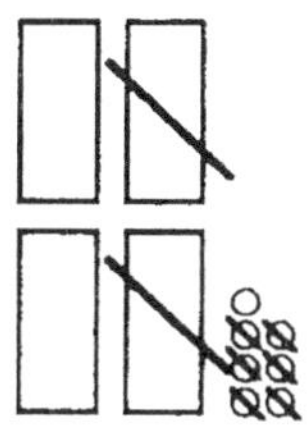

47 - 26 =

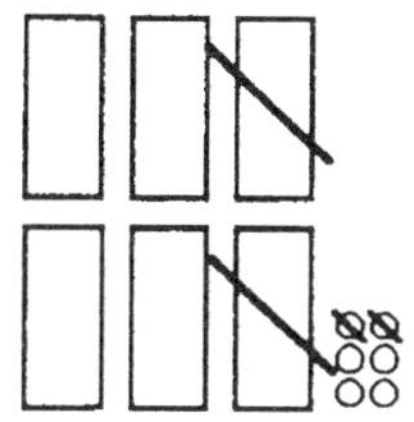

66 - 22 =

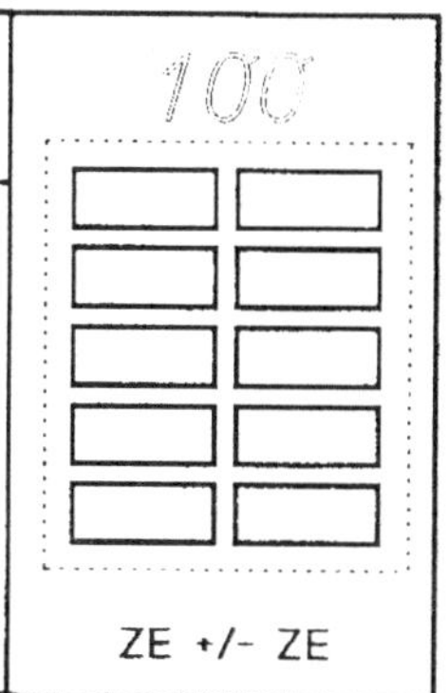

67 + 32 =	59 - 38 =	25 - 24 =	62 + 31 =	54 - 44 =
21 + 18 =	75 + 12 =	42 - 11 =	55 + 30 =	52 + 17 =
85 - 53 =	21 + 8 =	43 + 44 =	31 + 62 =	63 - 23 =
69 - 38 =	68 - 48 =	76 + 22 =	79 - 58 =	36 + 51 =
53 + 45 =	22 + 42 =	51 + 23 =	74 - 24 =	45 - 13 =
84 - 23 =	68 - 16 =	39 - 17 =	54 - 32 =	68 + 11 =

Augen auf!

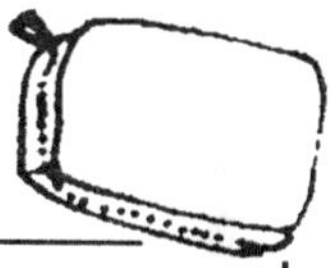

28 + 31 =	69 - 58 =	42 - 21 =	37 + 42 =	84 + 15 =
4 + 8 =	13 - 7 =	78 + 11 =	27 - 13 =	88 - 66 =
35 - 12 =	85 - 45 =	38 - 24 =	87 + 11 =	30 + 69 =
75 - 25 =	18 + 35 =	45 + 44 =	74 - 61 =	41 + 26 =
62 + 17 =	22 - 11 =	26 + 22 =	55 - 43 =	46 - 34 =
54 - 12 =	91 - 81 =	63 - 32 =	14 + 61 =	93 - 11 =

67 + 31 =	74 + 23 =	55 + 32 =	61 + 23 =	85 + 14 =
25 + 22 =	79 - 9 =	67 - 24 =	45 - 24 =	95 - 34 =
56 - 42 =	9 + 9 =	43 + 26 =	24 + 64 =	54 - 31 =
14 - 8 =	34 - 13 =	94 - 73 =	89 - 72 =	28 - 17 =
86 - 44 =	16 + 32 =	43 - 31 =	8 + 4 =	30 + 49 =
83 + 15 =	38 + 51 =	15 - 5 =	72 - 11 =	31 - 21 =

Für schlaue Mädchen und Jungs!

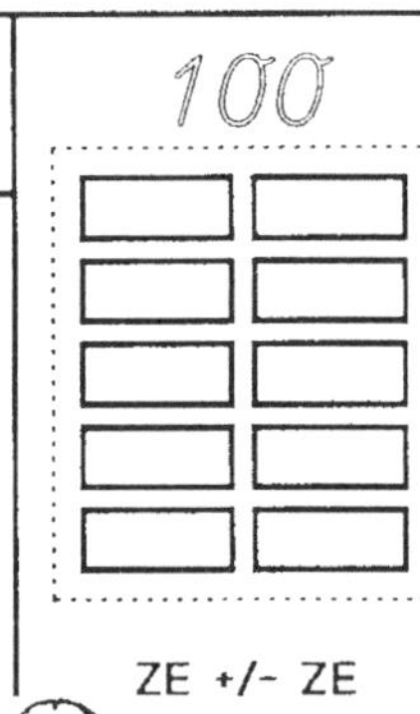

82 - 32 =	47 + 32 =	26 + 51 =	73 + 16 =
95 - 42 =	59 - 28 =	57 + 32 =	65 - 24 =
71 + 23 =	34 - 22 =	58 - 34 =	83 + 14 =
46 + 22 =	35 + 24 =	71 - 30 =	69 - 35 =
67 - 43 =	47 - 15 =	72 - 31 =	28 + 61 =
48 + 10 =	64 + 25 =	58 + 21 =	79 - 35 =

42 + 29 =	16 - 9 =	98 - 65 =	52 + 36 =	96 - 52 =
44 + 51 =	64 + 33 =	49 - 35 =	32 + 47 =	51 + 43 =
34 - 23 =	87 + 11 =	33 + 46 =	43 + 35 =	52 - 41 =
34 - 14 =	83 - 51 =	31 + 68 =	52 - 51 =	6 + 8 =
63 + 25 =	71 + 17 =	8 + 7 =	73 - 41 =	48 - 25 =
50 - 40 =	64 - 33 =	37 - 35 =	83 - 41 =	65 + 12 =

Male die Ergebnisse unten aus!

28 + 51 =	69 - 47 =	42 - 30 =	37 + 51 =	23 + 15 =
54 + 23 =	12 - 6 =	38 + 41 =	27 - 14 =	88 - 45 =
35 - 23 =	85 - 34 =	38 - 35 =	37 + 41 =	33 + 41 =
75 - 55 =	58 + 11 =	45 + 32 =	74 - 52 =	41 + 37 =
62 + 26 =	72 - 61 =	26 + 43 =	54 + 24 =	46 - 23 =
54 - 13 =	96 - 51 =	63 - 21 =	55 - 35 =	93 - 62 =

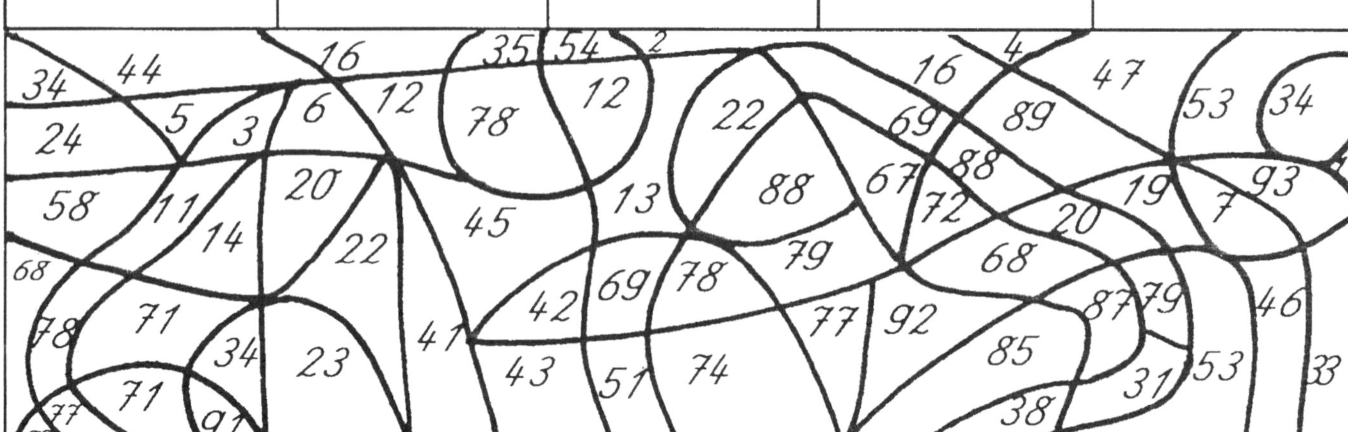

Zehner oder Einer: Welche Stelle verändert sich?

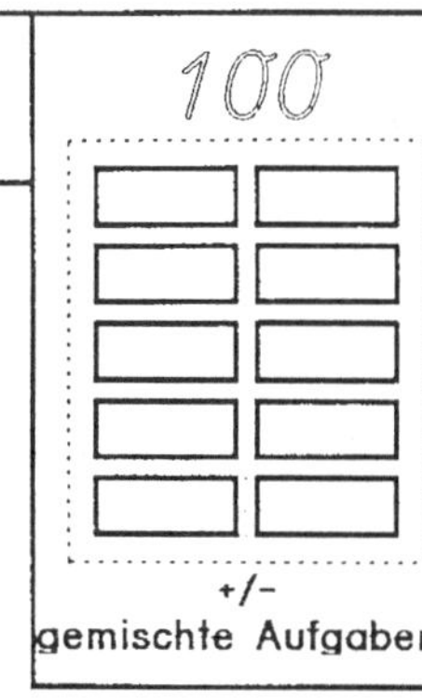

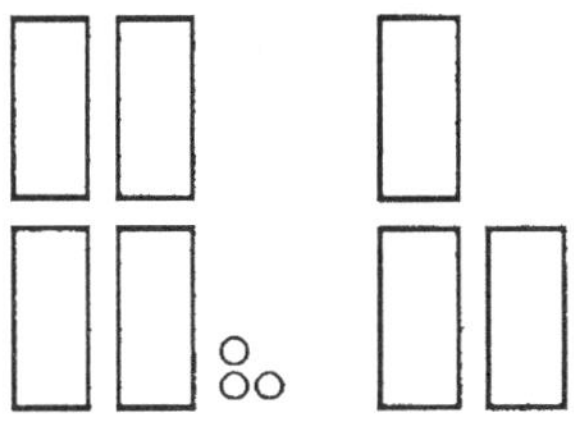

43 + 30 = ☐

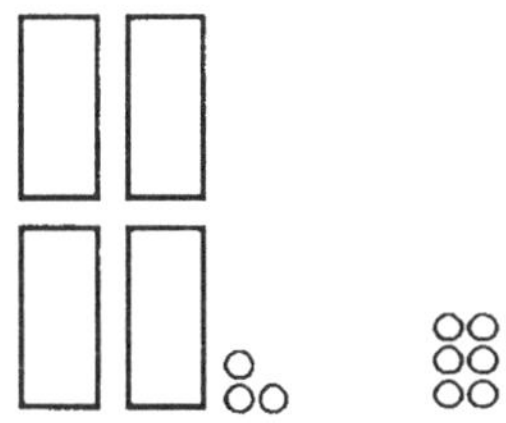

43 + 6 = ☐

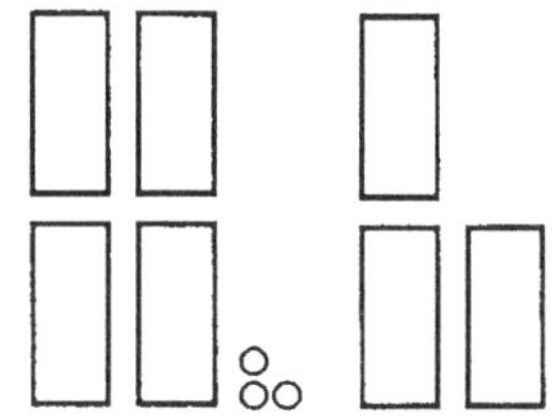

43 + 36 = ☐

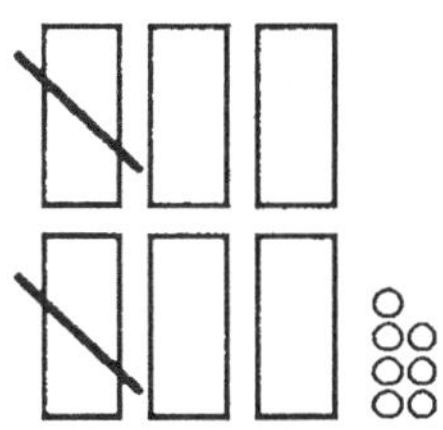

67 - 20 = ☐

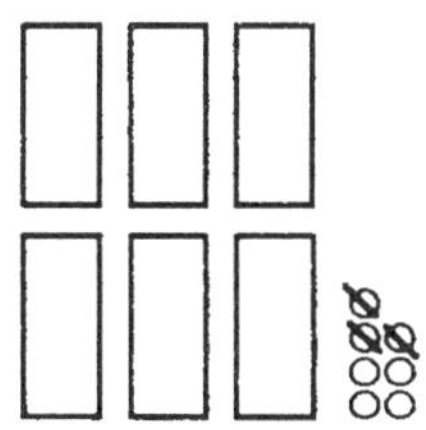

67 - 3 = ☐

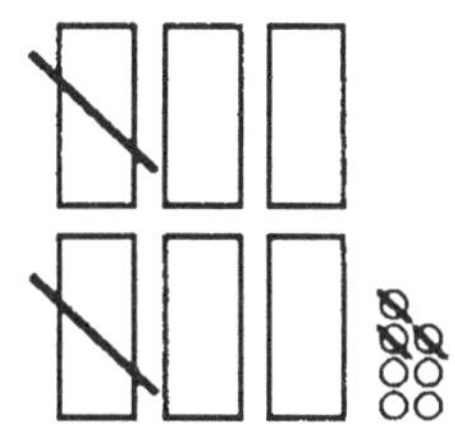

67 - 23 = ☐

Überlege gut!

23 + 5 = ☐	69 - 52 = ☐	42 - 1 = ☐	43 + 55 = ☐	52 + 34 = ☐
22 + 34 = ☐	17 - 9 = ☐	73 + 6 = ☐	27 - 4 = ☐	88 - 65 = ☐
94 - 62 = ☐	85 - 5 = ☐	38 - 23 = ☐	84 + 4 = ☐	56 + 10 = ☐
75 - 3 = ☐	48 + 1 = ☐	35 + 21 = ☐	74 - 51 = ☐	95 + 2 = ☐
41 + 30 = ☐	72 - 40 = ☐	68 + 20 = ☐	45 + 40 = ☐	46 - 2 = ☐
54 - 2 = ☐	96 - 70 = ☐	63 - 40 = ☐	55 - 20 = ☐	93 - 50 = ☐
82 - 41 = ☐	27 + 40 = ☐	38 + 1 = ☐	29 - 6 = ☐	52 + 3 = ☐
96 - 2 = ☐	59 - 45 = ☐	63 + 32 = ☐	46 - 20 = ☐	65 - 23 = ☐
64 + 35 = ☐	34 - 1 = ☐	58 - 25 = ☐	87 - 35 = ☐	54 + 40 = ☐
34 + 60 = ☐	26 + 2 = ☐	71 - 50 = ☐	32 + 30 = ☐	69 - 6 = ☐
67 - 30 = ☐	47 - 10 = ☐	72 - 1 = ☐	57 + 1 = ☐	34 + 52 = ☐
35 + 3 = ☐	71 + 26 = ☐	61 + 20 = ☐	46 + 43 = ☐	79 - 30 = ☐

Kettenaufgaben!

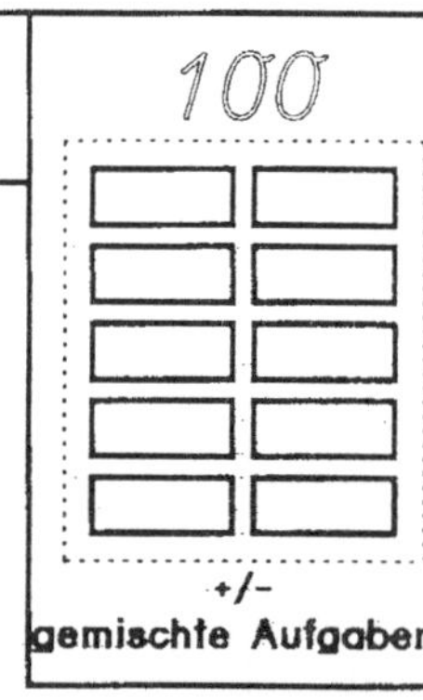

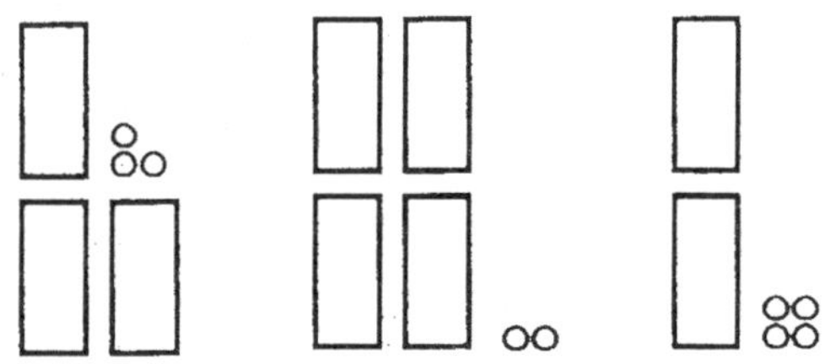

33 + 42 + 26 =

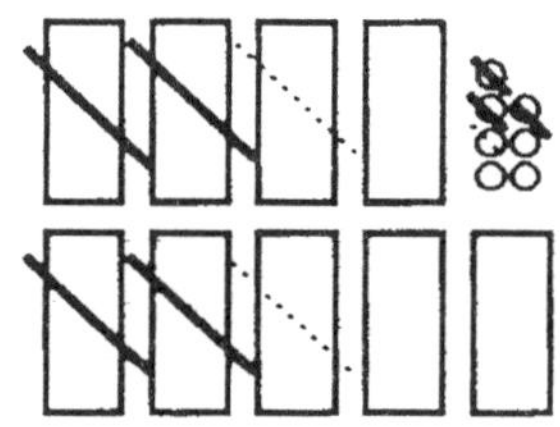

97 - 43 - 21 =

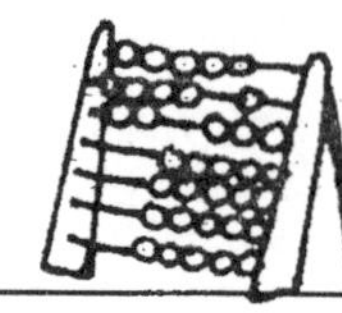

13 + 24 + 41 =	67 + 12 + 10 =	97 - 15 - 41 =	67 - 22 - 21 =
51 + 14 + 24 =	31 + 27 + 41 =	76 - 32 - 12 =	78 - 18 - 30 =
35 + 41 + 2 =	12 + 53 + 23 =	89 - 7 - 61 =	85 - 53 - 31 =
41 + 10 + 23 =	26 + 30 + 32 =	49 - 20 - 16 =	78 - 44 - 3 =
23 + 25 + 30 =	60 + 25 + 4 =	53 - 22 - 10 =	69 - 25 - 23 =
44 + 13 + 32 =	26 + 13 + 50 =	84 - 31 - 22 =	94 - 13 - 50 =

Nur für Kinder mit Köpfchen!

97 - 15 + 4 =	67 + 22 - 21 =	63 + 24 - 41 =	67 - 12 + 10 =
76 - 32 + 43 =	78 + 11 - 30 =	51 - 10 + 24 =	31 + 27 - 41 =
89 - 7 + 13 =	45 + 53 - 31 =	35 + 41 - 52 =	78 - 53 + 23 =
49 + 20 - 16 =	78 - 44 + 3 =	41 - 30 + 23 =	66 - 30 + 32 =
53 + 22 - 10 =	69 - 25 + 23 =	23 - 11 + 5 =	60 + 25 - 4 =
54 + 31 - 22 =	94 - 13 + 8 =	44 + 13 - 32 =	26 - 13 + 50 =

98 - 15 + 4 - 43 + 20 =	64 - 43 + 54 =
87 - 22 + 32 - 53 + 31 =	2 + 47 - 34 + 72 =
99 - 57 + 13 + 4 - 20 =	38 + 40 - 13 + 3 - 31 =
31 + 24 - 40 + 62 - 6 =	71 - 20 + 41 - 31 + 3 =
42 + 22 - 43 + 30 + 7 =	12 + 3 + 24 - 14 + 70 =
84 - 31 - 22 + 45 - 14 =	73 - 31 + 7 + 40 - 54 =

Sachaufgaben

100

ZE +/- ZE

Zum Schulanfang kauft sich Annegret für 21 Euro Bücher. 25 Euro muss sie für Stifte und einen Füller bezahlen.

Wir fragen: ____________________

Wir rechnen: ☐ ○ ☐ ○ ☐

Wir antworten: ____________________

Rike kauft für ihr Geburtstagsfest 1 Paket mit 24 Kerzen. Als sie heim kommt, sieht sie, dass ihre Mutter auch schon 25 Kerzen besorgt hat.

Wir fragen: ____________________

Wir rechnen: ☐ ○ ☐ ○ ☐

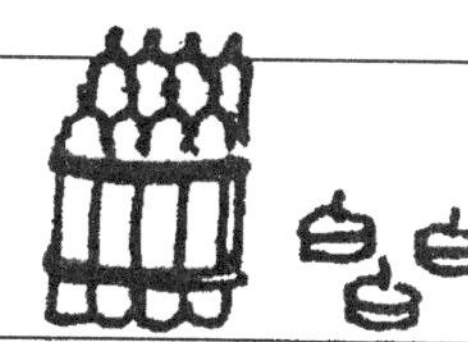

Wir antworten: ____________________

Jm Schreibwarenladen liegen 69 Kartenspiele im Regal. An einem Tag werden 23 Spiele verkauft.

Wir fragen: ____________________

Wir rechnen: ☐ ○ ☐ ○ ☐

Wir antworten: ____________________

Es gibt Tintenpatronen im Sonderangebot. 76 Päckchen sind noch zu verkaufen. Jochen kauft sich gleich 23 Päckchen.

Wir fragen: ____________________

Wir rechnen: ☐ ○ ☐ ○ ☐

Wir antworten: ____________________

Rudolf kauft sich 24 Buntstifte und 12 Filzstifte.

Wir fragen: ____________________

Wir rechnen: ☐ ○ ☐ ○ ☐

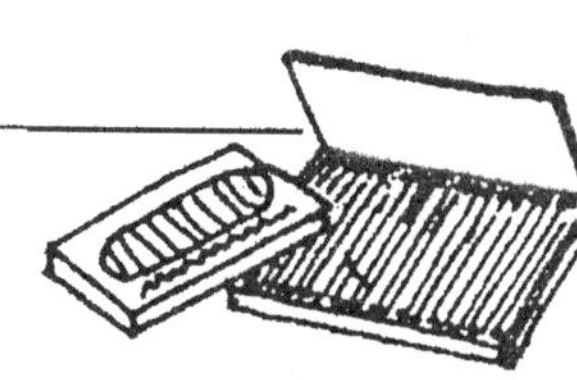

Wir antworten: ____________________

Jochen und Jnsa haben zusammen 58 Euro gespart. Sie geben im Schreibwarengeschäft 22 Euro für Comics und Rätselhefte aus.

Wir fragen: ____________________

Wir rechnen: ☐ ○ ☐ ○ ☐

Wir antworten: ____________________

Sachaufgaben

100

ZE +/– ZE

Margit hat 86 Spitzer ins Regal geräumt. Sie stößt mit dem Ellbogen daran. 42 Dosen rollen auf den Boden.

Wir fragen: ______

Wir rechnen: □ ○ □ ○ □

Wir antworten: ______

Wendi und Erna kaufen Sticker für ihr Album. Wendi sucht sich 25 Dinosaurier aus. Erna nimmt 22 Tiere aus Afrika.

Wir fragen: ______

Wir rechnen: □ ○ □ ○ □

Wir antworten: ______

Jch denke mir eine Zahl.
Die Zahl ist um 33 kleiner als 96.

□ ○ □ ○ □

Wir antworten: ______

Jch denke mir eine Zahl:
Wenn ich zu dieser Zahl 26 dazurechne kommt 99 heraus.

□ ○ □ ○ □

Wir antworten: ______

Wie heißt die Zahl?
Rechne von 96 35 weg.
Rechne zum Ergebnis 20 dazu.

□ ○ □ ○ □

□ ○ □ ○ □

Wir antworten: ______

Jch denke mir eine Zahl:
Die Zahl ist um 23 größer als 32 und um 13 kleiner als 68

□ ○ □ ○ □

□ ○ □ ○ □

Wir antworten: ______

Zerlege Einer und Zehner!

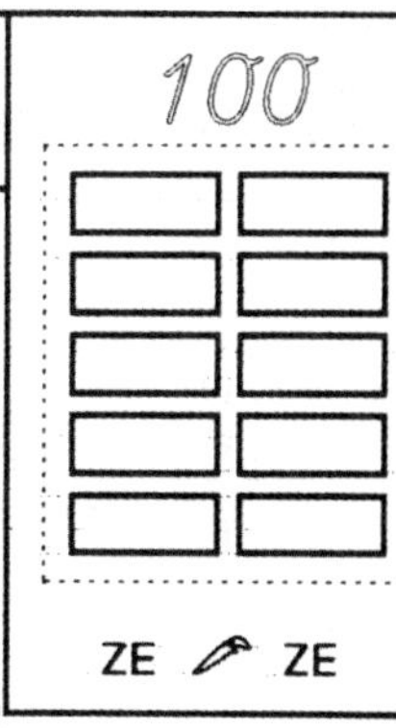

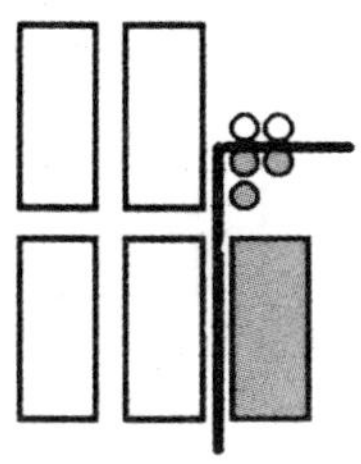 55 = 13 + ☐	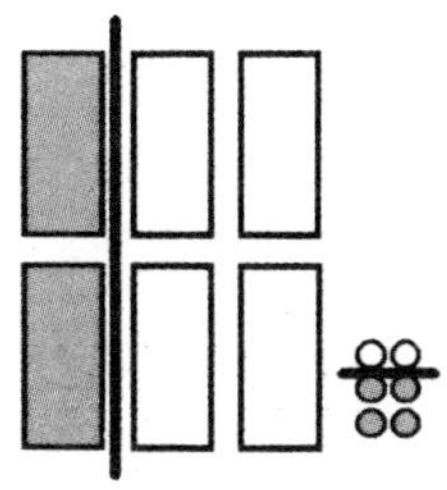 66 = ☐ + 42	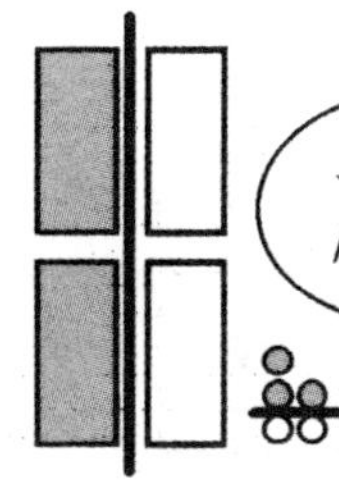 45 = 23 + ☐	
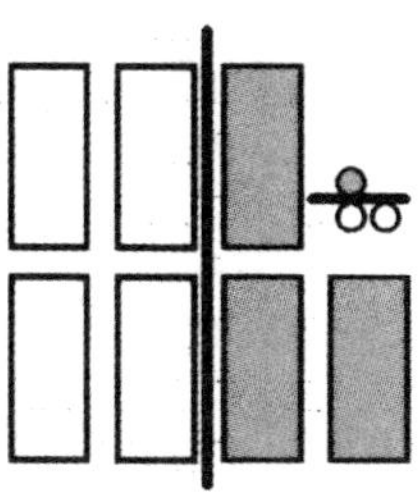 73 = 31 + ☐	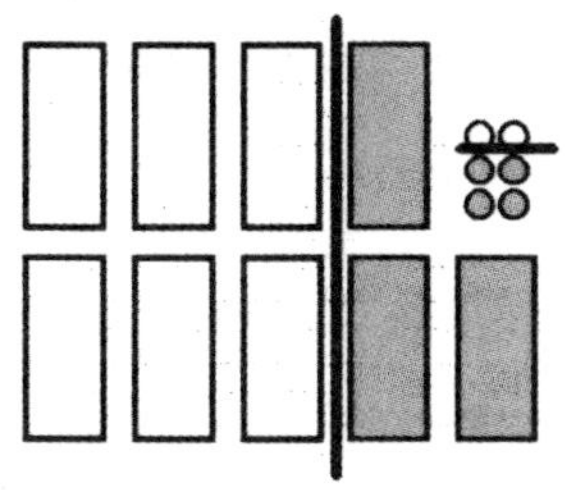 96 = 34 + ☐	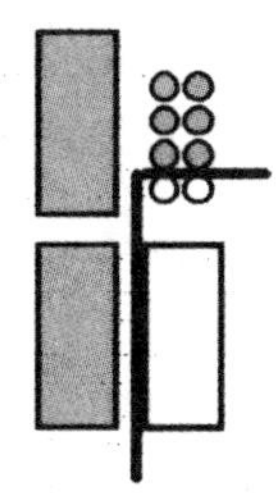 38 = ☐ + 12	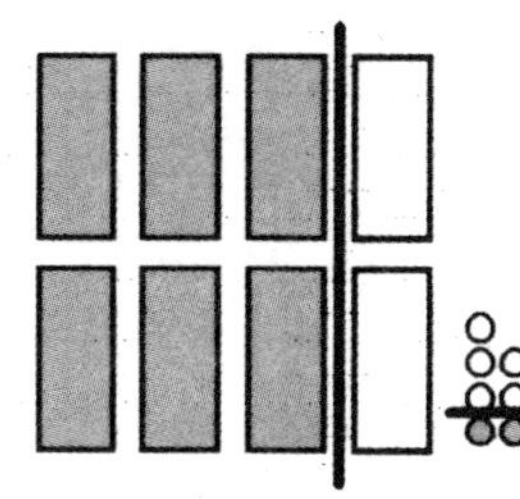 87 = 62 + ☐

Zerlege!

23 = 11 + ☐	69 = 54 + ☐	47 = ☐ + 15	43 = 21 + ☐	52 = ☐ + 31
22 = ☐ + 11	37 = 26 + ☐	73 = 21 + ☐	27 = 15 + ☐	88 = ☐ + 43
94 = 42 + ☐	85 = ☐ + 52	38 = 24 + ☐	84 = ☐ + 63	56 = 32 + ☐
75 = 22 + ☐	48 = 21 + ☐	35 = 13 + ☐	74 = ☐ + 42	95 = 72 + ☐
48 = 32 + ☐	72 = ☐ + 41	68 = ☐ + 46	45 = 22 + ☐	46 = 12 + ☐
54 = ☐ + 41	93 = 23 + ☐	63 = 21 + ☐	45 = 41 + ☐	93 = 31 + ☐
82 = ☐ + 21	67 = ☐ + 43	38 = 13 + ☐	29 = 14 + ☐	56 = 42 + ☐
96 = 63 + ☐	59 = ☐ + 46	63 = ☐ + 42	46 = 32 + ☐	65 = 53 + ☐
64 = 32 + ☐	34 = 22 + ☐	58 = 45 + ☐	88 = ☐ + 35	84 = ☐ + 32
34 = 21 + ☐	26 = 13 + ☐	75 = 32 + ☐	32 = 21 + ☐	69 = ☐ + 35
67 = ☐ + 52	47 = 34 + ☐	74 = 53 + ☐	57 = ☐ + 24	34 = 23 + ☐
35 = 23 + ☐	79 = 35 + ☐	66 = ☐ + 45	46 = 23 + ☐	79 = 42 + ☐

Das schaffst du!

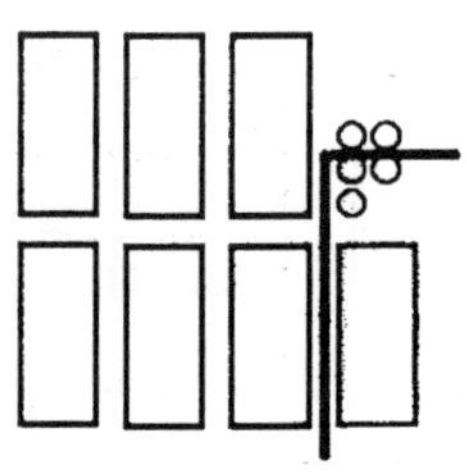

75 = 13 + ☐

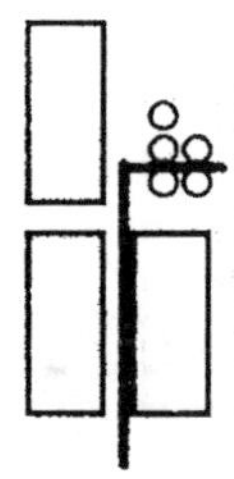

35 = ☐ + 12

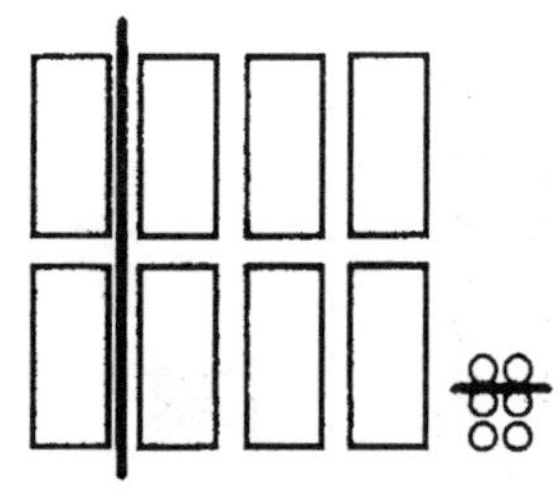

86 = 24 + ☐

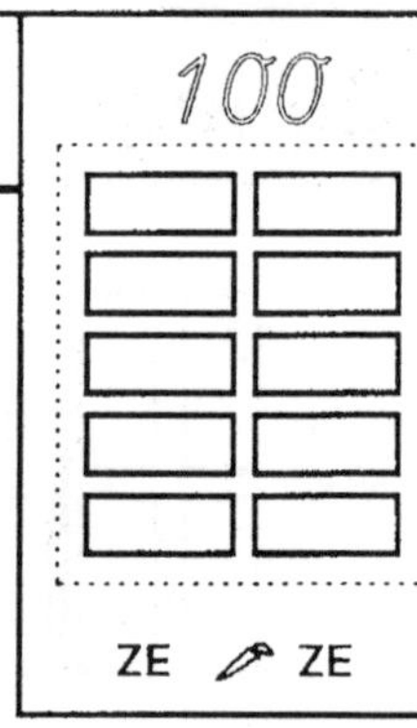

58 = 42 + ☐	27 = 14 + ☐	83 = ☐ + 21	39 = 13 + ☐	68 = ☐ + 43
67 = 53 + ☐	48 = 32 + ☐	97 = 63 + ☐	65 = ☐ + 42	57 = ☐ + 46
86 = ☐ + 32	86 = ☐ + 35	65 = 32 + ☐	59 = 45 + ☐	35 = 22 + ☐
66 = ☐ + 35	34 = 21 + ☐	35 = 21 + ☐	77 = 32 + ☐	27 = 13 + ☐
36 = 23 + ☐	59 = ☐ + 24	68 = ☐ + 52	76 = 53 + ☐	48 = 34 + ☐
73 = 42 + ☐	48 = 23 + ☐	36 = 23 + ☐	68 = ☐ + 45	76 = 35 + ☐

Zerlege!

29 = 13 + ☐	56 = 41 + ☐	38 = 12 + ☐	67 = 54 + ☐	54 = ☐ + 31
46 = 31 + ☐	65 = 52 + ☐	63 = ☐ + 41	39 = 26 + ☐	86 = ☐ + 43
88 = ☐ + 34	84 = ☐ + 31	58 = 44 + ☐	87 = ☐ + 52	58 = 32 + ☐
37 = 21 + ☐	69 = ☐ + 34	75 = 31 + ☐	49 = 21 + ☐	97 = 72 + ☐
57 = ☐ + 25	34 = 22 + ☐	74 = 52 + ☐	74 = ☐ + 41	48 = 12 + ☐
46 = 24 + ☐	79 = 41 + ☐	66 = ☐ + 44	95 = 23 + ☐	95 = 31 + ☐
48 = ☐ + 15	67 = ☐ + 42	81 = ☐ + 21	22 = 11 + ☐	45 = 21 + ☐
74 = 21 + ☐	59 = ☐ + 45	96 = 64 + ☐	23 = ☐ + 11	29 = 15 + ☐
39 = 24 + ☐	34 = 21 + ☐	64 = 31 + ☐	96 = 42 + ☐	86 = ☐ + 63
35 = 13 + ☐	26 = 12 + ☐	34 = 20 + ☐	77 = 22 + ☐	76 = ☐ + 42
69 = ☐ + 46	47 = 33 + ☐	67 = ☐ + 53	49 = 32 + ☐	47 = 22 + ☐
64 = 21 + ☐	79 = 34 + ☐	35 = 22 + ☐	56 = ☐ + 41	47 = 41 + ☐

Ergänze Einer und Zehner!

Male die fehlenden Mengen dazu!

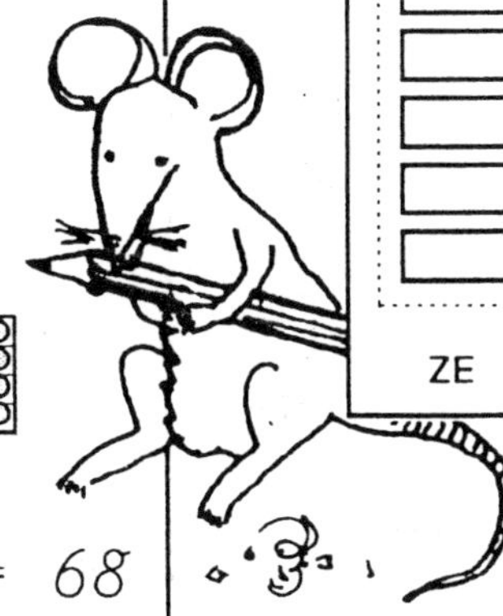

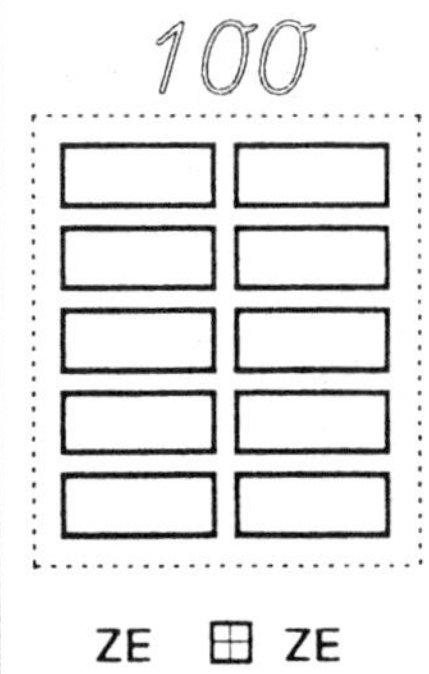

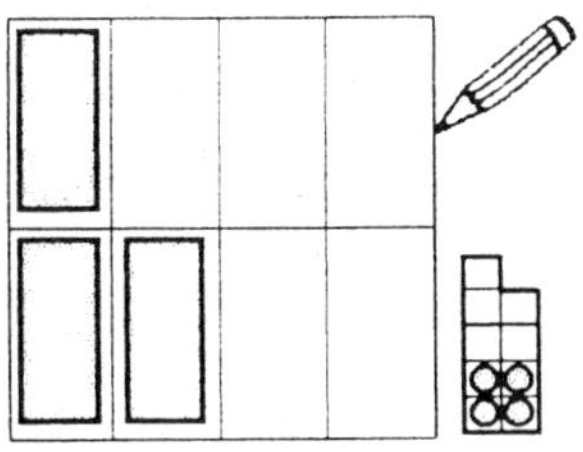 34 + ☐ = 89	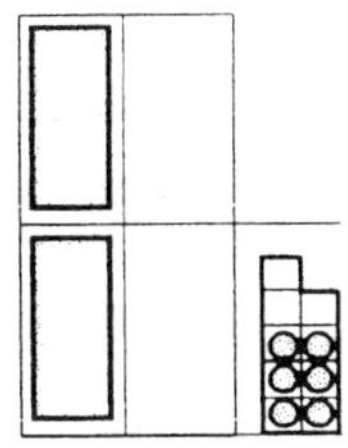 26 + ☐ = 49	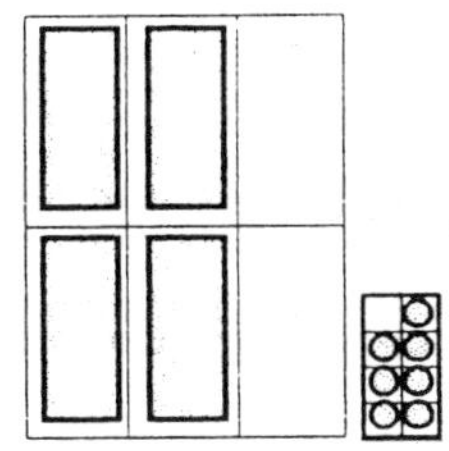 47 + ☐ = 68	
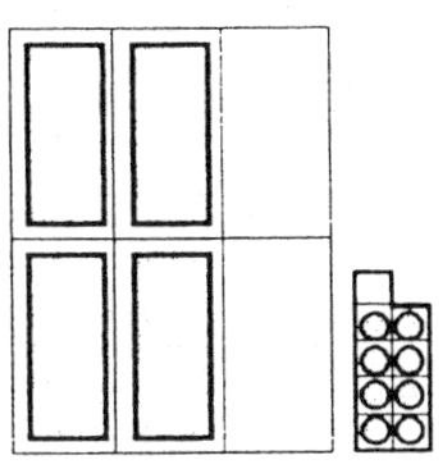 48 + ☐ = 69	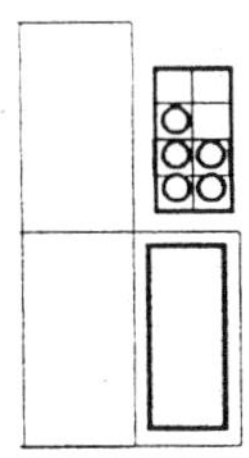 15 + ☐ = 38	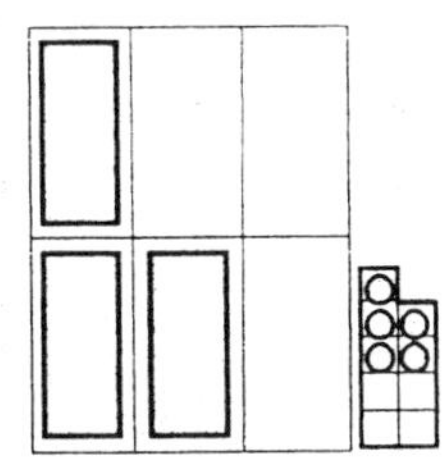 35 + ☐ = 69	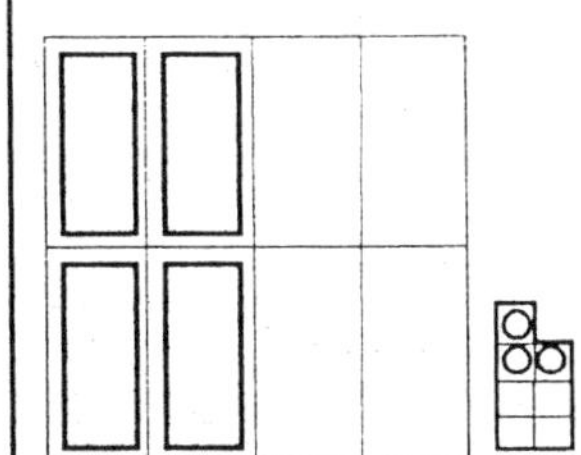 43 + ☐ = 87

Ergänze!

67 + ☐ = 78	59 + ☐ = 89	25 + ☐ = 76	54 + ☐ = 87	62 + ☐ = 76
21 + ☐ = 44	75 + ☐ = 88	42 + ☐ = 96	52 + ☐ = 93	55 + ☐ = 78
85 + ☐ = 99	21 + ☐ = 35	43 + ☐ = 78	63 + ☐ = 75	31 + ☐ = 56
69 + ☐ = 99	68 + ☐ = 89	76 + ☐ = 97	36 + ☐ = 59	76 + ☐ = 89
53 + ☐ = 65	22 + ☐ = 56	51 + ☐ = 67	45 + ☐ = 68	74 + ☐ = 96
84 + ☐ = 95	68 + ☐ = 99	39 + ☐ = 69	68 + ☐ = 79	54 + ☐ = 79
31 + ☐ = 45	38 + ☐ = 69	24 + ☐ = 76	82 + ☐ = 97	76 + ☐ = 87
48 + ☐ = 59	22 + ☐ = 96	51 + ☐ = 77	74 + ☐ = 89	43 + ☐ = 68
53 + ☐ = 76	17 + ☐ = 48	44 + ☐ = 69	72 + ☐ = 86	24 + ☐ = 56
38 + ☐ = 69	41 + ☐ = 66	22 + ☐ = 68	44 + ☐ = 56	32 + ☐ = 84
45 + ☐ = 77	42 + ☐ = 85	23 + ☐ = 86	54 + ☐ = 69	35 + ☐ = 78
23 + ☐ = 69	56 + ☐ = 98	67 + ☐ = 89	53 + ☐ = 87	82 + ☐ = 96

Ergänze Einer und Zehner!

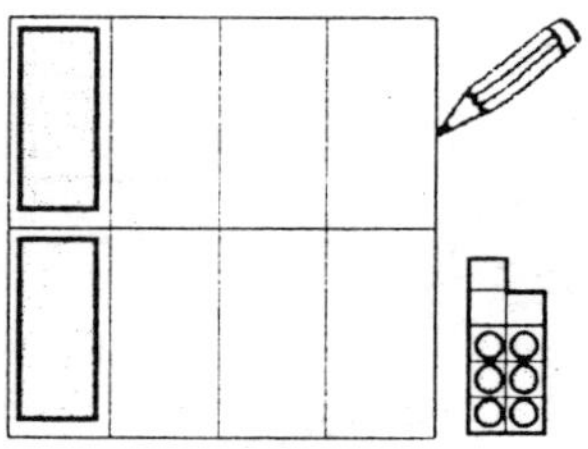

26 + ☐ = 89

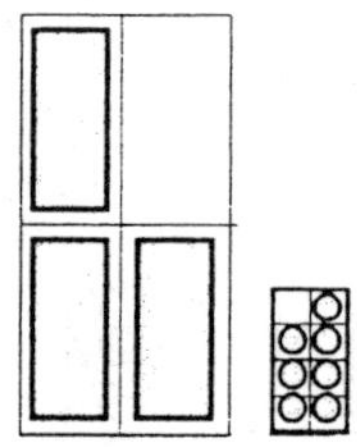

37 + ☐ = 48

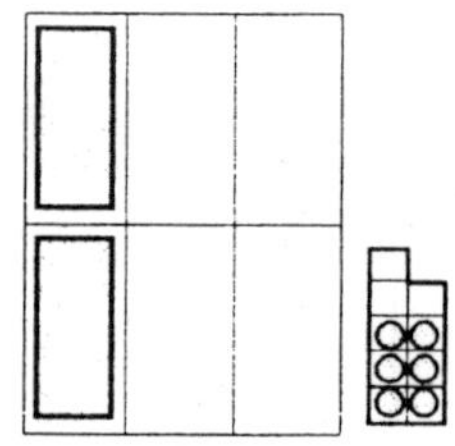

26 + ☐ = 69

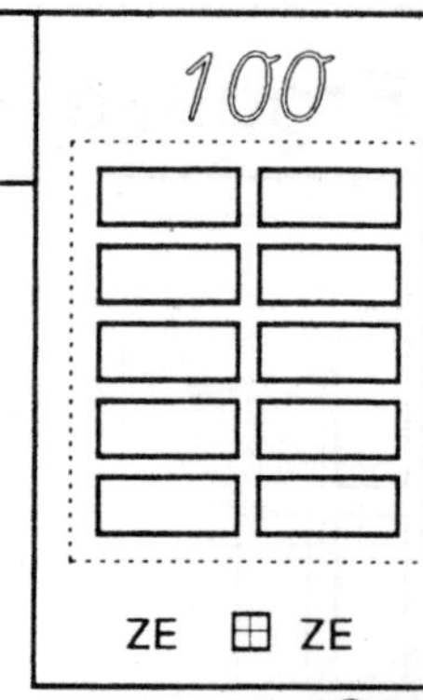

25 + ☐ = 76	77 + ☐ = 87	83 + ☐ = 97	32 + ☐ = 45	37 + ☐ = 69
52 + ☐ = 77	44 + ☐ = 68	75 + ☐ = 89	47 + ☐ = 59	23 + ☐ = 96
45 + ☐ = 69	25 + ☐ = 56	73 + ☐ = 86	54 + ☐ = 76	16 + ☐ = 48
23 + ☐ = 68	33 + ☐ = 84	45 + ☐ = 56	39 + ☐ = 69	42 + ☐ = 66
24 + ☐ = 86	36 + ☐ = 78	55 + ☐ = 69	46 + ☐ = 77	43 + ☐ = 85
68 + ☐ = 89	83 + ☐ = 96	54 + ☐ = 87	24 + ☐ = 69	57 + ☐ = 98

Ergänze richtig!

84 + ☐ = 97	57 + ☐ = 89	33 + ☐ = 45	52 + ☐ = 87	65 + ☐ = 76
76 + ☐ = 89	73 + ☐ = 88	46 + ☐ = 59	50 + ☐ = 93	53 + ☐ = 78
74 + ☐ = 86	23 + ☐ = 35	55 + ☐ = 76	61 + ☐ = 75	33 + ☐ = 56
42 + ☐ = 56	66 + ☐ = 89	36 + ☐ = 69	34 + ☐ = 59	74 + ☐ = 89
56 + ☐ = 69	20 + ☐ = 56	47 + ☐ = 77	43 + ☐ = 68	72 + ☐ = 96
55 + ☐ = 87	66 + ☐ = 99	25 + ☐ = 69	66 + ☐ = 79	52 + ☐ = 79

23 + ☐ = 76	36 + ☐ = 69	22 + ☐ = 76	65 + ☐ = 78	75 + ☐ = 87
40 + ☐ = 96	24 + ☐ = 96	53 + ☐ = 77	23 + ☐ = 44	45 + ☐ = 68
41 + ☐ = 78	15 + ☐ = 48	46 + ☐ = 69	83 + ☐ = 99	26 + ☐ = 56
72 + ☐ = 97	43 + ☐ = 66	24 + ☐ = 68	67 + ☐ = 99	30 + ☐ = 84
53 + ☐ = 67	44 + ☐ = 85	25 + ☐ = 86	51 + ☐ = 65	37 + ☐ = 78
37 + ☐ = 69	58 + ☐ = 98	69 + ☐ = 89	82 + ☐ = 95	84 + ☐ = 96

Ergänze oder zerlege Einer und Zehner!

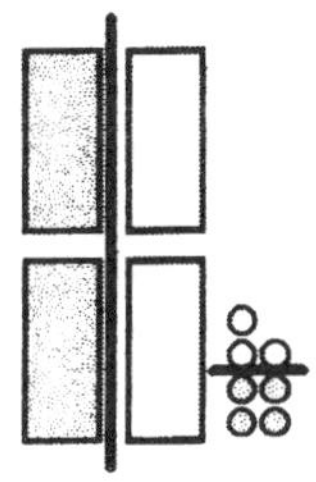

$47 = 24 + \square$

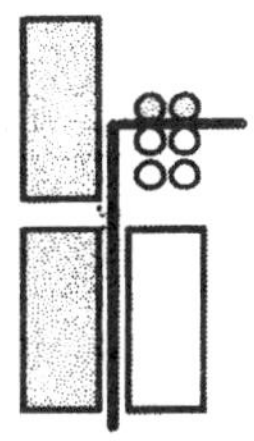

$36 = \square + 14$

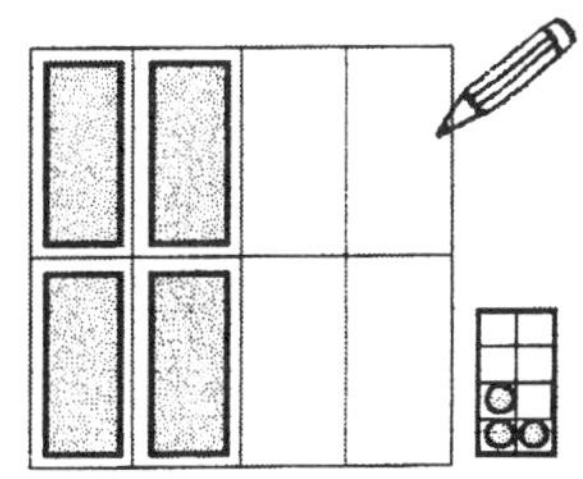

$43 + \square = 83$

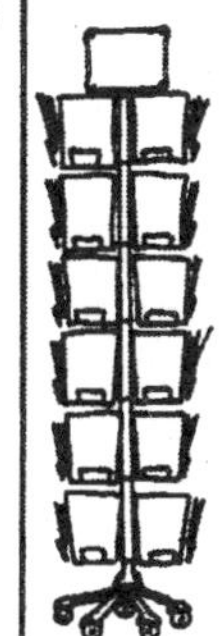

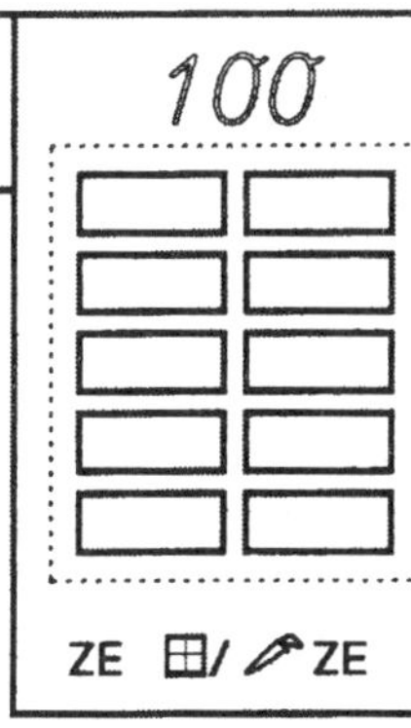

74 + □ = 85	96 = 71 + □	78 = 44 + □	95 = 32 + □	64 = □ + 43
37 = 12 + □	85 + □ = 97	44 = 24 + □	23 + □ = 44	21 + □ = 58
43 = □ + 32	25 + □ = 67	16 + □ = 38	62 = 31 + □	42 + □ = 86
58 + □ = 99	58 + □ = 89	67 + □ = 88	76 = □ + 23	51 + □ = 97
91 + □ = 95	75 = 43 + □	38 + □ = 79	46 + □ = 57	73 = 32 + □
79 = 42 + □	46 = 24 + □	86 = 52 + □	56 + □ = 78	36 = 24 + □

Vorsicht: Ergänzen oder Zerlegen?

34 = 22 + □	58 = □ + 31	64 + □ = 97	78 = 44 + □	77 = 15 + □
32 + □ = 65	67 + □ = 98	99 = 43 + □	44 = 24 + □	35 + □ = 57
25 + □ = 48	86 + □ = 98	87 = □ + 53	16 + □ = 38	75 = 52 + □
66 + □ = 89	48 + □ = 68	24 + □ = 68	67 + □ = 88	83 = □ + 41
99 = 25 + □	49 = 25 + □	52 + □ = 87	38 + □ = 79	22 + □ = 74
88 = 51 + □	97 = 43 + □	67 = 21 + □	86 = 52 + □	24 + □ = 87
67 = □ + 32	86 = 43 + □	69 = 57 + □	53 = 43 + □	36 + □ = 87
57 + □ = 89	78 = 25 + □	84 + □ = 94	57 + □ = 97	67 = 16 + □
28 + □ = 79	37 + □ = 58	48 = 34 + □	43 + □ = 67	54 = □ + 21
33 + □ = 76	42 + □ = 78	96 = □ + 41	34 + □ = 97	42 + □ = 58
42 = 21 + □	41 + □ = 83	55 = □ + 88	32 = 11 + □	51 + □ = 86
96 = 35 + □	76 = 52 + □	78 + □ = 99	52 = 21 + □	87 = 43 + □

Alles gemischt!

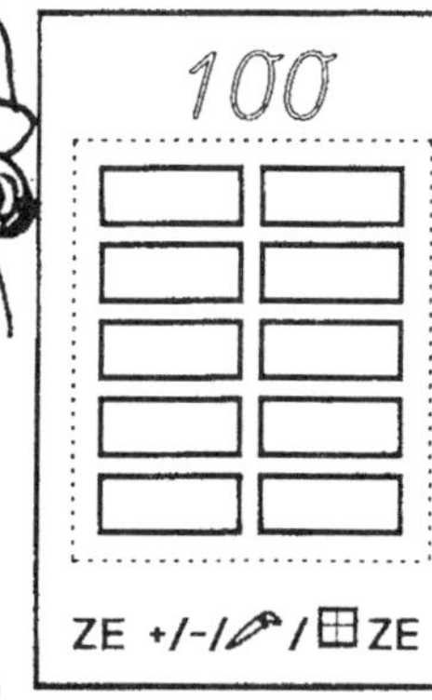

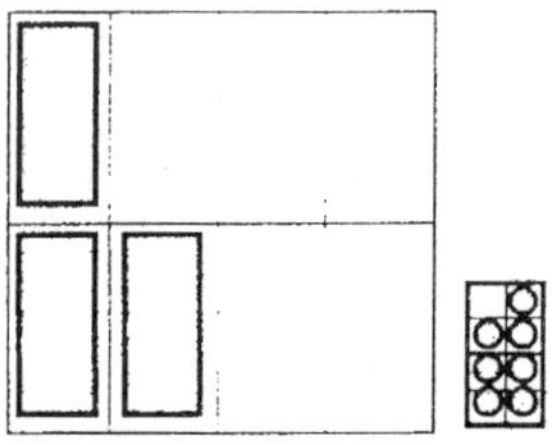

37 + ☐ = 88

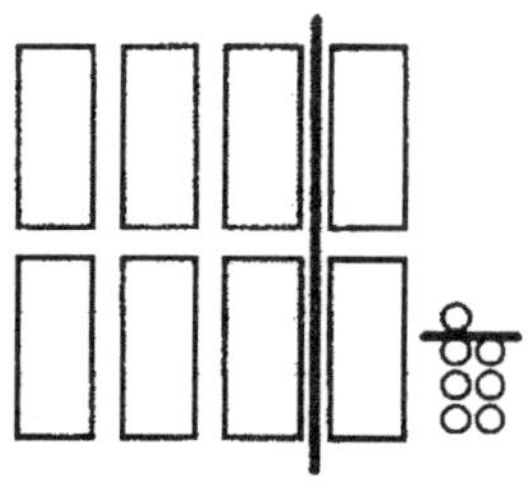

87 = 61 + ☐

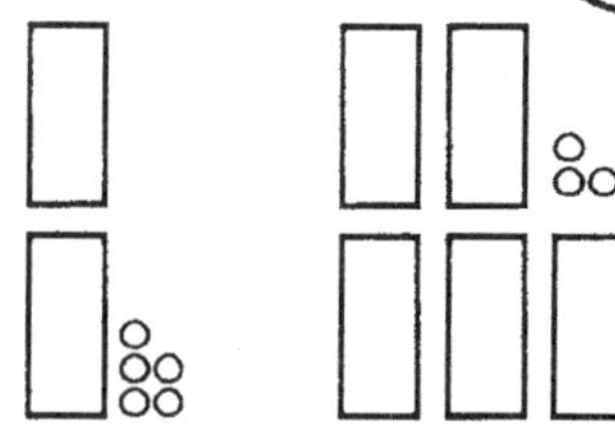

25 + 53 = ☐

23 - 21 = ☐

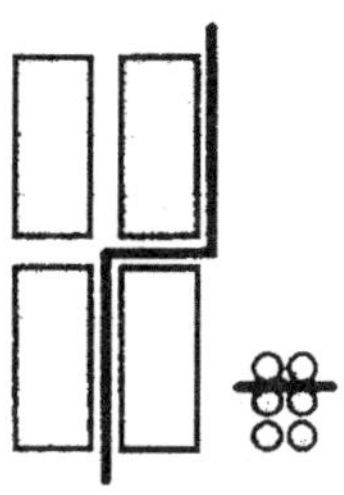

45 = ☐ + 12

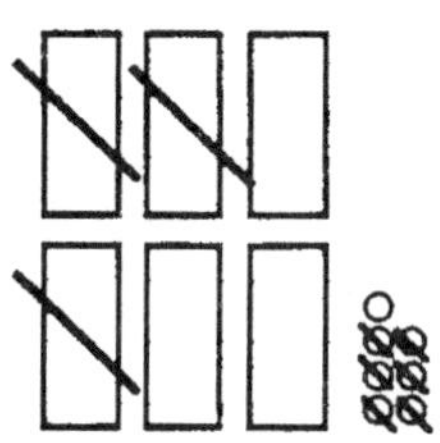

67 - 36 = ☐

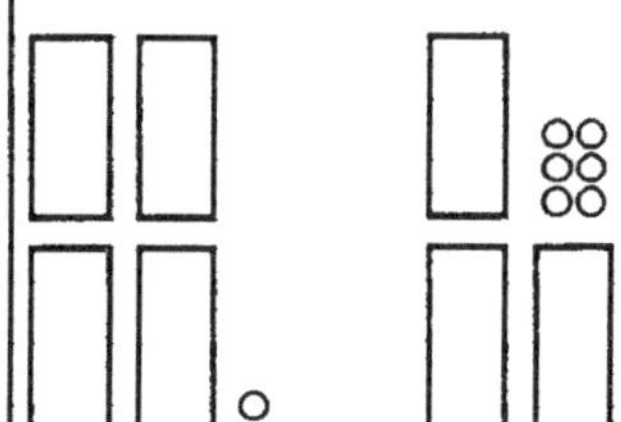

41 + 36 = ☐

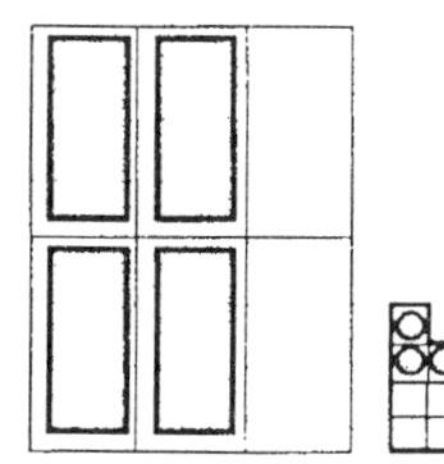

43 + ☐ = 77

Aufgaben-Mix

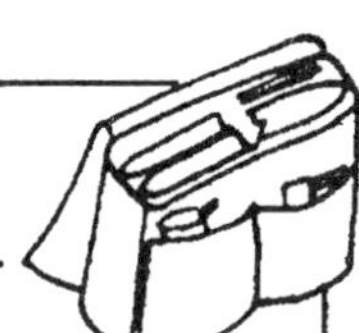

62+25=☐	92-31=☐	55=21+☐	24+☐=39	78=36+☐
55+13=☐	96-73=☐	27=14+☐	51+☐=93	44=33+☐
27+72=☐	25-14=☐	97=☐+63	44+☐=76	32+☐=38
31+58=☐	77-36=☐	74=☐+31	52+☐=68	48+☐=88
74+21=☐	75-42=☐	87=22+☐	23+☐=75	38+☐=89
65+32=☐	87-15=☐	55=43+☐	67+☐=98	77=52+☐

78=45+☐	64+☐=74	77-34=☐	95=43+☐	93=71+☐
44+35=☐	21+☐=67	35+☐=87	67-34=☐	85+13=☐
69=☐+38	42+☐=65	75+11=☐	62+27=☐	25+33=☐
67+☐=99	56=☐+23	83-42=☐	76-42=☐	45+☐=89
38-34=☐	73+24=☐	76=23+☐	46+☐=78	75=14+☐
86+13=☐	76-21=☐	24+54=☐	56+☐=67	46-24=☐

Übungen für Rechenprofis!

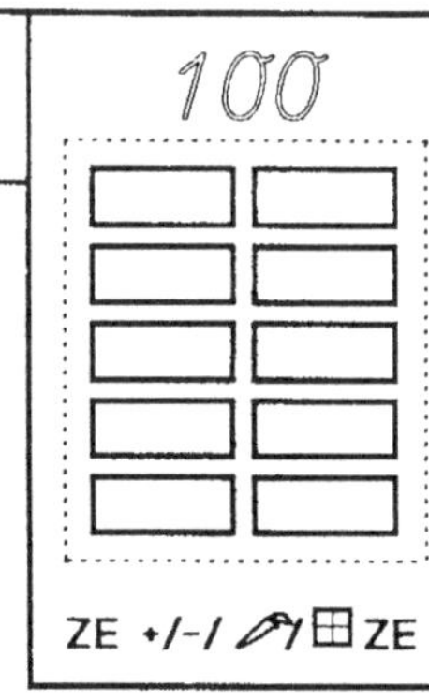

95 = 21 + □	85 = 71 + □	78 = 73 + □	54 + □ = 74	
68 - 34 = □	85 + 1 = □	42 + 35 = □	21 + □ = 71	
62 + 14 = □	62 + 33 = □	69 = □ + 64	45 + □ = 65	
76 - 4 = □	45 + □ = 48	7 + □ = 12	56 = □ + 3	
48 + □ = 78	89 = 14 + □	38 - 30 = □	47 + 50 = □	76 = 56 + □
56 + □ = 58	46 - 6 = □	42 + 13 = □	76 - 40 = □	41 + 54 = □
88 - 34 = □	77 = 45 + □	66 + □ = 87	93 = 92 + □	76 = 43 + □
35 + □ = 96	44 + 50 = □	52 + □ = 67	9 + 7 = □	67 - 23 = □
53 + 11 = □	88 = □ + 38	2 + □ = 11	25 + 2 = □	42 + 27 = □
83 - 2 = □	65 + □ = 78	8 = □ + 3	81 + □ = 89	56 - 2 = □
73 = 23 + □	59 - 34 = □	73 + 4 = □	75 = 35 + □	46 + □ = 96
24 + 3 = □	86 + 10 = □	14 - 7 = □	86 - 30 = □	61 + □ = 67

Suche die Aufgaben!

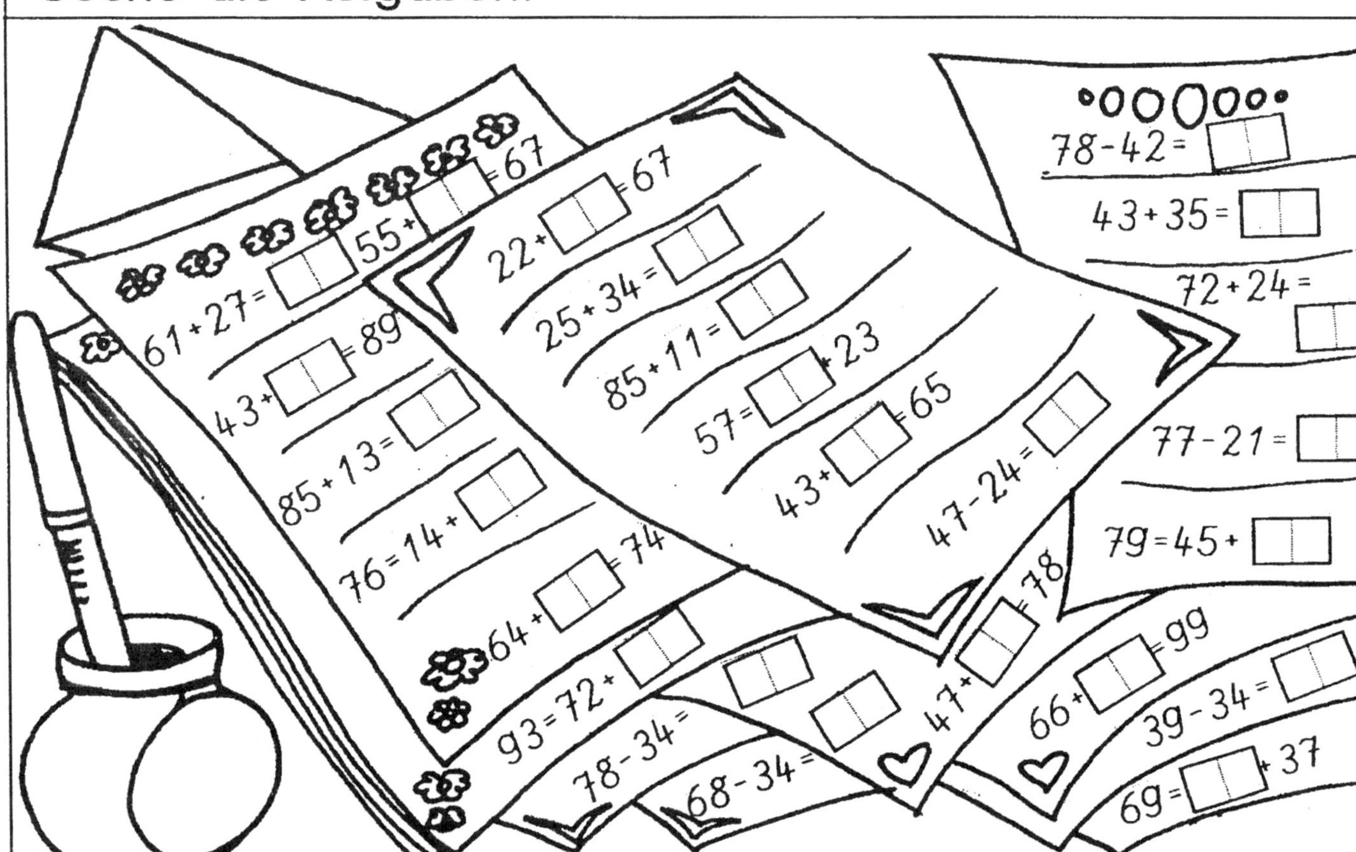

Die Einer machen den nächsten Zehner voll!

100

Sonderfälle 1
ZE + E = Z

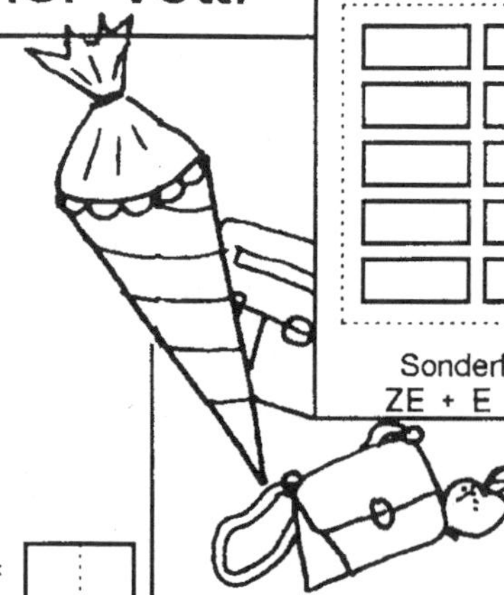

43 + 7 =	56 + 4 =	31 + 9 =	
62 + 8 =	25 + 5 =	77 + 3 =	94 + 6 =

Fülle den nächsten Zehner auf!

71 + 9 =	27 + 3 =	39 + 1 =	46 + 4 =
82 + 8 =	45 + 5 =	67 + 3 =	54 + 6 =

Wird der nächste Zehner voll?

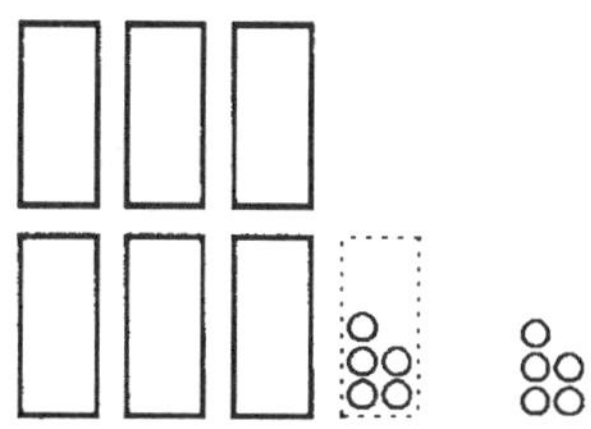

65 + 5 = ☐

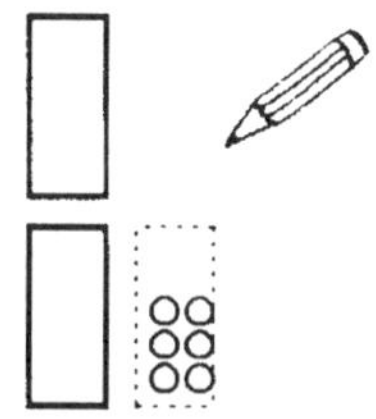

26 + 4 = ☐

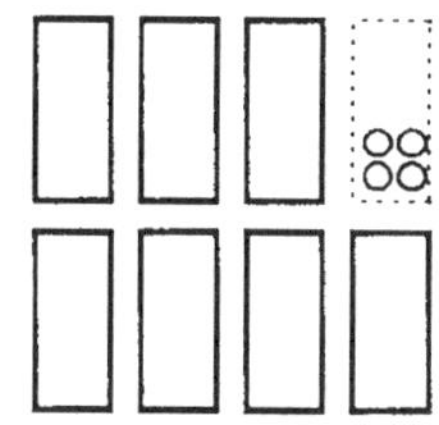

74 + 6 = ☐

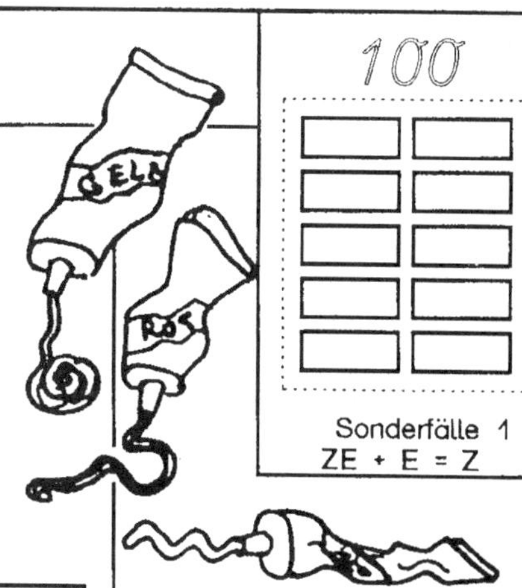

Sonderfälle 1
ZE + E = Z

52 + 8 = ☐	31 + 38 = ☐	61 + 24 = ☐	72 + 24 = ☐	54 + 32 = ☐
73 + 7 = ☐	23 + 7 = ☐	61 + 9 = ☐	47 + 42 = ☐	36 + 4 = ☐
35 + 43 = ☐	42 + 8 = ☐	25 + 44 = ☐	55 + 5 = ☐	23 + 56 = ☐
41 + 9 = ☐	81 + 9 = ☐	26 + 72 = ☐	41 + 58 = ☐	36 + 62 = ☐
53 + 34 = ☐	11 + 81 = ☐	65 + 23 = ☐	74 + 13 = ☐	98 + 2 = ☐
84 + 6 = ☐	63 + 24 = ☐	61 + 17 = ☐	24 + 6 = ☐	48 + 31 = ☐

Rechne!

28 + 2 = ☐	69 + 1 = ☐	42 + 33 = ☐	37 + 3 = ☐	63 + 15 = ☐
7 + 8 = ☐	41 + 7 = ☐	78 + 2 = ☐	27 + 61 = ☐	88 + 2 = ☐
35 + 23 = ☐	85 + 5 = ☐	38 + 2 = ☐	87 + 3 = ☐	78 + 21 = ☐
75 + 23 = ☐	18 + 31 = ☐	45 + 31 = ☐	74 + 12 = ☐	41 + 9 = ☐
63 + 7 = ☐	22 + 64 = ☐	26 + 42 = ☐	91 + 9 = ☐	62 + 26 = ☐
54 + 25 = ☐	91 + 6 = ☐	86 + 4 = ☐	21 + 61 = ☐	66 + 11 = ☐
57 + 31 = ☐	74 + 25 = ☐	16 + 9 = ☐	61 + 33 = ☐	85 + 5 = ☐
34 + 6 = ☐	79 + 1 = ☐	67 + 3 = ☐	95 + 5 = ☐	99 + 1 = ☐
56 + 4 = ☐	43 + 51 = ☐	43 + 7 = ☐	24 + 2 = ☐	54 + 24 = ☐
16 + 3 = ☐	97 + 3 = ☐	14 + 53 = ☐	89 + 1 = ☐	28 + 11 = ☐
86 + 11 = ☐	58 + 2 = ☐	43 + 23 = ☐	9 + 2 = ☐	50 + 49 = ☐
83 + 7 = ☐	38 + 31 = ☐	12 + 5 = ☐	72 + 21 = ☐	31 + 10 = ☐

100

Sonderfälle 1
Z - E

Der letzte Zehner wird aufgemacht!

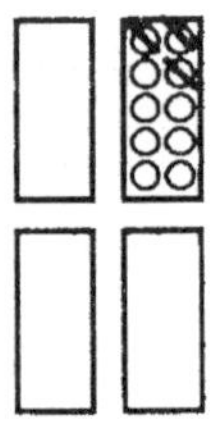

40 - 3 = ☐

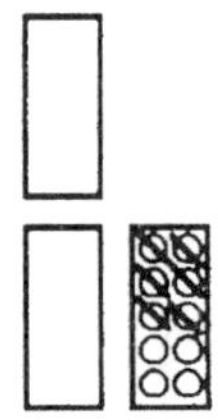

30 - 6 = ☐

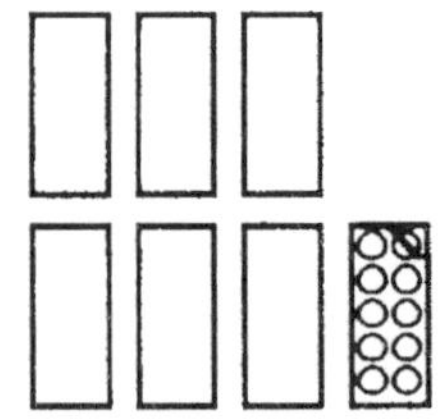

70 - 1 = ☐

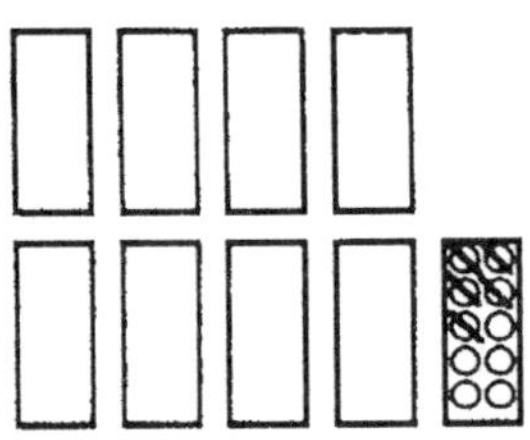

90 - 5 = ☐

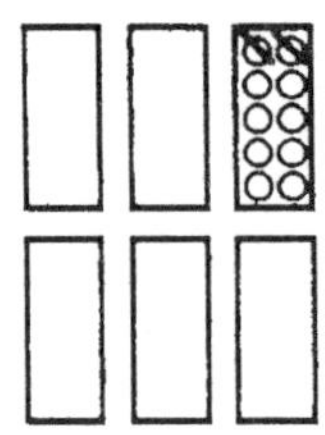

60 - 2 = ☐

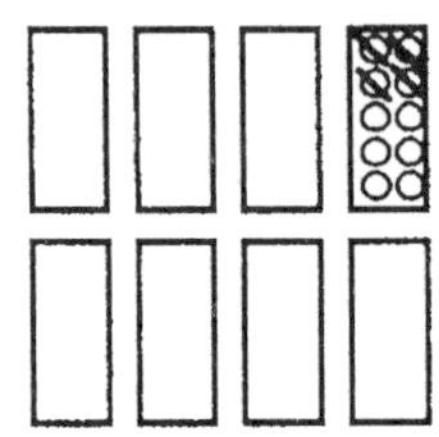

80 - 4 = ☐

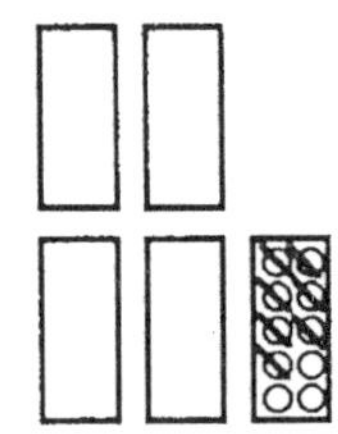

50 - 7 = ☐

Mache eine Zehnerschachtel auf!

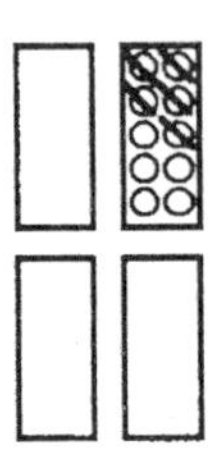

40 - 5 = ☐

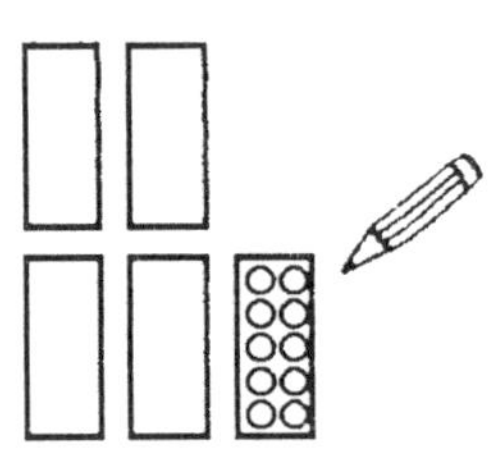

50 - 8 = ☐

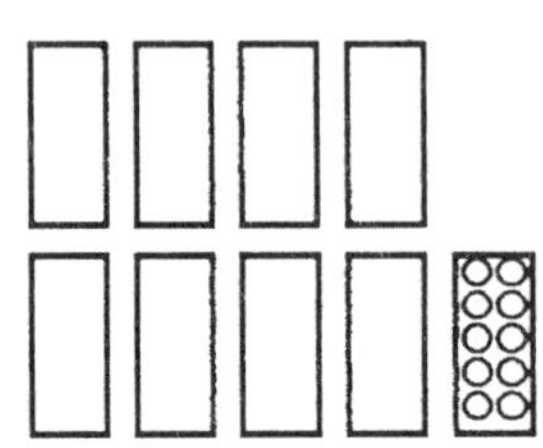

90 - 6 = ☐

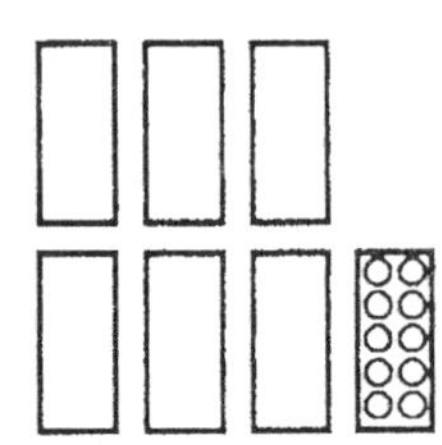

70 - 2 = ☐

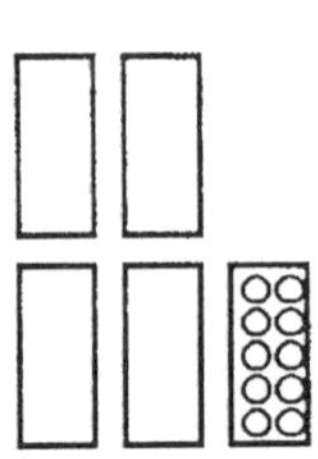

50 - 2 = ☐

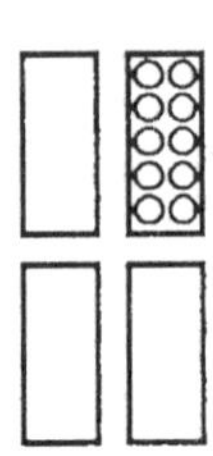

40 - 1 = ☐

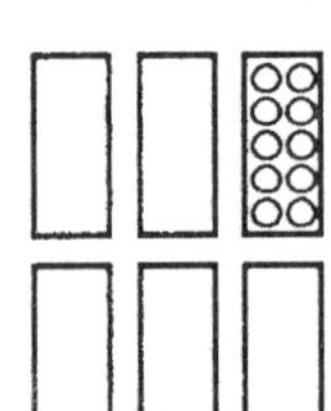

60 - 3 = ☐

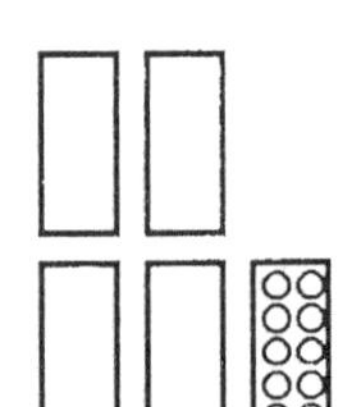

50 - 9 = ☐

Wird der letzte Zehner aufgemacht?

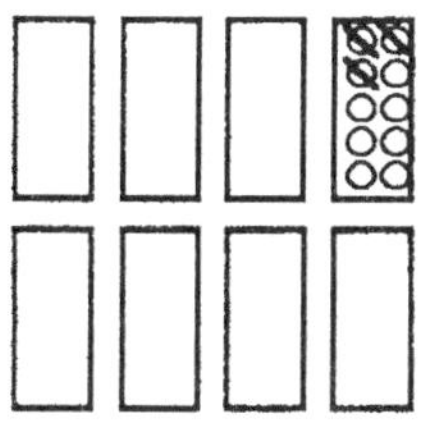

80 - 3 =

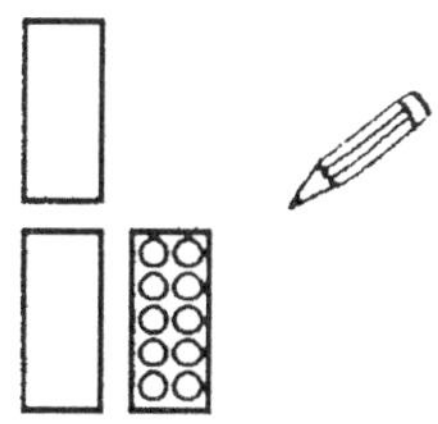

30 - 5 =

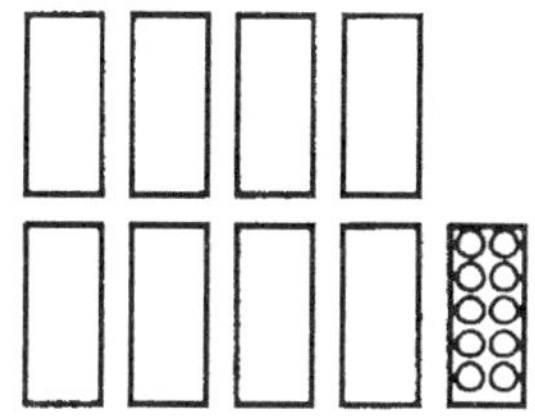

90 - 7 =

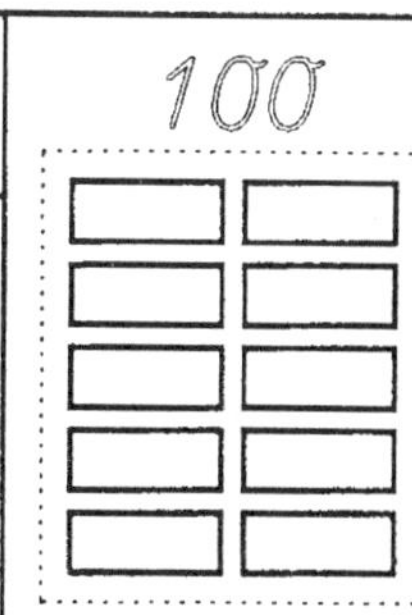

Sonderfälle 1
Z - E

40 - 4 =	78 - 41 =	44 - 31 =	45 - 34 =	59 - 35 =
37 - 13 =	90 - 3 =	98 - 73 =	30 - 7 =	20 - 8 =
30 - 2 =	89 - 52 =	50 - 3 =	35 - 31 =	79 57 =
66 - 42 =	60 - 8 =	38 - 22 =	75 - 41 =	70 - 7 =
80 - 6 =	99 - 64 =	56 - 55 =	60 - 4 =	48 - 35 =
50 - 5 =	40 - 9 =	100 - 1 =	76 - 51 =	84 - 34 =

Wo musst du eine Schachtel öffnen?

90 - 4 =	92 - 51 =	40 - 6 =	79 - 34 =	50 - 4 =
50 - 40 =	30 - 3 =	80 - 5 =	70 - 4	29 - 18 =
66 - 23 =	30 - 9 =	67 - 42 =	90 - 8 =	12 - 4 =
58 - 35 =	68 - 42 =	68 - 27 =	40 - 7 =	76 - 32 =
91 - 41 =	75 - 34 =	86 - 41 =	89 - 57 =	88 - 23 =
100 - 6 =	60 - 20 =	100 - 4 =	80 - 30 =	60 - 7 =

57 - 21 =	50 - 5 =	90 - 2 =	60 - 8 =	85 - 12 =
30 - 2 =	77 - 12 =	50 - 6 =	45 - 24 =	70 - 6 =
30 - 4 =	45 - 21 =	43 - 21 =	80 - 3 =	54 - 33 =
16 - 9 =	40 - 8 =	94 - 43 =	60 - 5 =	28 - 14 =
90 - 40 =	48 - 21 =	43 - 21 =	32 - 11 =	44 - 42 =
83 - 13 =	38 - 25 =	80 - 7 =	72 - 51 =	70 - 10 =

Was passiert?

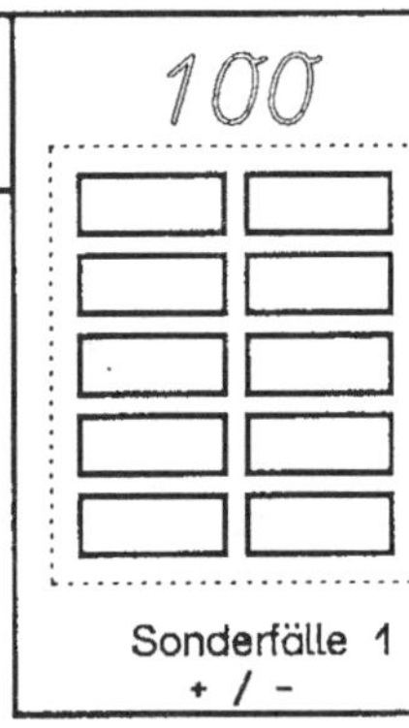

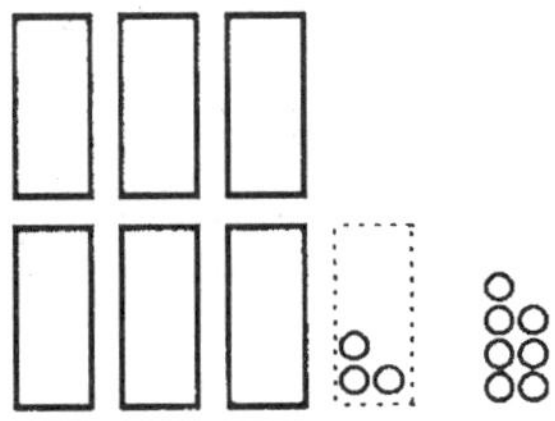

63 + 7 = ☐

50 − 4 = ☐

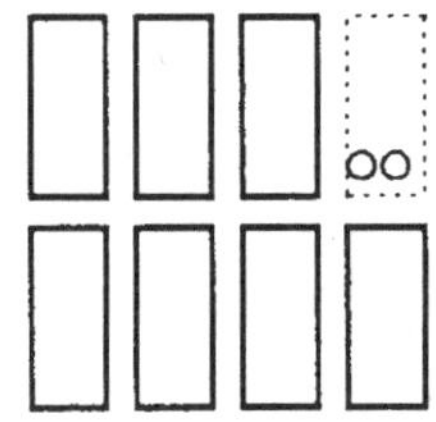

72 + 8 = ☐

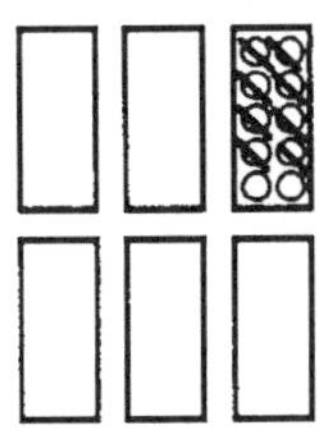

60 − 8 = ☐

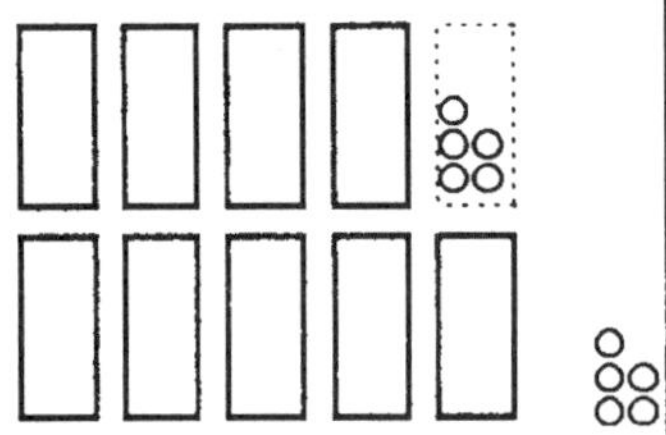

95 + 5 = ☐

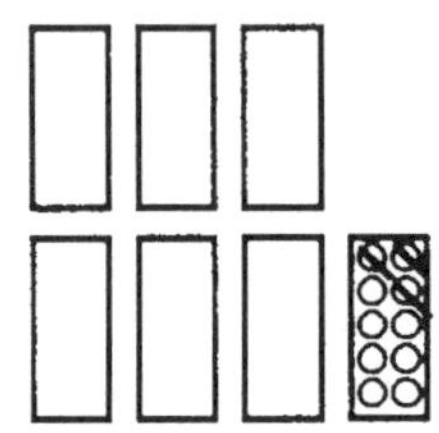

70 − 3 = ☐

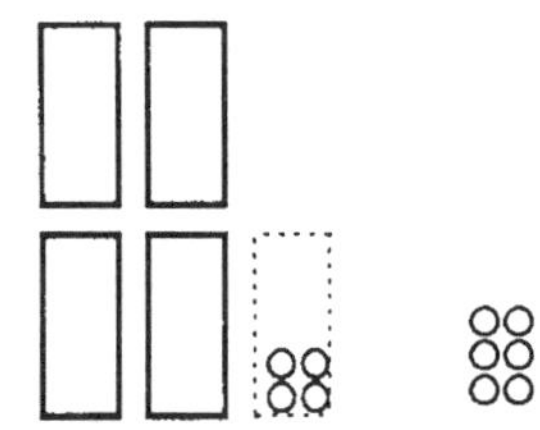

44 + 6 = ☐

Achte auf den letzten Zehner!

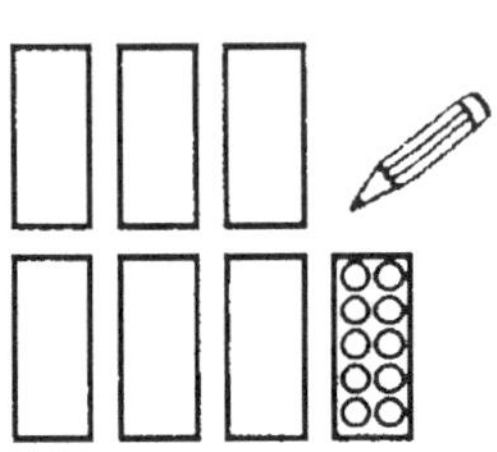

70 − 5 = ☐

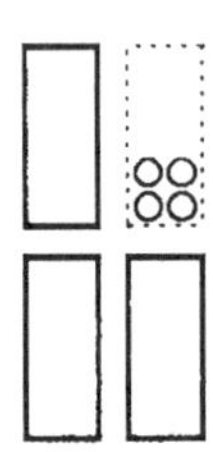

34 + 6 = ☐

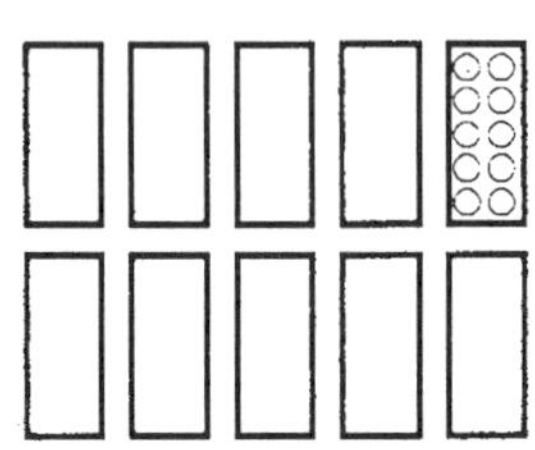

100 − 9 = ☐

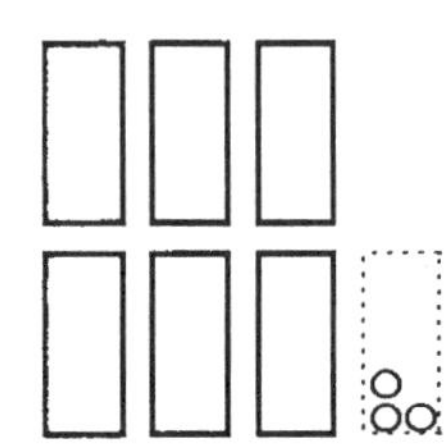

63 + 7 = ☐

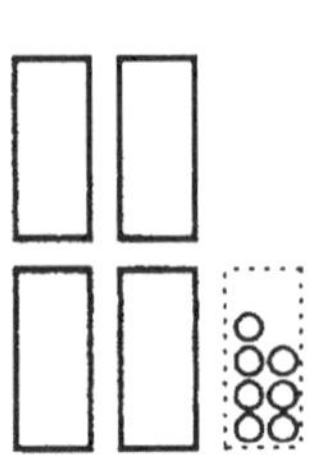

47 + 3 = ☐

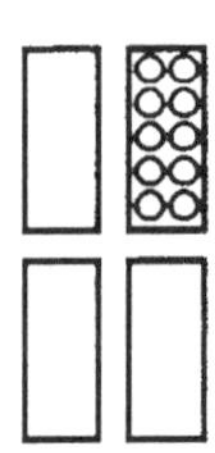

40 − 6 = ☐

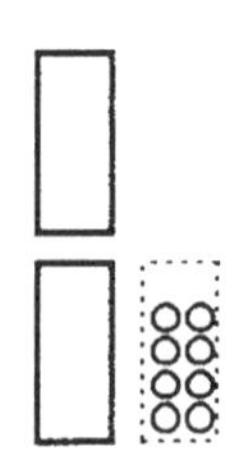

28 + 2 = ☐

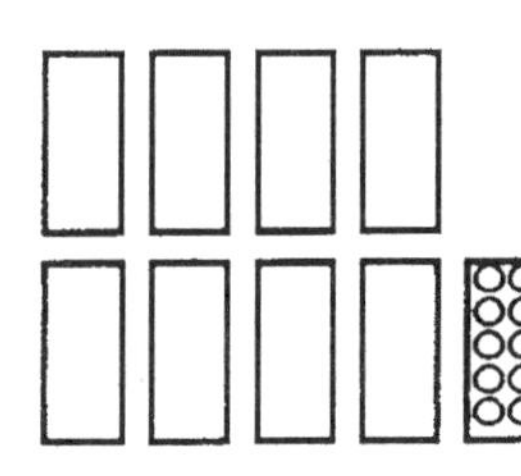

90 − 8 = ☐

Male die Rechnung!

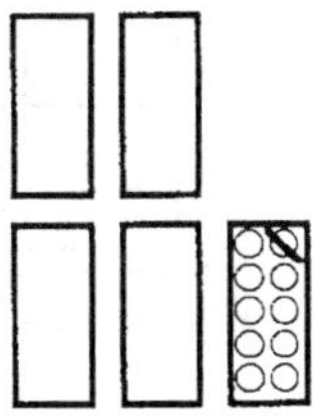

50 - 1 = ☐

57 - 45 = ☐

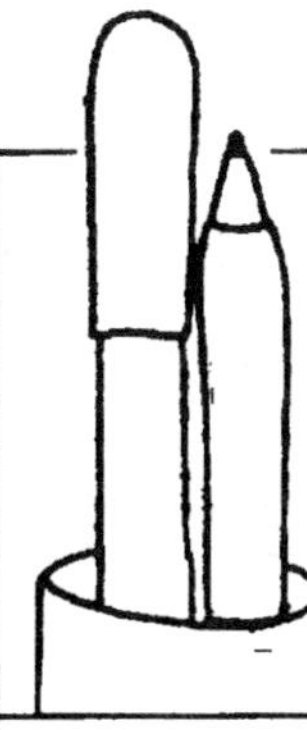

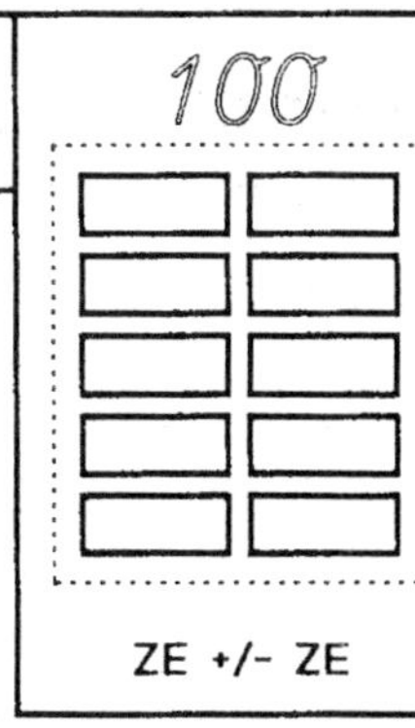

16 + 73 = ☐

32 + 64 = ☐

33 + 62 = ☐

84 - 32 = ☐

76 - 14 = ☐

27 + 51 = ☐

Wie heißt die Rechnung?

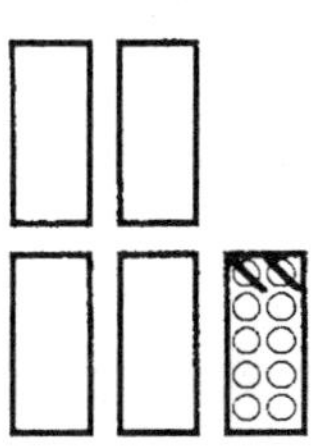

50 ⊖ 2 ⊜ ☐

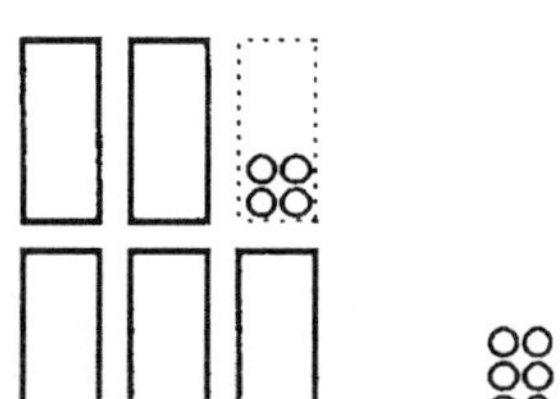

☐ ○ ☐ ○ ☐

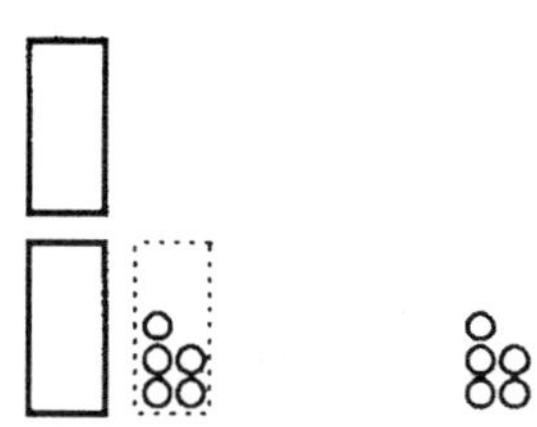

☐ ○ ☐ ○ ☐

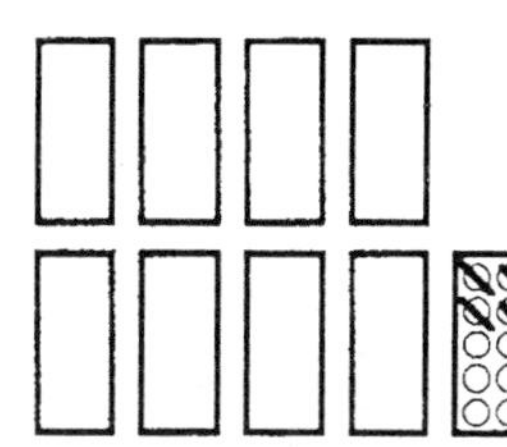

☐ ○ ☐ ○ ☐

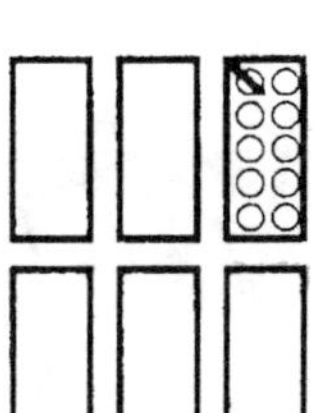

☐ ○ ☐ ○ ☐

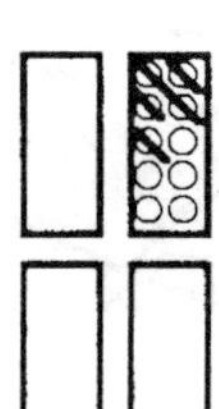

☐ ○ ☐ ○ ☐

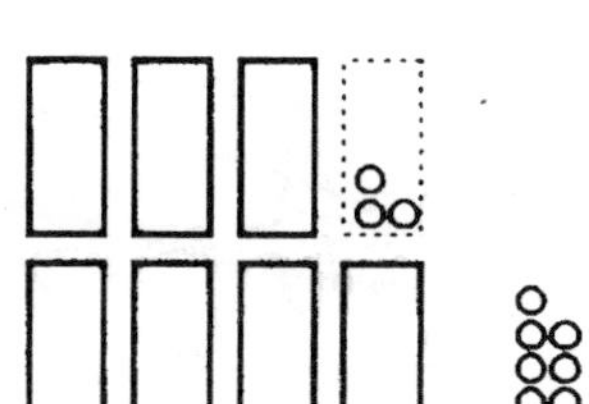

☐ ○ ☐ ○ ☐

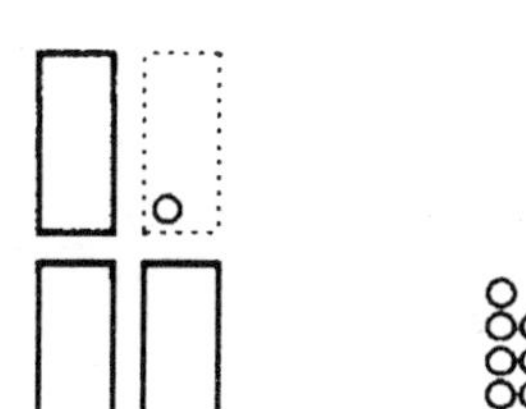

☐ ○ ☐ ○ ☐

Hier mußt du gut aufpassen!

100

+/-
gemischte Aufgaben

75 - 5 =	95 - 40 =	42 + 5 =	40 + 20 =
51 + 9 =	49 - 4 =	44 + 25 =	60 - 6 =
52 - 1 =	33 + 7 =	34 - 12 =	30 + 40 =
7 + 9 =	41 + 20 =	60 - 10 =	69 - 51 =
48 - 3 =	6 + 7 =	4 + 8 =	50 + 10 =
65 + 20 =	70 - 20 =	40 - 30 =	79 - 43 =

26 + 1 =	98 - 71 =	47 + 3 =	40 + 20 =	82 - 1 =
57 + 10 =	64 + 24 =	59 - 20 =	32 + 53 =	95 - 30 =
58 - 36 =	87 + 10 =	40 - 2 =	80 + 20 =	71 + 24 =
14 - 7 =	83 - 40 =	35 + 5 =	12 - 3 =	46 + 1 =
80 - 2 =	71 + 5 =	80 - 60 =	88 - 8 =	15 - 8 =
5 + 6 =	13 - 6 =	64 + 31 =	83 - 3 =	48 + 2 =

Rechne und male aus!

48 + 2 =	26 + 4 =	40 + 5 =	81 - 1 =	96 - 71 =
59 - 10 =	55 + 10 =	32 + 8 =	95 - 30 =	64 + 23 =
70 - 3 =	57 - 36 =	80 + 10 =	91 + 9 =	37 + 10 =
65 + 5 =	13 - 7 =	11 - 3 =	43 + 7 =	83 - 20 =
90 - 60 =	40 - 2 =	87 - 7 =	11 - 8 =	71 + 9 =
24 + 31 =	7 + 6 =	80 - 9 =	38 + 2 =	60 - 6 =

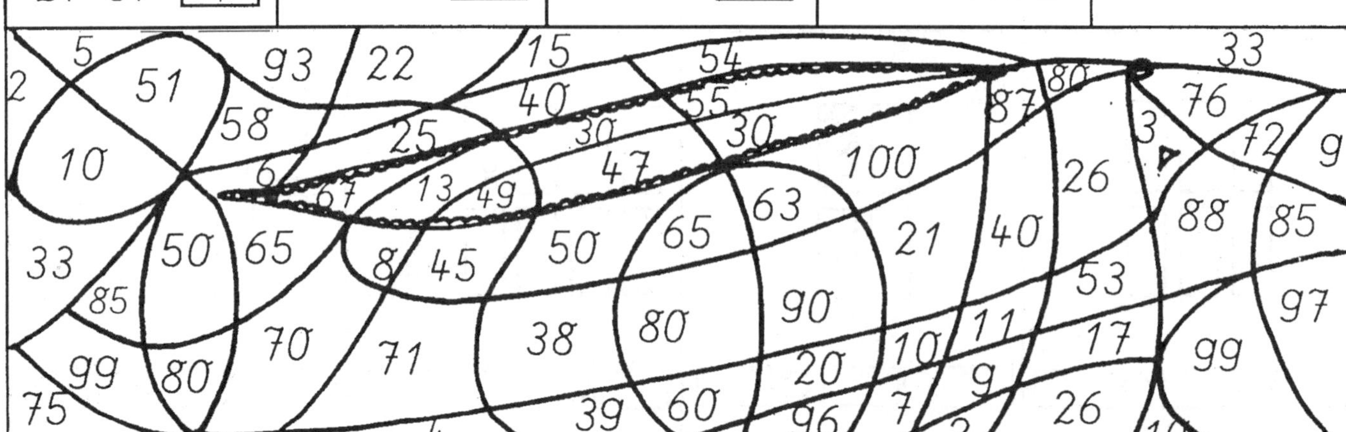

Vorsicht!

100
+/-
gemischte Aufgaben

25 - 23 =	9 + 9 =	54 - 21 =	62 + 35 =	
30 - 1 =	22 + 8 =	20 + 40 =	8 + 4 =	
43 + 34 =	85 - 2 =	14 - 8 =	31 + 30 =	
76 + 20 =	80 - 8 =	36 + 40 =	79 - 46 =	
51 + 4 =	53 + 32 =	70 - 40 =	16 - 9 =	43 + 20 =
39 - 10 =	84 - 20 =	64 + 6 =	100 - 5 =	100 - 7 =

66 + 4 =	59 - 30 =	70 - 3 =	60 + 40 =	54 - 1 =
21 + 63 =	6 + 7 =	43 - 3 =	55 + 1 =	52 + 30 =
69 - 42 =	21 + 9 =	72 + 8 =	7 + 9 =	60 - 30 =
13 - 6 =	68 - 23 =	76 + 0 =	90 - 2 =	36 + 22 =
53 + 2 =	22 + 51 =	51 + 10 =	74 - 53 =	18 - 9 =
20 - 10 =	68 - 3 =	16 - 9 =	54 - 40 =	68 + 2 =

Für Kinder mit Adleraugen!

28 + 50 =	69 - 30 =	42 - 20 =	37 + 60 =	96 + 4 =
32 + 8 =	90 - 40 =	75 + 5 =	60 - 9 =	88 - 4 =
35 - 2 =	85 - 20 =	38 - 5 =	87 + 1 =	30 + 40 =
50 - 1 =	18 + 1 =	45 + 13 =	15 - 7 =	4 + 9 =
62 + 32 =	14 - 6 =	5 + 8 =	55 - 32 =	60 - 40 =
54 - 10 =	91 - 31 =	63 - 42 =	8 + 8 =	100 - 8 =

67 + 10 =	74 + 22 =	55 + 10 =	61 + 25 =	97 + 3 =
25 + 1 =	79 - 5 =	17 - 9 =	15 - 8 =	95 - 5 =
56 - 21 =	60 + 40 =	43 + 4 =	24 + 5 =	54 - 22 =
16 - 8 =	50 - 50 =	90 - 30 =	70 - 8 =	80 - 1 =
80 - 9 =	16 + 60 =	43 - 40 =	9 + 7 =	30 + 20 =
83 + 12 =	59 + 1 =	100 - 20 =	20 - 7 =	90 - 1 =

Sachaufgaben

100

Sonderfälle 1
Z - E

Gisela hat in ihrer Schultasche 33 Buntstifte. Oma kauft ihr im Geschäft 7 Leuchtstifte dazu.

Wir fragen: ______________________________

Wir rechnen: ☐ ○ ☐ ○ ☐

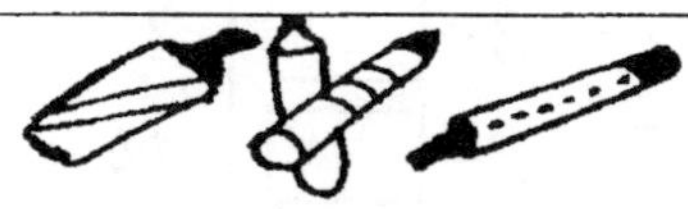

Wir antworten: ______________________________

Lisa und Johannes gehen in den Schreibwarenladen. Lisa kauft 21 Sticker, Johannes 9 Sticker zum Tasten.

Wir fragen: ______________________________

Wir rechnen: ☐ ○ ☐ ○ ☐

Wir antworten: ______________________________

Klaus kauft sich einen Maus-Block mit 90 Blättern. Er verwendet gleich 3 Zettel.

Wir fragen: ______________________________

Wir rechnen: ☐ ○ ☐ ○ ☐

Wir antworten: ______________________________

Fabian hat sich 30 Bögen Buntpapier gekauft. Auf dem Weg nach Hause fallen ihm 2 Bögen in eine Pfütze.

Wir fragen: ______________________________

Wir rechnen: ☐ ○ ☐ ○ ☐

Wir antworten: ______________________________

Jan kauft im Sonderangebot 50 Eisschirmchen. Für seine Geburtstagsfeier braucht er 8 Stück.

Wir fragen: ______________________________

Wir rechnen: ☐ ○ ☐ ○ ☐

Wir antworten: ______________________________

Jm Auftrag der Lehrerin kauft Pia 42 Bögen schwarzes Tonpapier und 8 Bögen Goldpapier..

Wir fragen: ______________________________

Wir rechnen: ☐ ○ ☐ ○ ☐

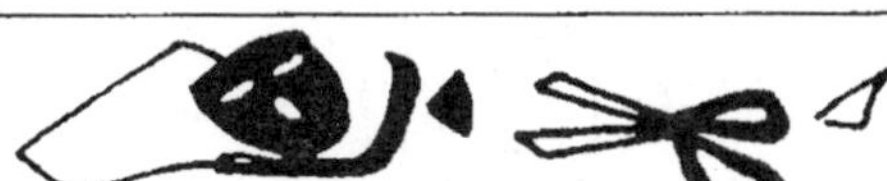

Wir antworten: ______________________________

Alles was du kannst!

100

+/-/ gemischte Aufgaben

95 = 92 + ☐	85 = 43 + ☐	78 = 52 + ☐	54 + ☐ = 96	
68 - 43 = ☐	89 + 1 = ☐	40 + 1 = ☐	21 + ☐ = 81	
62 + 37 = ☐	62 + 3 = ☐	69 = ☐ + 24	40 + ☐ = 48	
76 - 20 = ☐	45 + ☐ = 75	30 + ☐ = 80	70 = ☐ + 40	
30 + ☐ = 70	7 + 5 = ☐	70 - 9 = ☐	47 + 10 = ☐	76 = 26 + ☐
80 + ☐ = 89	46 - 22 = ☐	99 + 1 = ☐	76 - 6 = ☐	57 + 3 = ☐
88 - 3 = ☐	100 - 2 = ☐	66 + ☐ = 96	100 - 3 = ☐	76 = 75 + ☐
35 + ☐ = 37	44 + 23 = ☐	70 + ☐ = 71	60 + 5 = ☐	67 - 3 = ☐
53 + 30 = ☐	88 = ☐ + 48	16 + ☐ = 19	25 + 0 = ☐	42 + 46 = ☐
90 - 9 = ☐	65 + ☐ = 87	75 = ☐ + 42	81 + ☐ = 88	56 - 25 = ☐
73 = 53 + ☐	59 - 10 = ☐	73 + 2 = ☐	75 = 71 + ☐	46 + ☐ = 49
24 + 50 = ☐	76 + 4 = ☐	12 - 8 = ☐	86 - 40 = ☐	61 + ☐ = 87

Findest du die Lösung?

54 + ☐ = 68	78 = 65 + ☐	85 = 83 + ☐	95 = 34 + ☐	60 - 1 = ☐
22 + ☐ = 62	42 + 7 = ☐	35 + 10 = ☐	68 - 30 = ☐	35 + ☐ = 36
40 + ☐ = 60	69 = ☐ + 41	85 + 5 = ☐	62 + 5 = ☐	53 + 41 = ☐
56 = ☐ + 26	55 + ☐ = 95	45 + ☐ = 49	12 - 7 = ☐	100 - 9 = ☐
80 + 1 = ☐	38 - 4 = ☐	89 = 59 + ☐	10 + ☐ = 80	73 = 71 + ☐
76 - 70 = ☐	42 + 20 = ☐	46 - 2 = ☐	56 + ☐ = 88	24 + 6 = ☐

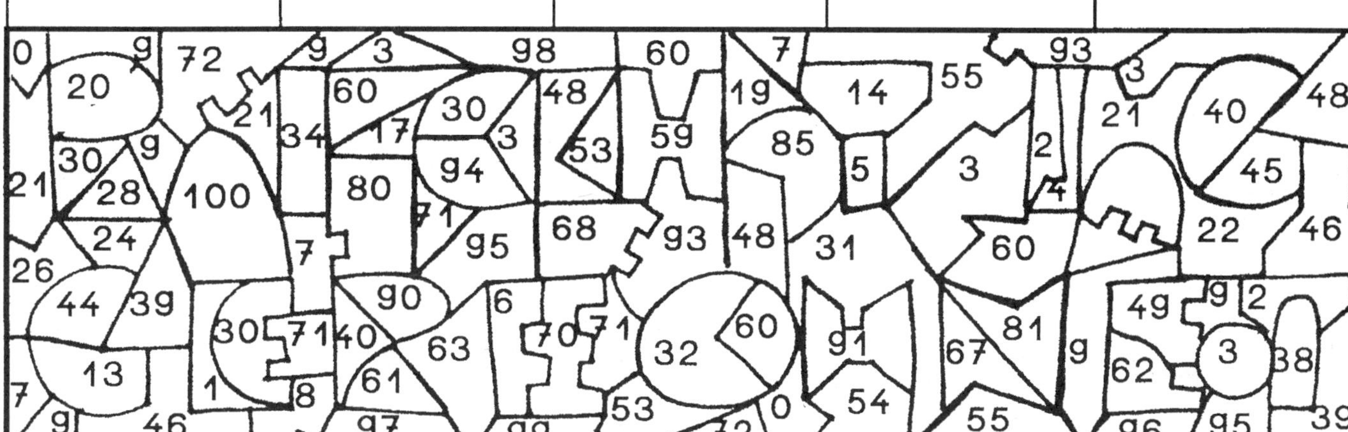

Das kannst du auch!

100
+/-/ gemischte Aufgaben

66 + ☐ = 68	78 = 48 + ☐	100 − 6 = ☐	76 = 16 + ☐	
70 + ☐ = 90	51 + 3 = ☐	44 + 10 = ☐	67 − 25 = ☐	
25 + ☐ = 85	90 = ☐ + 40	40 = ☐ + 10	43 + 40 = ☐	
75 = ☐ + 72	30 + ☐ = 70	65 + ☐ = 95	56 − 40 = ☐	
40 + 10 = ☐	70 − 4 = ☐	59 − 3 = ☐	46 + ☐ = 69	76 = 11 + ☐
99 − 70 = ☐	76 + 23 = ☐	44 + 6 = ☐	8 + ☐ = 17	21 + 9 = ☐

85 = 31 + ☐	88 − 64 = ☐	95 = 35 + ☐	100 − 9 = ☐	76 = 73 + ☐
7 + 9 = ☐	60 + ☐ = 61	16 − 9 = ☐	19 + 1 = ☐	67 − 1 = ☐
50 + 1 = ☐	29 + 1 = ☐	62 + 2 = ☐	25 + 5 = ☐	42 + 32 = ☐
45 + ☐ = 58	14 − 6 = ☐	76 − 31 = ☐	81 + ☐ = 87	12 − 12 = ☐
60 + 1 = ☐	60 = 40 + ☐	70 + ☐ = 78	11 = 9 + ☐	56 + ☐ = 76
60 − 50 = ☐	90 + 1 = ☐	63 + ☐ = 89	13 − 6 = ☐	61 + ☐ = 99

Aufgabensalat!

54 + ☐ = 57	78 = 14 + ☐	85 = 23 + ☐	95 = 54 + ☐	60 − 7 = ☐
20 + ☐ = 50	42 + 3 = ☐	35 + 5 = ☐	68 − 2 = ☐	35 + ☐ = 97
71 + ☐ = 86	69 = ☐ + 67	9 + 9 = ☐	62 + 30 = ☐	2 + 9 = ☐
56 = ☐ + 46	80 + ☐ = 81	45 + ☐ = 88	80 − 7 = ☐	100 − 30 = ☐
14 + 5 = ☐	11 − 9 = ☐	89 = 43 + ☐	30 + ☐ = 80	73 = 21 + ☐
13 − 7 = ☐	42 + 34 = ☐	46 − 10 = ☐	56 + ☐ = 99	11 + 8 = ☐

78 = 58 + ☐	64 + ☐ = 84	7 − 5 = ☐	95 = 91 + ☐	93 = 21 + ☐
8 + 5 = ☐	21 + ☐ = 31	35 + ☐ = 45	67 − 51 = ☐	70 + 9 = ☐
14 = ☐ + 7	42 + ☐ = 76	75 + 21 = ☐	30 + 20 = ☐	25 + 40 = ☐
67 + ☐ = 79	80 = ☐ + 10	83 − 50 = ☐	76 − 2 = ☐	40 + ☐ = 45
17 − 9 = ☐	9 + 3 = ☐	87 = 47 + ☐	56 + ☐ = 96	75 = 55 + ☐
86 + 3 = ☐	50 − 5 = ☐	23 + 7 = ☐	46 + ☐ = 47	12 − 6 = ☐

Süßigkeiten: Wir springen über den Zehner!

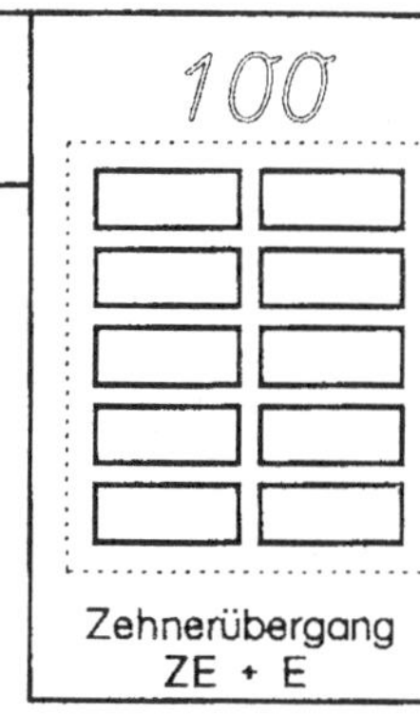

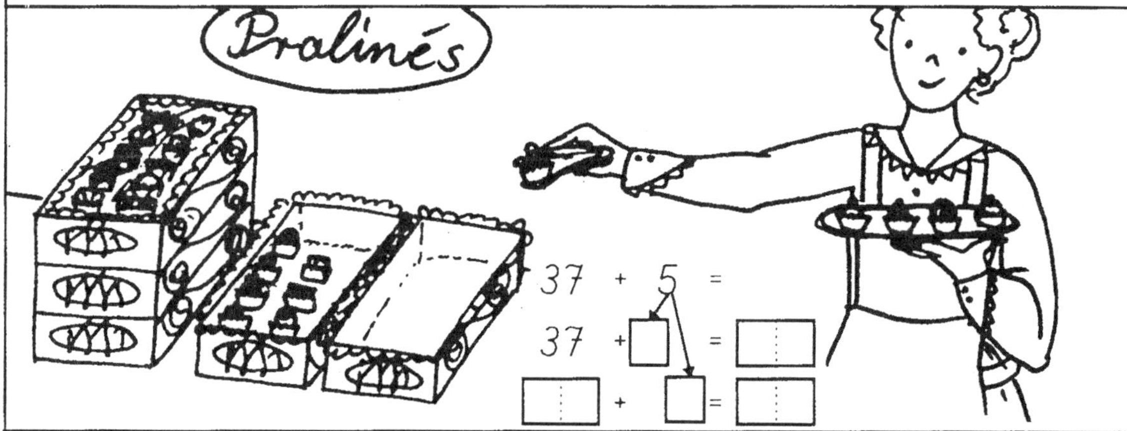

37 + 5 =
37 + ☐ = ☐
☐ + ☐ = ☐

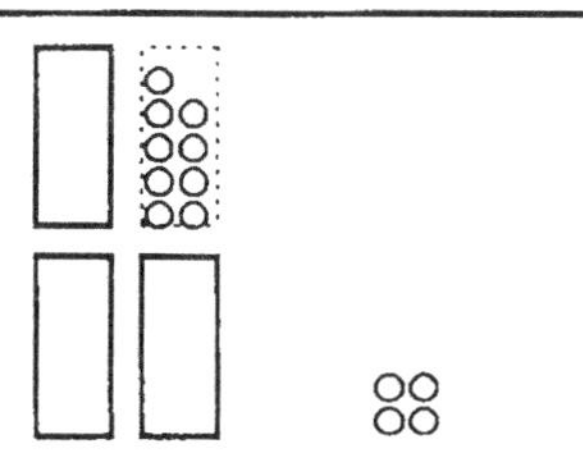

39 + 4 =
39 + ☐ = ☐
☐ + ☐ = ☐

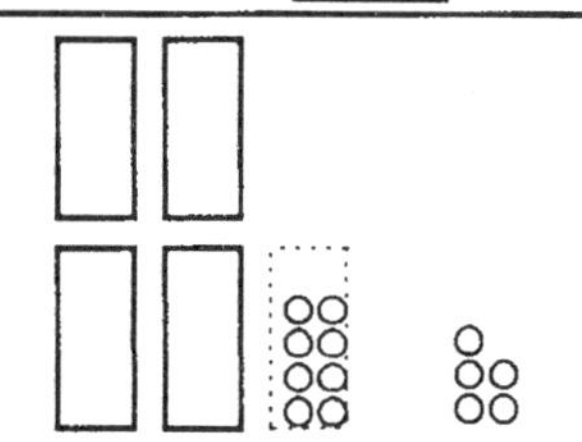

48 + 5 =
48 + ☐ = ☐
☐ + ☐ = ☐

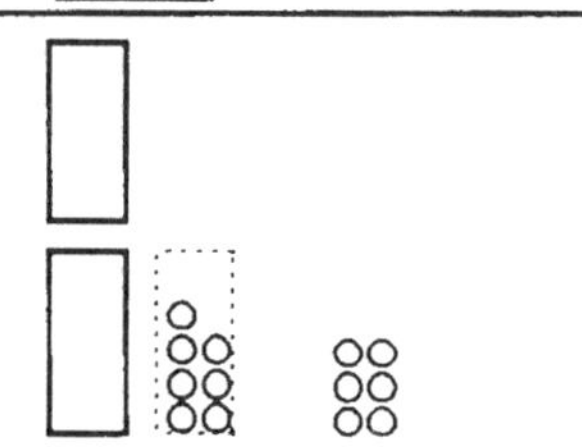

27 + 6 =
27 + ☐ = ☐
☐ + ☐ = ☐

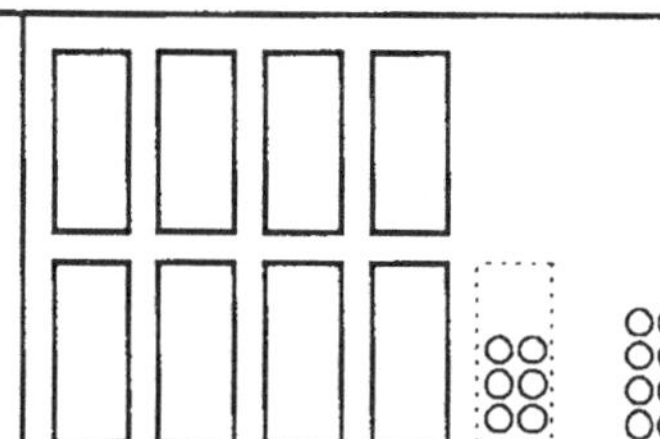

86 + 8 =
86 + ☐ = ☐
☐ + ☐ = ☐

Male die Einer dazu und rechne!

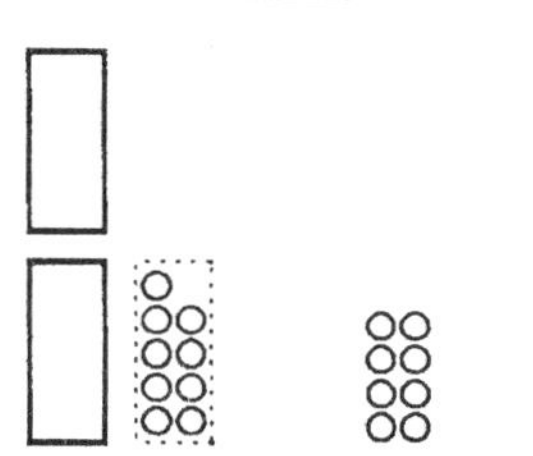

29 + 8 =
29 + ☐ = ☐
☐ + ☐ = ☐

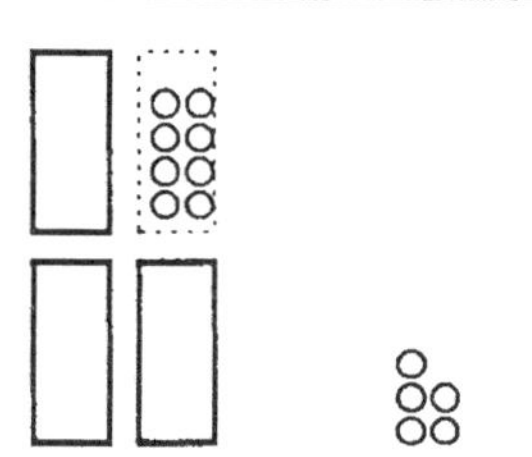

38 + 5 =
38 + ☐ = ☐
☐ + ☐ = ☐

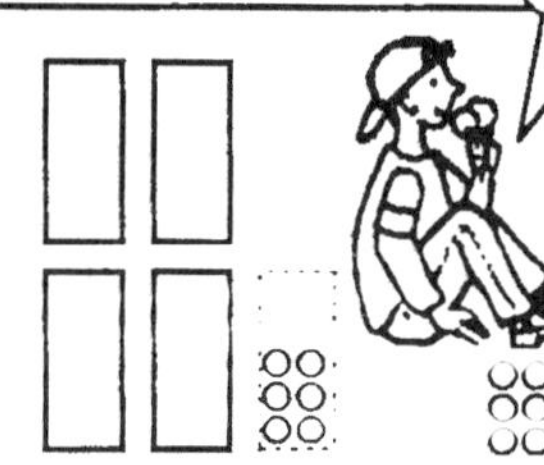

46 + 6 =
46 + ☐ = ☐
☐ + ☐ = ☐

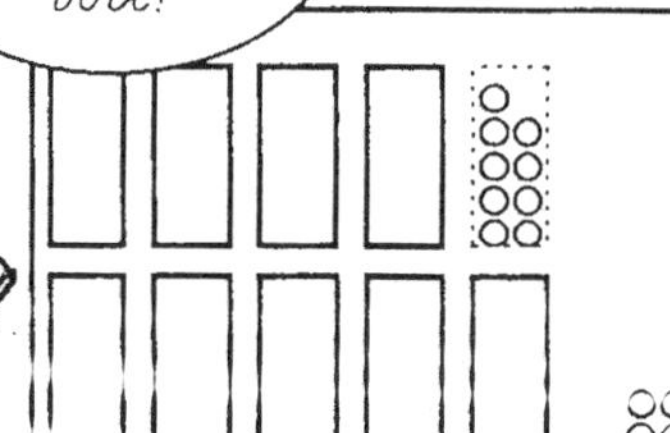

89 + 4 =
89 + ☐ = ☐
☐ + ☐ = ☐

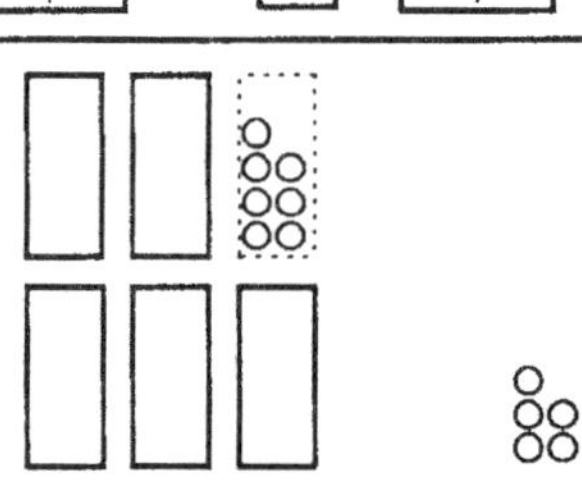

57 + 5 =
57 + ☐ = ☐
☐ + ☐ = ☐

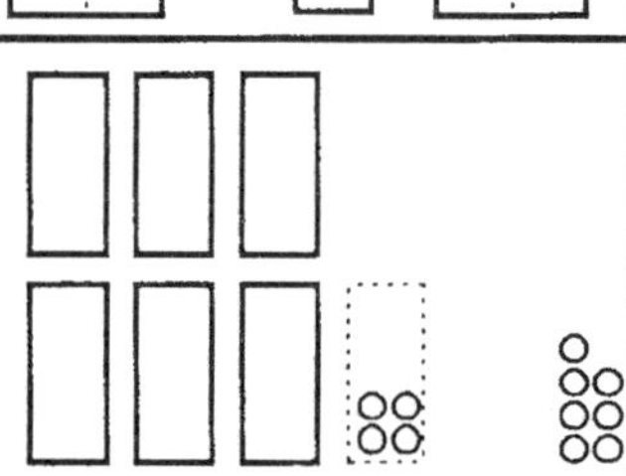

64 + 7 =
64 + ☐ = ☐
☐ + ☐ = ☐

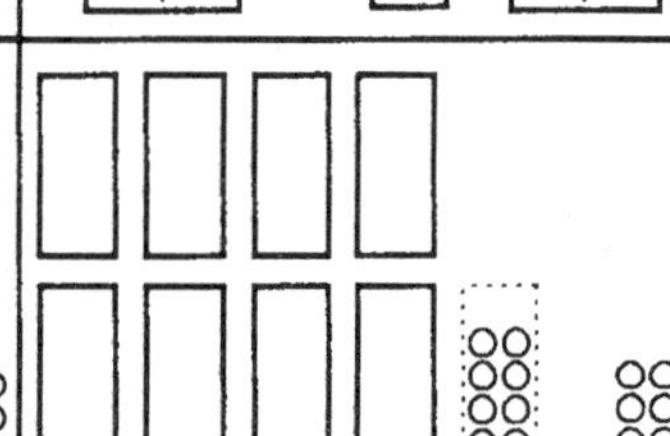

88 + 6 =
88 + ☐ = ☐
☐ + ☐ = ☐

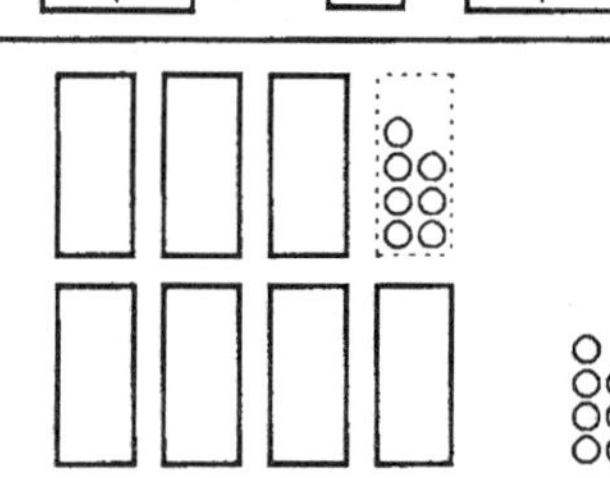

77 + 7 =
77 + ☐ = ☐
☐ + ☐ = ☐

Male und rechne!

100

Zehnerübergang
ZE + E

83 + 9 =
83 + ☐ = ☐
☐ + ☐ = ☐

79 + 4 =
79 + ☐ = ☐
☐ + ☐ = ☐

37 + 5 =
37 + ☐ = ☐
☐ + ☐ = ☐

28 + 6 =
28 + ☐ = ☐
☐ + ☐ = ☐

67 + 8 =
67 + ☐ = ☐
☐ + ☐ = ☐

45 + 6 =
45 + ☐ = ☐
☐ + ☐ = ☐

56 + 5 =
56 + ☐ = ☐
☐ + ☐ = ☐

Male die Rechnung!

33 + 8 =
33 + ☐ = ☐
☐ + ☐ = ☐

58 + 7 =
58 + ☐ = ☐
☐ + ☐ = ☐

87 + 6 =
87 + ☐ = ☐
☐ + ☐ = ☐

66 + 8 =
66 + ☐ = ☐
☐ + ☐ = ☐

74 + 7 =
74 + ☐ = ☐
☐ + ☐ = ☐

57 + 8 =
57 + ☐ = ☐
☐ + ☐ = ☐

48 + 6 =
48 + ☐ = ☐
☐ + ☐ = ☐

28 + 9 =
28 + ☐ = ☐
☐ + ☐ = ☐

Fülle den letzten Zehner auf!

100

Zehnerübergang
ZE + E

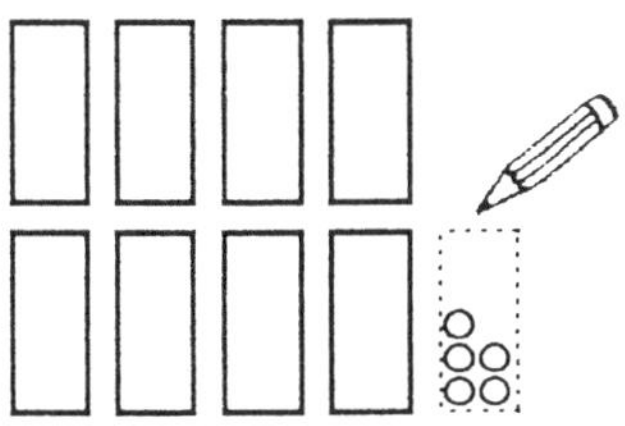

85 + 7 =
85 + ☐ = ☐
☐ + ☐ = ☐

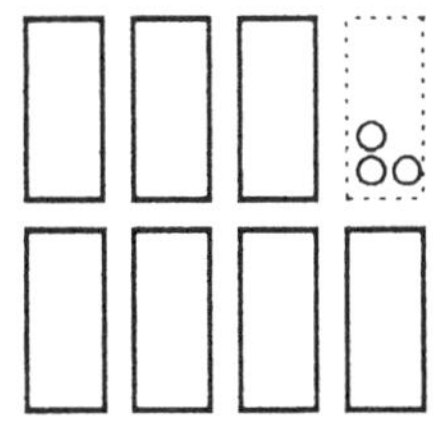

73 + 9 =
73 + ☐ = ☐
☐ + ☐ = ☐

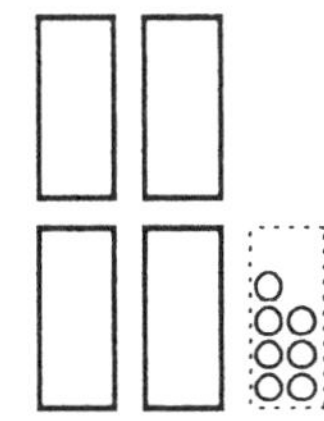

47 + 8 =
47 + ☐ = ☐
☐ + ☐ = ☐

35 + 8 =
35 + ☐ = ☐
☐ + ☐ = ☐

54 + 9 =
54 + ☐ = ☐
☐ + ☐ = ☐

84 + 8 =
84 + ☐ = ☐
☐ + ☐ = ☐

44 + 7 =
44 + ☐ = ☐
☐ + ☐ = ☐

57 + 6 =
57 + ☐ = ☐
☐ + ☐ = ☐

67 + 5 =
67 + ☐ = ☐
☐ + ☐ = ☐

45 + 9 =
45 + ☐ = ☐
☐ + ☐ = ☐

56 + 6 =
56 + ☐ = ☐
☐ + ☐ = ☐

Rechne in zwei Schritten!

25 + 7 =
25 + ☐ = ☐
☐ + ☐ = ☐

65 + 9 =
65 + ☐ = ☐
☐ + ☐ = ☐

59 + 8 =
59 + ☐ = ☐
☐ + ☐ = ☐

39 + 7 =
39 + ☐ = ☐
☐ + ☐ = ☐

75 + 6 =
75 + ☐ = ☐
☐ + ☐ = ☐

48 + 7 =
48 + ☐ = ☐
☐ + ☐ = ☐

65 + 6 =
65 + ☐ = ☐
☐ + ☐ = ☐

54 + 8 =
54 + ☐ = ☐
☐ + ☐ = ☐

36 + 9 =
36 + ☐ = ☐
☐ + ☐ = ☐

53 + 8 =
53 + ☐ = ☐
☐ + ☐ = ☐

76 + 5 =
76 + ☐ = ☐
☐ + ☐ = ☐

69 + 3 =
69 + ☐ = ☐
☐ + ☐ = ☐

74 + 8 =
74 + ☐ = ☐
☐ + ☐ = ☐

67 + 6 =
67 + ☐ = ☐
☐ + ☐ = ☐

38 + 4 =
38 + ☐ = ☐
☐ + ☐ = ☐

28 + 5 =
28 + ☐ = ☐
☐ + ☐ = ☐

Jetzt ohne Zwischenschritt!

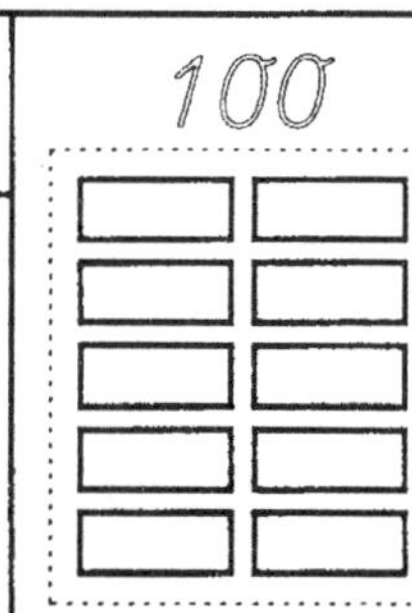

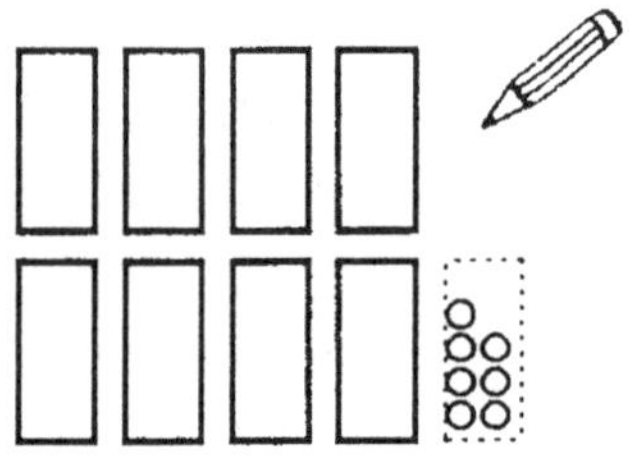 87 + 5 =	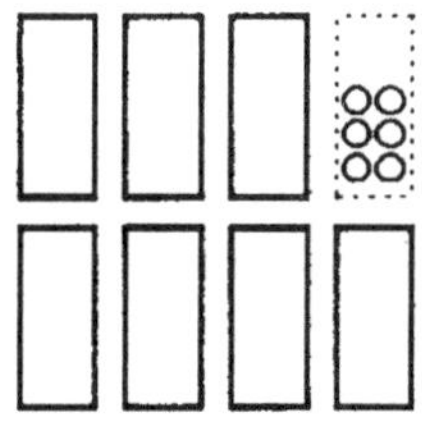 76 + 7 =	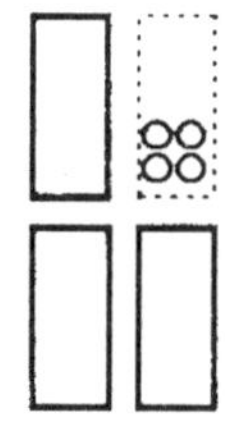 34 + 8 =	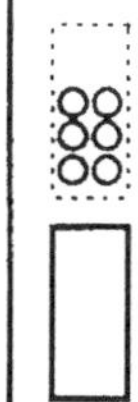 16 + 5 =
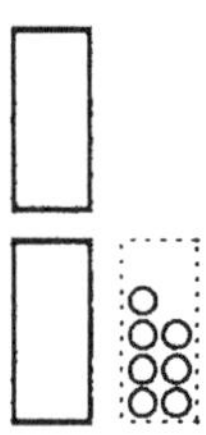 27 + 8 =	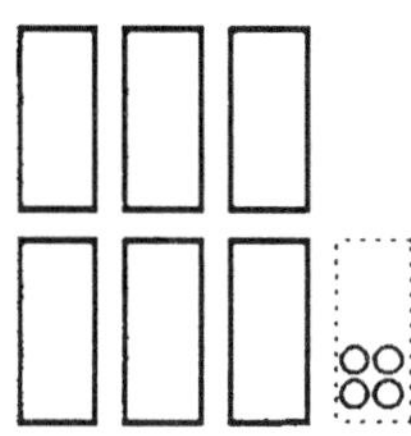 64 + 9 =	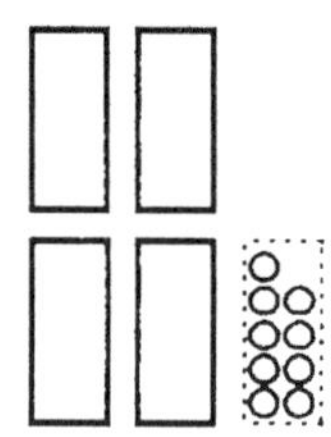 49 + 5 =	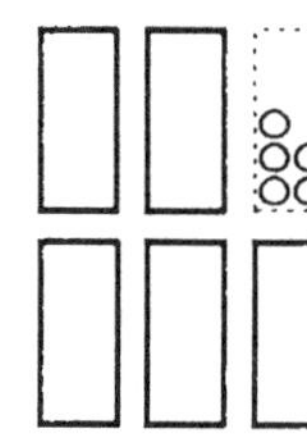 55 + 6 =

Wie heißt die Rechnung?

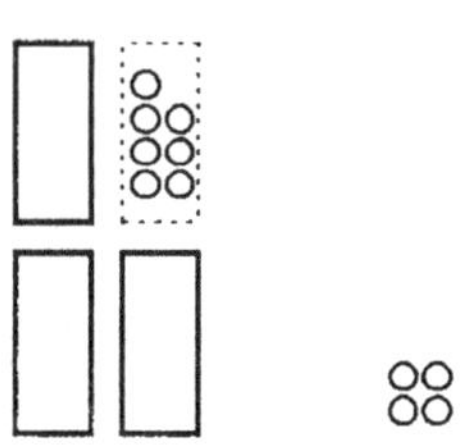 ☐ ○ ☐ ○ ☐	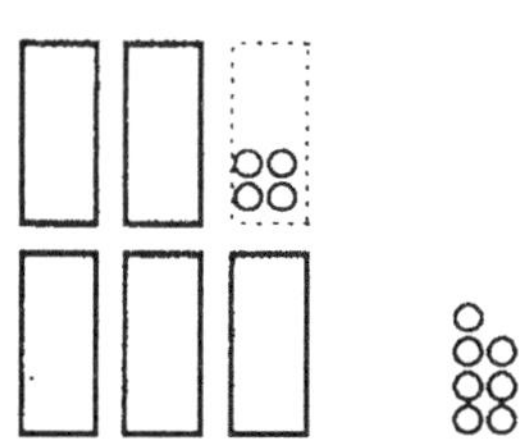 ☐ ○ ☐ ○ ☐	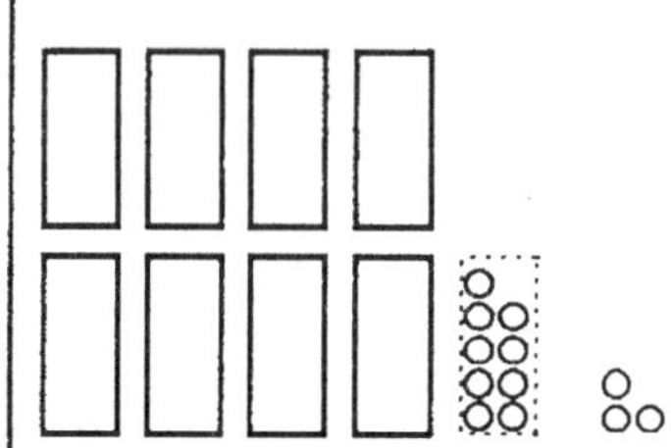 ☐ ○ ☐ ○ ☐	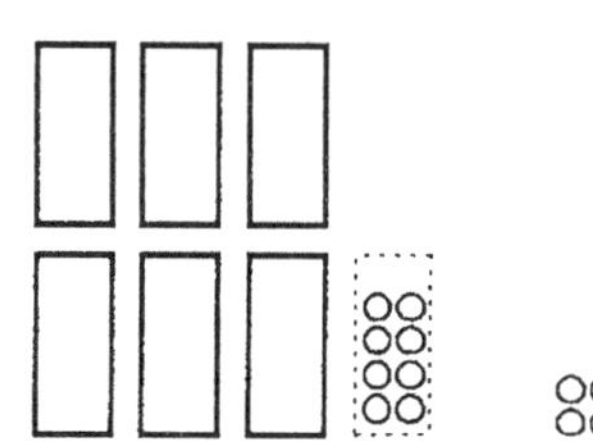 ☐ ○ ☐ ○ ☐
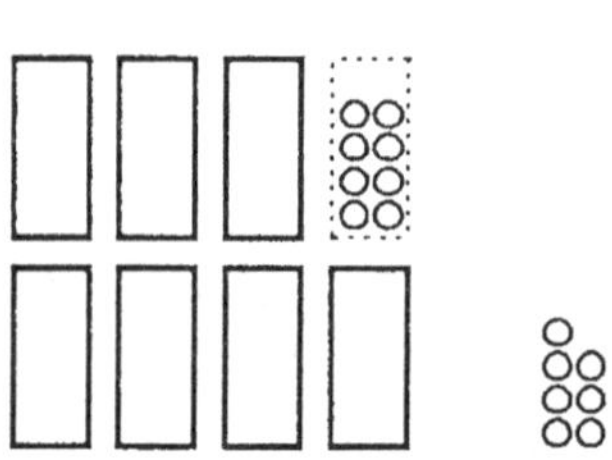 ☐ ○ ☐ ○ ☐	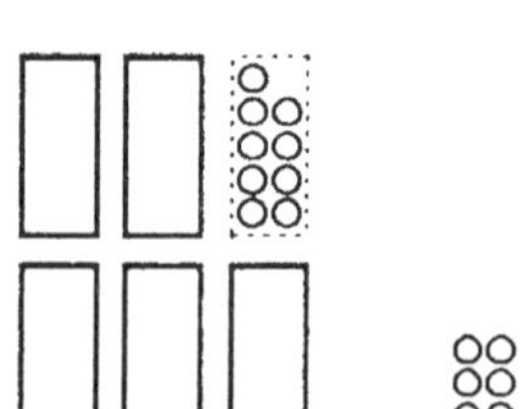 ☐ ○ ☐ ○ ☐	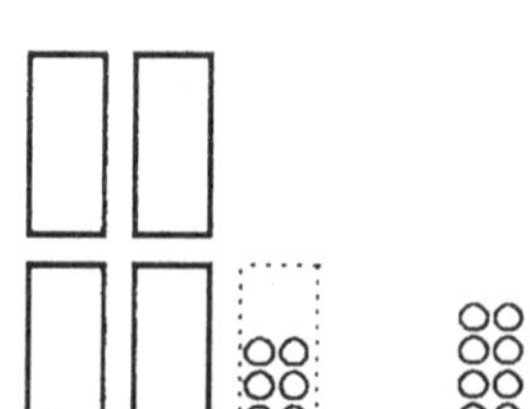 ☐ ○ ☐ ○ ☐	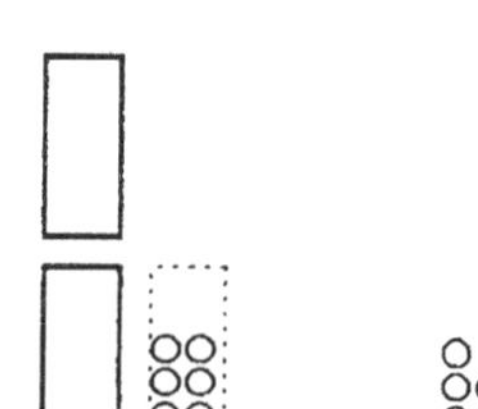 ☐ ○ ☐ ○ ☐

Das schaffst du jetzt!

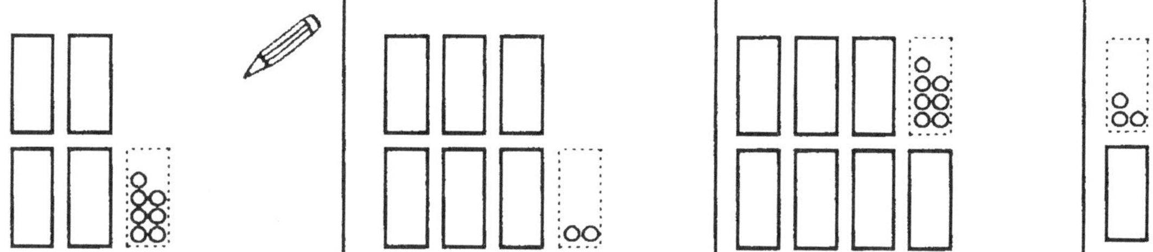

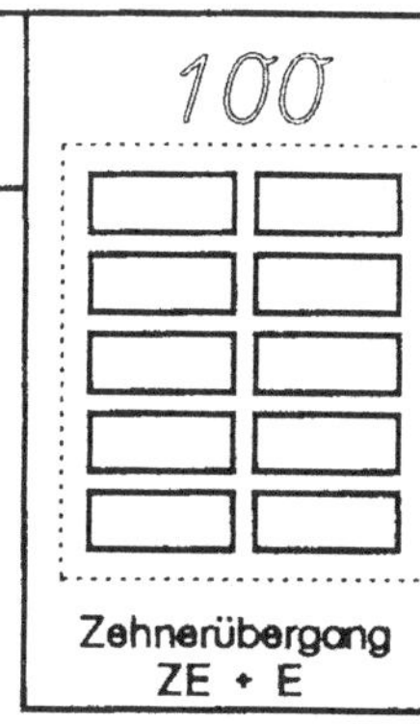

47 + 6 =	62 + 9 =	77 + 8 =	13 + 8 =

39 + 2 =	79 + 3 =	67 + 7 =	89 + 5 =	29 + 6 =
24 + 7 =	77 + 4 =	58 + 6 =	49 + 4 =	47 + 7 =
46 + 5 =	86 + 5 =	49 + 2 =	48 + 3 =	38 + 7 =
79 + 2 =	23 + 9 =	78 + 5 =	66 + 6 =	69 + 4 =
87 + 4 =	68 + 3 =	25 + 6 =	29 + 4 =	89 + 5 =
38 + 3 =	29 + 3 =	28 + 3 =	22 + 9 =	28 + 6 =

Süße Aufgaben!

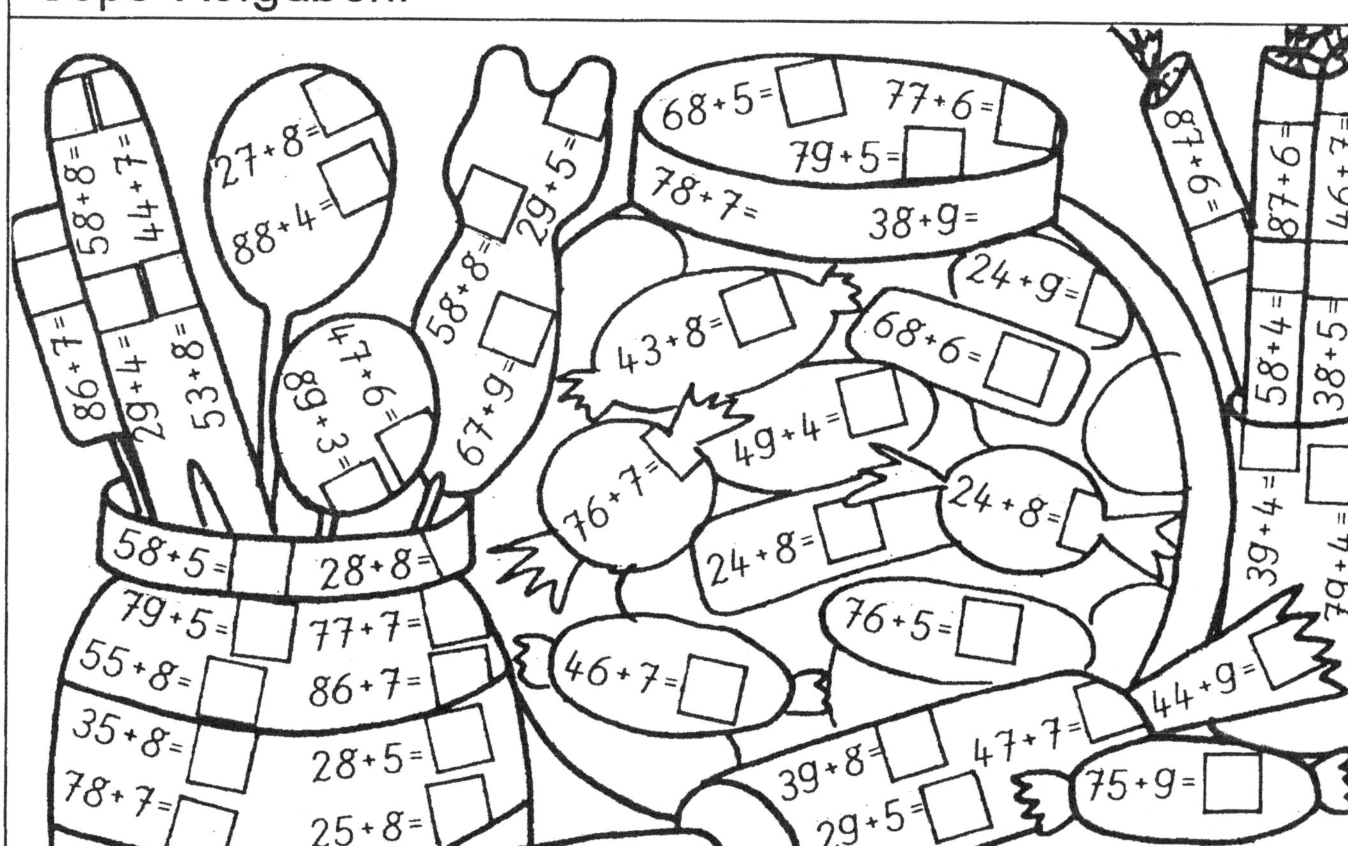

Üben, üben...

100

Zehnerübergang
ZE + E

79 + 5 =	77 + 5 =	85 + 6 =	88 + 4 =	
35 + 6 =	86 + 6 =	36 + 6 =	25 + 8 =	
66 + 7 =	27 + 5 =	78 + 4 =	56 + 7 =	
28 + 4 =	48 + 3 =	88 + 5 =	85 + 8 =	
57 + 4 =	27 + 9 =	67 + 4 =	75 + 7 =	57 + 5 =
65 + 7 =	26 + 6 =	65 + 8 =	35 + 9 =	87 + 3 =

68 + 5 =	47 + 4 =	29 + 5 =	88 + 3 =	77 + 6 =
58 + 3 =	75 + 8 =	53 + 9 =	44 + 9 =	28 + 6 =
44 + 8 =	87 + 7 =	47 + 5 =	58 + 4 =	58 + 5 =
24 + 9 =	76 + 8 =	55 + 7 =	78 + 6 =	38 + 8 =
46 + 7 =	39 + 3 =	79 + 6 =	35 + 7 =	86 + 7 =
76 + 6 =	29 + 2 =	89 + 2 =	27 + 7 =	43 + 9 =

Findest du den Lösungssatz?

85 + 7 =	H	92	D	93
88 + 9 =	O	97	Ü	96
72 + 9 =	S	82	L	81
38 + 9 =	E	47	K	48
87 + 5 =	D	92	T	93
84 + 8 =	A	91	J	92

46 + 7 =	R	53	G	54
75 + 6 =	E	80	V	81
38 + 9 =	O	47	E	46
45 + 8 =	N	53	Ö	37
77 + 8 =	R	86	D	85
69 + 5 =	E	74	L	75

63 + 9 =	R	72	H	71
66 + 8 =	E	73	L	74
58 + 6 =	N	63	E	64
44 + 7 =	H	51	K	52
66 + 5 =	R	71	J	72
54 + 7 =	E	61	N	62

37 + 8 =	R	45	N	46
25 + 9 =	J	34	E	33
44 + 9 =	S	52	N	53
84 + 9 =	H	94	E	93
24 + 7 =	G	32	J	31
56 + 9 =	A	66	N	65

66 + 7 =	E	73	R	72
26 + 9 =	J	34	B	35
56 + 8 =	C	65	E	64
49 + 4 =	C	52	L	53
73 + 9 =	O	82	H	83
49 + 7 =	H	56	T	57

68 + 4 =	S	73	N	72
36 + 8 =	C	43	U	44
24 + 8 =	N	32	H	31
73 + 8 =	G	81	W	82

Wir springen rückwärts über den Zehner!

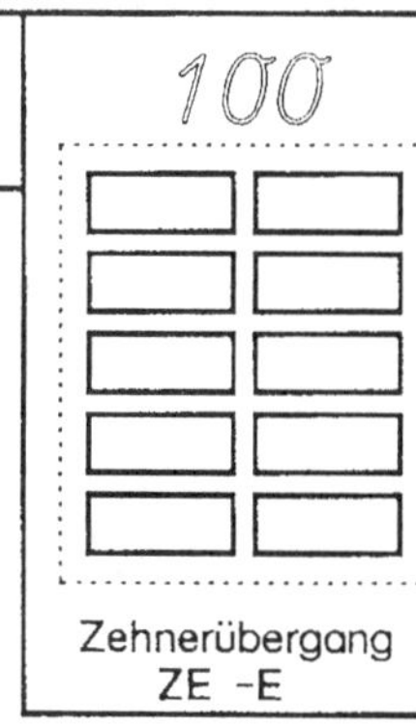

23 - 5 =
23 - □ = □
□ - □ = □

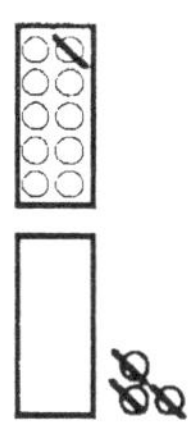

23 - 4 =
23 - □ = □
□ - □ = □

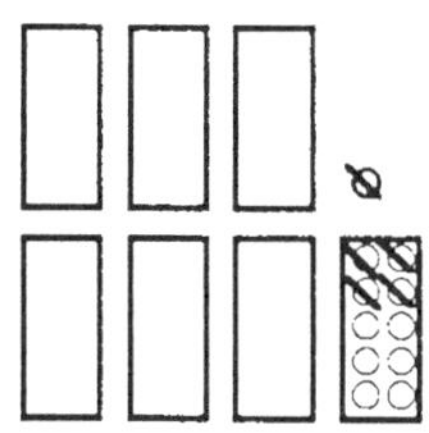

71 - 5 =
71 - □ = □
□ - □ = □

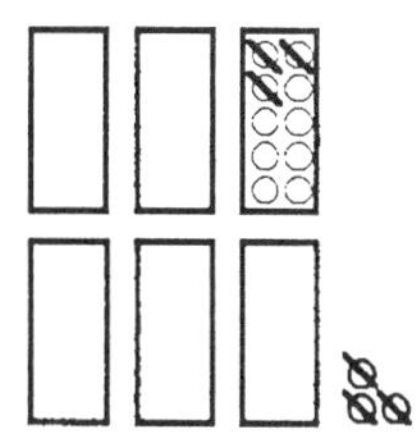

63 - 6 =
63 - □ = □
□ - □ = □

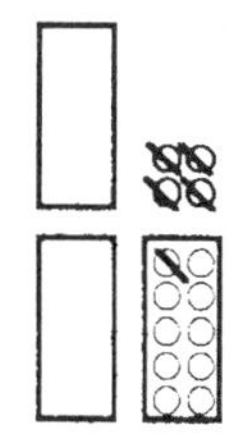

34 - 5 =
34 - □ = □
□ - □ = □

Streiche weg und rechne!

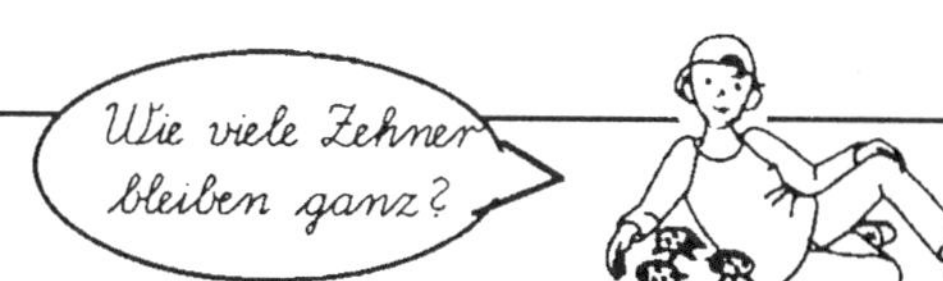

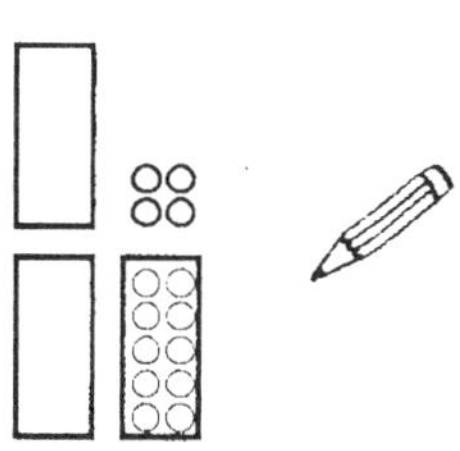

34 - 6 =
34 - □ = □
□ - □ = □

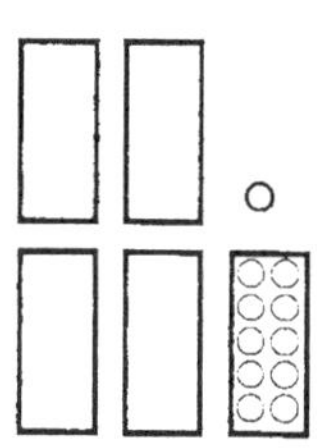

51 - 2 =
51 - □ = □
□ - □ = □

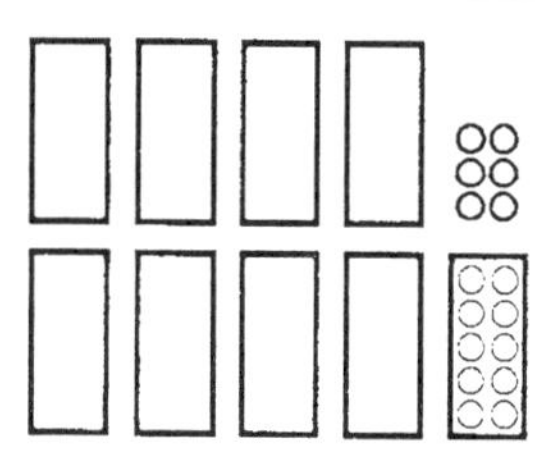

96 - 8 =
96 - □ = □
□ - □ = □

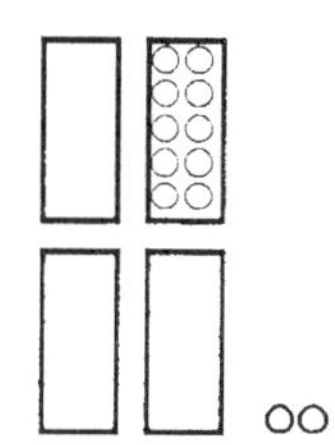

42 - 3 =
42 - □ = □
□ - □ = □

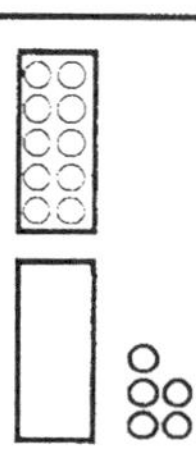

25 - 7 =
25 - □ = □
□ - □ = □

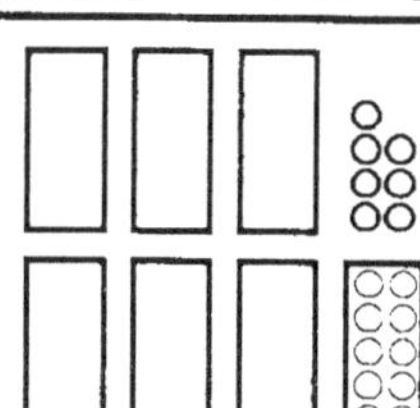

77 - 9 =
77 - □ = □
□ - □ = □

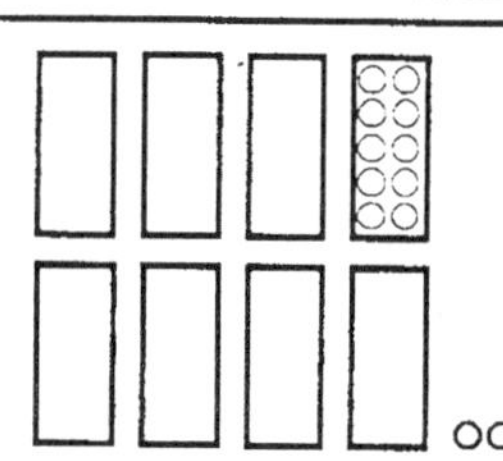

82 - 6 =
82 - □ = □
□ - □ = □

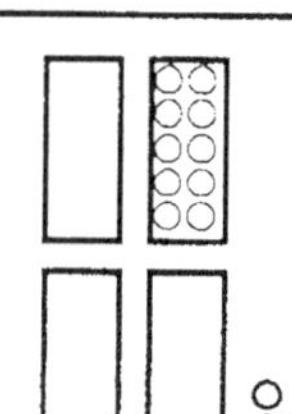

43 - 6 =
43 - □ = □
□ - □ = □

Streiche weg und rechne!

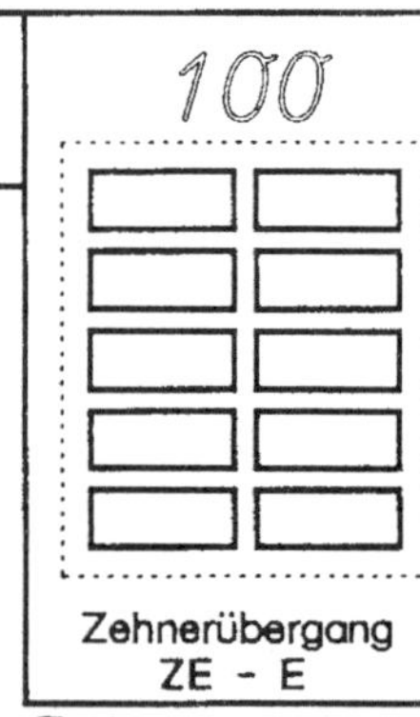

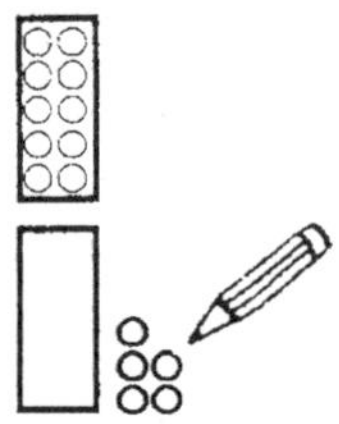

25 - 8 =
25 - ☐ = ☐
☐ - ☐ = ☐

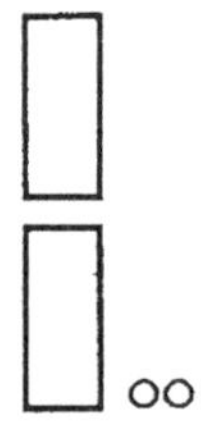

22 - 6 =
22 - ☐ = ☐
☐ - ☐ = ☐

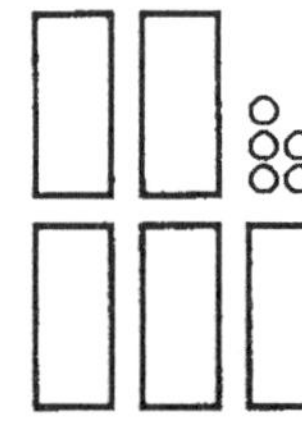

55 - 6 =
55 - ☐ = ☐
☐ - ☐ = ☐

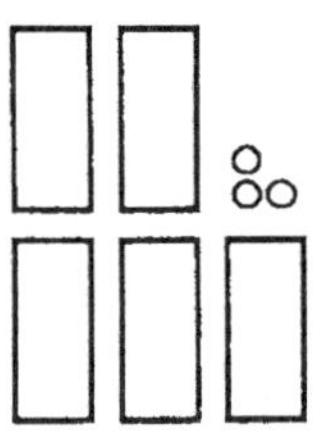

53 - 4 =
53 - ☐ = ☐
☐ - ☐ = ☐

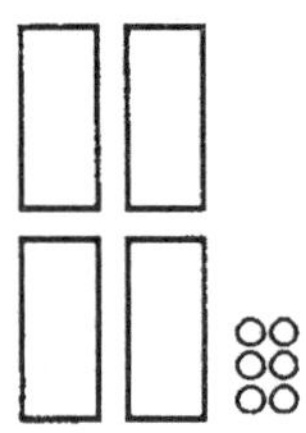

46 - 9 =
46 - ☐ = ☐
☐ - ☐ = ☐

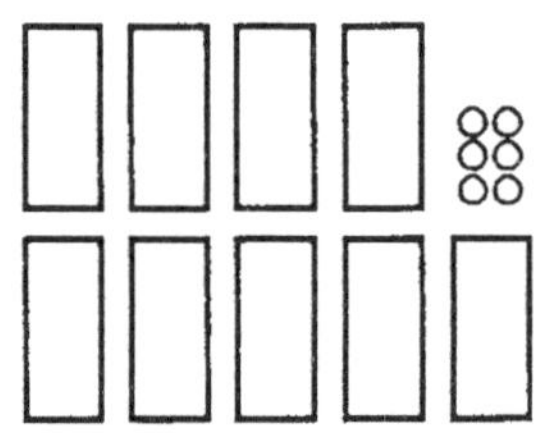

96 - 7 =
96 - ☐ = ☐
☐ - ☐ = ☐

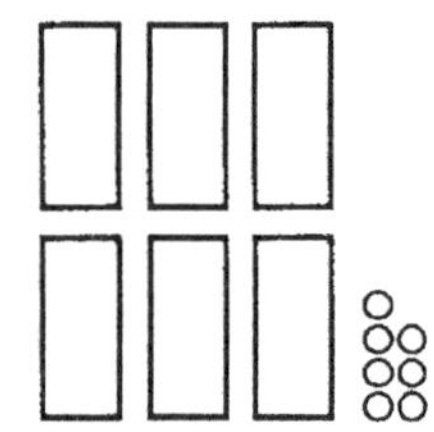

67 - 9 =
67 - ☐ = ☐
☐ - ☐ = ☐

Male die Rechnung!

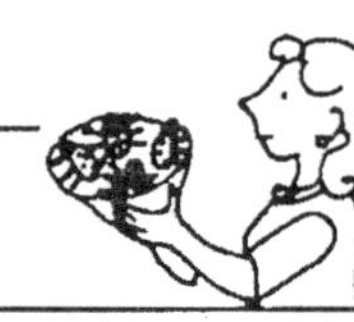

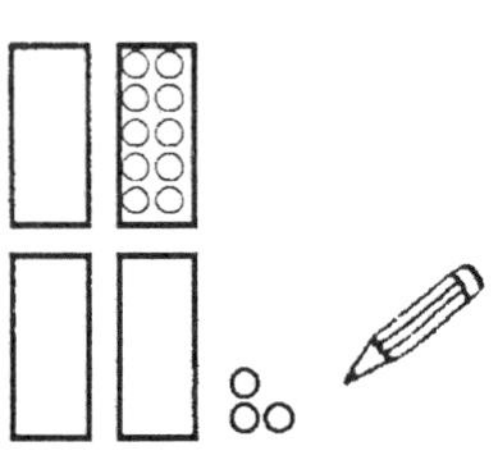

43 - 5 =
43 - ☐ = ☐
☐ - ☐ = ☐

43 - 8 =
43 - ☐ = ☐
☐ - ☐ = ☐

34 - 8 =
34 - ☐ = ☐
☐ - ☐ = ☐

24 - 6 =
24 - ☐ = ☐
☐ - ☐ = ☐

47 - 9 =
47 - ☐ = ☐
☐ - ☐ = ☐

63 - 8 =
63 - ☐ = ☐
☐ - ☐ = ☐

58 - 9 =
58 - ☐ = ☐
☐ - ☐ = ☐

87 - 9 =
87 - ☐ = ☐
☐ - ☐ = ☐

Die letzte Schachtel musst du öffnen!

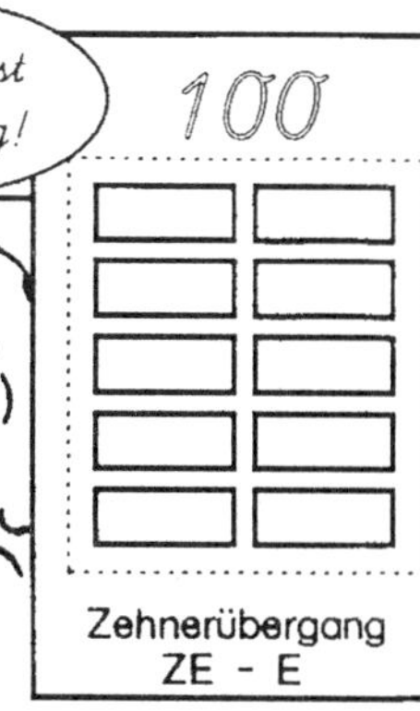

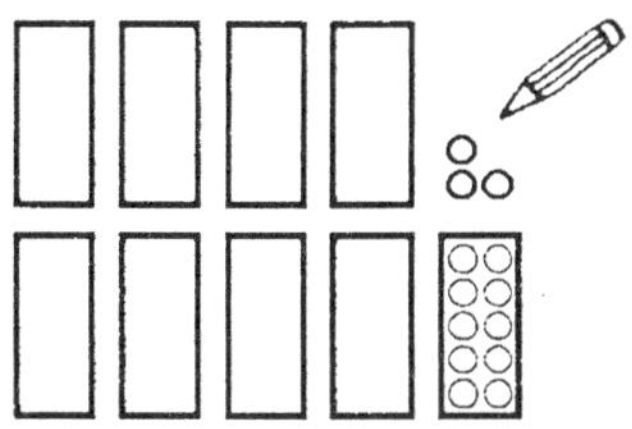

93 - 5 =

93 - ☐ = ☐

☐ - ☐ = ☐

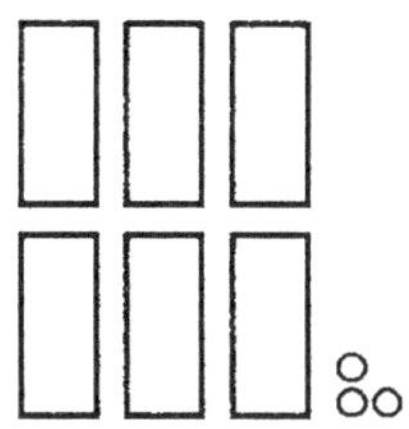

63 - 4 =

63 - ☐ = ☐

☐ - ☐ = ☐

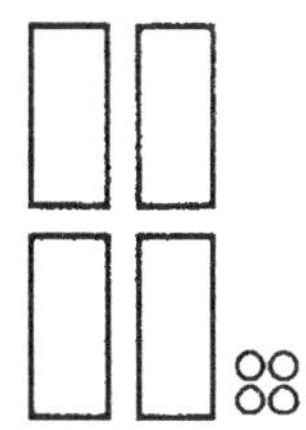

44 - 8 =

44 - ☐ = ☐

☐ - ☐ = ☐

21 - 3 =	41 - 2 =	72 - 4 =	54 - 6 =
21 - ☐ = ☐	41 - ☐ = ☐	72 - ☐ = ☐	54 - ☐ = ☐
☐ - ☐ = ☐	☐ - ☐ = ☐	☐ - ☐ = ☐	☐ - ☐ = ☐
42 - 5 =	61 - 3 =	83 - 6 =	91 - 2 =
42 - ☐ = ☐	61 - ☐ = ☐	83 - ☐ = ☐	91 - ☐ = ☐
☐ - ☐ = ☐	☐ - ☐ = ☐	☐ - ☐ = ☐	☐ - ☐ = ☐

Rechne in zwei Schritten!

23 - 7 =	65 - 9 =	54 - 8 =	35 - 7 =
23 - ☐ = ☐	65 - ☐ = ☐	54 - ☐ = ☐	35 - ☐ = ☐
☐ - ☐ = ☐	☐ - ☐ = ☐	☐ - ☐ = ☐	☐ - ☐ = ☐
73 - 6 =	46 - 7 =	64 - 6 =	57 - 8 =
73 - ☐ = ☐	46 - ☐ = ☐	64 - ☐ = ☐	57 - ☐ = ☐
☐ - ☐ = ☐	☐ - ☐ = ☐	☐ - ☐ = ☐	☐ - ☐ = ☐
31 - 9 =	53 - 8 =	74 - 5 =	62 - 3 =
31 - ☐ = ☐	53 - ☐ = ☐	74 - ☐ = ☐	62 - ☐ = ☐
☐ - ☐ = ☐	☐ - ☐ = ☐	☐ - ☐ = ☐	☐ - ☐ = ☐
74 - 8 =	62 - 6 =	31 - 4 =	23 - 5 =
74 - ☐ = ☐	62 - ☐ = ☐	31 - ☐ = ☐	23 - ☐ = ☐
☐ - ☐ = ☐	☐ - ☐ = ☐	☐ - ☐ = ☐	☐ - ☐ = ☐

Jetzt ohne Zwischenschritt!

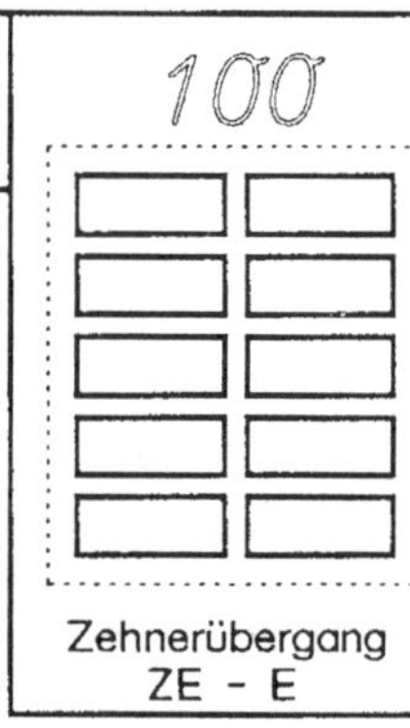

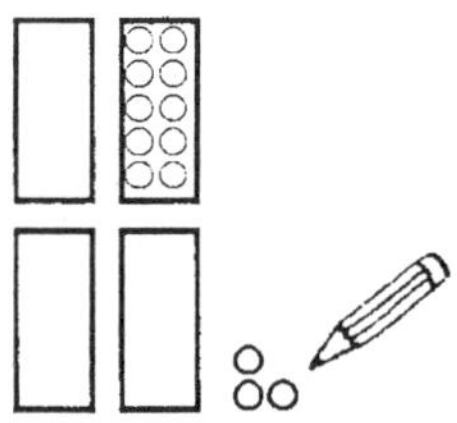

43 - 4 =

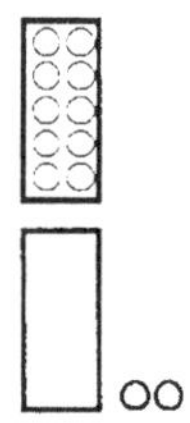

22 - 5 =

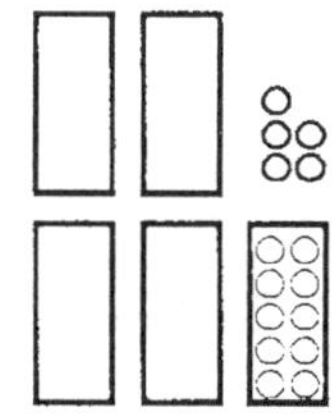

55 - 7 =

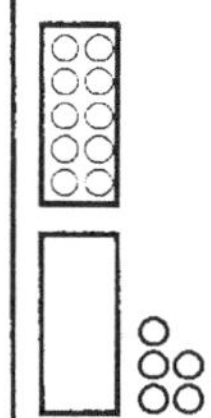

25 - 6 =

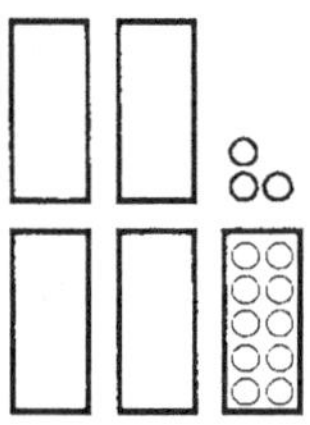

53 - 5 =

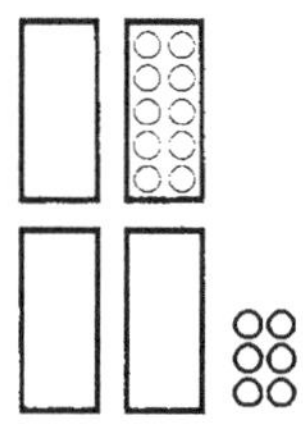

46 - 8 =

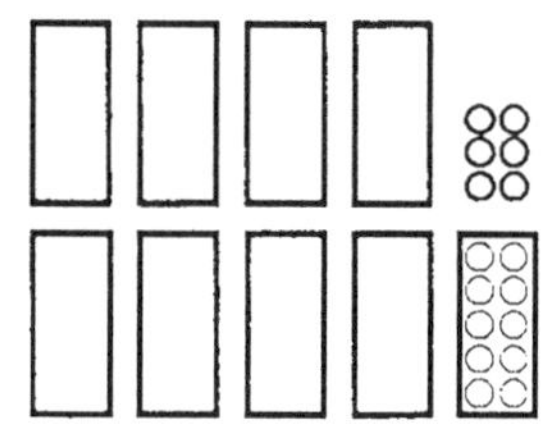

96 - 9 =

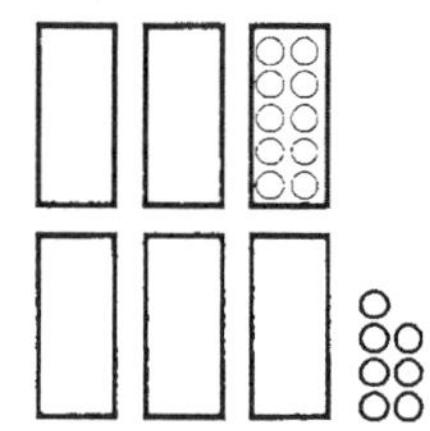

67 - 8 =

Wie heißt die Rechnung?

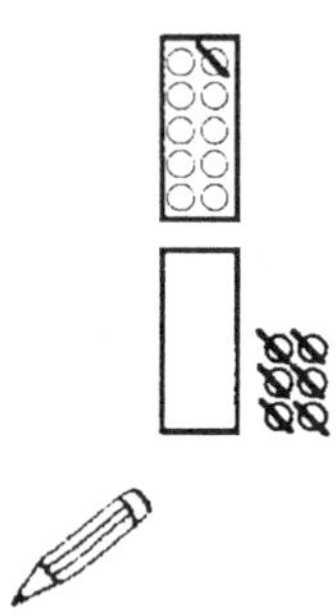

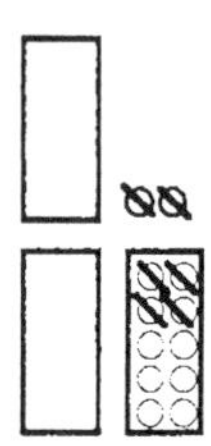

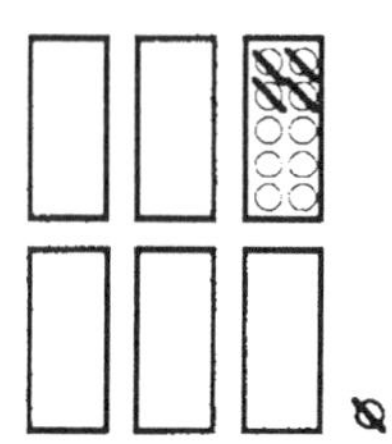

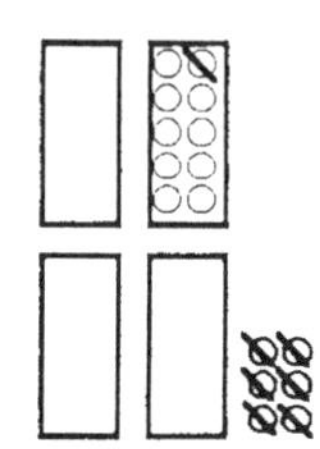

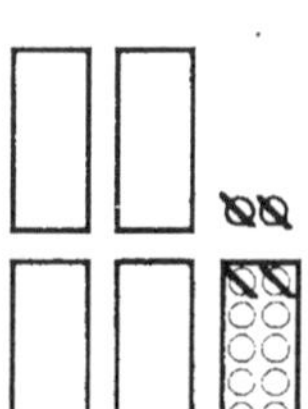

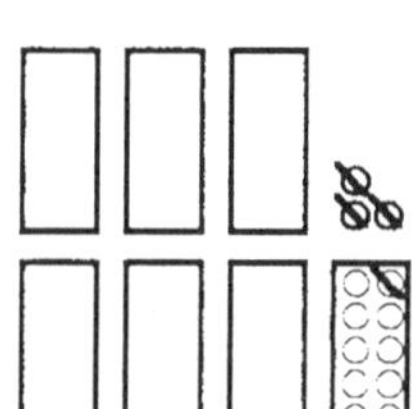

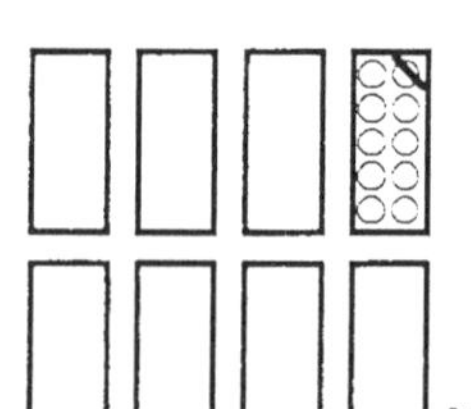

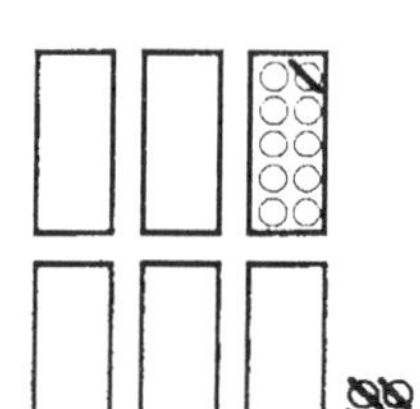

Das geht gut!

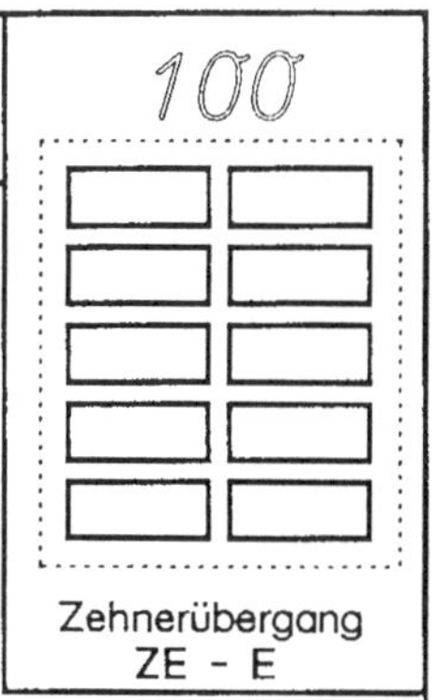

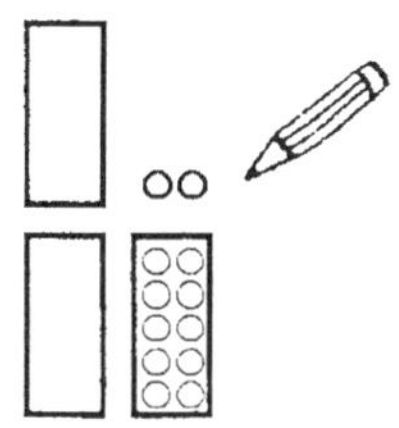

32 - 5 = ☐

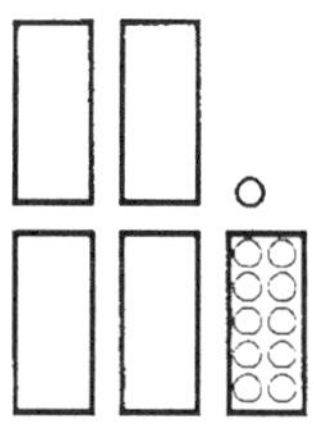

51 - 3 = ☐

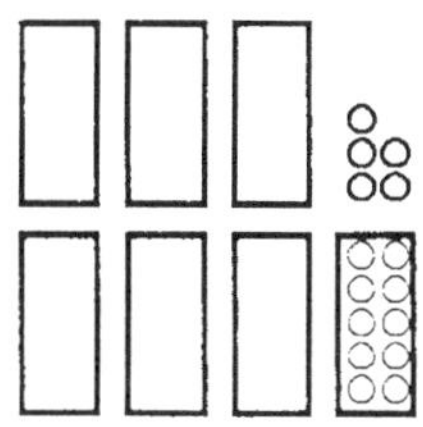

75 - 8 = ☐

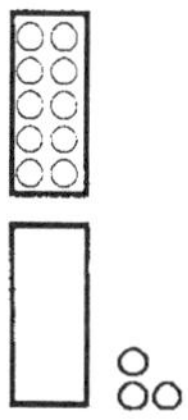

23 - 6 = ☐

61 - 2 = ☐	71 - 3 = ☐	74 - 7 = ☐	72 - 5 = ☐	85 - 6 = ☐
24 - 7 = ☐	62 - 4 = ☐	33 - 6 = ☐	92 - 4 = ☐	56 - 7 = ☐
44 - 5 = ☐	84 - 5 = ☐	21 - 2 = ☐	41 - 3 = ☐	45 - 7 = ☐
31 - 2 = ☐	23 - 9 = ☐	54 - 5 = ☐	74 - 6 = ☐	33 - 4 = ☐
32 - 4 = ☐	31 - 3 = ☐	25 - 6 = ☐	83 - 4 = ☐	83 - 5 = ☐
81 - 3 = ☐	52 - 3 = ☐	72 - 3 = ☐	22 - 9 = ☐	44 - 6 = ☐

Finde den Lösungssatz!

28 - 9 = ☐	F	19	D	18
32 - 8 = ☐	A	16	Ü	24
35 - 6 = ☐	S	28	R	29
44 - 7 = ☐	J	36	K	37
62 - 5 = ☐	L	57	T	58
54 - 7 = ☐	A	48	U	47

42 - 7 = ☐	S	36	G	35
75 - 6 = ☐	E	69	S	68
38 - 9 = ☐	K	29	E	28
45 - 8 = ☐	E	36	Ö	37
77 - 8 = ☐	R	68	P	69
63 - 5 = ☐	F	58	L	57

95 - 7 = ☐	C	88	H	89
88 - 9 = ☐	E	78	H	79
72 - 6 = ☐	N	68	E	66
98 - 9 = ☐	N	89	K	88
82 - 5 = ☐	A	67	J	77
84 - 8 = ☐	S	76	N	78

66 - 7 = ☐	T	59	N	58
25 - 9 = ☐	D	16	E	17
56 - 8 = ☐	S	38	A	48
42 - 4 = ☐	H	37	S	38
73 - 5 = ☐	G	68	J	67
83 - 7 = ☐	A	76	E	77

97 - 8 = ☐	M	88	R	89
95 - 9 = ☐	J	87	N	86
54 - 9 = ☐	C	46	J	45
84 - 9 = ☐	C	75	N	76
94 - 7 = ☐	J	86	H	87
56 - 9 = ☐	H	46	T	47

61 - 4 = ☐	S	57	L	58
36 - 8 = ☐	C	28	E	29
24 - 5 = ☐	J	18	H	19
73 - 8 = ☐	C	64	W	65
75 - 7 = ☐	E	68	H	67
33 - 7 = ☐	T	25	R	26

Aufgaben zum Üben!

100

Zehnerübergang
ZE - E

92 - 5 =	91 - 5 =	92 - 6 =	21 - 4 =	
21 - 6 =	45 - 6 =	81 - 6 =	65 - 8 =	
36 - 7 =	81 - 5 =	85 - 9 =	64 - 7 =	
82 - 4 =	91 - 3 =	51 - 5 =	26 - 8 =	
71 - 4 =	94 - 9 =	22 - 4 =	93 - 7 =	41 - 5 =
44 - 7 =	53 - 6 =	27 - 8 =	86 - 9 =	92 - 3 =
31 - 5 =	41 - 4 =	21 - 5 =	22 - 3 =	91 - 6 =
82 - 3 =	82 - 8 =	66 - 9 =	68 - 9 =	71 - 6 =
94 - 8 =	52 - 7 =	93 - 6 =	93 - 4 =	85 - 8 =
33 - 9	33 - 8 =	63 - 7 =	95 - 6 =	95 - 8 =
53 - 7 =	32 - 3 =	65 - 6 =	73 - 7 =	84 - 7 =
61 - 6 =	71 - 2 =	66 - 8 =	51 - 7 =	26 - 9 =

Leckere Aufgaben

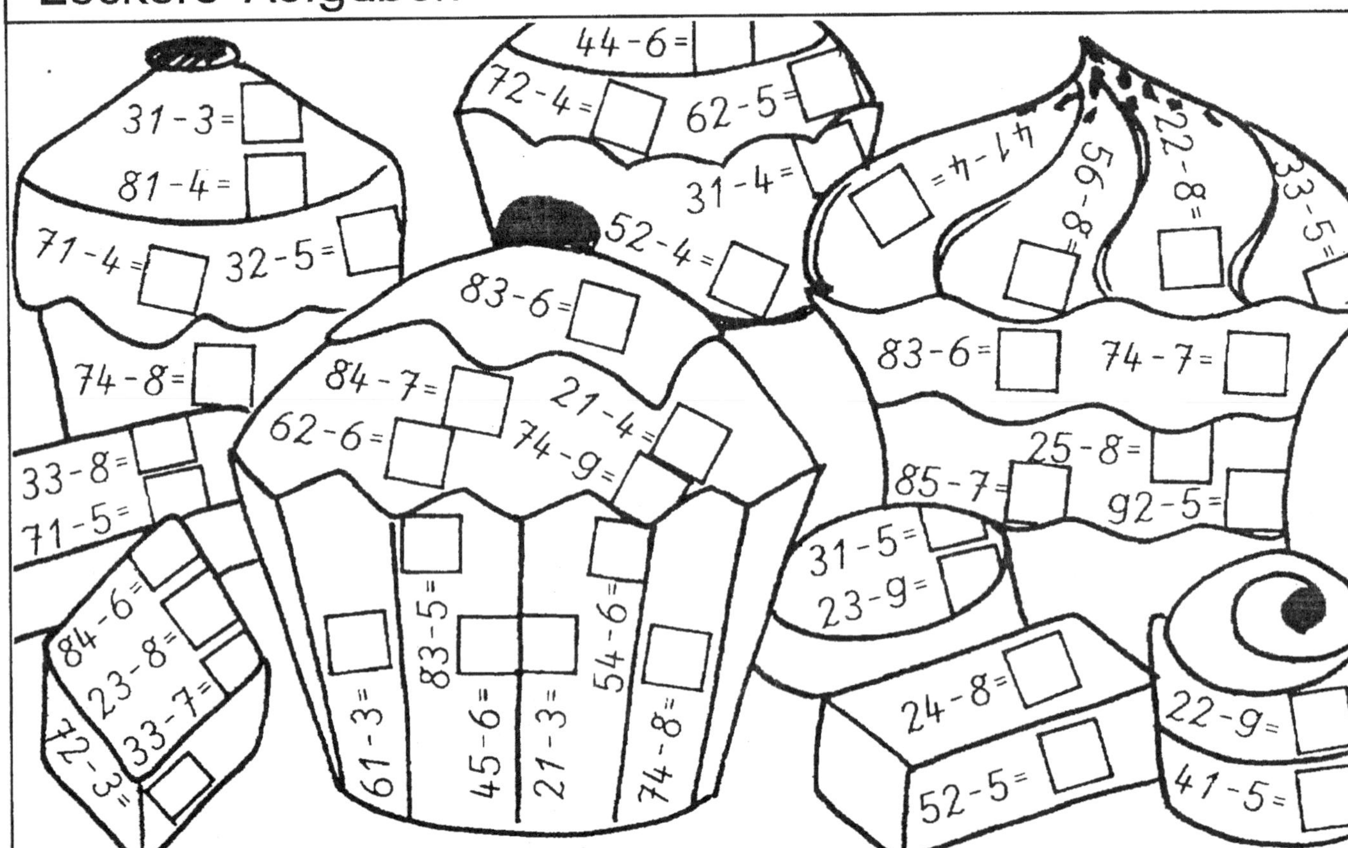

+ oder - ?

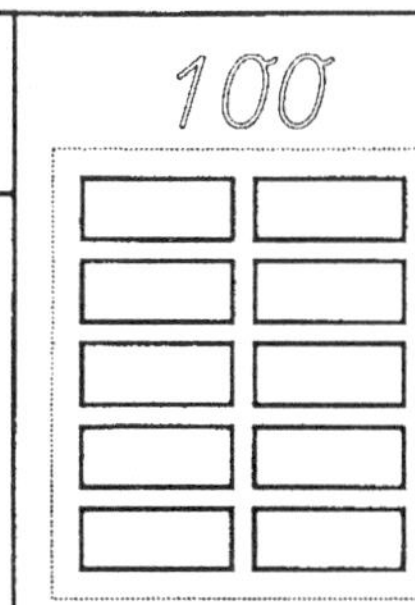

Zehnerübergang
ZE +/- E

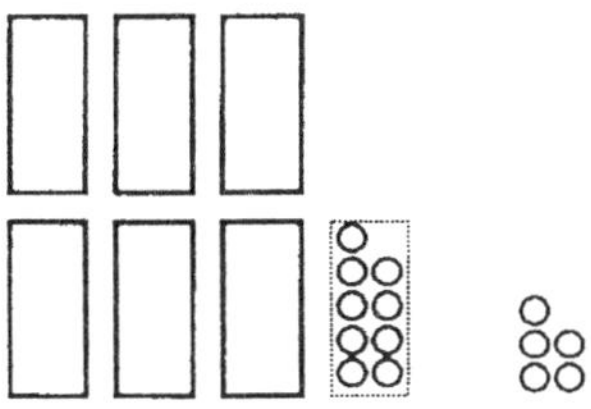

69 + 5 = ☐

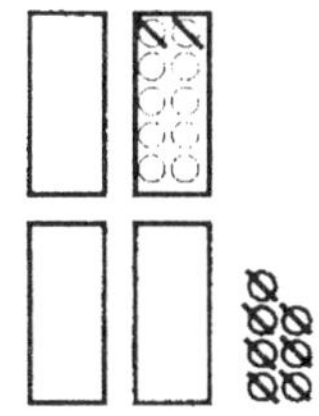

47 - 9 = ☐

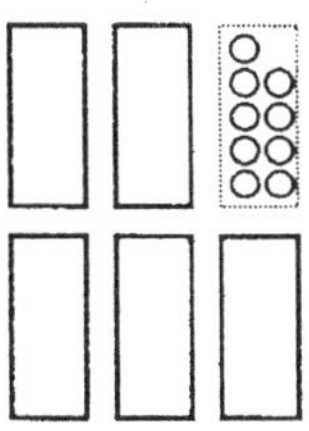

59 + 4 = ☐

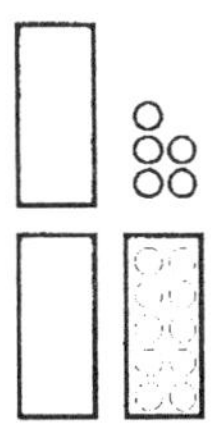

35 - 9 = ☐

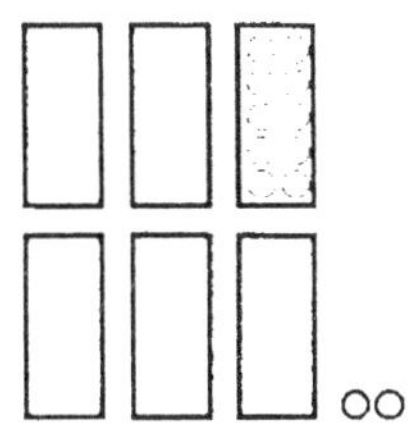

62 - 7 = ☐

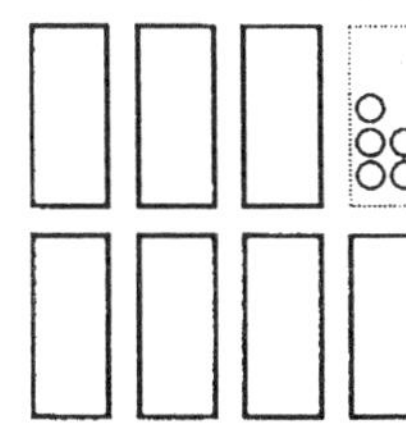

75 + 9 = ☐

Male die Rechnung!

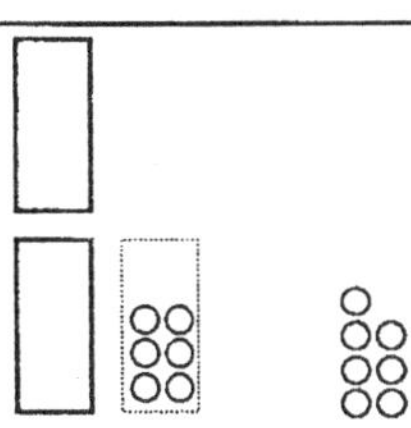

26 + 7 = ☐

52 - 6 = ☐

64 + 8 = ☐

91 - 9 = ☐

33 + 9 = ☐

85 + 9 = ☐

48 - 9 = ☐

64 - 8 = ☐

49 + 8 = ☐

Wie heißt die Rechnung?

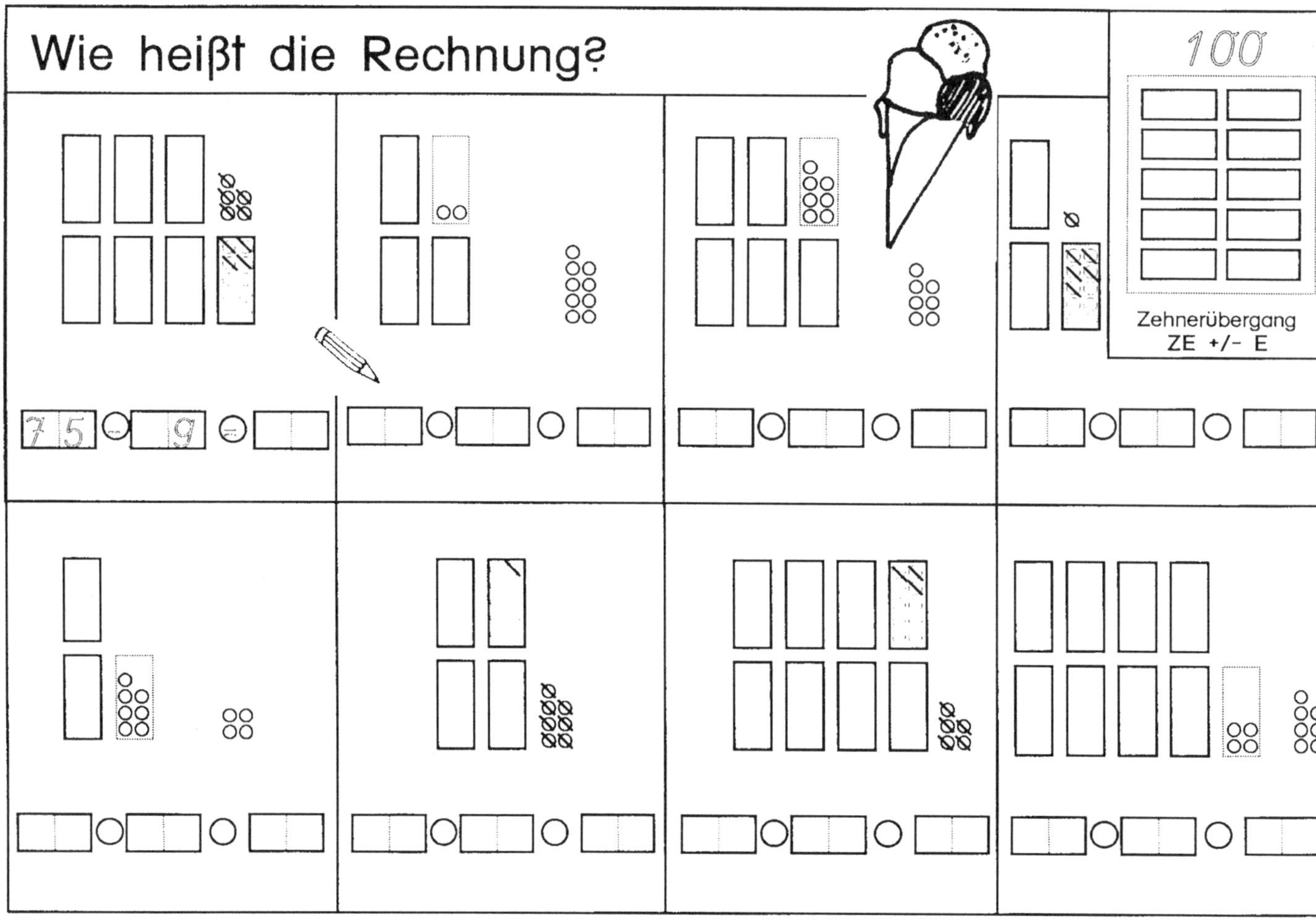

Gemischte + und - Aufgaben

44 - 9 =	84 + 9 =	72 - 7 =	48 + 4 =	52 - 3 =
92 - 7 =	55 + 8 =	34 + 8 =	41 - 4 =	66 + 9 =
23 + 8 =	61 - 2 =	84 - 5 =	34 - 9 =	93 - 6 =
52 + 9 =	41 - 7 =	28 + 7 =	34 + 7 =	81 - 8 =
24 - 8 =	34 - 5 =	77 - 8 =	89 + 6 =	42 + 9 =
76 + 8 =	68 + 6 =	63 - 5 =	22 - 6 =	78 + 8 =
62 - 3 =	36 - 8 =	79 + 7 =	72 + 9 =	29 + 7 =
45 - 9 =	59 + 3 =	27 - 9 =	73 - 4 =	48 + 3 =
83 + 8 =	93 - 9 =	44 + 9 =	52 + 9 =	24 - 9 =
83 - 8 =	37 + 6 =	49 + 6 =	52 - 8 =	42 - 9 =
96 - 7 =	25 + 9 =	32 - 7 =	39 + 9 =	69 + 2 =
88 + 7 =	63 + 8 =	85 - 6 =	61 - 7 =	51 - 2 =

Das kannst du!

100

Zehnerübergang
ZE +/- E

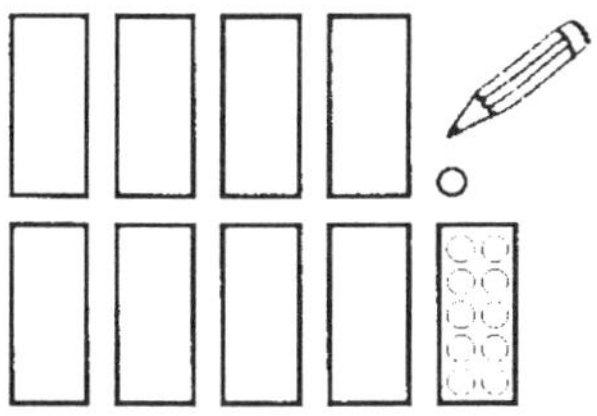	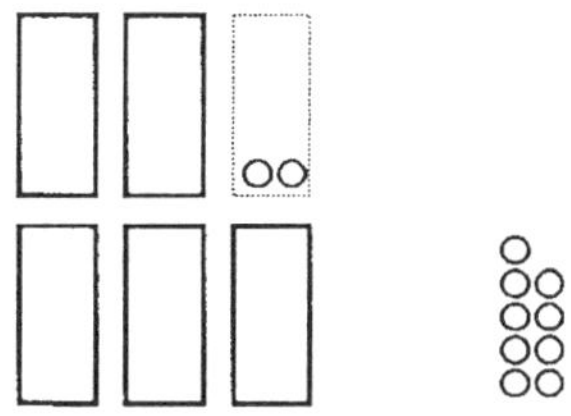	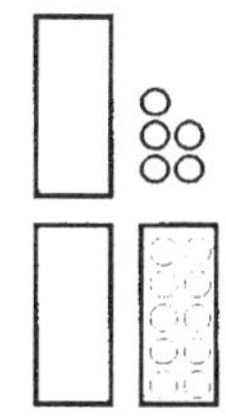
91 - 5 =	52 + 9 =	35 - 8 =

82 - 7 =	41 - 4 =	93 - 8 =	82 + 9 =	23 - 8 =
69 + 6 =	82 - 8 =	53 - 9 =	39 + 6 =	63 - 4 =
51 - 6 =	52 - 7 =	56 + 8 =	41 - 6 =	88 + 3 =
26 + 9 =	33 - 8 =	37 + 7 =	73 - 9 =	49 + 2 =
44 - 5 =	32 - 3 =	62 - 8 =	45 + 7 =	87 + 8 =
55 + 9 =	71 - 2 =	21 - 7 =	63 + 8 =	32 - 3 =

Übung macht schnell!

77 + 9 =	29 + 9 =	78 - 9 =	69 + 7 =	86 + 9 =
43 - 7 =	89 + 7 =	45 + 8 =	82 - 7 =	36 + 5 =
51 - 9 =	38 + 9 =	21 - 8 =	35 - 6 =	61 - 8 =
75 + 6 =	47 - 8 =	58 + 3 =	58 - 9 =	68 + 9 =
95 - 6 =	72 - 8 =	62 - 9 =	25 + 6 =	32 - 9 =
24 - 5 =	56 + 5 =	67 + 9 =	92 - 8 =	48 + 8 =

76 - 7 =	23 + 8 =	81 - 2 =	56 + 9 =	91 - 7 =
75 + 9 =	42 - 8 =	39 + 8 =	26 - 7 =	48 - 9 =
54 - 5 =	69 + 9 =	27 + 7 =	66 + 5 =	52 - 9 =
61 - 9 =	21 - 9 =	89 + 9 =	64 - 6 =	47 + 4 =
49 + 7 =	57 + 4 =	82 - 9 =	37 + 9 =	58 + 8 =
88 + 8 =	93 - 5 =	36 - 7 =	78 + 4 =	71 - 8 =

Gut nachgedacht!

73 - 7 =	37 - 5 =	82 + 9 =	28 + 3 =	100 Zehnerübergang ZE +/- E
69 + 8 =	64 - 5 =	34 - 6 =	97 - 3 =	
90 + 3 =	73 - 50 =	71 - 9 =	42 - 3 =	
86 - 8 =	78 + 9 =	84 + 10 =	45 + 5 =	
94 - 42 =	22 - 8 =	21 + 27 =	37 + 8 =	57 + 9 =
65 + 4 =	25 + 60 =	47 + 9 =	60 - 9 =	60 + 6 =

56 - 20 =	40 - 6 =	31 - 8 =	66 - 8 =	45 + 2 =
11 - 8 =	45 - 9 =	97 - 9 =	70 + 6 =	89 - 63 =
71 + 9 =	8 + 6 =	33 + 54 =	78 - 3 =	92 - 9 =
59 + 7 =	89 + 8 =	35 + 6 =	27 - 9 =	79 + 8 =
9 + 6 =	57 + 3 =	53 - 7 =	5 + 7 =	65 - 34 =
39 + 9 =	43 + 8 =	68 + 20 =	83 + 5 =	27 + 5 =

Findest du das Lösungswort?

63 + 36 =	70 - 8 =	78 - 52 =	30 - 5 =	83 - 5 =
12 - 4 =	68 + 8 =	55 + 6 =	26 + 5 =	66 + 4 =
56 - 7 =	23 - 5 =	71 - 3 =	31 - 9 =	95 - 9 =
98 - 70 =	20 + 4 =	46 + 20 =	55 + 23 =	33 - 20 =
6 + 8 =	62 - 6 =	59 - 8 =	44 - 7 =	23 + 4 =
38 + 8 =	69 + 3 =	75 + 7 =	87 + 4 =	48 + 9 =

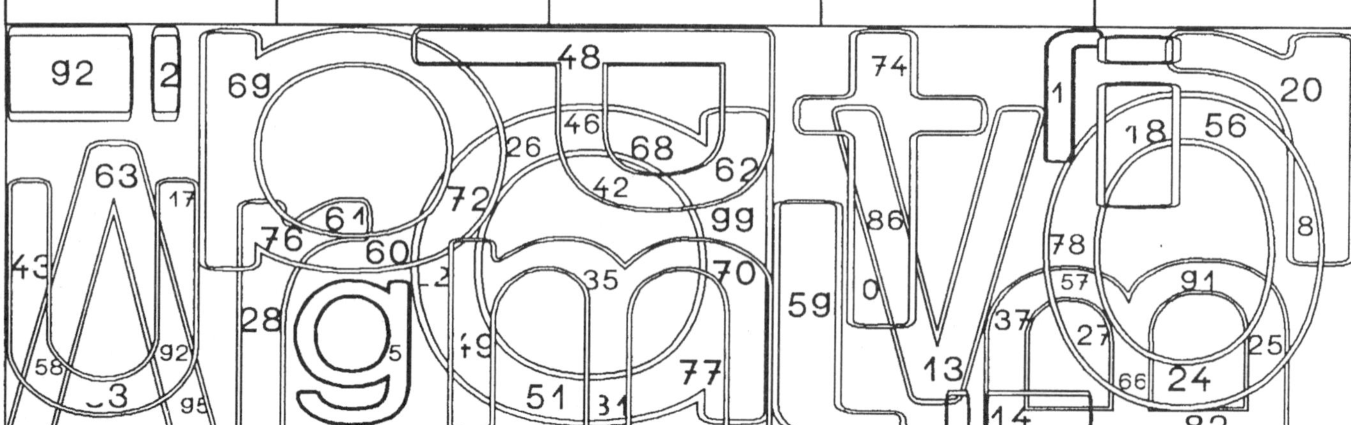

Für Schlaue!

100

ZE +/- E
mit und ohne ZÜ

85 + 6 =	52 - 7 =	33 + 4 =	83 + 2 =	
37 - 4 =	63 + 1 =	53 + 9 =	21 - 2 =	
58 + 9 =	74 - 6 =	28 - 7 =	45 + 4 =	
29 + 4 =	73 + 8 =	37 + 6 =	66 - 3 =	
22 + 5 =	48 + 5 =	35 - 9 =	42 - 7 =	87 - 6 =
94 + 5 =	38 - 7 =	52 + 4 =	24 - 8 =	81 - 6 =

62 + 9 =	63 - 5 =	76 + 9 =	44 + 8 =	78 - 9 =
78 - 6 =	57 - 6 =	22 + 6 =	29 - 7 =	54 + 5 =
31 - 5 =	58 + 7 =	65 + 7 =	61 - 7 =	92 - 5 =
43 - 6 =	23 - 9 =	24 + 8 =	61 + 5 =	48 - 7 =
89 + 9 =	42 + 2 =	49 - 7 =	44 - 8 =	68 + 4 =
72 + 6 =	36 + 5 =	55 - 9 =	86 - 4 =	31 + 7 =

Was ist hier versteckt?

24 + 5 =	25 - 4 =	45 + 6 =
79 + 3 =	77 + 7 =	41 - 9 =
35 - 4 =	87 - 9 =	31 + 6 =
91 - 4 =	59 + 2 =	59 + 9 =
72 + 4 =	84 + 2 =	57 - 8 =
46 + 5 =	67 - 8 =	26 + 8 =

45 - 3 =	94 - 2 =	64 + 7 =
32 - 7 =	66 + 8 =	88 + 9 =
55 - 3 =	79 - 4 =	52 + 6 =
82 - 3 =	37 - 9 =	71 - 6 =
34 + 9 =	21 - 8 =	78 + 7 =
44 + 3 =	91 + 4 =	69 - 5 =

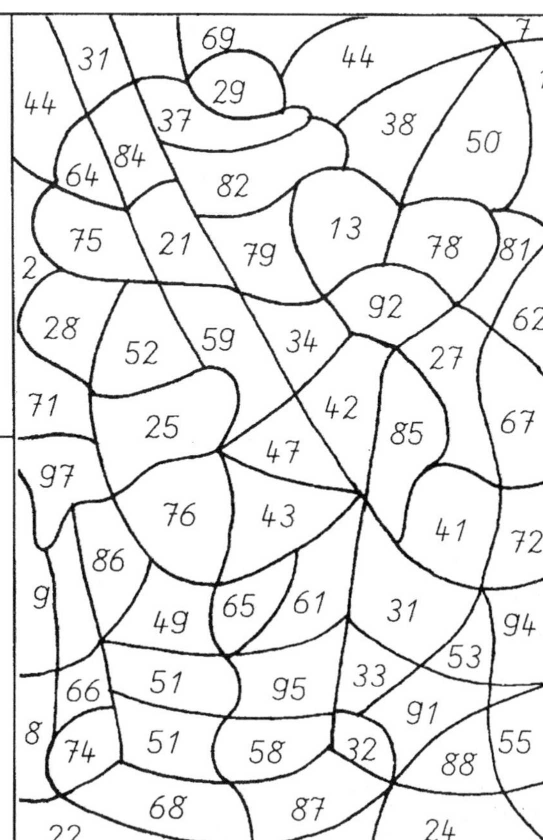

Kettenaufgaben!

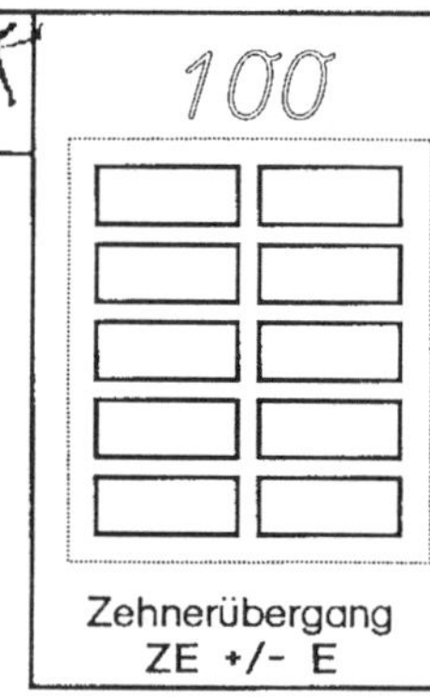

	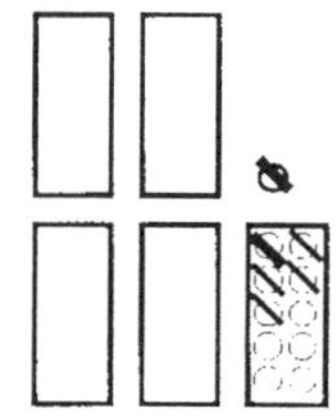
29 + 3 + 5 = ☐	51 - 2 - 4 = ☐

19 + 4 + 6 = ☐	29 + 2 + 6 = ☐	92 - 4 - 5 = ☐	53 - 6 - 2 = ☐
57 + 5 + 5 = ☐	44 + 8 + 2 = ☐	76 - 8 - 3 = ☐	84 - 7 - 6 = ☐
35 + 6 + 3 = ☐	67 + 5 + 1 = ☐	81 - 7 - 1 = ☐	67 - 9 - 2 = ☐
48 + 5 + 4 = ☐	34 + 9 + 3 = ☐	43 - 4 - 5 = ☐	78 - 9 - 6 = ☐

Für kluge Leute!

97 - 9 + 1 = ☐	67 + 5 - 1 = ☐	63 + 9 - 1 = ☐	65 - 9 + 2 = ☐
72 - 8 + 3 = ☐	78 + 7 - 2 = ☐	51 - 9 + 7 = ☐	37 + 7 - 1 = ☐
81 - 7 + 3 = ☐	45 + 8 - 3 = ☐	35 + 8 - 2 = ☐	72 - 5 + 2 = ☐
42 + 9 - 6 = ☐	72 - 9 + 6 = ☐	41 - 6 + 3 = ☐	66 - 9 + 2 = ☐

59 + 5 - 3 = ☐	64 - 7 + 1 = ☐	23 - 7 + 2 = ☐	69 + 5 - 4 = ☐
54 + 9 - 2 = ☐	94 - 8 + 1 = ☐	44 + 9 - 2 = ☐	26 - 9 + 1 = ☐
92 - 5 + 1 = ☐	67 + 5 - 1 = ☐	67 + 5 - 1 = ☐	67 + 5 - 1 = ☐
52 - 8 + 3 = ☐	78 + 7 - 2 = ☐	48 + 7 - 3 = ☐	38 + 9 - 2 = ☐

Sachaufgaben

100

Zehnerübergang
ZE +/- E

Selma hat sich 25 Zuckerkerzen gekauft.
Sie schenkt ihrer Freundin 8 Zuckerkerzen.

Wir fragen: ______________________________

Wir rechnen: ☐ ○ ☐ ○ ☐

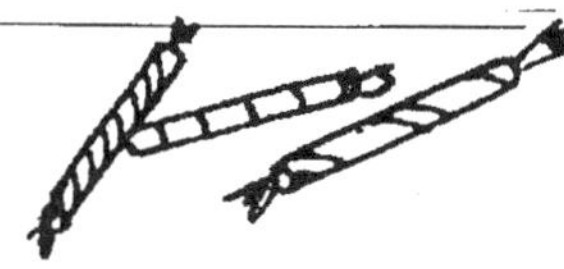

Wir antworten: ______________________________

Barbara hat zu ihrem Geburtstag 40 Euro geschenkt bekommen. Sie kauft sich für 4 Euro Dinosaurier aus Fruchtgummi.

Wir fragen: ______________________________

Wir rechnen: ☐ ○ ☐ ○ ☐

Wir antworten: ______________________________

Anna kauft sich 2 Schaufeln voll weiße Gummimäuse. Sie zählt sie. Es sind 27 Stück. Die Verkäuferin steckt nach dem Wiegen noch 4 dazu.

Wir fragen: ______________________________

Wir rechnen: ☐ ○ ☐ ○ ☐

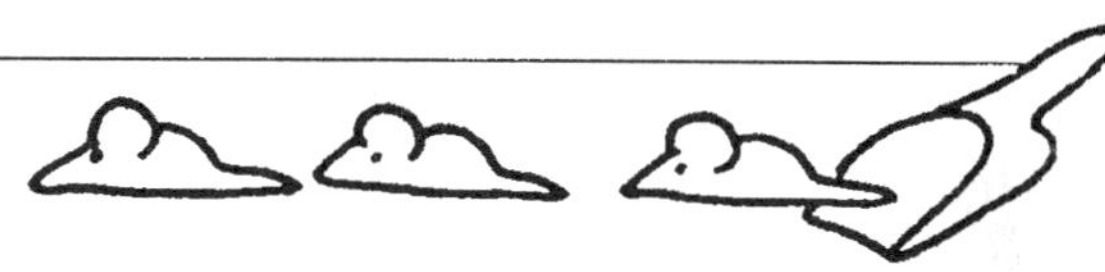

Wir antworten: ______________________________

Jm Regal stehen 66 blaue Lollis. Die Verkäuferin hat noch einen Rest rote Lollis. Sie stellt die 7 roten Lollis zu den blauen.

Wir fragen: ______________________________

Wir rechnen: ☐ ○ ☐ ○ ☐

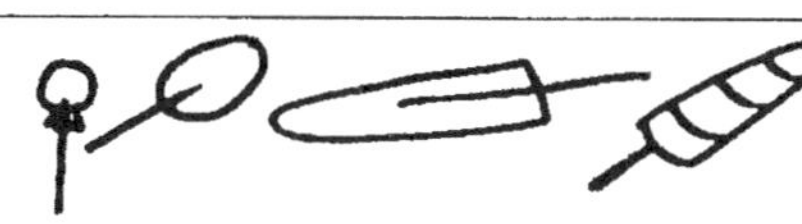

Wir antworten: ______________________________

Die Verkäuferin öffnet einen neuen Karton mit Zuckerfiguren. Er enthält 75 Stück. Leider sind bei 7 Figuren Teile abgebrochen.

Wir fragen: ______________________________

Wir rechnen: ☐ ○ ☐ ○ ☐

Wir antworten: ______________________________

Mutter kauft für Rolands Kindergeburtstag 18 schwarze Mohrenköpfe und 9 weiße Mohrenköpfe.

Wir fragen: ______________________________

Wir rechnen: ☐ ○ ☐ ○ ☐

Wir antworten: ______________________________

Sachaufgaben

100

Zehnerübergang
ZE +/-E

Selim hat 31 Cola-Lutscher zu Hause. Für den Ausflug Nimmt er sich 5 Lutscher mit.

Wir fragen: ____________________

Wir rechnen: ☐ ○ ☐ ○ ☐

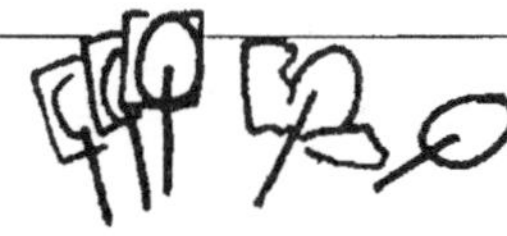

Wir antworten: ____________________

Dilek kauft sich ein Glas mit 36 bunten Kugeln Kaugummi. Jn der Hosentasche findet sie noch 7 Kugeln.

Wir fragen: ____________________

Wir rechnen: ☐ ○ ☐ ○ ☐

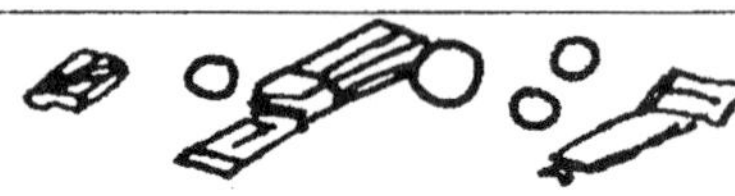

Jch denke mir eine Zahl:
Die Zahl ist um
6 kleiner als 84.

☐ ○ ☐ ○ ☐

Wir antworten: ____________________

Jch denke mir eine Zahl:
Wenn ich zu dieser Zahl 26 dazurechne
kommt 99 heraus.

☐ ○ ☐ ○ ☐

Wir antworten: ____________________

Jch denke mir eine Zahl:
Jch rechne 9 dazu,
dann rechne ich 2 weg.
Jetzt kommt 33 heraus.

☐ ○ ☐ ○ ☐ ○ ☐

Wir antworten: ____________________

Jch denke mir eine Zahl:
Die Zahl ist um 4 größer als 31
und um 6 kleiner als 41

☐ ○ ☐ ○ ☐

☐ ○ ☐ ○ ☐

Wir antworten: ____________________

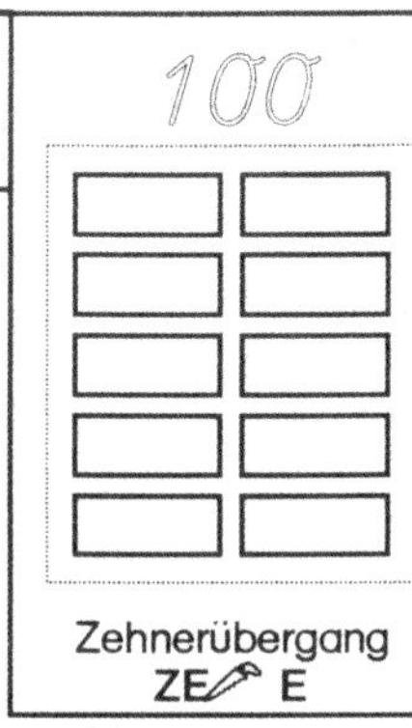

Zerlege und mache einen Zehner auf!

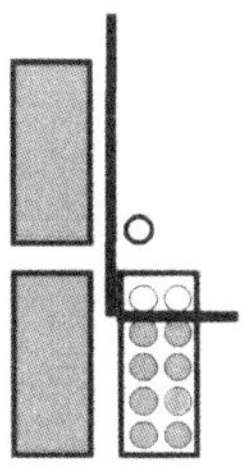

31 = 28 + ☐

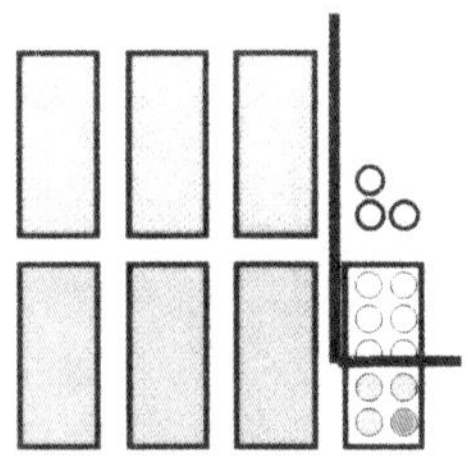

73 = 64 + ☐

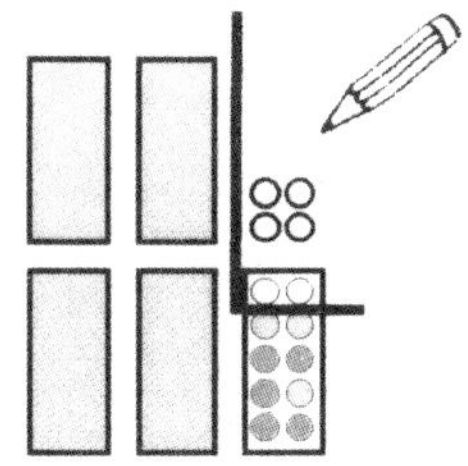

54 = 48 + ☐

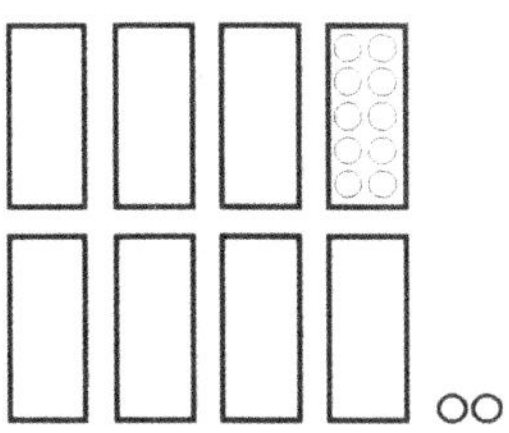

82 = 76 + ☐

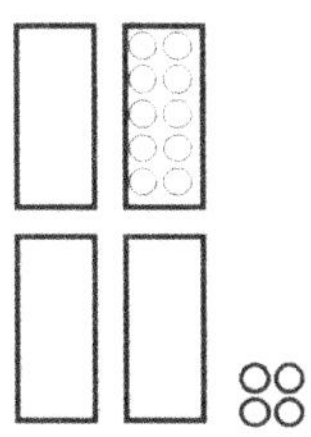

44 = 37 + ☐

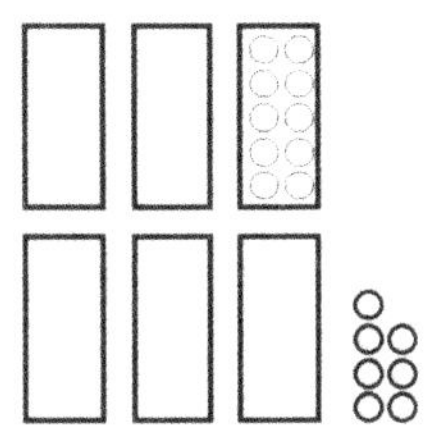

67 = 59 + ☐

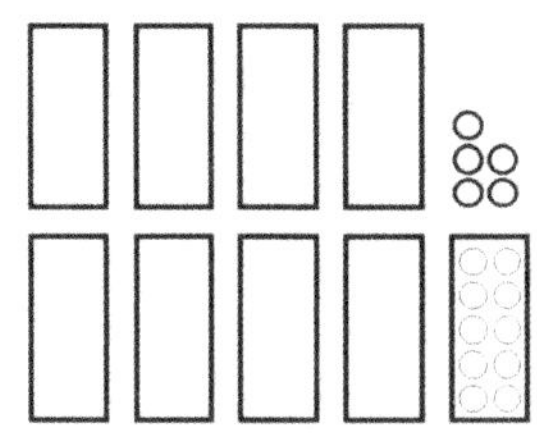

95 = 87 + ☐

Zerlege!

25 = 16 + ☐	61 = 59 + ☐	42 = 36 + ☐	48 = 39 + ☐	56 = 48 + ☐
92 = 87 + ☐	36 = 27 + ☐	74 = 67 + ☐	32 = 24 + ☐	21 = 13 + ☐
52 = 46 + ☐	98 = 89 + ☐	57 = 49 + ☐	66 = 57 + ☐	88 = 79 + ☐
83 = 75 + ☐	75 = 68 + ☐	82 = 79 + ☐	94 = 86 + ☐	44 = 38 + ☐
33 = 28 + ☐	23 = 19 + ☐	47 = 39 + ☐	27 = 19 + ☐	78 = 69 + ☐
41 = 35 + ☐	86 = 77 + ☐	62 = 54 + ☐	85 = 78 + ☐	35 = 29 + ☐
45 = 36 + ☐	65 = 56 + ☐	51 = 43 + ☐	24 = 15 + ☐	56 = 48 + ☐
87 = 78 + ☐	31 = 26 + ☐	68 = 59 + ☐	76 = 67 + ☐	96 = 88 + ☐
71 = 65 + ☐	97 = 88 + ☐	22 = 17 + ☐	93 = 85 + ☐	34 = 27 + ☐
26 = 18 + ☐	77 = 69 + ☐	81 = 74 + ☐	43 = 34 + ☐	67 = 58 + ☐
64 = 58 + ☐	46 = 38 + ☐	63 = 55 + ☐	84 = 77 + ☐	28 = 19 + ☐
58 = 49 + ☐	72 = 67 + ☐	37 = 29 + ☐	55 = 47 + ☐	91 = 83 + ☐

Ergänze!

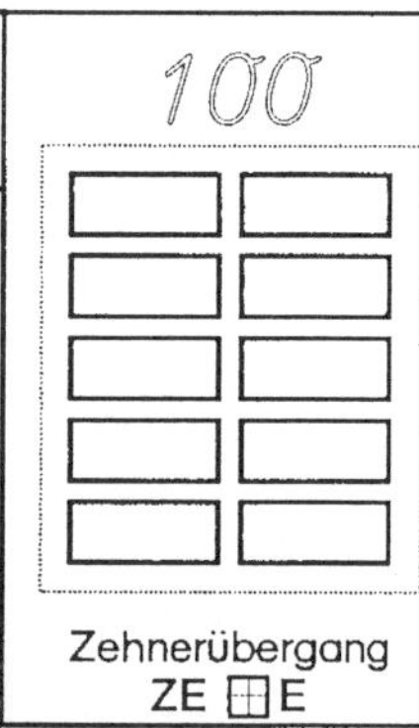

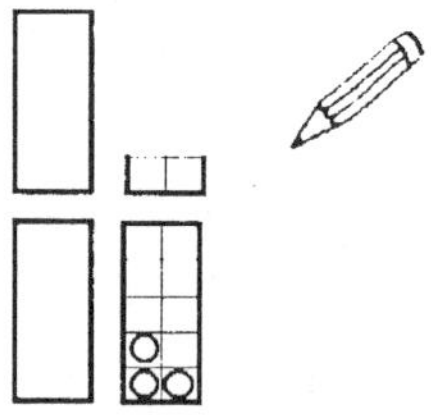

23 + ☐ = 32

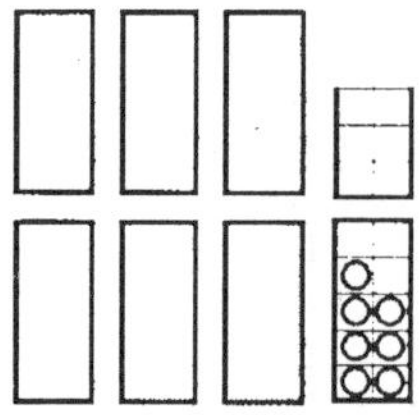

67 + ☐ = 76

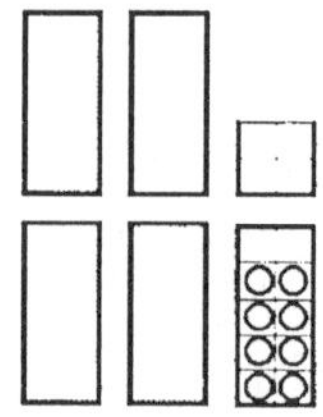

48 + ☐ = 54

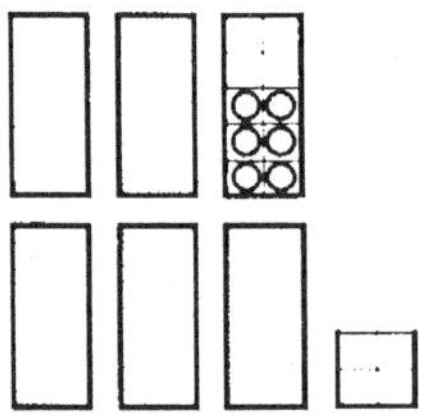

56 + ☐ = 64

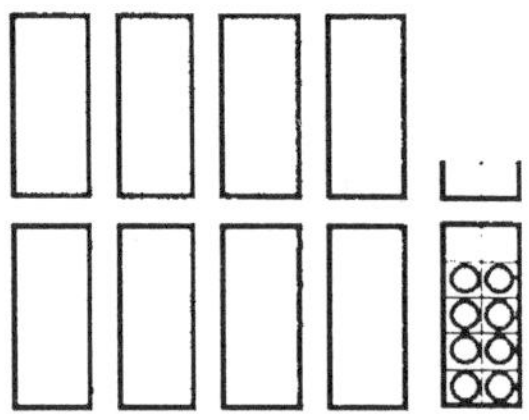

88 + ☐ = 92

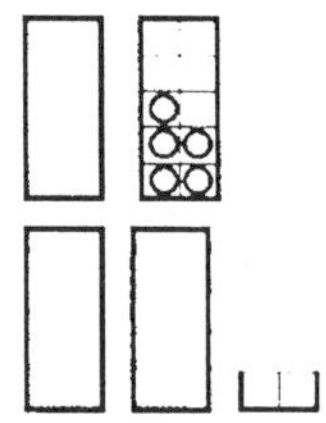

35 + ☐ = 42

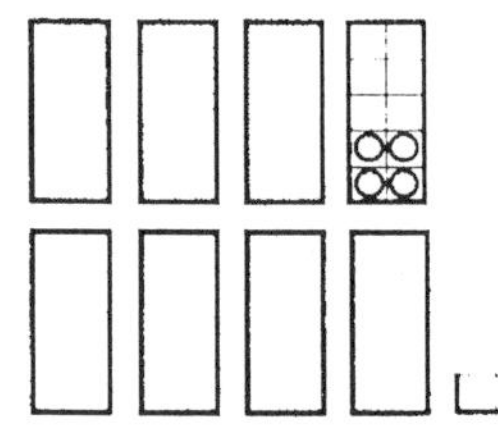

74 + ☐ = 82

Ergänze!

57 + ☐ = 62	32 + ☐ = 41	83 + ☐ = 92	28 + ☐ = 36	39 + ☐ = 45
66 + ☐ = 73	87 + ☐ = 92	24 + ☐ = 32	65 + ☐ = 74	88 + ☐ = 93
37 + ☐ = 44	53 + ☐ = 62	62 + ☐ = 71	85 + ☐ = 93	49 + ☐ = 55
77 + ☐ = 85	45 + ☐ = 53	59 + ☐ = 66	42 + ☐ = 51	86 + ☐ = 91
48 + ☐ = 56	69 + ☐ = 73	27 + ☐ = 34	36 + ☐ = 42	34 + ☐ = 42
44 + ☐ = 52	79 + ☐ = 84	73 + ☐ = 81	75 + ☐ = 83	59 + ☐ = 63
22 + ☐ = 31	47 + ☐ = 52	52 + ☐ = 61	64 + ☐ = 71	37 + ☐ = 46
84 + ☐ = 91	89 + ☐ = 97	36 + ☐ = 44	25 + ☐ = 33	72 + ☐ = 81
43 + ☐ = 52	68 + ☐ = 74	28 + ☐ = 32	78 + ☐ = 85	55 + ☐ = 63
54 + ☐ = 62	29 + ☐ = 37	54 + ☐ = 61	46 + ☐ = 51	46 + ☐ = 52
38 + ☐ = 41	78 + ☐ = 83	26 + ☐ = 31	58 + ☐ = 66	33 + ☐ = 41
76 + ☐ = 82	63 + ☐ = 72	87 + ☐ = 95	66 + ☐ = 72	82 + ☐ = 91

Zerlegen oder Ergänzen?

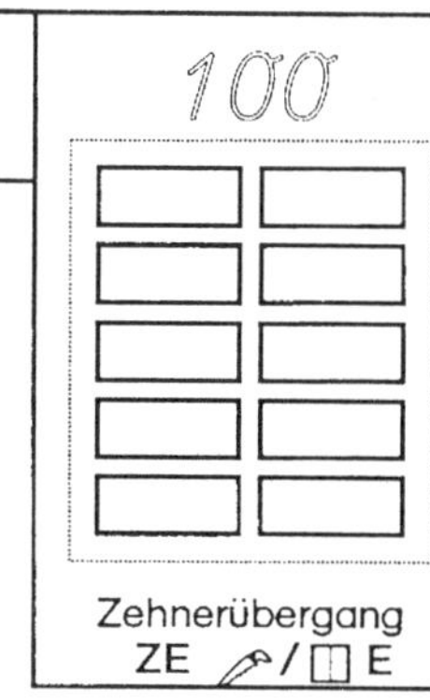

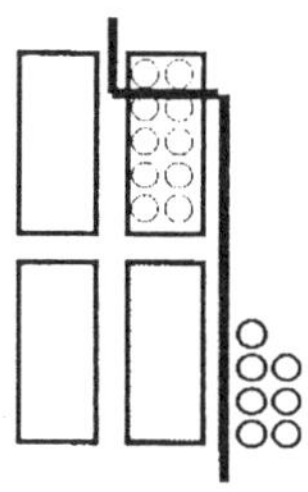

47 = 38 + □

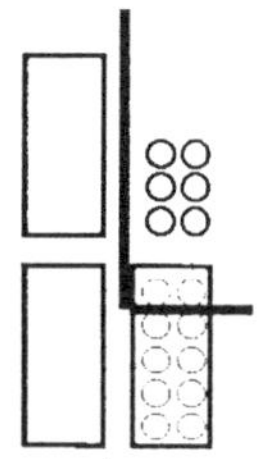

36 = 28 + □

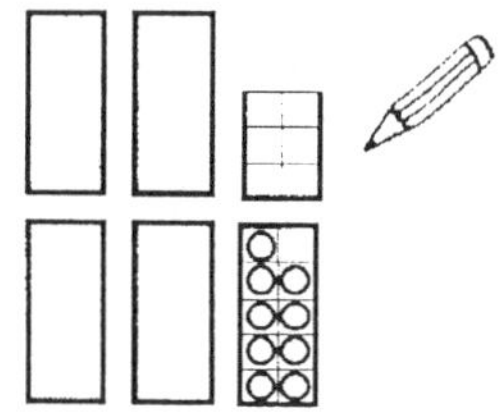

49 + □ = 56

74 + □ = 81	96 = 88 + □	78 = 69 + □	95 = 88 + □	64 = 57 + □
37 = 28 + □	85 + □ = 92	44 = 38 + □	23 + □ = 31	27 + □ = 36
43 = 37 + □	25 + □ = 32	26 + □ = 33	62 = 56 + □	42 + □ = 51
58 + □ = 63	58 + □ = 65	67 + □ = 73	76 = 69 + □	57 + □ = 61
87 + □ = 95	75 = 66 + □	38 + □ = 45	46 + □ = 54	73 = 67 + □
75 = 66 + □	46 = 39 + □	86 = 77 + □	56 + □ = 63	36 = 29 + □

Wie heißt das Lösungswort?

34 = 28 + □	58 = 49 + □	64 + □ = 73	72 = 66 + □	77 = 68 + □
32 + □ = 41	67 + □ = 75	93 = 87 + □	44 = 36 + □	35 + □ = 43
25 + □ = 34	86 + □ = 93	87 = 79 + □	86 + □ = 94	75 = 67 + □
66 + □ = 75	48 + □ = 52	25 + □ = 31	67 + □ = 71	83 = 77 + □
92 = 86 + □	42 = 36 + □	52 + □ = 61	39 + □ = 43	22 + □ = 31
88 = 79 + □	97 = 89 + □	67 = 58 + □	86 = 79 + □	24 + □ = 33

So ein Durcheinander!

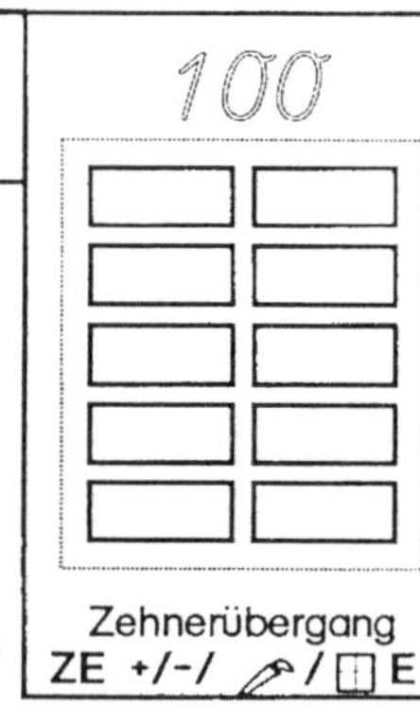

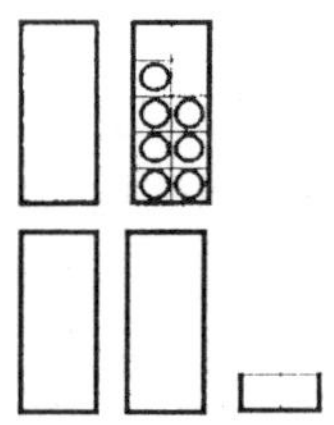 37 + ☐ = 42	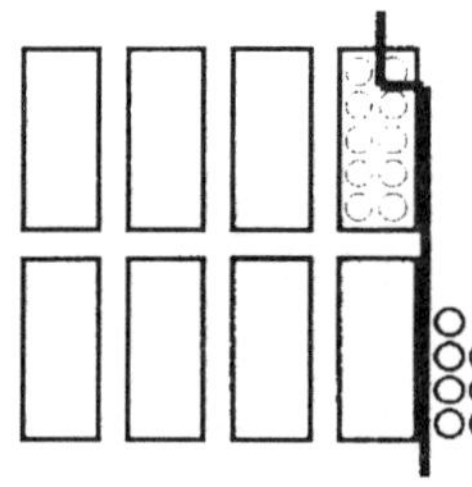 87 = 79 + ☐	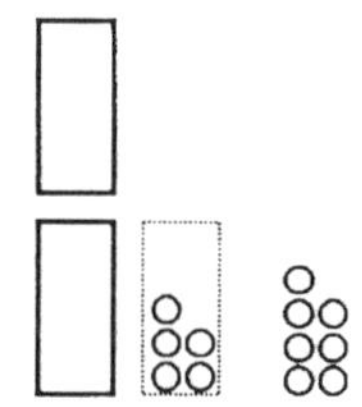 25 + 7 = ☐	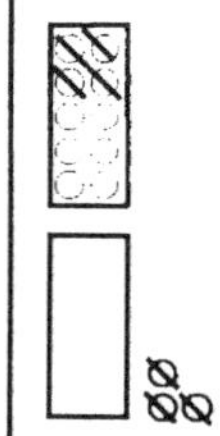 23 − 7 = ☐
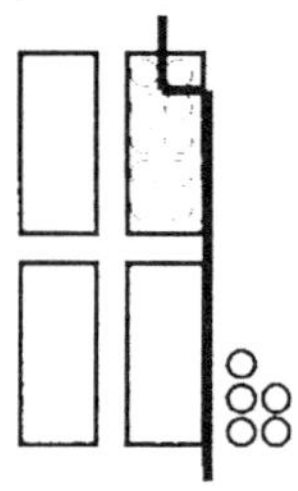 45 = 39 + ☐	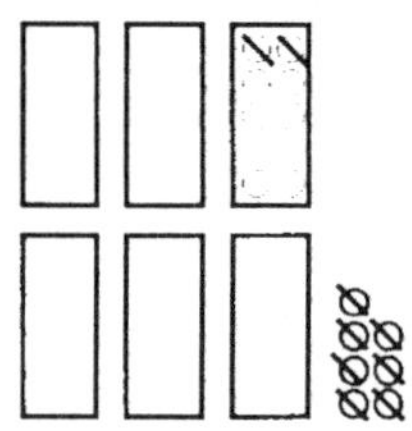 67 − 9 = ☐	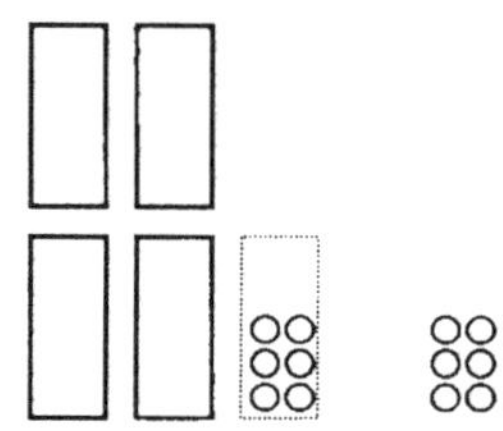 46 + 6 = ☐	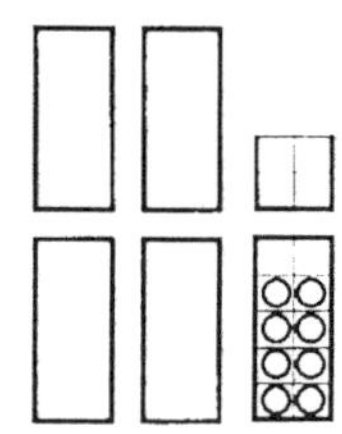 48 + ☐ = 54

Köpfchen, Köpfchen!

62 + 9 = ☐	92 − 3 = ☐	55 = 46 + ☐	24 + ☐ = 33	78 = 69 + ☐
55 + 7 = ☐	96 − 8 = ☐	27 = 19 + ☐	54 + ☐ = 62	44 = 39 + ☐
27 + 8 = ☐	25 − 9 = ☐	97 = 88 + ☐	44 + ☐ = 51	32 + ☐ = 41
36 + 9 = ☐	77 − 8 = ☐	74 = 67 + ☐	52 + ☐ = 61	48 + ☐ = 55
74 + 7 = ☐	75 − 6 = ☐	87 = 79 + ☐	23 + ☐ = 32	38 + ☐ = 46
65 + 8 = ☐	87 − 8 = ☐	55 = 46 + ☐	67 + ☐ = 72	77 = 68 + ☐
75 = 69 + ☐	64 + ☐ = 72	77 − 9 = ☐	95 = 86 + ☐	93 = 87 + ☐
44 + 9 = ☐	28 + ☐ = 37	35 + ☐ = 44	67 − 9 = ☐	85 + 9 = ☐
61 = 54 + ☐	42 + ☐ = 51	75 + 8 = ☐	67 + 7 = ☐	25 + 8 = ☐
67 + ☐ = 74	56 = 49 + ☐	83 − 6 = ☐	76 − 9 = ☐	45 + ☐ = 54
38 − 9 = ☐	73 + 9 = ☐	76 = 67 + ☐	46 + ☐ = 53	75 = 66 + ☐
86 + 5 = ☐	76 − 8 = ☐	24 + 7 = ☐	56 + ☐ = 62	46 − 8 = ☐

Süßwaren: Wie viele Zehner werden es?

100

Sonderfälle 2
ZE + ZE = Z

26 + 14 =

44 + 36 =

75 + 15 =

62 + 28 =

37 + 43 =

18 + 52 =

45 + 35 =

Male und überlege das Ergebnis gut!

66 + 24 =

13 + 27 =

34 + 56 =

57 + 13 =

73 + 17 =

62 + 18 =

52 + 28 =

31 + 59 =

Wird der letzte Zehner voll?

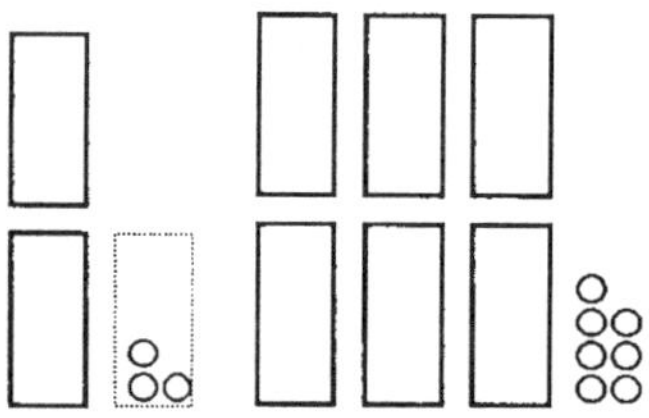

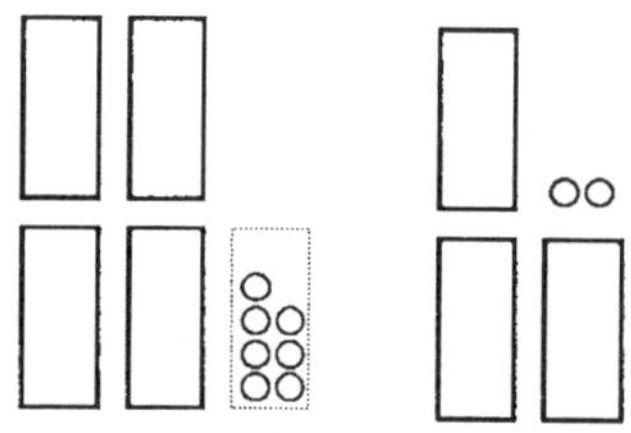

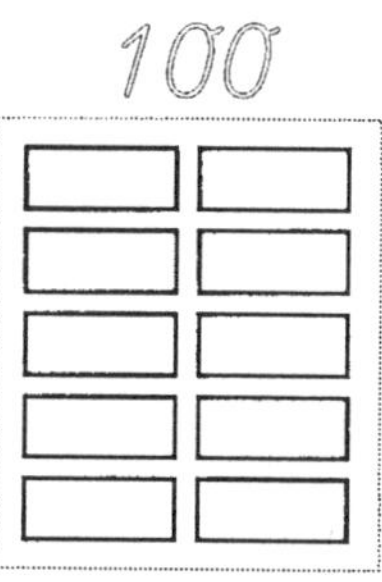

Sonderfälle 2
ZE + ZE = Z

23 + 67 = ☐ | 47 + 32 = ☐ | 77 + 13 = ☐

67+23=	51+38=	25+25=	62+36=	54+44=
71+19=	75+15=	42+28=	55+15=	72+18=
35+53=	91+ 8=	33+48=	27+63=	23+23=
41+39=	21+49=	16+72=	11+59=	36+34=
53+27=	12+82=	56+24=	74+15=	45+15=
84+13=	63+17=	32+18=	24+36=	88+11=

Achtung - fertig - rechnen!

28+32=	69+21=	42+21=	37+53=	65+15=
32+38=	13+47=	78+12	27+13=	48+42=
35+12=	85+13=	38+22=	87+11=	30+69=
75+22=	18+32=	45+45=	74+16=	41+29=
62+18=	22+18=	26+24=	55+43=	46+34=
54+16=	11+81=	63+32=	14+66=	79+11=
67+31=	74+23=	55+35=	61+29=	85+14=
25+45=	61+19=	67+13=	45+24=	35+35=
56+42=	19+51=	43+27=	24+66=	54+36=
14+36=	34+16=	14+73=	18+72=	28+17=
46+44=	16+34=	43+37=	38+22=	30+49=
35+15=	38+51=	15+15=	72+11=	31+21=

Ein Zehner wird aufgemacht!

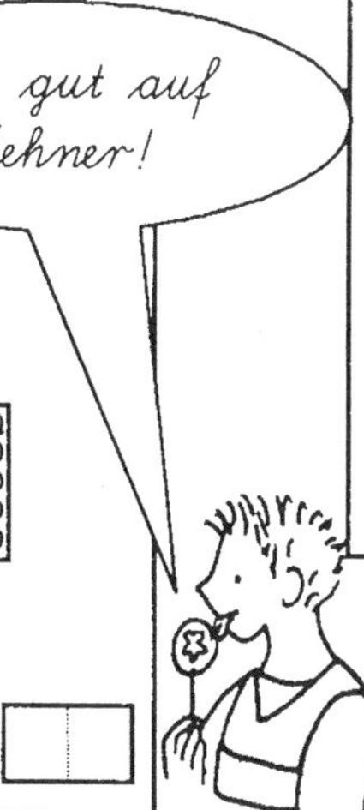

100

Sonderfälle 2
Z - ZE

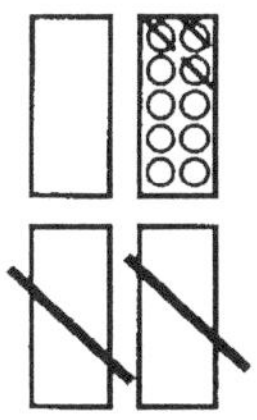

40 - 23 =

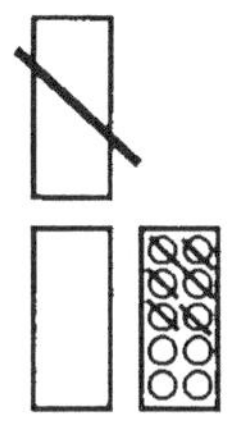

30 - 16 =

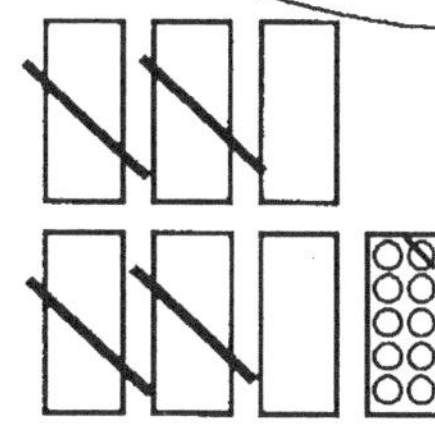

70 - 41 =

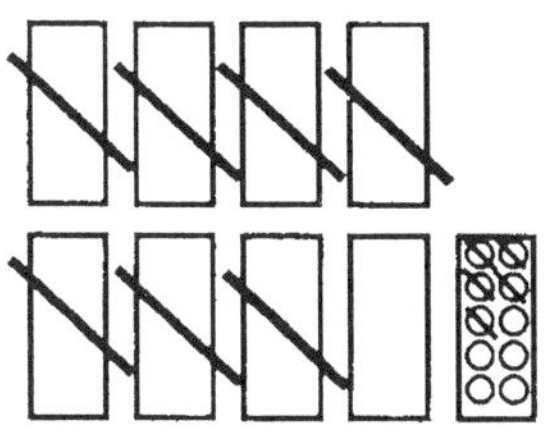

90 - 75 =

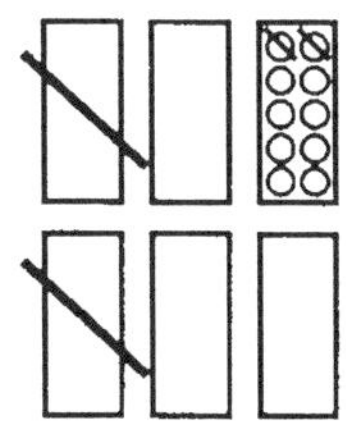

60 - 22 =

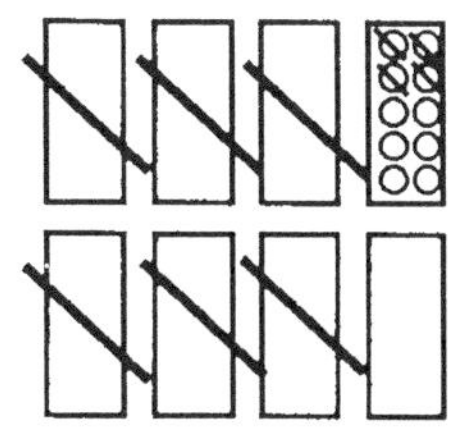

80 - 64 =

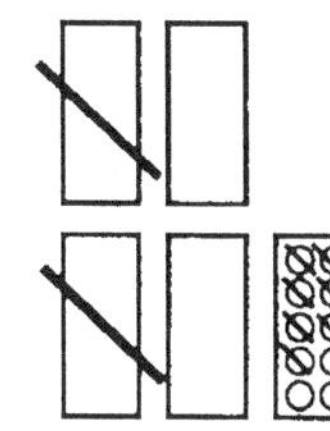

50 - 27 =

Mache zuerst einen Zehner auf!

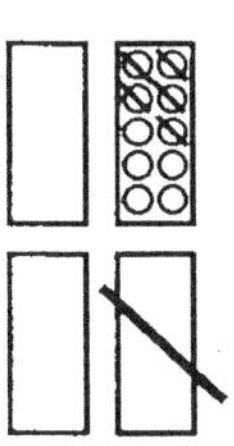

40 - 15 =

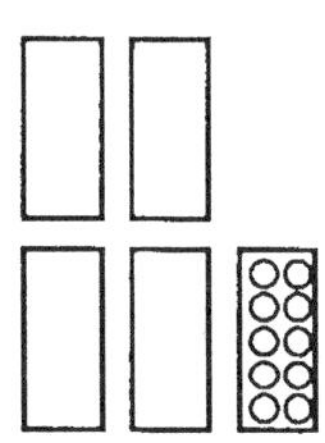

50 - 28 =

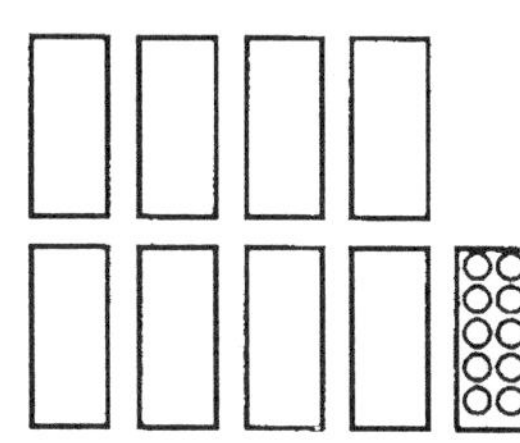

90 - 66 =

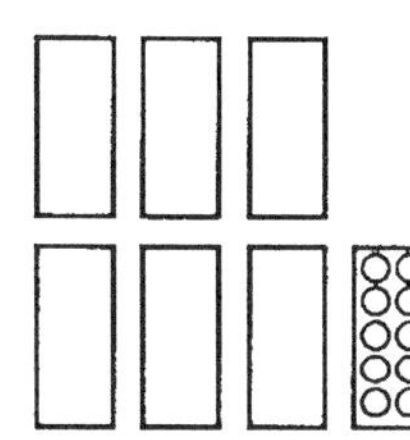

70 - 52 =

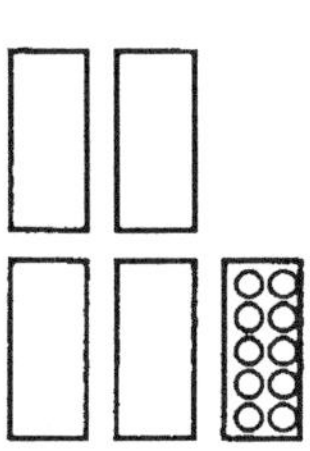

50 - 32 =

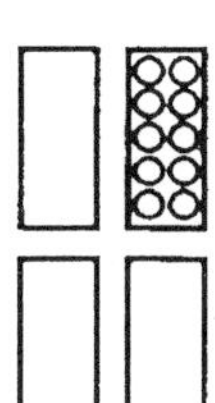

40 - 11 =

60 - 43 =

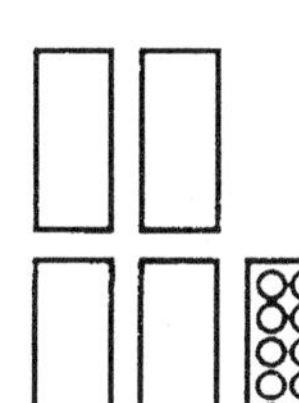

50 - 19 =

Wird ein Zehner aufgemacht?

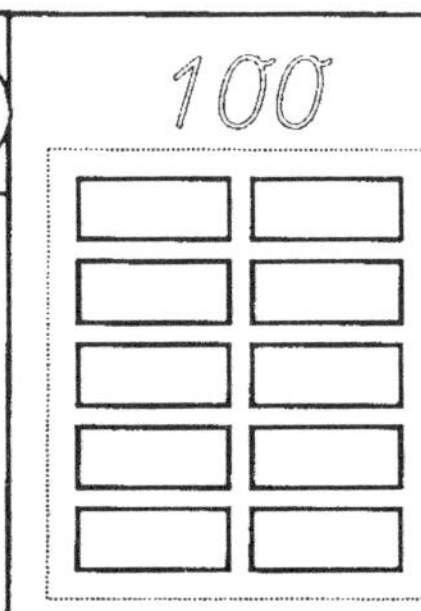

Sonderfälle 2
Z - ZE

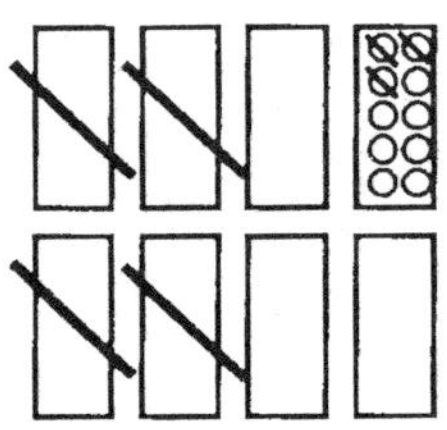

80 - 43 = ☐

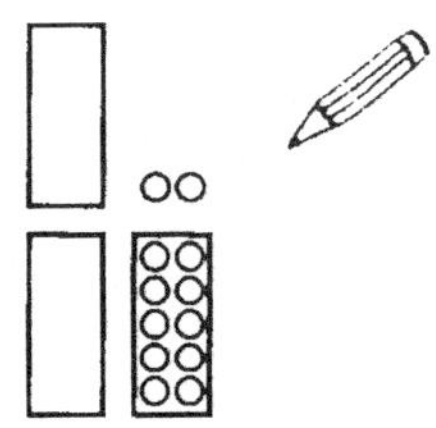

32 - 11 = ☐

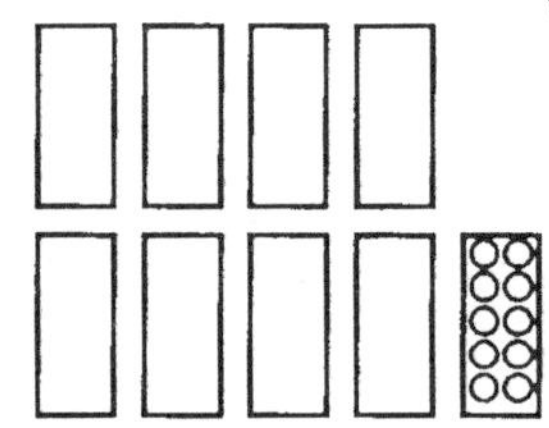

90 - 37 = ☐

40-24= ☐	78-48= ☐	44-31= ☐	40-14= ☐	50-37= ☐
37-13= ☐	90-43= ☐	98-78= ☐	30-17= ☐	90-58= ☐
30-12= ☐	80- 2= ☐	50-13= ☐	35-31= ☐	79-57= ☐
60-42= ☐	60-28= ☐	70-22= ☐	75-45= ☐	70-37= ☐
80-36= ☐	90-60= ☐	50- 5= ☐	60-44= ☐	40- 5= ☐
50-35= ☐	40-19= ☐	100-41= ☐	70-51= ☐	80-34= ☐

Auf die Plätze ....!

90-54= ☐	92-51= ☐	40-26= ☐	70-38= ☐	50-24= ☐
50-40= ☐	30- 3= ☐	80- 5= ☐	70-44 ☐	29-18= ☐
60-23= ☐	30-19= ☐	60-47= ☐	90-28= ☐	80-54= ☐
58-35= ☐	60-42= ☐	60-27= ☐	40- 7= ☐	70-32= ☐
90-41= ☐	70-34= ☐	86-41= ☐	89-57= ☐	80-23= ☐
100-76= ☐	60-20= ☐	100-64= ☐	80-31= ☐	60- 7= ☐
50-21= ☐	50-25= ☐	33-22= ☐	60-22= ☐	80-12= ☐
34-32= ☐	70-12= ☐	50-36= ☐	45-24= ☐	70-26= ☐
30-14= ☐	45-21= ☐	80-25= ☐	90-73= ☐	50-33= ☐
80-59= ☐	40- 8= ☐	90-49= ☐	60-15= ☐	28-14= ☐
90-40= ☐	48-21= ☐	40-20= ☐	32-12= ☐	44-22= ☐
80-13= ☐	90-25= ☐	80-67= ☐	70-56= ☐	70-10= ☐

Vorsicht: Nicht einfach!

100
+/-
gemischte Aufgaben

25 - 3 =	8 + 9 =	54 - 31 =	62 + 9 =	
30 - 11 =	22 + 4 =	20 + 45 =	7 + 4 =	
43 + 47 =	85 - 32 =	34 - 10 =	31 + 61 =	
76 + 13 =	80 - 3 =	36 + 24 =	79 - 2 =	
51 + 9 =	53 + 17 =	70 - 23 =	16 - 9 =	43 + 7 =
39 - 7 =	84 - 7 =	64 + 25 =	100 - 42 =	100 - 57 =

66 + 1 =	59 - 37 =	60 - 3 =	60 + 5 =	54 - 3 =
21 + 39 =	36 + 30 =	43 - 5 =	55 + 25 =	52 + 3 =
69 - 42 =	27 + 3 =	72 + 1 =	14 - 5 =	60 - 33 =
40 - 6 =	68 - 12 =	76 + 0 =	90 - 12 =	36 + 7 =
53 + 7 =	22 + 53 =	48 + 20 =	74 - 23 =	13 - 9 =
53 - 30 =	68 - 9 =	80 - 9 =	54 - 8 =	68 + 5 =

Was ist hier versteckt?

28 + 22 =	61 + 12 =	42 - 0 =	47 + 3 =	43 + 41 =
34 + 8 =	90 - 6 =	68 + 5 =	60 - 9 =	82 - 40 =
35 + 1 =	82 + 2 =	82 - 40 =	16 + 20 =	30 + 6 =
50 - 14 =	40 + 2 =	45 + 25 =	15 - 7 =	7 + 7 =
62 + 8 =	42 - 6 =	6 + 8 =	43 + 30 =	40 - 4 =
94 - 10 =	91 - 41 =	16 - 9 =	8 + 8 =	100 - 16 =

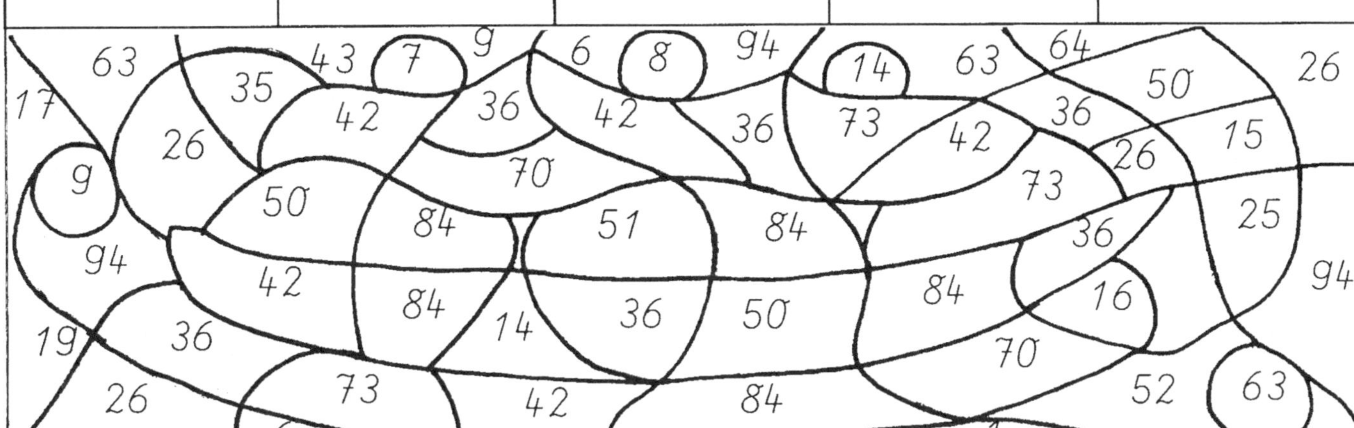

Sachaufgaben

100

Sonderfälle 2
+ / -

Frau Scheibe kauft im Kaufhaus 14 große Maikäfer aus Schokolade und 36 kleine Käfer.

Wir fragen: ______

Wir rechnen: ☐ ○ ☐ ○ ☐

Wir antworten: ______

Herr Wittmann legt eine Tasche mit 50 Mohrenköpfen ins Auto. Frau Wittmann setzt sich versehentlich darauf. 13 davon zerbrechen.

Wir fragen: ______

Wir rechnen: ☐ ○ ☐ ○ ☐

Wir antworten: ______

Jm Glas ist ein Rest von 36 Sauren Pommes. Der Verkäufer füllt das Glas mit 64 weiteren Pommes auf.

Wir fragen: ______

Wir rechnen: ☐ ○ ☐ ○ ☐

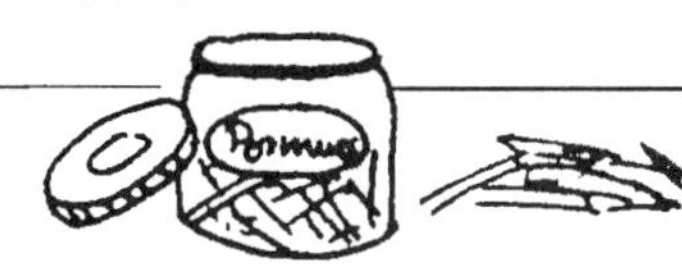

Wir antworten: ______

Jn der Auslage liegen 60 Zuckerelefanten. Frau Topf kauft für Wolframs Geburtstagstorte 17 Stück.

Wir fragen: ______

Wir rechnen: ☐ ○ ☐ ○ ☐

Wir antworten: ______

Für den Ausflug nimmt sich Susanne 40 Saure Apfelringe mit. Sie schenkt ihrem Freund Paul 16 Stück.

Wir fragen: ______

Wir rechnen: ☐ ○ ☐ ○ ☐

Wir antworten: ______

Volker beklagt sich: „Mir ist schlecht! Jch habe 21 Gummibärchen und 29 Maoam gegessen."

Wir fragen: ______

Wir rechnen: ☐ ○ ☐ ○ ☐

Wir antworten: ______

Für Schlauköpfe!

100

+/-
gemischte Aufgaben

41 - 8 =	85 + 10 =	70 + 9 =	30 + 5 =	
97 - 34 =	26 + 34 =	94 - 8 =	17 - 9 =	
60 - 8 =	68 + 7 =	43 + 22 =	58 + 4 =	
36 + 4 =	30 - 7 =	22 - 1 =	33 - 21 =	
54 + 31 =	70 - 27 =	8 + 4 =	60 - 15 =	63 + 7 =
79 + 3 =	45 - 10 =	81 - 50 =	49 + 21 =	51 - 9 =

99 - 7 =	41 - 40 =	93 - 81 =	80 + 9 =	23 - 6 =
69 + 1 =	82 - 30 =	14 - 5 =	39 + 41 =	63 - 6 =
50 - 6 =	90 - 61 =	56 + 41 =	41 + 6 =	80 + 3 =
26 + 7 =	33 - 2 =	37 + 50 =	73 - 23 =	49 + 10 =
44 - 7 =	32 + 7 =	62 - 7 =	45 + 8 =	87 + 8 =
55 + 35 =	9 + 2 =	20 - 7 =	63 + 35 =	80 - 72 =

Rechen-Training

23 + 61 =	90 - 52 =	40 - 1 =	43 + 2 =	52 + 1 =
22 + 9 =	14 - 9 =	73 + 7 =	27 - 7 =	88 - 41 =
90 - 61 =	85 - 8 =	38 - 20 =	84 + 14 =	58 + 10 =
75 - 26 =	48 + 2 =	35 + 6 =	90 - 51 =	90 + 2 =
35 + 30 =	72 - 30 =	68 + 22 =	45 + 25 =	40 - 2 =
55 - 2 =	96 - 7 =	11 - 8 =	55 - 21 =	66 - 50 =

12 - 8 =	29 + 40 =	31 + 1 =	14 - 6 =	52 + 8 =
90 - 2 =	59 - 43 =	63 + 27 =	46 - 20 =	50 - 23 =
64 + 26 =	34 - 6 =	70 - 25 =	87 - 33 =	50 + 4 =
34 + 52 =	26 + 7 =	91 - 50 =	32 + 2 =	60 - 6 =
57 - 30 =	47 - 1 =	72 - 6 =	57 + 22 =	34 + 7 =
30 + 3 =	71 + 9 =	59 + 20 =	46 + 9 =	79 - 2 =

Alles was du kannst!

100

+/-/ ✎/ □
gemischte Aufgaben

95 = 89 + □	85 = 45 + □	78 = 72 + □	70 + □ = 74	
68 - 40 = □	29 + 1 = □	15 + 8 = □	90 = □ + 70	
62 + 14 = □	62 + 18 = □	69 = □ + 25	40 + □ = 60	
56 - 4 = □	45 + □ = 46	47 + □ = 53	56 = □ + 6	
48 + □ = 88	89 = 14 + □	38 - 30 = □	47 + 8 = □	70 - 45 = □
48 + □ = 58	46 - 14 = □	42 + 51 = □	70 - 5 = □	41 - 4 = □
88 - 71 = □	17 = 9 + □	80 + □ = 87	97 = 92 + □	76 = 36 + □
35 + □ = 98	35 + 50 = □	52 + □ = 92	40 + 7 = □	80 - 4 = □
53 + 7 = □	88 = □ + 22	77 + □ = 82	25 + 50 = □	33 + 27 = □
63 - 2 = □	65 + □ = 69	8 = □ + 3	9 + □ = 12	56 - 50 = □
73 = 68 + □	50 - 34 = □	73 + 14 = □	76 = 36 + □	20 + 40 = □
23 + 3 = □	86 + 7 = □	14 - 6 = □	86 - 8 = □	50 + 30 = □

Wie heißt das Lösungswort?

41 + 10 = □	92 = 50 + □	50 = 10 + □	32 + 8 = □	78 = 36 + □
55 + 13 = □	90 - 39 = □	27 + 13 = □	99 - 31 = □	60 - 20 = □
27 + □ = 35	80 - 20 = □	97 = □ + 4	98 - 5 = □	40 + □ = 80
72 + 5 = □	99 = 91 + □	30 = □ + 10	52 + □ = 64	48 + □ = 56
93 = 81 + □	75 = 67 + □	83 - 6 = □	35 + □ = 75	51 + □ = 59
99 - 6 = □	86 - 9 = □	60 + 8 = □	67 + □ = 75	77 = 65 + □

Jm Supermarkt: Zehner und Einer verändern sich!

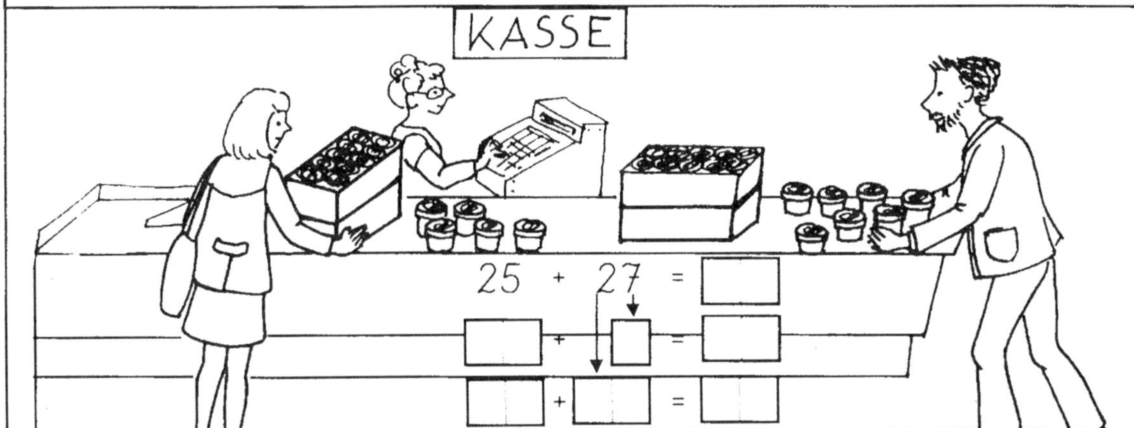

25 + 27 = ☐

☐ + ☐ = ☐

☐ + ☐ = ☐

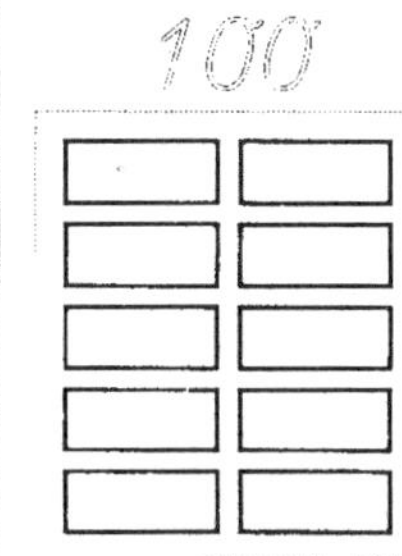

Zehnerübergang
ZE + ZE

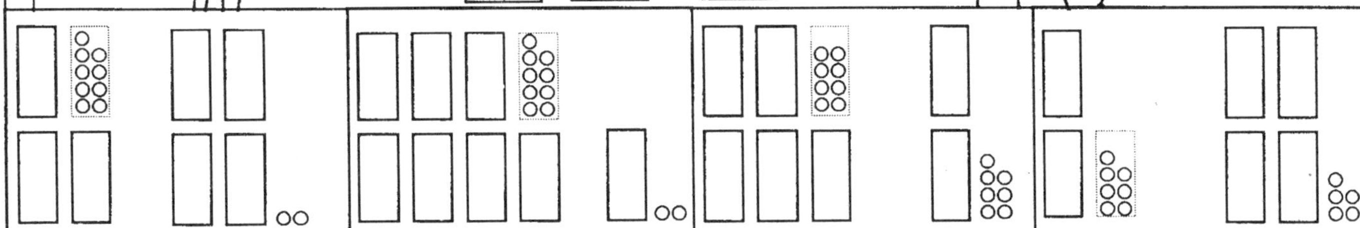

39 + 42 = ☐	79 + 12 = ☐	58 + 27 = ☐	27 + 45 = ☐
☐ + ☐ = ☐	☐ + ☐ = ☐	☐ + ☐ = ☐	☐ + ☐ = ☐
☐ + ☐ = ☐	☐ + ☐ = ☐	☐ + ☐ = ☐	☐ + ☐ = ☐

Male Zehner und Einer dazu! Rechne!

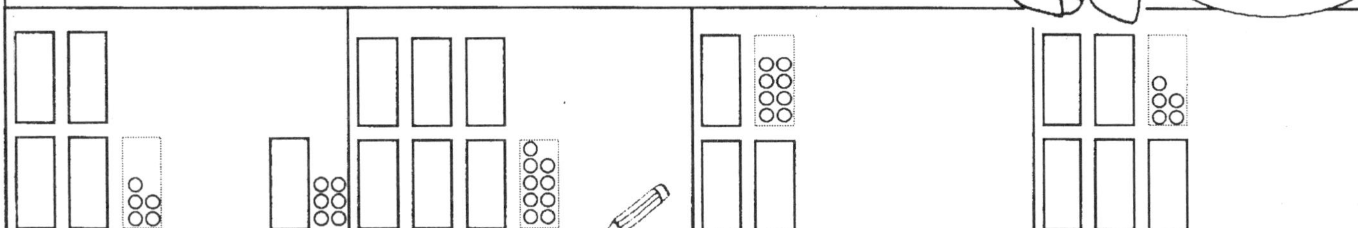

45 + 16 = ☐	69 + 22 = ☐	38 + 13 = ☐	55 + 36 = ☐
☐ + ☐ = ☐	☐ + ☐ = ☐	☐ + ☐ = ☐	☐ + ☐ = ☐
☐ + ☐ = ☐	☐ + ☐ = ☐	☐ + ☐ = ☐	☐ + ☐ = ☐

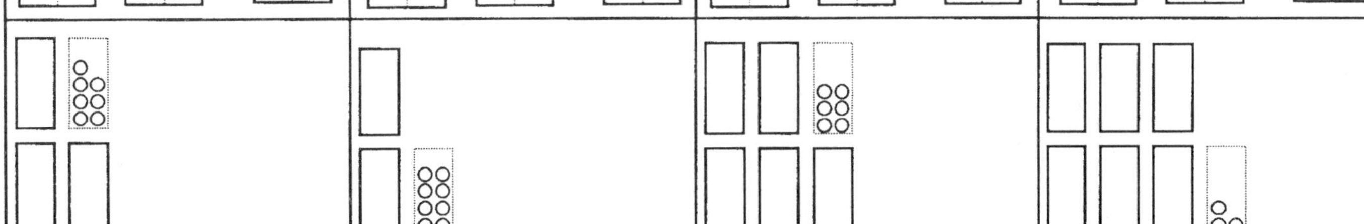

37 + 26 = ☐	28 + 34 = ☐	56 + 18 = ☐	63 + 29 = ☐
☐ + ☐ = ☐	☐ + ☐ = ☐	☐ + ☐ = ☐	☐ + ☐ = ☐
☐ + ☐ = ☐	☐ + ☐ = ☐	☐ + ☐ = ☐	☐ + ☐ = ☐

Male und rechne!

100

Zehnerübergang
ZE + ZE

47 + 36 =

66 + 17 =

48 + 24 =

78 + 14 =

24 + 27 =

65 + 27 =

34 + 19 =

Male die Rechnung!

26 + 15 =

34 + 29 =

67 + 14 =

32 + 19 =

37 + 36 =

38 + 34 =

24 + 18 =

45 + 29 =

Fülle erst den Zehner auf!

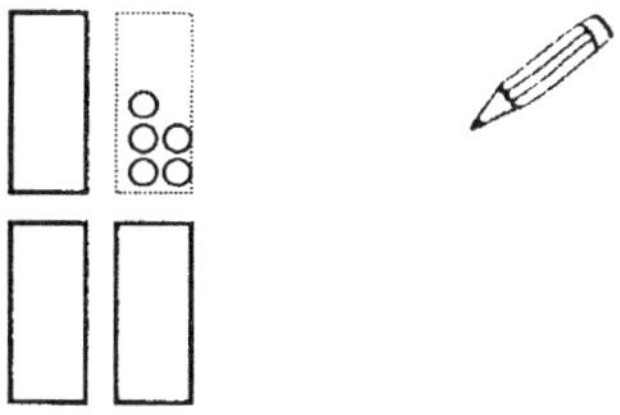

35 + 27 =

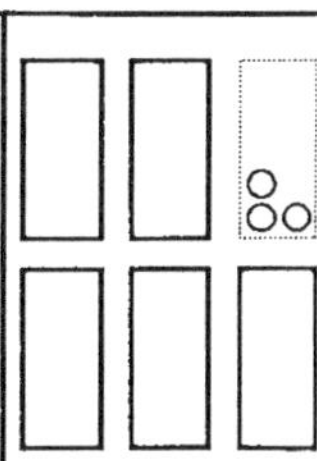

53 + 19 =

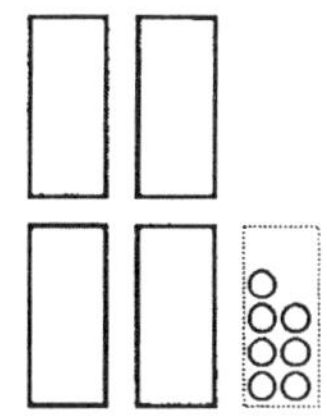

47 + 28 =

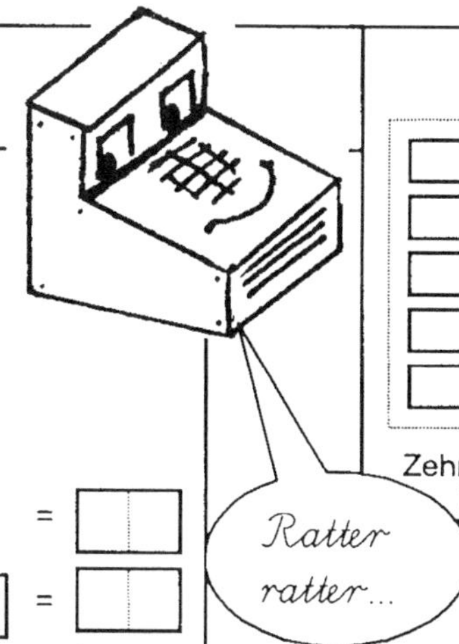

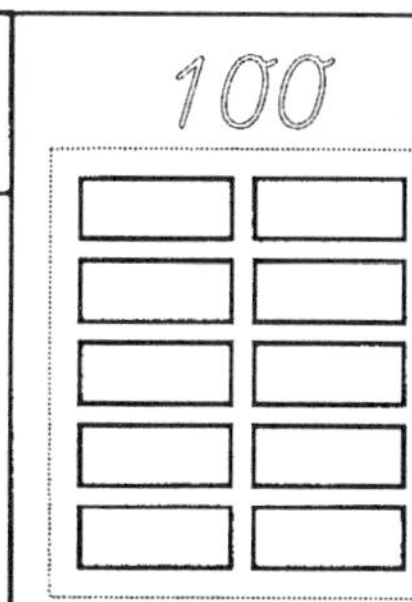

35 + 28 =

54 + 39 =

74 + 18 =

44 + 47 =

57 + 16 =

67 + 27 =

45 + 39 =

56 + 26 =

Rechne in zwei Schritten!

25 + 47 =

65 + 19 =

59 + 38 =

39 + 47 =

75 + 16 =

48 + 47 =

54 + 28 =

65 + 26 =

36 + 49 =

53 + 28 =

76 + 15 =

69 + 23 =

75 + 18 =

67 + 26 =

38 + 24 =

28 + 55 =

Jetzt ohne Zwischenschritt!

100

Zehnerübergang
ZE + ZE

47 + 15 = ☐

76 + 17 = ☐

34 + 38 = ☐

27 + 54 = ☐

64 + 29 = ☐

49 + 15 = ☐

55 + 26 = ☐

Wie heißt die Rechnung?

Das kannst du!

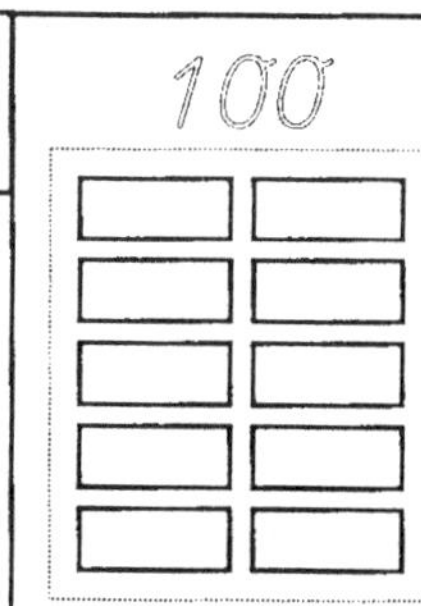

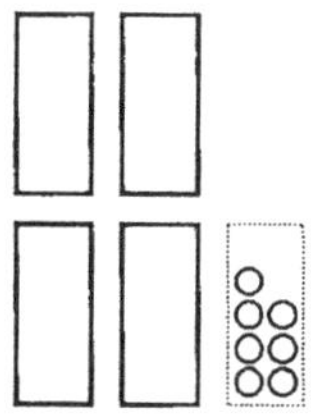

47 + 26 = ☐

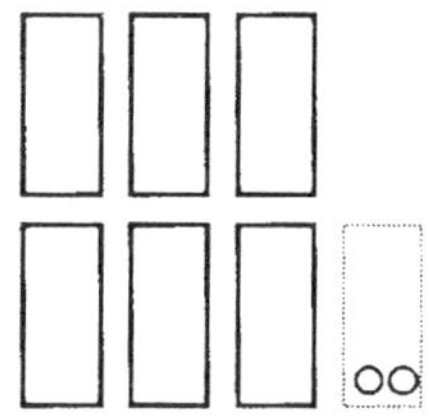

62 + 19 = ☐

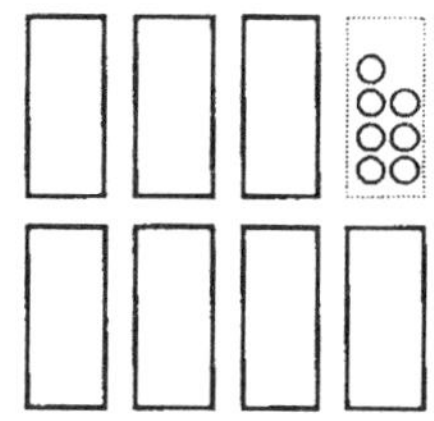

77 + 18 = ☐

29 + 55 = ☐	79 + 13 = ☐	67 + 17 = ☐	39 + 32 = ☐	29 + 46 = ☐
49 + 24 = ☐	77 + 14 = ☐	58 + 16 = ☐	24 + 47 = ☐	47 + 47 = ☐
48 + 13 = ☐	56 + 35 = ☐	49 + 32 = ☐	46 + 45 = ☐	38 + 27 = ☐
66 + 26 = ☐	23 + 69 = ☐	78 + 15 = ☐	69 + 12 = ☐	69 + 14 = ☐
29 + 34 = ☐	68 + 13 = ☐	25 + 36 = ☐	37 + 54 = ☐	89 + 11 = ☐
22 + 39 = ☐	29 + 23 = ☐	28 + 43 = ☐	38 + 23 = ☐	28 + 26 = ☐

Hier sollst du üben!

44 + 37 = ☐	22 + 19 = ☐	76 + 17 = ☐	48 + 34 = ☐	52 + 29 = ☐
33 + 19 = ☐	55 + 18 = ☐	34 + 38 = ☐	44 + 17 = ☐	66 + 19 = ☐
23 + 38 = ☐	43 + 39 = ☐	42 + 19 = ☐	34 + 39 = ☐	35 + 16 = ☐
52 + 19 = ☐	36 + 27 = ☐	28 + 67 = ☐	34 + 27 = ☐	59 + 18 = ☐
24 + 28 = ☐	34 + 47 = ☐	77 + 18 = ☐	29 + 12 = ☐	42 + 39 = ☐
76 + 18 = ☐	68 + 16 = ☐	63 + 25 = ☐	22 + 29 = ☐	78 + 17 = ☐

62 + 29 = ☐	36 + 18 = ☐	79 + 17 = ☐	72 + 19 = ☐	29 + 47 = ☐
45 + 19 = ☐	59 + 23 = ☐	27 + 39 = ☐	73 + 19 = ☐	48 + 33 = ☐
33 + 48 = ☐	57 + 14 = ☐	44 + 29 = ☐	52 + 39 = ☐	24 + 19 = ☐
32 + 59 = ☐	37 + 26 = ☐	49 + 16 = ☐	64 + 18 = ☐	42 + 29 = ☐
66 + 17 = ☐	25 + 29 = ☐	22 + 29 = ☐	39 + 29 = ☐	69 + 24 = ☐
59 + 17 = ☐	63 + 18 = ☐	43 + 38 = ☐	48 + 27 = ☐	58 + 15 = ☐

Für ganz Fleißige!

100

Zehnerübergang
ZE + ZE

79 + 15 =	77 + 15 =	27 + 19 =	26 + 55 =
35 + 36 =	27 + 66 =	36 + 26 =	25 + 28 =
66 + 27 =	27 + 55 =	78 + 14 =	56 + 17 =
28 + 54 =	48 + 43 =	53 + 18 =	53 + 38 =
57 + 24 =	27 + 29 =	67 + 24 =	76 + 19 =
65 + 17 =	26 + 46 =	65 + 18 =	35 + 49 =

68 + 25 =	47 + 44 =	29 + 35 =	23 + 48 =	77 + 16 =
58 + 13 =	75 + 17 =	53 + 29 =	44 + 39 =	28 + 66 =
44 + 38 =	43 + 18 =	47 + 35 =	58 + 24 =	58 + 35 =
24 + 59 =	76 + 18 =	55 + 27 =	78 + 17 =	38 + 48 =
46 + 37 =	39 + 53 =	79 + 16 =	35 + 17 =	33 + 38 =
76 + 16 =	29 + 42 =	26 + 25 =	27 + 67 =	43 + 29 =

Lösungssatz gesucht!

28 + 59 =	F	86	K	87
32 + 49 =	A	82	L	81
35 + 36 =	A	71	R	72
44 + 27 =	S	71	K	81
45 + 26 =	L	81	S	71
54 + 37 =	E	91	U	92

57 + 37 =	J	94	G	84
29 + 66 =	E	95	S	85
38 + 49 =	K	88	T	87
45 + 28 =	E	36	Z	73
77 + 19 =	T	96	P	95
63 + 19 =	H	82	L	72

59 + 14 =	A	73	H	74
48 + 34 =	E	83	S	82
27 + 46 =	N	63	T	73
35 + 38 =	D	73	K	63
44 + 28 =	A	73	U	72
26 + 65 =	A	91	N	81

66 + 25 =	L	91	N	81
25 + 59 =	L	84	E	74
56 + 28 =	S	94	E	84
42 + 49 =	H	92	S	91
73 + 18 =	G	81	R	91
49 + 42 =	J	91	E	92

48 + 48 =	C	96	R	86
38 + 59 =	H	97	N	96
54 + 27 =	T	81	J	71
49 + 49 =	C	88	J	98
34 - 37 =	J	72	G	71
56 + 39 =	H	85	G	95

63 + 28 =	S	92	E	91
36 + 48 =	M	84	E	85
24 + 57 =	J	71	A	81
78 + 18 =	C	96	W	95
58 + 17 =	E	65	H	75
33 + 58 =	T	91	R	81

– Aufgaben: Zehner und Einer verändern sich!

94 – 15 = ☐
☐ – ☐ = ☐
☐ – ☐ = ☐

42 – 13 = ☐

36 – 19 = ☐

54 – 27 = ☐

67 – 49 = ☐

Streiche weg und rechne!

45 – 26 = ☐

73 – 37 = ☐

38 – 19 = ☐

55 – 38 = ☐

37 – 28 = ☐

83 – 25 = ☐

96 – 18 = ☐

63 – 29 = ☐

Male und rechne!

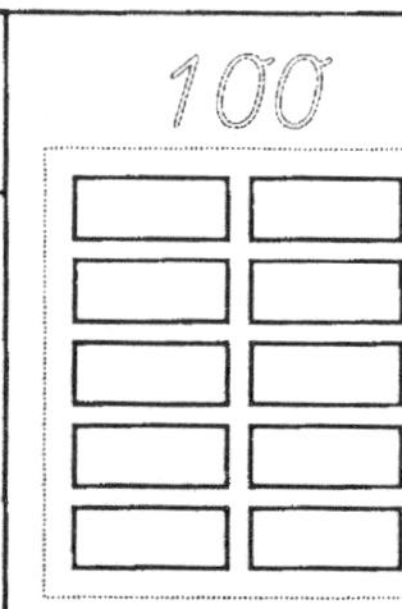

Zehnerübergang
ZE - ZE

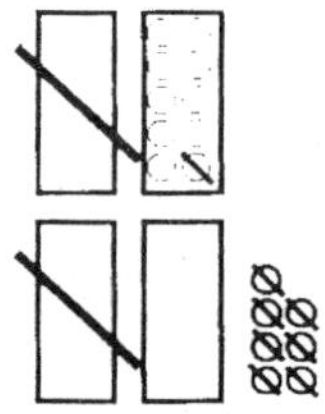

47 - 28 =

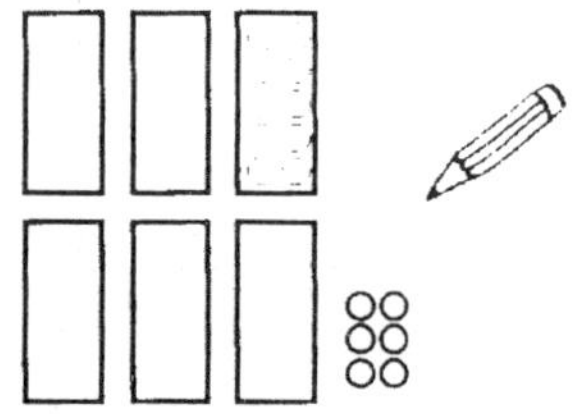

66 - 38 =

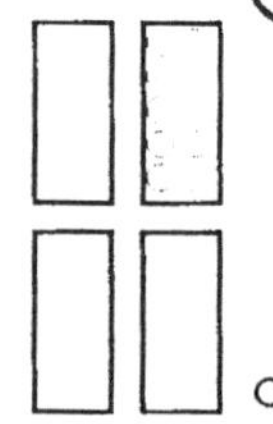

41 - 24 =

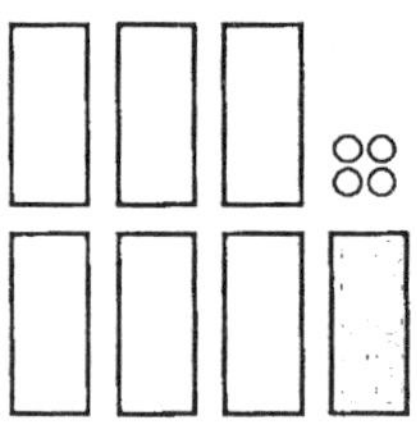

74 - 45 =

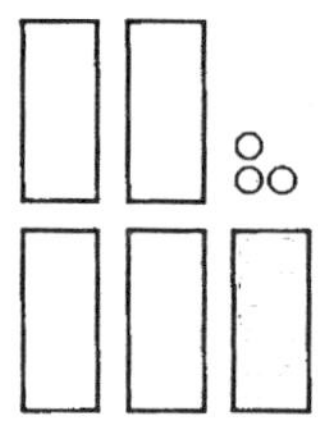

53 - 16 =

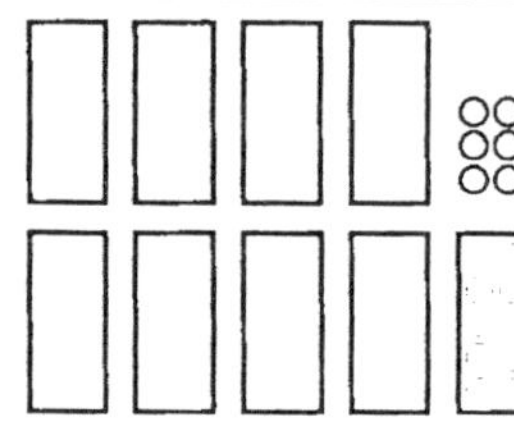

96 - 58 =

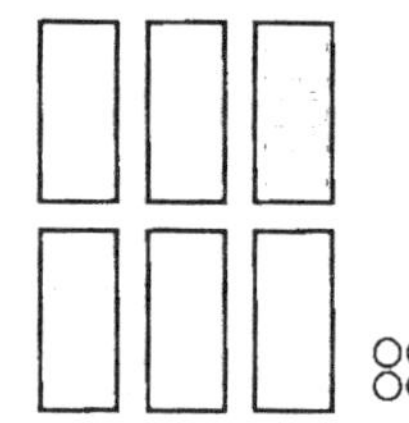

64 - 45 =

Male die Rechnung!

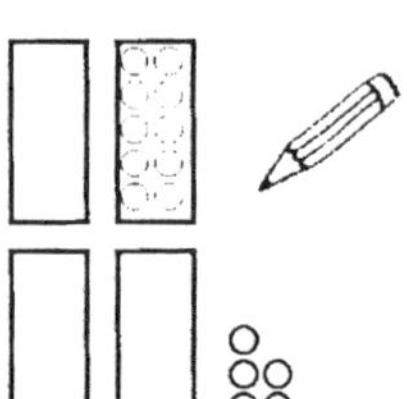

45 - 18 =

57 - 39 =

78 - 49 =

62 - 34 =

36 - 27 =

44 - 27 =

65 - 28 =

53 - 17 =

Vorsicht bei Einern und Zehnern!

100

Zehnerübergang
ZE - ZE

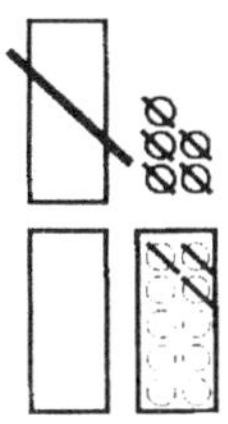

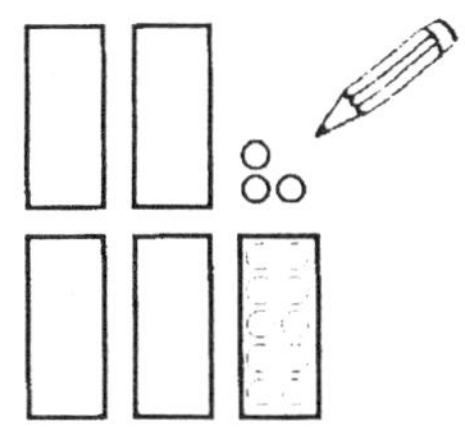

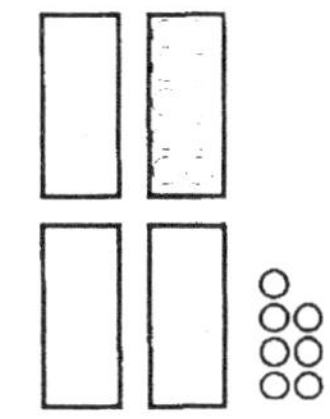

35 - 18 =	53 - 29 =	47 - 38 =	
35 - 29 =	54 - 39 =	74 - 18 =	44 - 29 =
57 - 38 =	63 - 25 =	45 - 19 =	56 - 27 =

Rechne in zwei Schritten!

95 - 47 =	65 - 19 =	53 - 38 =	63 - 27 =
75 - 16 =	48 - 29 =	65 - 26 =	54 - 28 =
36 - 29 =	53 - 28 =	76 - 38 =	61 - 23 =
75 - 18 =	63 - 26 =	82 - 44 =	93 - 56 =

Jetzt ohne Zwischenschritt!

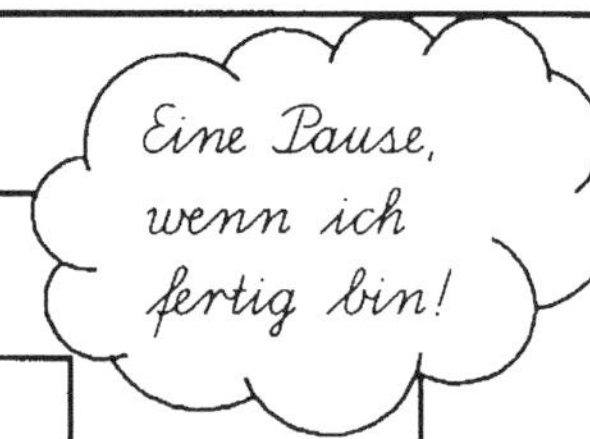

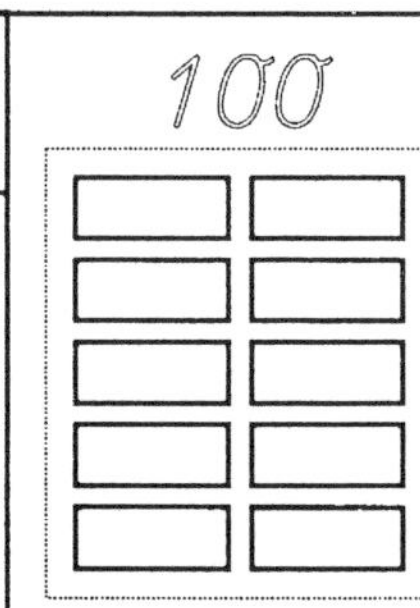

Zehnerübergang
ZE - ZE

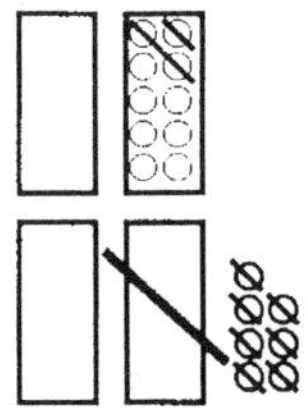

47 - 18 =

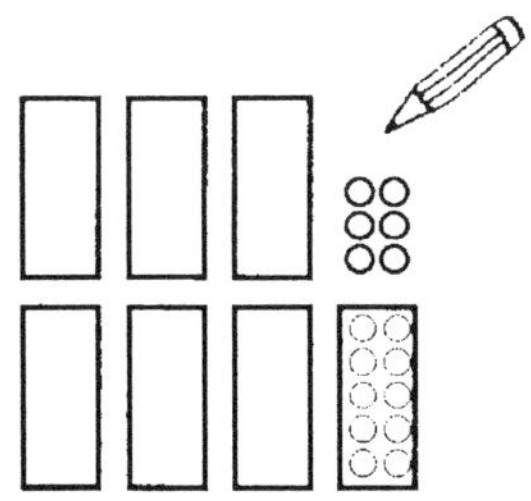

76 - 39 =

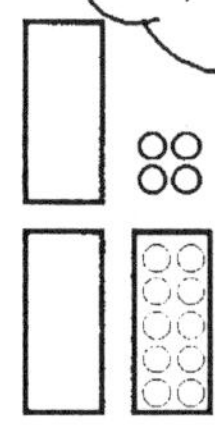

34 - 27 =

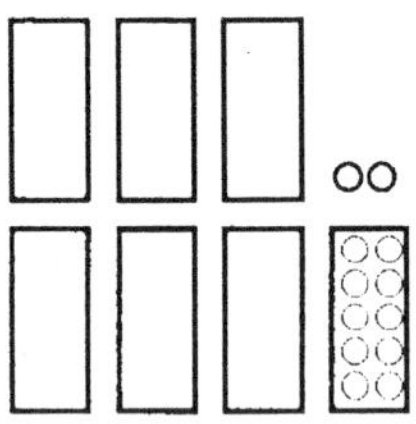

72 - 44 =

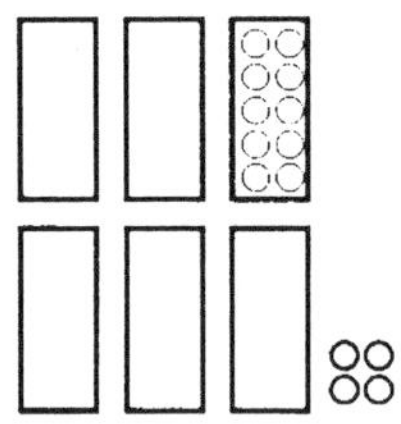

64 - 29 =

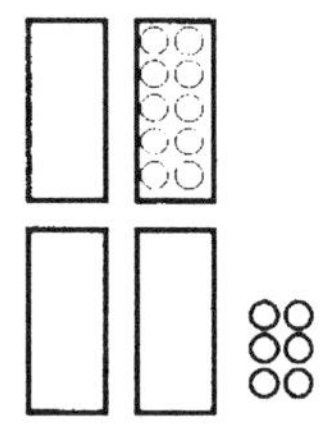

46 - 29 =

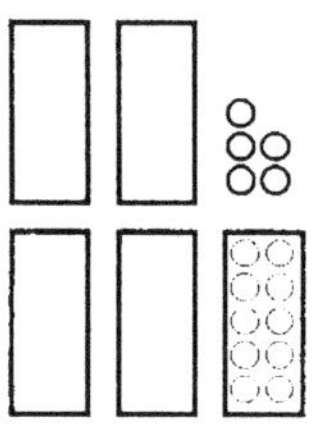

55 - 46 =

Wie heißt die Rechnung?

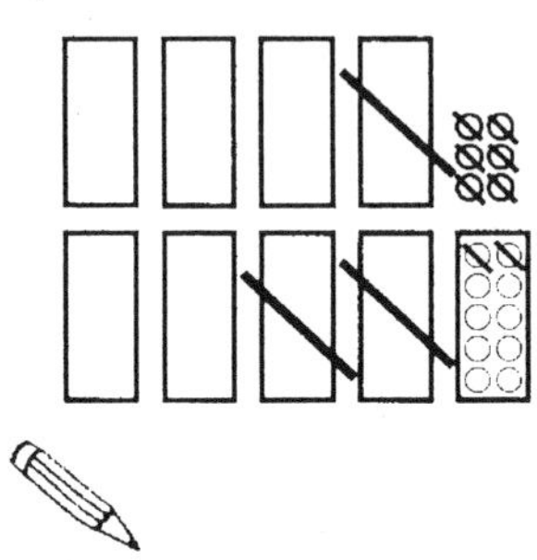

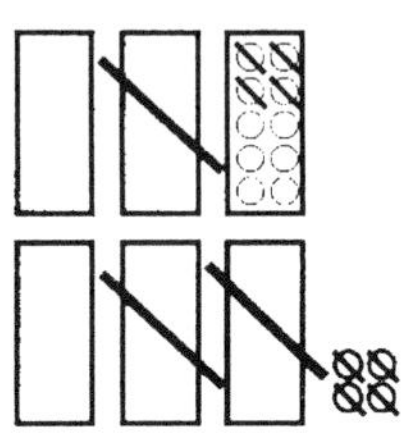

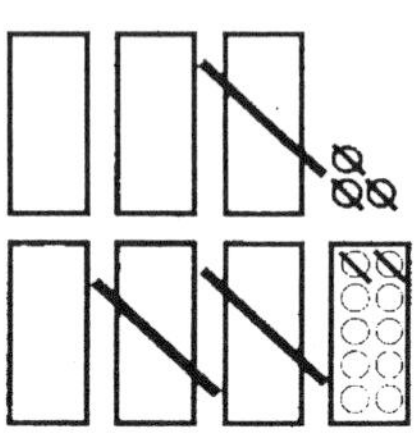

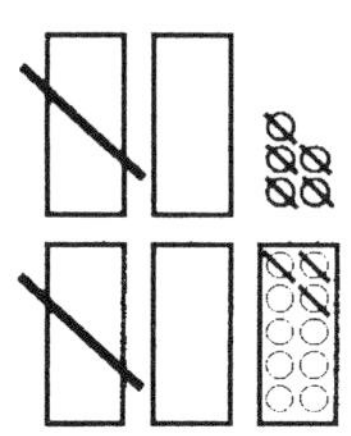

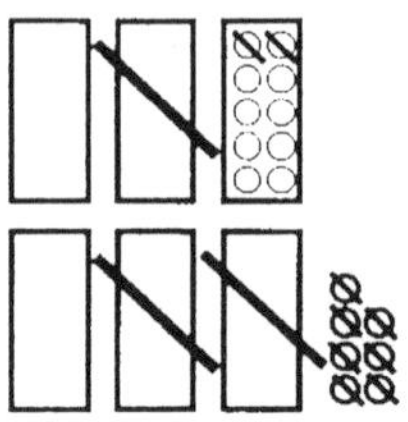

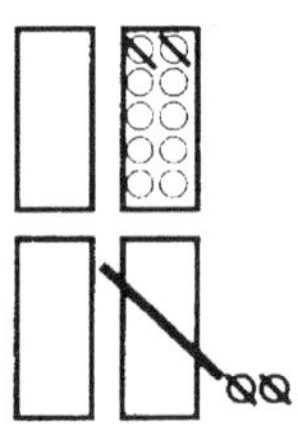

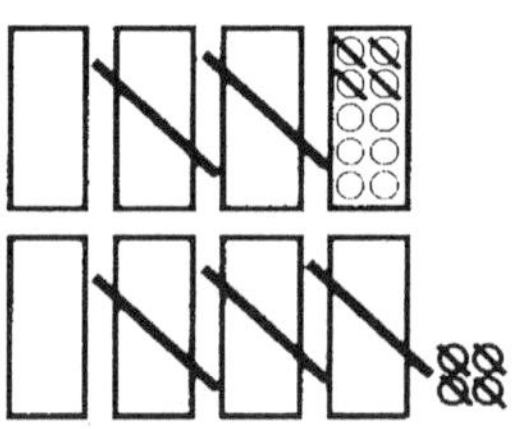

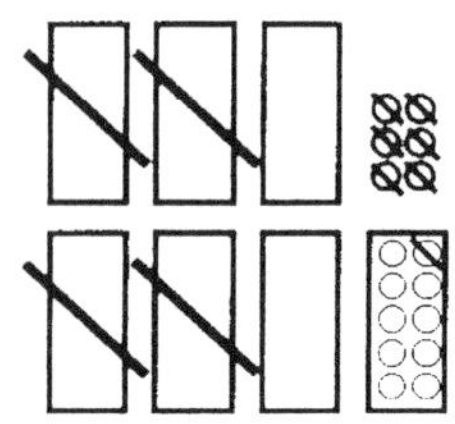

Schwierig, aber zu schaffen!

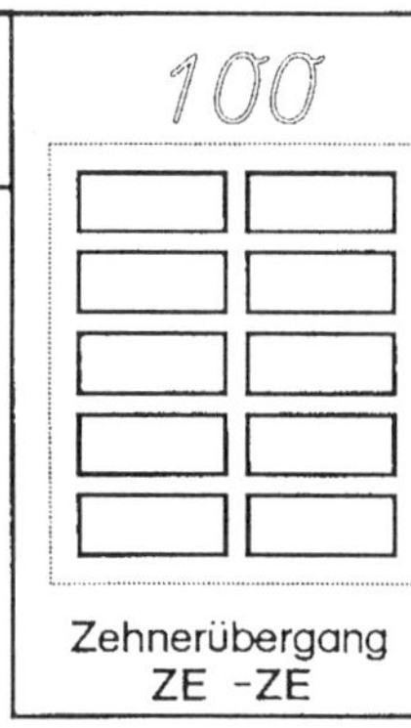

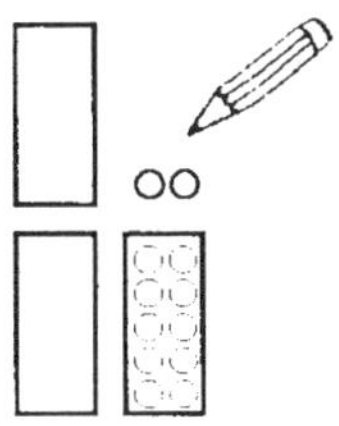

32 - 15 =

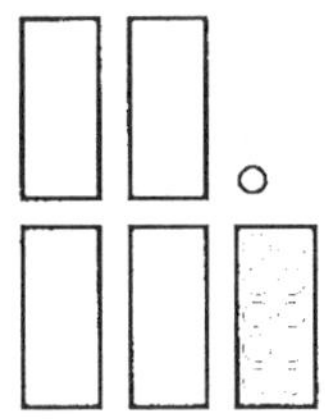

51 - 33 =

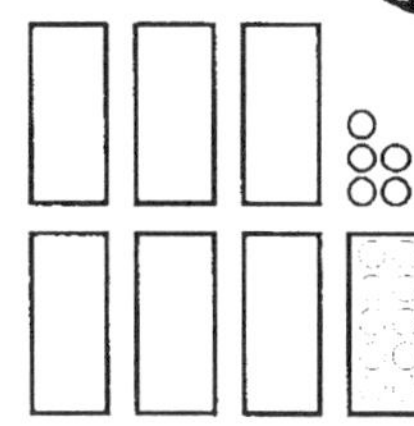

75 - 48 =

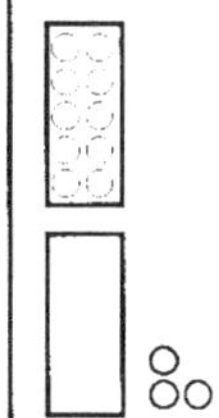

23 - 16 =

61-22=	71-43=	74-37=	72-25=	85-36=
24-17=	62-24=	33-26=	92-44=	56-47=
44-35=	84-55=	21-12=	41-33=	45-37=
31-12=	23-19=	54-35=	74-26=	33-14=
32-24=	31-23=	25-16=	83-44=	83-55=
81-33=	52-23=	72-43=	22-18=	44-16=

Aufgaben zum Üben!

28-19=	76-27=	42-37=	37-28=	95-57=
32-18=	86-48=	75-26=	51-24=	88-49=
35-16=	85-37=	38-29=	87-18=	72-46=
44-37=	42-36=	45-28=	86-37=	98-19=
62-45=	52-25=	77-58=	55-49=	82-35=
54-37=	91-74=	63-47=	45-38=	84-68=

66-27=	74-49=	65-37=	61-34=	97-48=
25-19=	33-15=	64-59=	36-28=	95-69=
56-38=	94-36=	43-27=	24-15=	54-39=
42-24=	76-48=	94-65=	73-28=	84-29=
73-45=	84-26=	43-19=	75-57=	94-47=
83-37=	92-34=	76-29=	33-27=	56-29=

Noch mehr - Aufgaben!

100

Zehnerübergang
ZE - ZE

92 - 25 =	91 - 45 =	92 - 66 =	21 - 14 =	
21 - 16 =	45 - 36 =	81 - 46 =	65 - 48 =	
36 - 17 =	81 - 55 =	85 - 49 =	64 - 17 =	
82 - 24 =	91 - 53 =	51 - 25 =	26 - 18 =	
71 - 34 =	94 - 49 =	22 - 14 =	93 - 37 =	41 - 15 =
44 - 17 =	53 - 36 =	27 - 18 =	86 - 29 =	92 - 73 =
31 - 25 =	41 - 34 =	21 - 15 =	22 - 13 =	91 - 66 =
82 - 43 =	82 - 58 =	66 - 49 =	68 - 49 =	71 - 56 =
94 - 58 =	52 - 37 =	93 - 46 =	93 - 64 =	85 - 48 =
33 - 19 =	33 - 18 =	63 - 17 =	95 - 76 =	95 - 88 =
53 - 37 =	32 - 23 =	65 - 26 =	73 - 57 =	84 - 77 =
61 - 36 =	71 - 22 =	66 - 48 =	51 - 47 =	26 - 19 =

Suche die Aufgaben im Supermarkt!

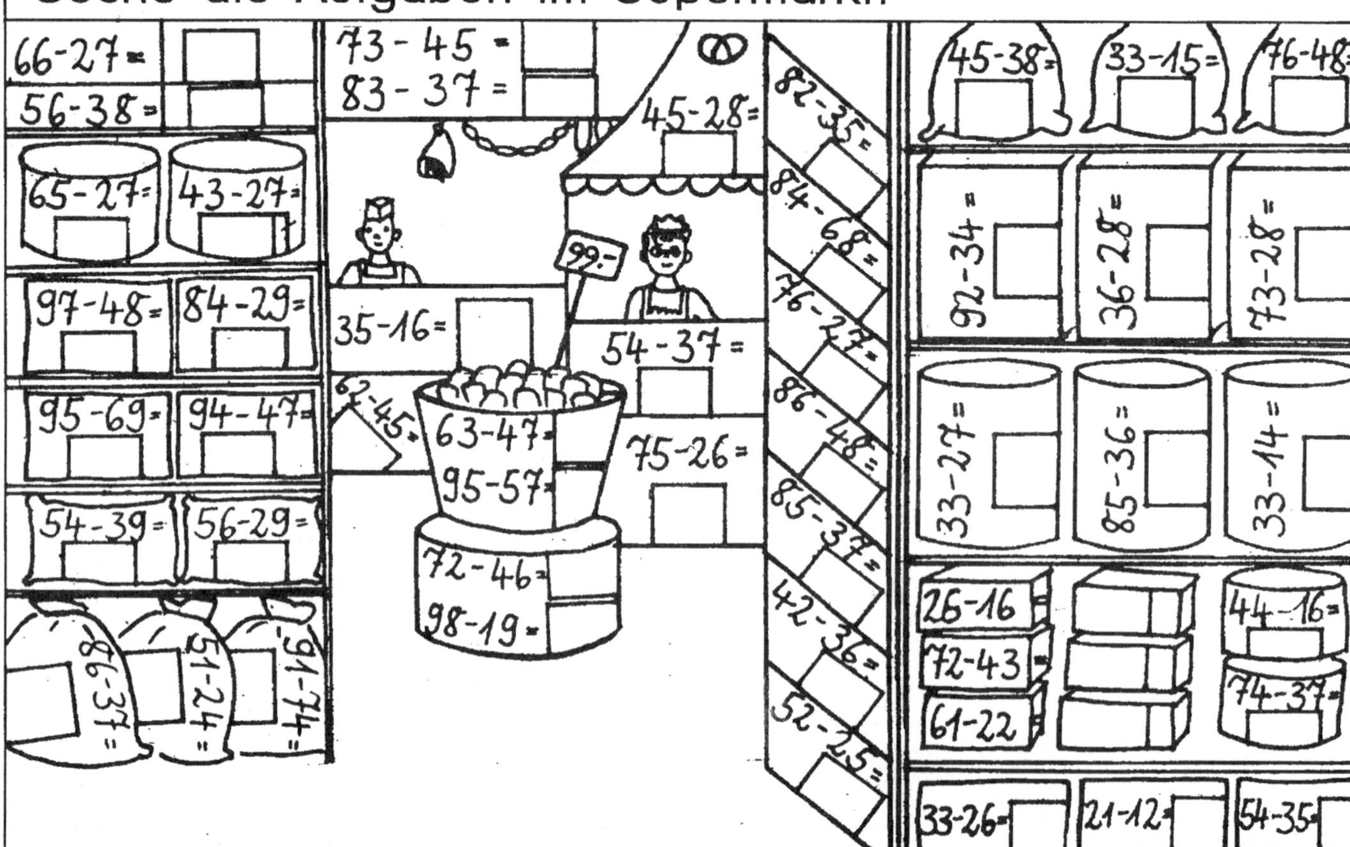

+ oder – ?

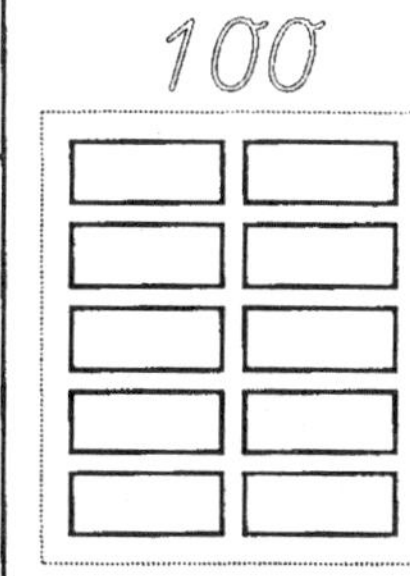

Zehnerübergang
ZE +/- ZE

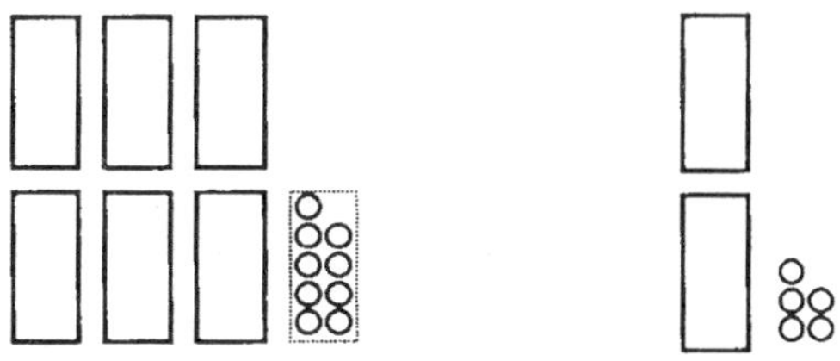

69 + 25 = ☐

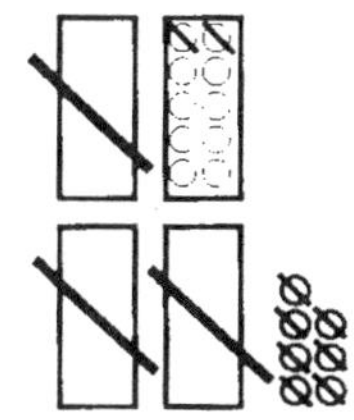

47 - 39 = ☐

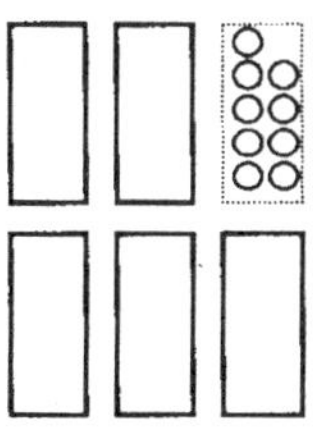

59 + 24 = ☐

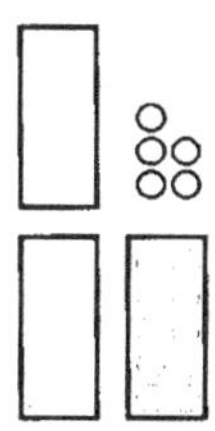

35 - 19 = ☐

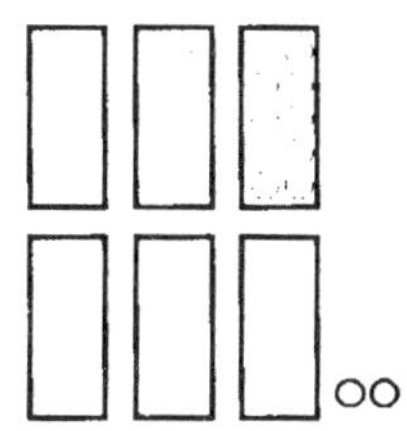

62 - 27 = ☐

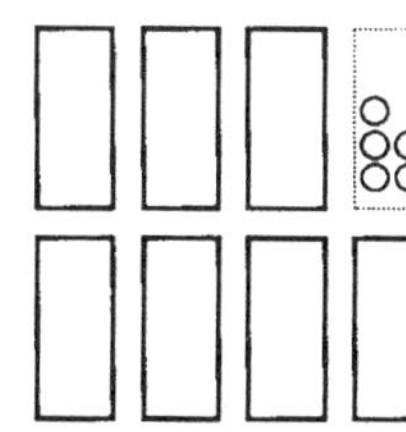

75 + 19 = ☐

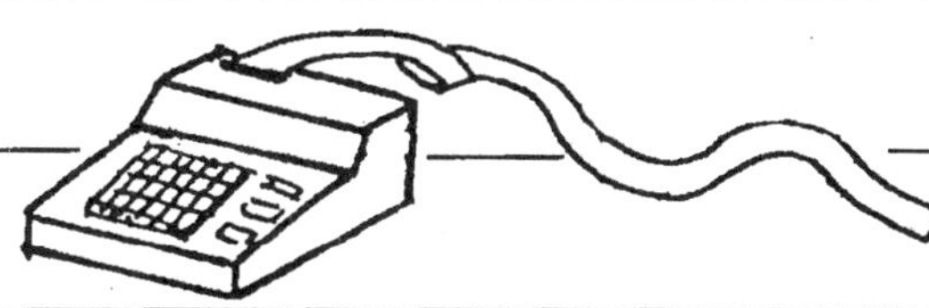

Male die Rechnung!

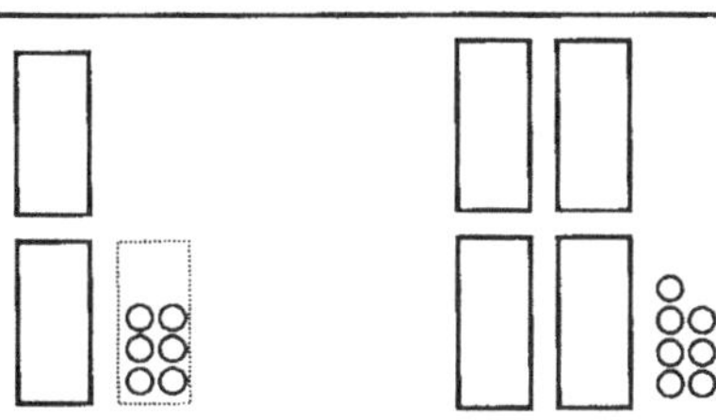

26 + 47 = ☐

52 - 36 = ☐

64 + 28 = ☐

91 - 59 = ☐

33 + 29 = ☐

75 + 19 = ☐

48 - 19 = ☐

64 - 48 = ☐

49 + 38 = ☐

Wie heißt die Rechnung?

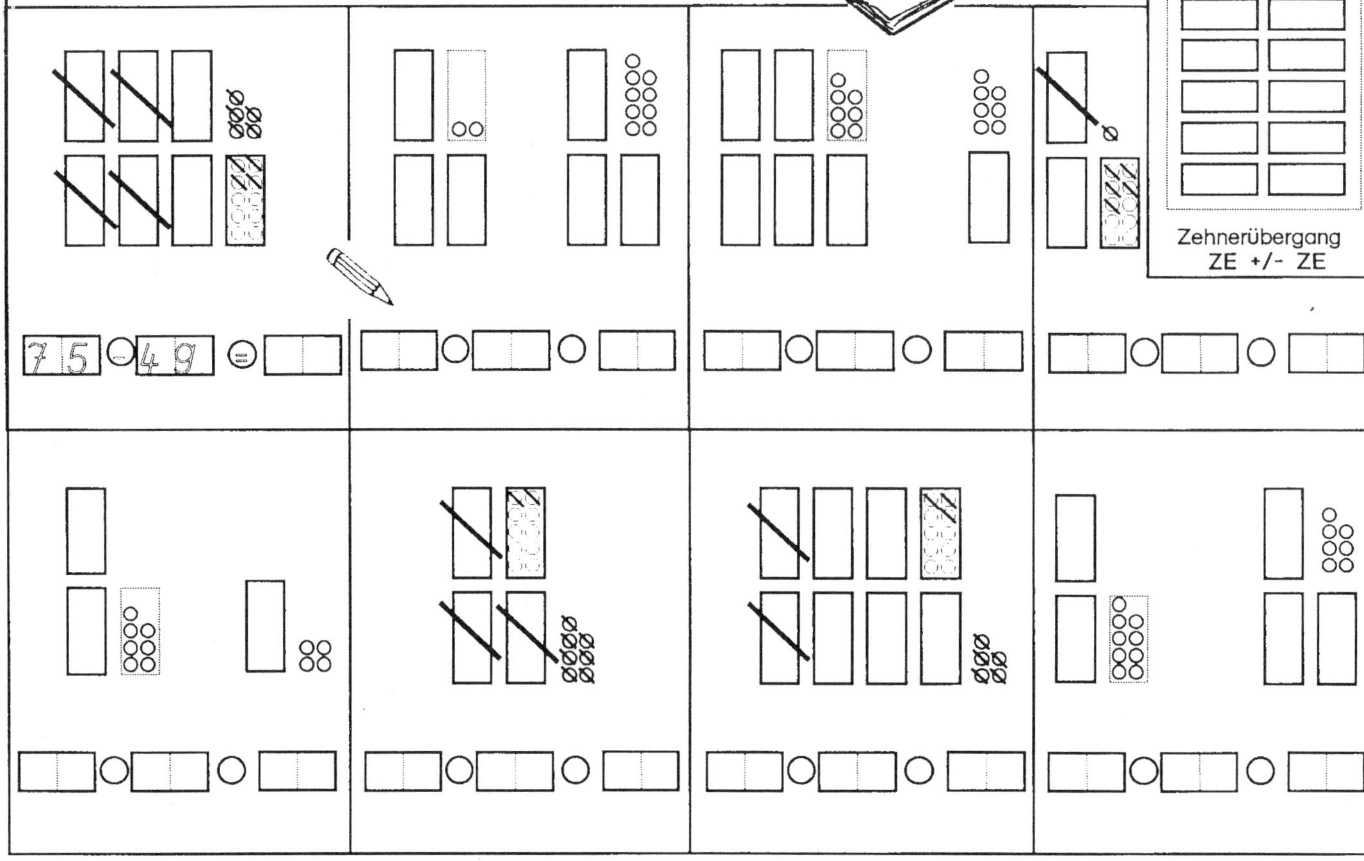

Augen auf: + oder - ?

44 - 19 =	55 + 17 =	72 - 27 =	48 + 14 =	52 - 33 =
92 - 67 =	55 + 29 =	34 + 48 =	41 - 14 =	66 + 29 =
23 + 58 =	41 - 27 =	84 - 45 =	34 - 29 =	93 - 66 =
59 + 29 =	61 - 12 =	28 + 47 =	34 + 37 =	81 - 48 =
24 - 18 =	34 - 15 =	77 - 28 =	79 + 16 =	42 + 19 =
28 + 58 =	68 + 26 =	63 - 45 =	22 - 16 =	78 + 18 =
62 - 43 =	36 - 18 =	79 + 14 =	68 + 19 =	29 + 57 =
45 - 29 =	59 + 33 =	27 - 19 =	73 - 34 =	48 + 23 =
37 + 48 =	93 - 59 =	44 + 39 =	48 + 39 =	24 - 19 =
83 - 78 =	37 + 37 =	49 + 26 =	52 - 48 =	42 - 39 =
96 - 87 =	25 + 69 =	32 - 17 =	39 + 19 =	69 + 15 =
46 + 27 =	49 + 28 =	85 - 66 =	61 - 27 =	51 - 12 =

So ist es leicht!

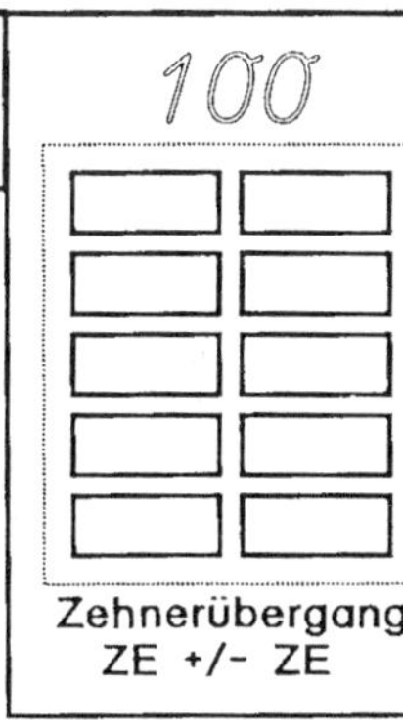

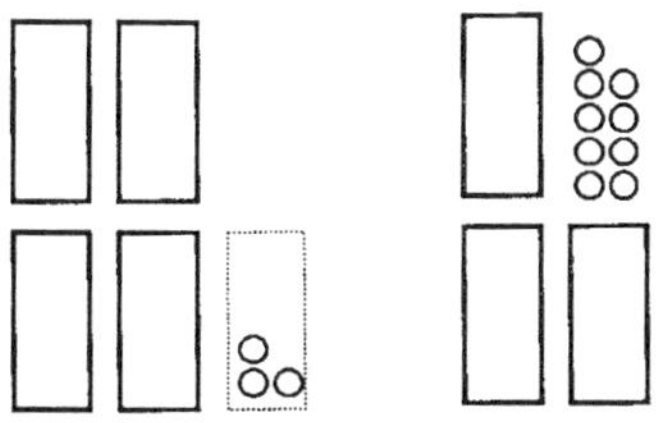

43 + 39 = ☐

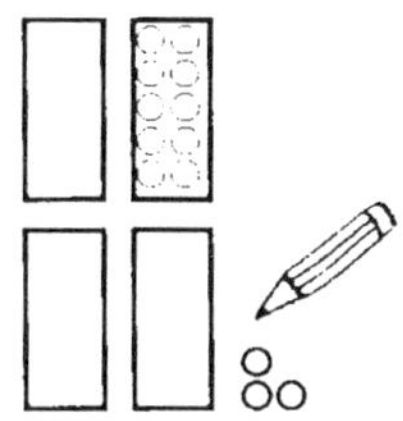

43 - 26 = ☐

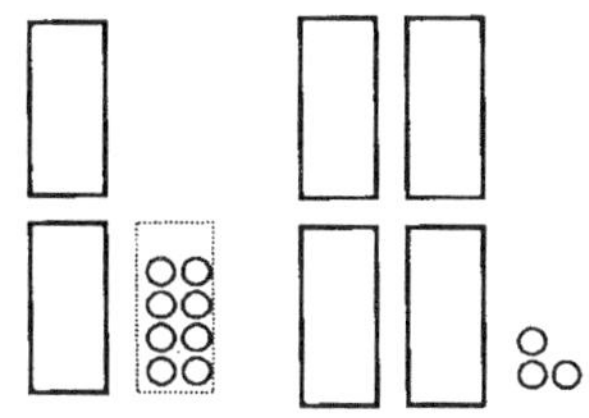

28 + 43 = ☐

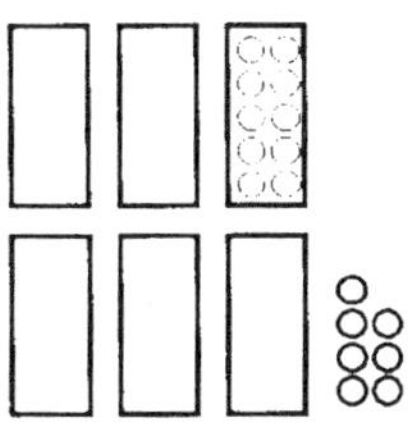

67 - 38 = ☐

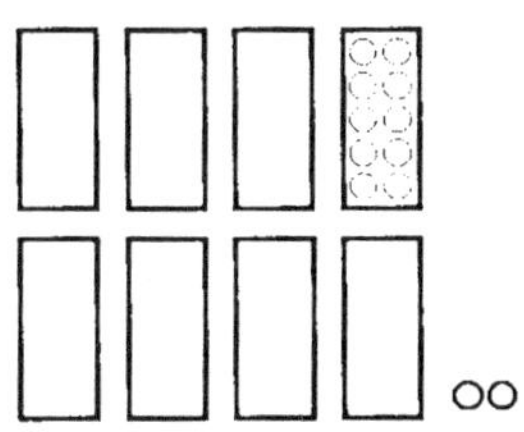

82 - 43 = ☐

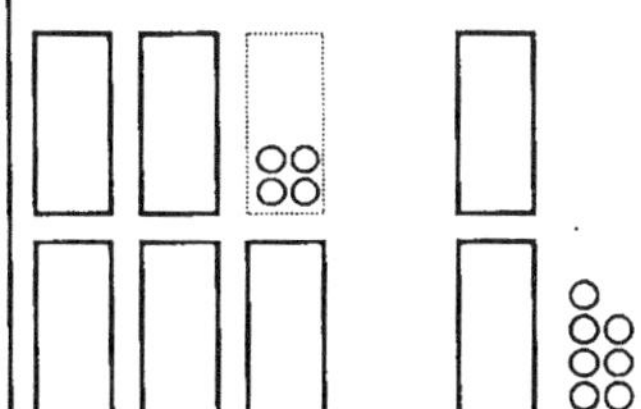

54 + 27 = ☐

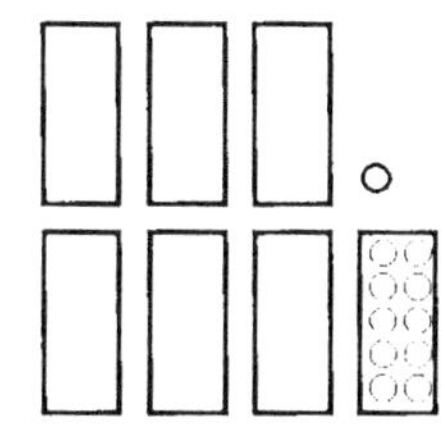

71 - 52 = ☐

Jetzt gut aufgepasst!

23 + 59 = ☐	61 - 52 = ☐	42 - 14 = ☐	43 + 46 = ☐	52 + 39 = ☐
22 + 39 = ☐	87 - 69 = ☐	73 + 26 = ☐	27 - 18 = ☐	88 - 69 = ☐
94 - 66 = ☐	85 - 27 = ☐	38 - 29 = ☐	74 + 17 = ☐	56 + 17 = ☐
75 - 27 = ☐	48 + 19 = ☐	35 + 26 = ☐	74 - 57 = ☐	35 + 36 = ☐
41 + 38 = ☐	72 - 44 = ☐	68 + 24 = ☐	45 + 46 = ☐	46 - 18 = ☐
54 - 19 = ☐	96 - 77 = ☐	63 - 45 = ☐	55 - 29 = ☐	93 - 54 = ☐
82 - 43 = ☐	27 + 49 = ☐	38 + 43 = ☐	27 - 16 = ☐	52 + 34 = ☐
96 - 77 = ☐	91 - 45 = ☐	63 + 28 = ☐	46 - 27 = ☐	65 - 27 = ☐
64 + 28 = ☐	34 - 16 = ☐	58 - 29 = ☐	87 - 39 = ☐	54 + 35 = ☐
34 + 59 = ☐	26 + 66 = ☐	71 - 52 = ☐	33 + 38 = ☐	81 - 46 = ☐
67 - 38 = ☐	47 - 18 = ☐	72 - 34 = ☐	57 + 26 = ☐	34 + 58 = ☐
35 + 59 = ☐	71 + 13 = ☐	61 + 29 = ☐	46 + 48 = ☐	74 - 37 = ☐

Nur Fleißige schaffen das!

100
Zehnerübergang
ZE +/- ZE

41 - 18 =	45 + 17 =	79 + 18 =	46 + 35 =	
97 - 38 =	26 + 48 =	94 - 38 =	98 - 29 =	
63 - 48 =	68 + 27 =	43 + 48 =	58 + 14 =	
36 + 38 =	30 - 17 =	22 - 15 =	33 - 28 =	
54 + 18 =	73 - 27 =	68 + 14 =	74 - 15 =	58 + 18 =
79 + 19 =	45 - 27 =	81 - 54 =	49 + 48 =	51 - 19 =

52 - 27 =	41 - 38 =	93 - 84 =	39 + 39 =	33 - 29 =
69 + 16 =	82 - 25 =	96 - 17 =	39 + 54 =	63 - 56 =
64 - 36 =	91 - 75 =	56 + 19 =	44 + 16 =	47 + 14 =
26 + 17 =	33 - 17 =	37 + 34 =	73 - 23 =	49 + 27 =
44 - 15 =	33 + 28 =	62 - 27 =	45 + 18 =	36 + 17 =
55 + 37 =	64 + 17 =	96 - 47 =	57 + 27 =	87 - 48 =

Rechne und male!

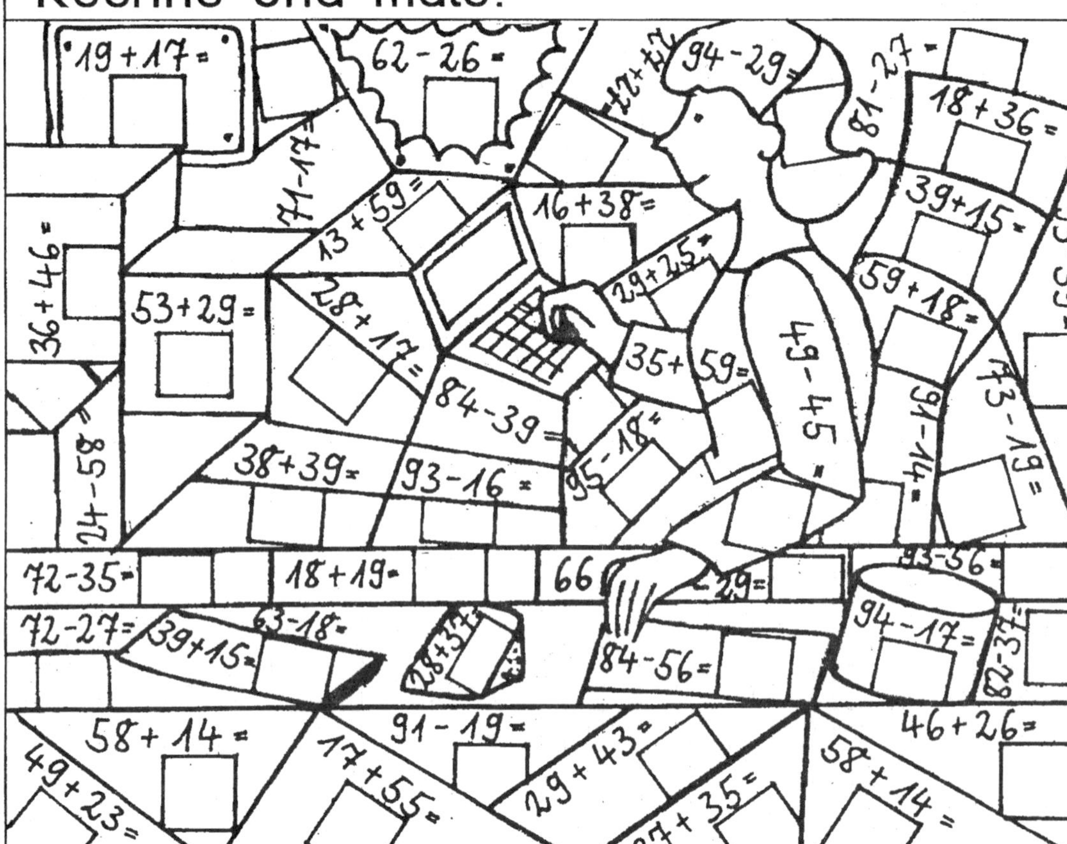

82 = rot
65 = gelb
54 = hellblau
28 = orange
94 = lila
77 = grün
37 = braun
45 = schwarz
36 = weiß
72 = dunkelblau

Für kluge Leute!

100

Zehnerübergang +/-
ZE/ZE ZE/E

41 - 22 =	85 + 9 =	74 + 19 =	39 + 7 =	
97 - 8 =	26 + 28 =	91 - 2 =	57 - 29 =	
65 - 38 =	68 + 3 =	43 + 28 =	59 + 41 =	
36 + 37 =	31 - 2 =	22 - 17 =	33 - 31 =	
54 + 8 =	72 - 29 =	27 + 6 =	48 - 39 =	63 + 39 =
68 + 23 =	45 - 7 =	81 - 3 =	49 + 39 =	51 - 38 =

82 - 67 =	42 + 9 =	93 - 9 =	83 + 9 =	23 - 6 =
69 + 26 =	82 - 48 =	53 - 39 =	39 + 46 =	63 - 4 =
51 - 3 =	52 + 9 =	56 + 9 =	41 - 36 =	88 + 5 =
26 + 8 =	33 - 7 =	37 + 27 =	73 - 5 =	49 + 22 =
44 - 25 =	32 - 13 =	62 - 58 =	45 + 37 =	87 + 6 =
55 + 19 =	73 + 8 =	21 - 9 =	38 + 18 =	32 - 5 =

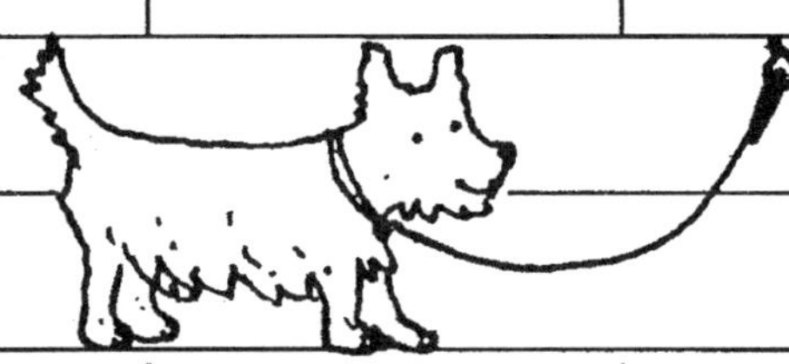

Nicht einfach!

77 + 9 =	29 + 7 =	78 - 9 =	69 + 8 =	86 + 6 =
43 - 17 =	89 + 4 =	45 + 38 =	82 - 47 =	36 + 25 =
51 - 4 =	38 + 19 =	21 - 18 =	35 - 7 =	61 - 48 =
65 + 16 =	47 - 29 =	58 + 5 =	58 - 29 =	68 + 8 =
95 - 36 =	72 - 72 =	62 - 49 =	25 + 46 =	32 - 8 =
24 - 8 =	56 + 25 =	67 + 19 =	92 - 6 =	48 + 8 =

76 - 9 =	23 + 68 =	81 - 22 =	56 + 7 =	91 - 87 =
75 + 8 =	42 - 38 =	39 + 6 =	26 - 17 =	46 - 18 =
54 - 15 =	69 + 5 =	27 + 27 =	66 + 15 =	52 - 8 =
61 - 5 =	21 - 19 =	89 + 5 =	64 - 7 =	47 + 24 =
49 + 37 =	57 + 6 =	82 - 5 =	37 + 59 =	58 + 38 =
88 + 7 =	93 - 7 =	36 - 8 =	78 + 8 =	71 - 9 =

Für Schlaue!

100
+/-
gemischte Aufgaben

85 + 7 =	70 - 68 =	8 + 4 =	83 + 11 =	
37 - 18 =	60 + 1 =	3 + 9 =	21 - 11 =	
58 + 29 =	74 - 8 =	50 - 2 =	45 + 36 =	
29 + 31 =	73 + 11 =	30 + 6 =	66 - 2 =	
22 + 50 =	40 + 30 =	35 - 13 =	80 - 44 =	87 - 40 =
94 + 5 =	38 + 21 =	52 + 19 =	24 - 7 =	80 - 6 =
62 + 38 =	63 - 35 =	76 + 9 =	44 + 46 =	78 - 9 =
78 - 26 =	57 - 5 =	12 + 6 =	29 - 5 =	4 + 9 =
31 - 15 =	58 + 31 =	65 + 3 =	61 - 6 =	92 - 35 =
43 - 22 =	60 - 45 =	24 + 48 =	61 + 9 =	48 - 27 =
89 + 1 =	42 + 32 =	40 - 7 =	44 - 20 =	8 + 4 =
72 + 8 =	36 + 20 =	55 - 4 =	86 - 3 =	30 + 20 =

Was ist hier versteckt?

24 + 46 =	25 - 5 =	95 + 5 =
79 + 3 =	77 + 13 =	40 - 18 =
35 - 7 =	87 - 42 =	31 + 56 =
91 - 64 =	59 + 6 =	59 + 19 =
72 + 14 =	80 + 2 =	50 - 30 =
40 - 5 =	67 - 10 =	26 + 2 =
45 + 10 =	90 - 42 =	64 + 6 =
32 - 7 =	66 + 16 =	88 + 9 =
55 - 1 =	79 - 40 =	52 + 2 =
82 - 53 =	37 - 19 =	70 - 6 =
34 + 8 =	21 - 9 =	78 + 7 =
44 + 33 =	91 + 4 =	100 - 65 =

Kettenaufgaben!

100

Zehnerübergang
ZE +/- ZE

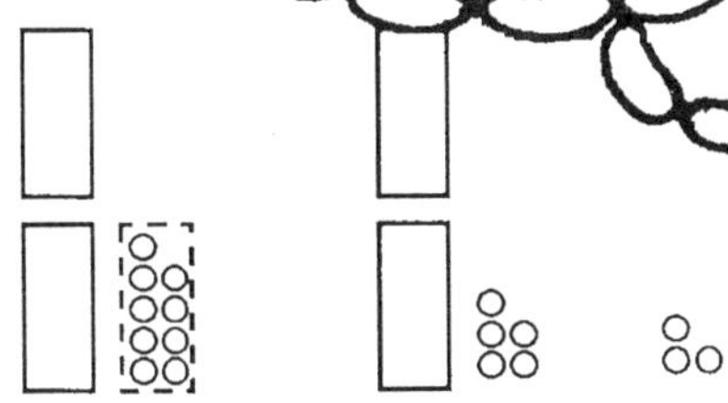

29 + 25 + 3 = ☐

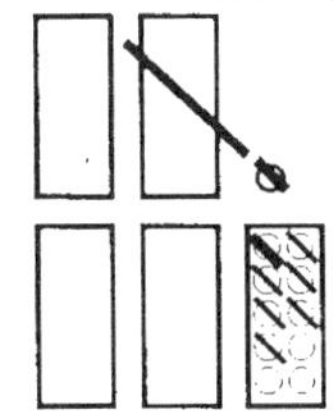

51 - 12 - 6 = ☐

29 + 42 + 6 = ☐	19 + 34 + 6 = ☐	53 - 36 - 2 = ☐	92 - 54 - 5 = ☐
44 + 18 + 2 = ☐	57 + 25 + 5 = ☐	84 - 17 - 6 = ☐	76 - 48 - 3 = ☐
67 + 25 + 1 = ☐	35 + 36 + 3 = ☐	67 - 29 - 2 = ☐	81 - 47 - 1 = ☐
34 + 39 + 3 = ☐	48 + 25 + 4 = ☐	78 - 39 - 6 = ☐	43 - 24 - 5 = ☐

Los geht's!

97 - 49 + 1 = ☐	67 + 25 - 1 = ☐	63 + 19 - 1 = ☐	65 - 39 + 2 = ☐
72 - 28 + 3 = ☐	78 + 17 - 2 = ☐	51 - 39 + 7 = ☐	37 + 47 - 1 = ☐
81 - 47 + 3 = ☐	45 + 28 - 3 = ☐	35 + 48 - 2 = ☐	72 - 35 + 2 = ☐
42 + 29 - 6 = ☐	72 - 49 + 6 = ☐	41 - 16 + 3 = ☐	66 - 49 + 2 = ☐
59 + 35 - 3 = ☐	64 - 37 + 1 = ☐	23 - 17 + 2 = ☐	69 + 15 - 4 = ☐
54 + 29 - 2 = ☐	94 - 68 + 1 = ☐	44 + 39 - 2 = ☐	26 - 19 + 1 = ☐
92 - 55 + 1 = ☐	67 + 25 - 1 = ☐	67 + 25 - 1 = ☐	67 + 25 - 1 = ☐
52 - 38 + 3 = ☐	78 + 17 - 2 = ☐	48 + 17 - 3 = ☐	68 + 19 - 2 = ☐

Sachaufgaben

100

Zehnerübergang
ZE +/- ZE

Jna hat 43 Euro in ihrem Geldbeutel.
An der Kasse muss sie 26 Euro bezahlen.

Wir fragen: ____________________

Wir rechnen: ☐☐ ○ ☐☐ ○ ☐☐

Wir antworten: ____________________

Die Verkäuferin prüft ihre Bestände. Jm Süßigkeiten-regal an der Kasse liegen 46 Kokosriegel, 26 Nuss-riegel und 19 Karamelriegel.

Wir fragen: ____________________

Wir rechnen: ☐☐ ○ ☐☐ ○ ☐☐ ○ ☐☐

Wir antworten: ____________________

Am Obststand liegen 97 rote Äpfel. Als der Verkäufer am Morgen kontrolliert, merkt er, dass 39 Äpfel schlecht geworden sind. Er wirft sie weg.

Wir fragen: ____________________

Wir rechnen: ☐☐ ○ ☐☐ ○ ☐☐

Wir antworten: ____________________

Evis Mutter kauft einen Vorrat an Mini-Schokoladen ein.
Von den Gemischten nimmt sie 36 Tafeln. Von Evis Lieblings-Schokolade Nougat nimmt sie extra noch 25 Stück mit.

Wir fragen: ____________________

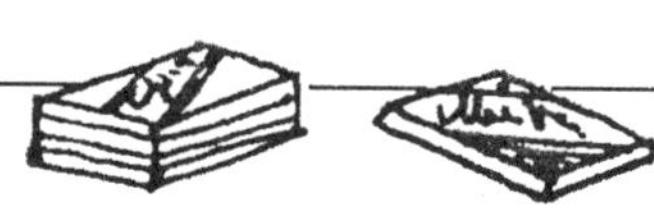

Wir rechnen: ☐☐ ○ ☐☐ ○ ☐☐

Wir antworten: ____________________

An der Wursttheke liegen 72 Grill-Würstchen im Sonderangebot. Ruth plant für den Abend ein Lagerfeuer und nimmt 35 Würstchen mit.

Wir fragen: ____________________

Wir rechnen: ☐☐ ○ ☐☐ ○ ☐☐

Wir antworten: ____________________

An der Frischetheke sind 52 Krapfen in der Vitrine.
Der Backofen klingelt.
39 weitere Krapfen sind fertig.

Wir fragen: ____________________

Wir rechnen: ☐☐ ○ ☐☐ ○ ☐☐

Wir antworten: ____________________

Sachaufgaben

100

Zehnerübergang
ZE +/- ZE

Jsabel hat ihr Sparschein zerschlagen. Es waren 41 Euro darin. Zu ihrem Fest kauft sie für 9 Euro Süßigkeiten. Für Getränke gibt sie 13 Euro aus.

Wir fragen:

Wir rechnen:

Wir antworten:

Nicki hat zum Geburtstag von seiner Tante 25 Euro bekommen. Seine Großmutter schenkt ihm 20 Euro . Er lädt seinen Bruder Coco und zwei Freunde zum Eis essen ein. Dafür bezahlt er 16 Euro.

Wir fragen:

Wir rechnen:

Wir antworten:

Joachim besorgt einen Vorrat an Getränken. Er kauft 15 Flaschen Cola, 12 Flaschen Orangensaft und 15 Flaschen Apfelsaft.

Wir fragen:

Wir rechnen:

Wir antworten:

Jch denke mir eine Zahl:
Die Zahl ist um 26 kleiner als 93.

Wir antworten:

Jch denke mir eine Zahl:
Wenn ich zu dieser Zahl 27
dazu rechnen, kommt 92 heraus.

Wir antworten:

Jch denke mir eine Zahl:
Jch zähle 38 dazu. Dann ziehe ich 51 ab.
Jetzt kommt 0 heraus.

Wir antworten:

Zerlege Einer und Zehner!

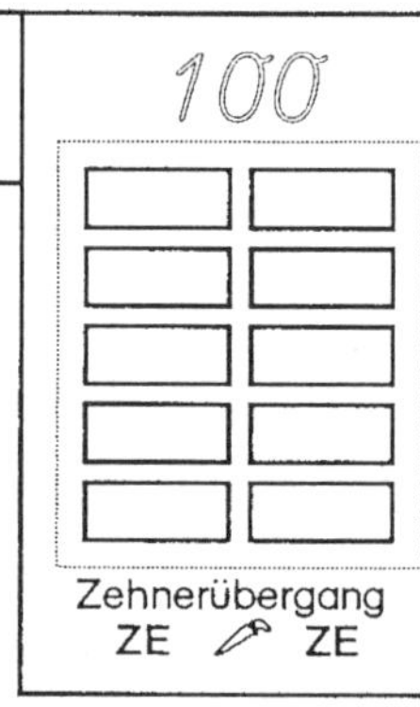

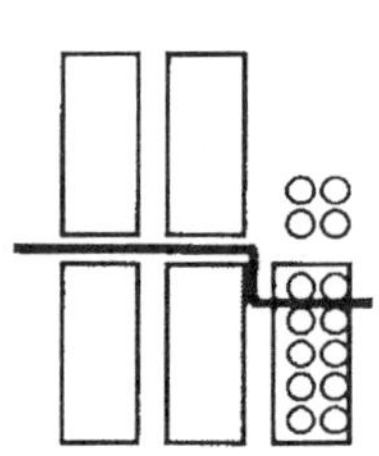	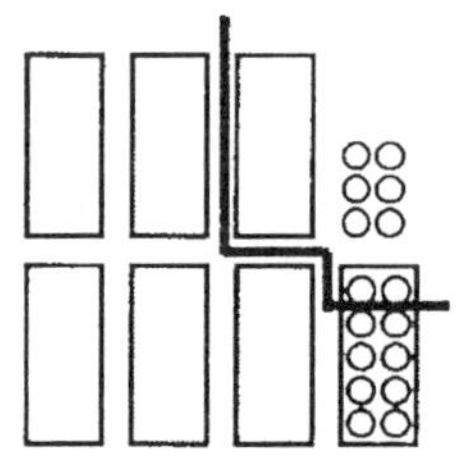	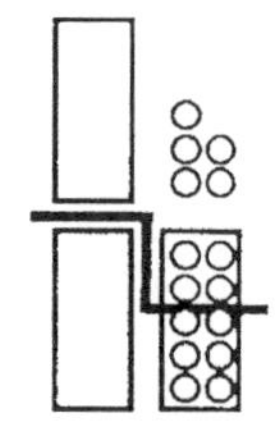
54 = 28 + □	76 = □ + 18	35 = 16 + □

23 = 14 + □	63 = 54 + □	47 = □ + 19	43 = 24 + □	52 = □ + 33
22 = □ + 18	37 = 28 + □	73 = 25 + □	27 = 19 + □	81 = □ + 43
94 = 45 + □	85 = □ + 57	31 = 24 + □	84 = □ + 68	56 = 38 + □
75 = 27 + □	48 = 29 + □	35 = 17 + □	74 = □ + 47	95 = 79 + □
48 = 32 + □	72 = □ + 43	62 = □ + 46	45 = 26 + □	46 = 17 + □
54 = □ + 46	91 = 26 + □	63 = 29 + □	45 = 27 + □	93 = 34 + □

Zerlege!

23 = 15 + □	62 = 54 + □	47 = □ + 18	43 = 29 + □	52 = □ + 33
22 = □ + 16	37 = 28 + □	73 = 26 + □	27 = 18 + □	82 = □ + 43
94 = 49 + □	85 = □ + 59	38 = 29 + □	84 = □ + 66	56 = 38 + □
75 = 28 + □	48 = 29 + □	35 = 17 + □	74 = □ + 45	95 = 77 + □
41 = 32 + □	72 = □ + 44	61 = □ + 46	45 = 28 + □	41 = 12 + □
54 = □ + 47	91 = 25 + □	63 = 25 + □	45 = 27 + □	93 = 35 + □

82 = □ + 24	61 = □ + 43	38 = 19 + □	29 = 17 + □	56 = 49 + □
96 = 68 + □	54 = □ + 46	63 = □ + 45	46 = 34 + □	65 = 58 + □
64 = 36 + □	31 = 22 + □	58 = 49 + □	81 = □ + 35	84 = □ + 36
34 = 27 + □	22 = 13 + □	75 = 37 + □	32 = 23 + □	61 = □ + 35
67 = □ + 59	41 = 34 + □	74 = 58 + □	57 = □ + 29	34 = 25 + □
35 = 28 + □	73 = 35 + □	66 = □ + 48	46 = 28 + □	73 = 42 + □

Ergänze Einer und Zehner!

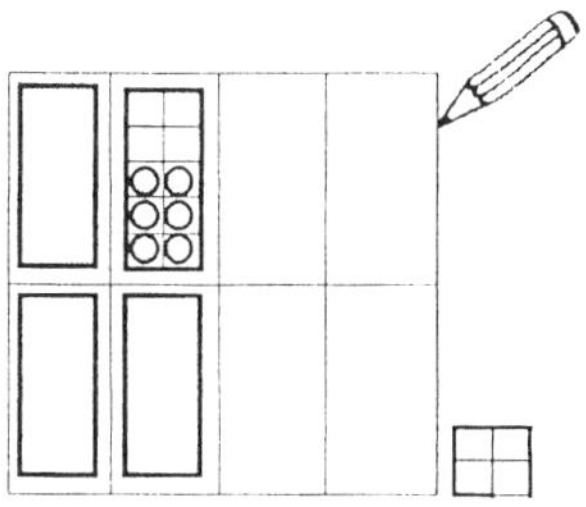

36 + ☐ = 84

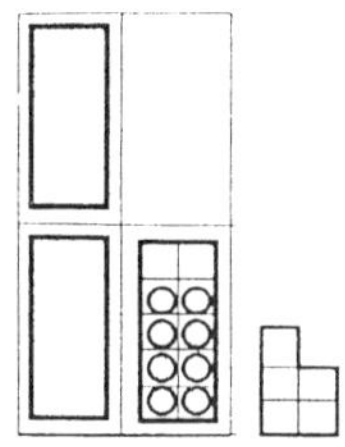

28 + ☐ = 45

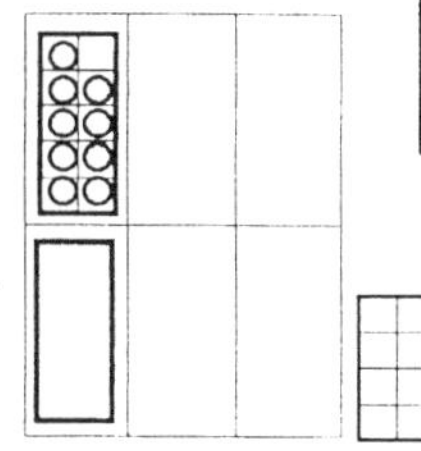

19 + ☐ = 68

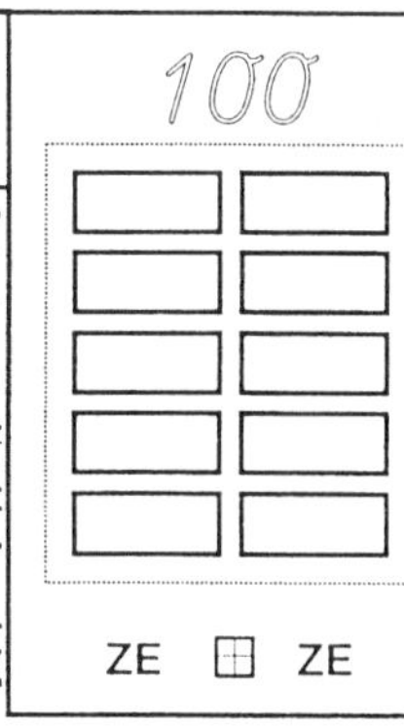

49 + ☐ = 78	59 + ☐ = 72	25 + ☐ = 73	54 + ☐ = 87	62 + ☐ = 81
29 + ☐ = 44	75 + ☐ = 96	49 + ☐ = 96	52 + ☐ = 93	55 + ☐ = 73
75 + ☐ = 93	19 + ☐ = 35	48 + ☐ = 74	63 + ☐ = 75	39 + ☐ = 56
69 + ☐ = 91	68 + ☐ = 92	76 + ☐ = 83	36 + ☐ = 59	46 + ☐ = 72
53 + ☐ = 82	29 + ☐ = 56	49 + ☐ = 67	45 + ☐ = 68	74 + ☐ = 91
77 + ☐ = 95	68 + ☐ = 91	39 + ☐ = 61	68 + ☐ = 79	54 + ☐ = 71

Ergänze!

67 + ☐ = 92	59 + ☐ = 84	37 + ☐ = 76	54 + ☐ = 82	39 + ☐ = 76
27 + ☐ = 44	69 + ☐ = 88	42 + ☐ = 61	59 + ☐ = 93	59 + ☐ = 78
65 + ☐ = 92	16 + ☐ = 35	43 + ☐ = 62	63 + ☐ = 81	28 + ☐ = 56
69 + ☐ = 92	68 + ☐ = 83	79 + ☐ = 97	36 + ☐ = 54	76 + ☐ = 99
53 + ☐ = 71	22 + ☐ = 51	35 + ☐ = 62	49 + ☐ = 68	78 + ☐ = 96
37 + ☐ = 95	68 + ☐ = 84	39 + ☐ = 81	68 + ☐ = 82	34 + ☐ = 63
18 + ☐ = 45	38 + ☐ = 72	24 + ☐ = 72	59 + ☐ = 97	76 + ☐ = 95
48 + ☐ = 61	22 + ☐ = 61	59 + ☐ = 77	74 + ☐ = 92	43 + ☐ = 81
57 + ☐ = 76	17 + ☐ = 43	44 + ☐ = 61	72 + ☐ = 91	24 + ☐ = 51
38 + ☐ = 74	47 + ☐ = 66	39 + ☐ = 68	44 + ☐ = 72	32 + ☐ = 51
45 + ☐ = 62	42 + ☐ = 81	29 + ☐ = 86	54 + ☐ = 61	35 + ☐ = 73
23 + ☐ = 51	56 + ☐ = 94	67 + ☐ = 81	53 + ☐ = 81	69 + ☐ = 96

Ergänze oder zerlege Einer und Zehner!

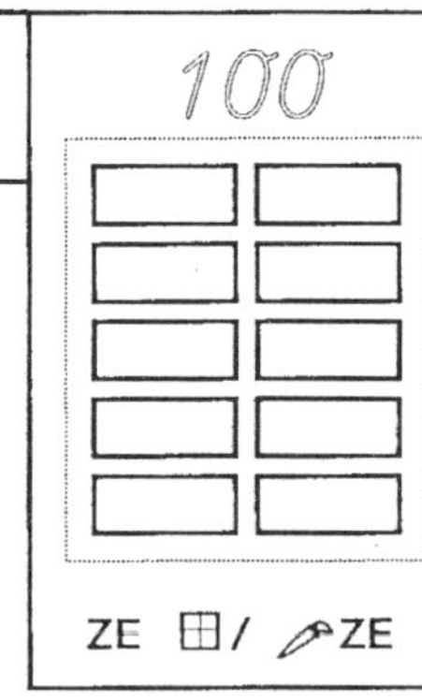

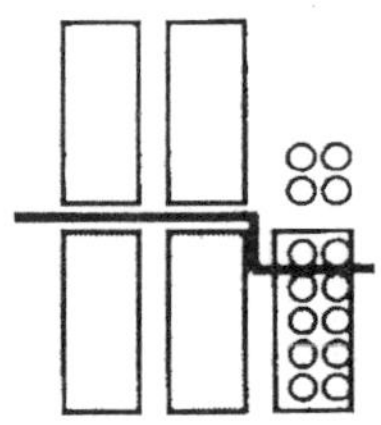	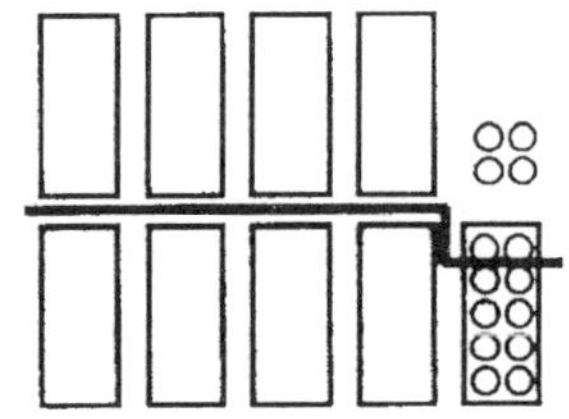	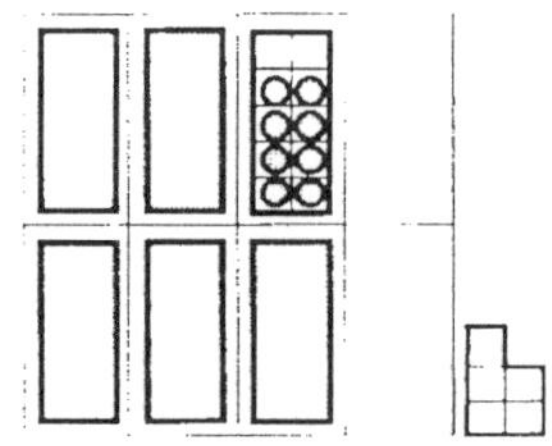
54 = 28 + ☐	94 = ☐ + 48	58 + ☐ = 85

77 + ☐ = 85	96 = 79 + ☐	71 = 44 + ☐	95 = 39 + ☐	64 = ☐ + 49
37 = 19 + ☐	85 + ☐ = 91	44 = 29 + ☐	27 + ☐ = 44	25 + ☐ = 52
43 = ☐ + 37	25 + ☐ = 62	16 + ☐ = 32	62 = 34 + ☐	48 + ☐ = 86
58 + ☐ = 91	58 + ☐ = 87	67 + ☐ = 89	76 = ☐ + 28	55 + ☐ = 97
91 + ☐ = 95	75 = 46 + ☐	38 + ☐ = 71	49 + ☐ = 57	73 = 38 + ☐
78 = 49 + ☐	46 = 27 + ☐	81 = 57 + ☐	56 + ☐ = 72	36 = 27 + ☐

Rechne aus und male an!

34 = 25 + ☐	52 = ☐ + 37	69 + ☐ = 97	72 = 48 + ☐	77 = 19 + ☐
38 + ☐ = 65	67 + ☐ = 92	92 = 43 + ☐	91 = 24 + ☐	35 + ☐ = 99
29 + ☐ = 48	86 + ☐ = 93	91 = ☐ + 53	16 + ☐ = 77	75 = 18 + ☐
66 + ☐ = 83	48 + ☐ = 64	24 + ☐ = 61	17 + ☐ = 91	83 = ☐ + 39
94 = 25 + ☐	43 = 25 + ☐	19 + ☐ = 87	38 + ☐ = 72	29 + ☐ = 74
88 = 59 + ☐	91 = 43 + ☐	61 = 26 + ☐	82 = 59 + ☐	19 + ☐ = 81

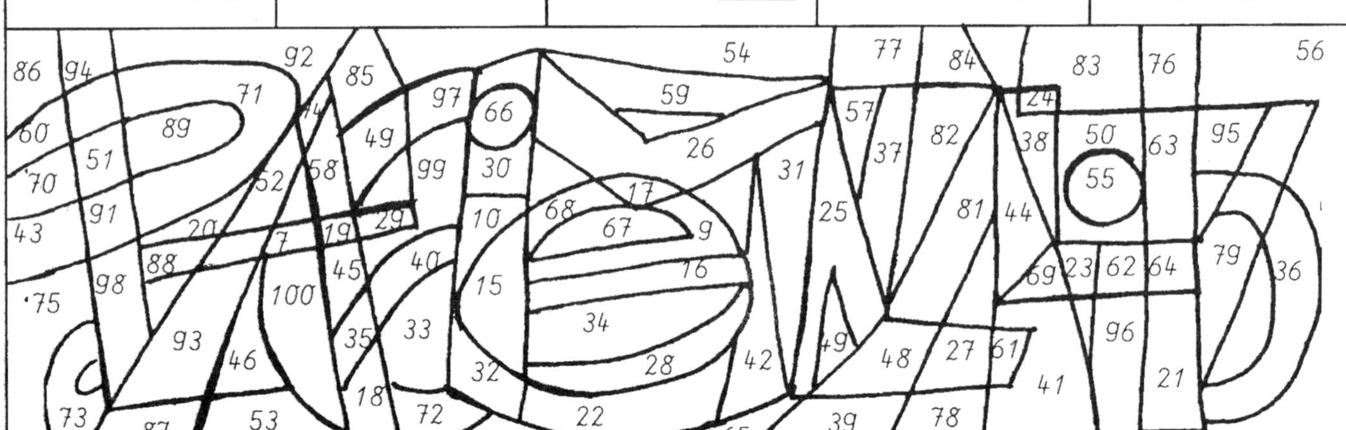

Aufgaben-Salat

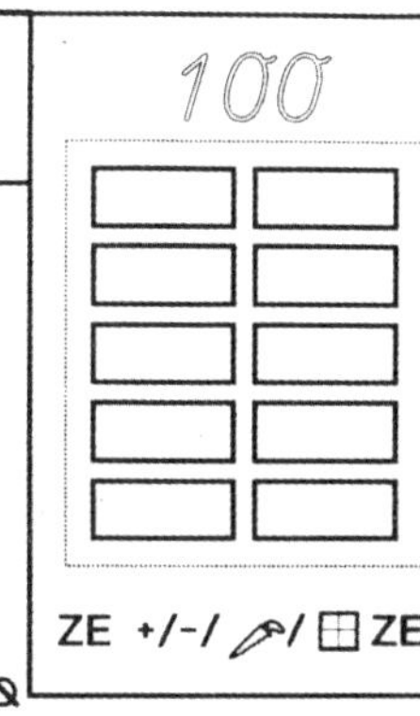

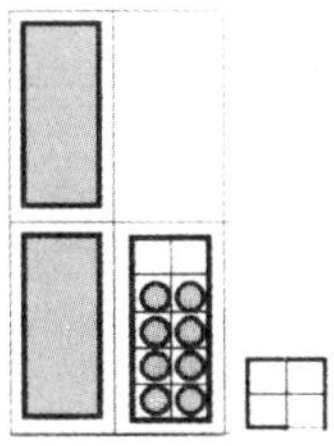

28 + ☐ = 44

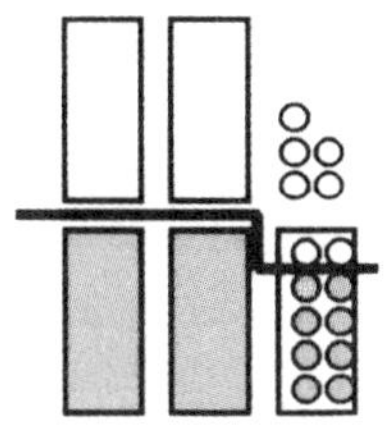

55 = 28 + ☐

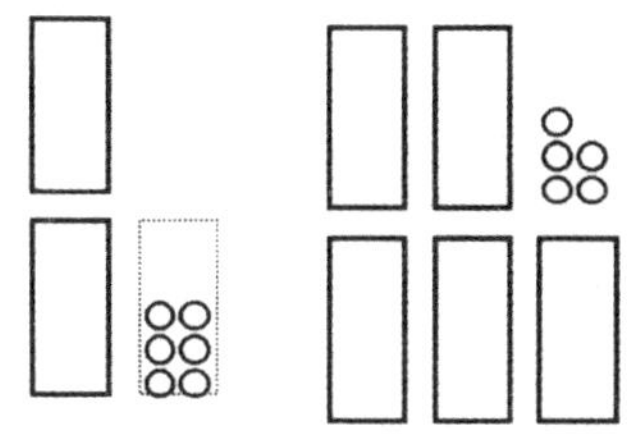

26 + 55 = ☐

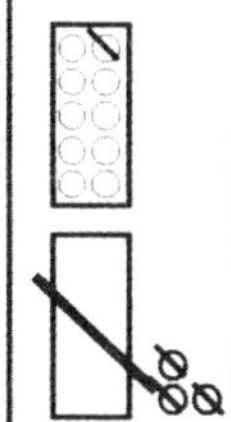

23 - 14 = ☐

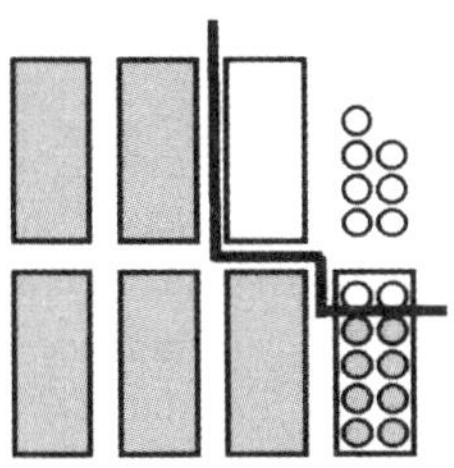

77 = ☐ + 19

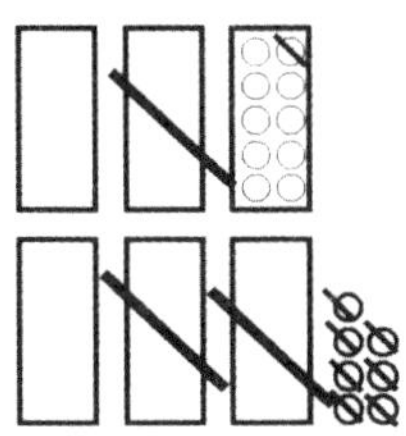

67 - 38 = ☐

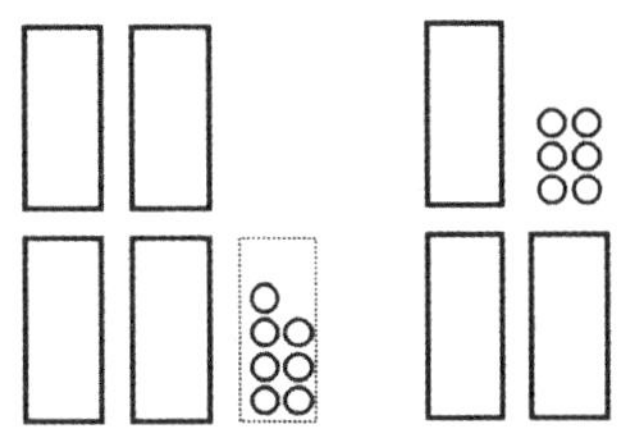

47 + 36 = ☐

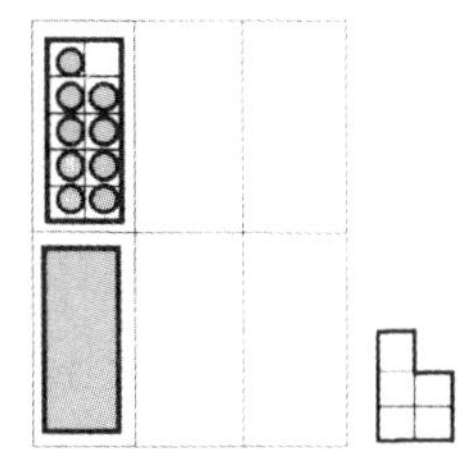

19 + ☐ = 65

Vorsicht: Was passiert?

62 + 29 = ☐	92 - 37 = ☐	55 = 29 + ☐	24 + ☐ = 32	72 = 36 + ☐
55 + 18 = ☐	96 - 79 = ☐	27 = 18 + ☐	57 + ☐ = 93	44 = 37 + ☐
27 + 65 = ☐	25 - 18 = ☐	91 = ☐ + 63	48 + ☐ = 76	39 + ☐ = 48
34 + 58 = ☐	77 - 39 = ☐	74 = ☐ + 37	59 + ☐ = 68	48 + ☐ = 81
74 + 18 = ☐	71 - 42 = ☐	87 = 29 + ☐	27 + ☐ = 75	38 + ☐ = 82
59 + 32 = ☐	83 - 15 = ☐	52 = 43 + ☐	67 + ☐ = 91	77 = 59 + ☐
78 = 49 + ☐	68 + ☐ = 74	71 - 34 = ☐	95 = 47 + ☐	93 = 75 + ☐
47 + 35 = ☐	29 + ☐ = 67	35 + ☐ = 86	67 - 39 = ☐	85 + 15 = ☐
61 = ☐ + 38	48 + ☐ = 65	75 + 19 = ☐	64 + 27 = ☐	25 + 37 = ☐
67 + ☐ = 92	56 = ☐ + 27	83 - 47 = ☐	76 - 48 = ☐	45 + ☐ = 81
41 - 34 = ☐	79 + 21 = ☐	76 = 28 + ☐	49 + ☐ = 78	73 = 14 + ☐
86 + 14 = ☐	71 - 28 = ☐	24 + 58 = ☐	56 + ☐ = 62	42 - 24 = ☐

+ und - von 0 bis 100 !

100

Zehnerübergang +/- gemischte Aufgaben

71 + 8 =	31 + 30 =	81 + 1 =	83 + 13 =	
95 - 68 =	15 - 9 =	40 + 48 =	27 + 6 =	
44 + 17 =	59 + 39 =	42 + 20 =	69 + 30 =	
23 - 10 =	34 - 8 =	74 - 45 =	31 - 6 =	
9 + 5 =	61 - 5 =	46 + 9 =	71 - 69 =	64 + 14 =
82 - 51 =	50 + 7 =	64 + 23 =	46 - 8 =	51 - 20 =
94 - 21 =	42 - 28 =	21 + 40 =	41 - 40 =	24 - 6 =
14 - 5 =	98 - 35 =	70 + 4 =	83 - 50 =	64 - 8 =
57 + 4 =	61 - 26 =	51 - 7 =	91 - 67 =	81 + 3 =
38 + 33 =	37 + 24 =	27 + 57 =	34 - 25 =	76 + 2 =
63 - 4 =	55 + 18 =	45 - 7 =	33 + 48 =	88 + 8 =
21 - 7 =	80 + 1 =	56 + 5 =	10 + 3 =	81 - 42 =

Male die Ergebnisse in den richtigen Farben aus!

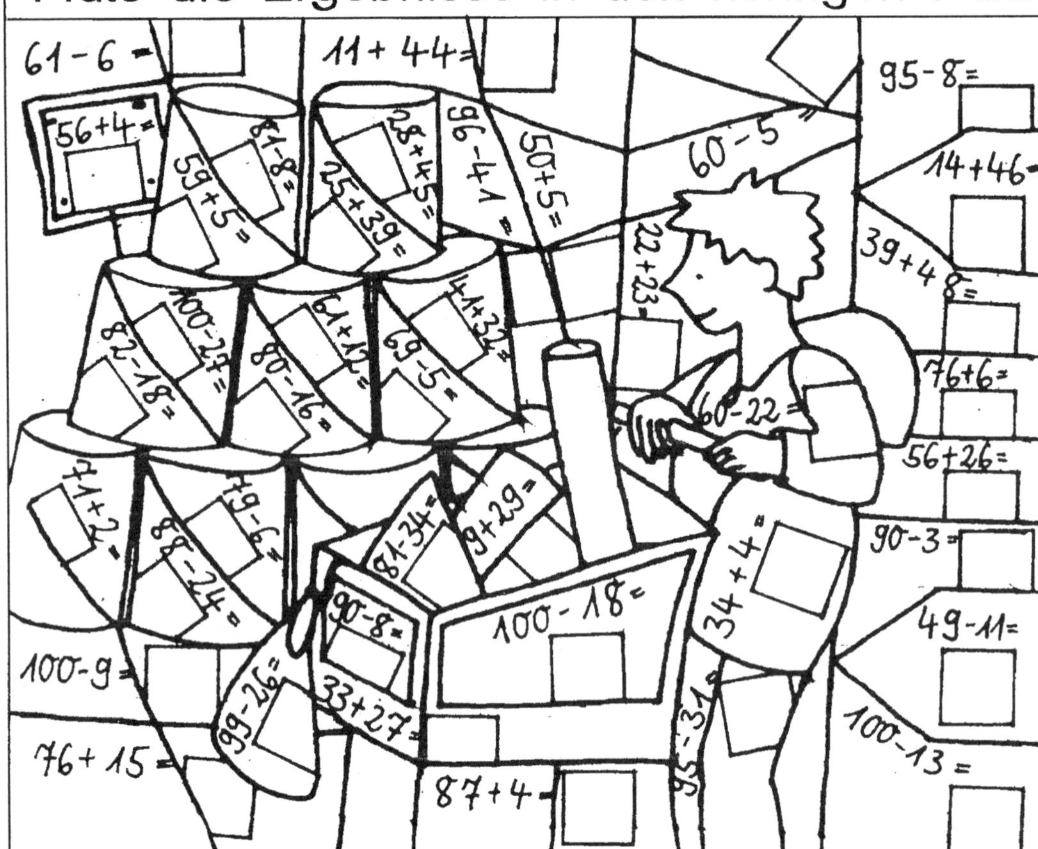

73 = rot

64 = blau

60 = weiß

87 = orange

38 = grün

82 = gelb

91 = braun

55 = hellblau

47 = lila

29 = schwarz

Nur für schlaue Köpfe!

100

Zehnerübergang +/- gemischte Aufgaben

41 - 28 =	82 + 13 =	70 + 8 =	30 + 30 =	
97 - 35 =	26 + 6 =	94 - 68 =	14 - 9 =	
60 - 26 =	68 + 30 =	43 + 17 =	58 + 39 =	
36 + 24 =	30 - 6 =	22 - 10 =	33 - 8 =	
54 + 18 =	70 - 69 =	8 + 5 =	60 - 5 =	63 + 14 =
79 + 1 =	45 - 8 =	81 - 51 =	49 + 7 =	50 - 20 =
20 + 40 =	40 - 40 =	93 - 21 =	80 + 1 =	23 - 6 =
69 + 4 =	82 - 50 =	13 - 5 =	39 + 48 =	63 - 8 =
50 - 7 =	90 - 67 =	56 + 4 =	41 + 20 =	80 + 3 =
26 + 57 =	33 - 25 =	37 + 33 =	73 - 45 =	75 + 2 =
44 - 7 =	32 + 48 =	62 - 4 =	45 + 9 =	87 + 8 =
55 + 5 =	9 + 3 =	20 - 7 =	63 + 23 =	80 - 42 =

Für fleißige Mädchen und Jungs!

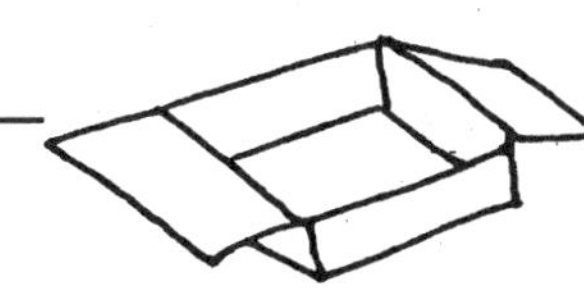

23 + 59 =	90 - 58 =	40 - 25 =	43 + 05 =	52 + 30 =
22 + 8 =	14 - 9 =	73 + 13 =	27 - 8 =	88 - 30 =
90 - 60 =	85 - 7 =	30 - 20 =	84 + 1 =	58 + 42 =
75 - 60 =	48 + 22 =	35 + 41 =	90 - 38 =	90 + 3 =
35 + 8 =	70 + 10 =	68 + 2 =	45 + 46 =	40 - 3 =
55 - 29 =	96 - 33 =	11 - 3 =	55 - 5 =	66 - 25 =
12 - 6 =	29 + 43 =	31 + 2 =	14 - 9 =	52 + 30 =
30 + 40 =	59 - 4 =	63 + 20 =	46 - 1 =	50 - 41 =
64 + 14 =	34 - 11 =	70 - 20 =	87 - 50 =	50 + 5 =
34 + 52 =	26 + 9 =	91 - 8 =	32 + 8 =	60 - 4 =
57 - 28 =	47 - 1 =	72 - 36 =	7 + 7 =	9 + 7 =
30 + 4 =	71 + 4 =	59 + 31 =	46 + 9 =	79 - 2 =

Ergänzen und Zerlegen durcheinander !

100

Zehnerübergang

17 = ☐ + 9		61 = 57 + ☐	86 = 48 + ☐	
57 + ☐ = 84		4 + ☐ = 14	78 = 25 + ☐	
28 + ☐ = 79		48 = 34 + ☐	39 + ☐ = 58	
30 + ☐ = 76		96 = ☐ + 41	40 + ☐ = 70	
42 = 24 + ☐		55 = ☐ + 32	47 + ☐ = 83	
90 = 30 + ☐		79 + ☐ = 99	76 = 59 + ☐	
78 + ☐ = 85	96 = 79 + ☐	78 = 44 + ☐	95 = 38 + ☐	14 = ☐ + 6
31 = 12 + ☐	8 + ☐ = 17	44 = 27 + ☐	26 + ☐ = 44	29 + ☐ = 58
43 = ☐ + 32	28 + ☐ = 67	6 + ☐ = 12	62 = 36 + ☐	42 + ☐ = 86
58 + ☐ = 99	58 + ☐ = 82	67 + ☐ = 82	70 = ☐ + 20	58 + ☐ = 97
37 + ☐ = 95	75 = 43 + ☐	30 + ☐ = 70	46 + ☐ = 57	73 = 9 + ☐
75 = 42 + ☐	46 = 26 + ☐	86 = 7 + ☐	6 + ☐ = 15	36 = 27 + ☐

Bald ist es geschafft!

34 = 26 + ☐	58 = ☐ + 38	4 + ☐ = 13	78 = 44 + ☐	72 = 15 + ☐
38 + ☐ = 65	67 + ☐ = 98	92 = 43 + ☐	44 = 27 + ☐	39 + ☐ = 57
25 + ☐ = 48	86 + ☐ = 94	80 = ☐ + 50	16 + ☐ = 33	75 = 52 + ☐
66 + ☐ = 81	8 + ☐ = 18	29 + ☐ = 68	60 + ☐ = 80	83 = ☐ + 43
99 = 5 + ☐	41 = 25 + ☐	52 + ☐ = 82	38 + ☐ = 79	27 + ☐ = 74
18 = 9 + ☐	97 = 43 + ☐	67 = 9 + ☐	86 = 52 + ☐	24 + ☐ = 87
67 = ☐ + 37	86 = 43 + ☐	69 = 9 + ☐	13 = 6 + ☐	36 + ☐ = 83
57 + ☐ = 81	78 = 9 + ☐	84 + ☐ = 94	7 + ☐ = 14	67 = 19 + ☐
8 + ☐ = 11	37 + ☐ = 52	48 = 34 + ☐	43 + ☐ = 61	54 = ☐ + 21
33 + ☐ = 76	40 + ☐ = 70	96 = ☐ + 40	39 + ☐ = 97	42 + ☐ = 52
42 = 25 + ☐	47 + ☐ = 83	59 = ☐ + 38	32 = 7 + ☐	51 + ☐ = 86
90 = 30 + ☐	76 = 58 + ☐	78 + ☐ = 93	52 = 21 + ☐	87 = 48 + ☐

Alles was du kannst!

100
Zehnerübergang
+/-/

95 = 21 + □	85 = 78 + □	78 = 30 + □	54 + □ = 79	
68 - 34 = □	85 + 11 = □	42 + 38 = □	23 + □ = 71	
62 + 19 = □	62 + 33 = □	69 = □ + 24	45 + □ = 60	
76 - 9 = □	40 + □ = 48	7 + □ = 12	56 = □ + 3	
43 + □ = 78	81 = 14 + □	30 - 30 = □	47 + 52 = □	76 = 56 + □
56 + □ = 58	46 - 26 = □	42 + 19 = □	76 - 49 = □	37 + 54 = □
88 - 34 = □	77 = 45 + □	66 + □ = 87	93 = 35 + □	76 = 43 + □
35 + □ = 96	40 + 50 = □	18 + □ = 67	9 + 7 = □	67 - 23 = □
53 + 11 = □	88 = □ + 33	2 + □ = 11	25 + 58 = □	42 + 27 = □
83 - 8 = □	29 + □ = 78	8 = □ + 3	41 + □ = 89	56 - 5 = □
73 = 27 + □	51 - 34 = □	73 + 27 = □	75 = 39 + □	48 + □ = 96
24 + 69 = □	86 + 6 = □	14 - 7 = □	86 - 38 = □	39 + □ = 67

Male die Ergebnisfelder aus!

75 = 69 + □	64 + □ = 72	77 - 13 = □	99 = 86 + □	93 = 87 + □
44 + 39 = □	28 + □ = 39	5 + □ = 12	67 - 19 = □	85 + 14 = □
69 = 54 + □	49 + □ = 50	75 + 18 = □	67 + 27 = □	25 + 75 = □
27 + □ = 74	50 = 40 + □	83 - 46 = □	70 - 9 = □	45 + □ = 50
38 - 9 = □	3 + 9 = □	73 = 7 + □	46 + □ = 83	15 = 6 + □
86 + 5 = □	76 - 46 = □	24 + 46 = □	56 + □ = 72	46 - 8 = □